住居を断面で考える

25の住居 3の計画

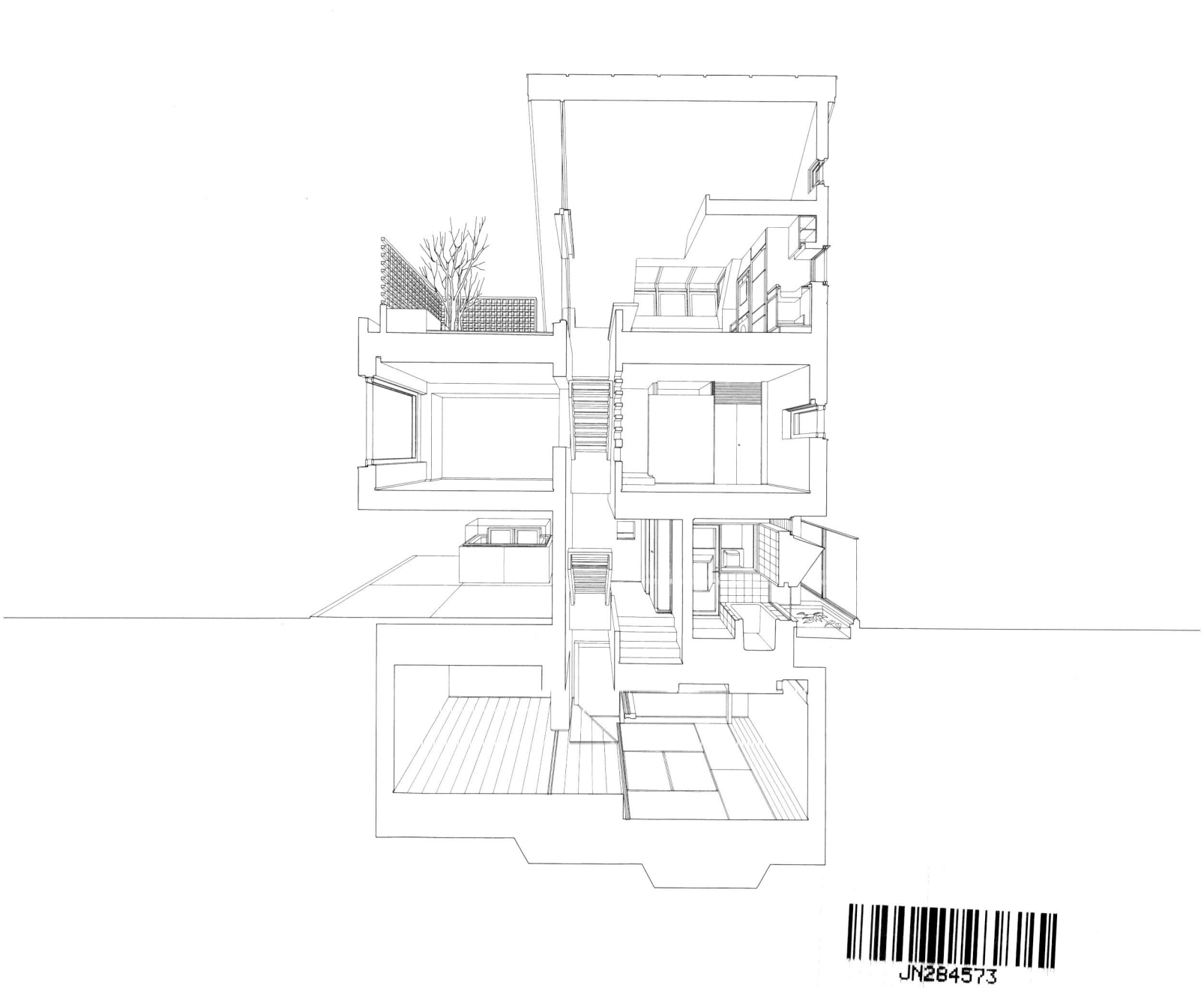

小野正弘／小野建築・環境計画事務所
MASAHIRO ONO / ONO ARCHITECT & ASSOCIATES

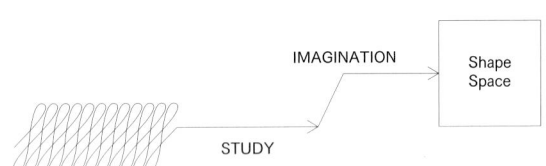

本書のガイドライン
"もの"が創り出される過程は、2つのフェーズから成る。第1のフェーズは、さまざまな背景をもつ与条件に対する緻密な分析と、必要度の判断・選択による再構成の作業に充てられる。理論的な作業による第1のフェーズとは対照的に、第2のフェーズは、"ひと"がもつ独特の思考回路によるイマジネーションの世界へと転換する。それまでの作業の蓄積をベースにした瞬間的な閃きが実体化への方向性を示唆し、思考は収斂しつつ最終の"かたち"へと導かれる。住居の計画でも、作業は同様の過程を経て行われる。

表紙について
透視図は、「三次元の対象」を「二次元の手法」によって表現する図法であるが、本書ではその基本的な図式のひとつである「一点平行透視図」を用いて住居空間の分析・解説を行っている。
表紙は H-YAM（掲載作品の記号的略称）の切断透視図をモチーフに構成されているが、パステルカラー調グリーン色の地に白抜きのラインで表現された図からは、

- 垂直方向に積層した4つの"集域"を基本とする空間構成（"集域"や後出の"段路"といった用語や各種空間構成の型に関する用語は、p.9 の「表記」ならびに p.80～83 の「Formology」を参照）
- 各集域に与えられた機能と空間特性、および内・外空間の関係
- 中央に置かれた"段路"による全域の連続性
- 付加された装置の空間に対する作用
- RC 壁構造の特性を生かした架構方式
- 全方位からの法規制に対する形態処理

などの情報が読み取れるとともに、これらの集積によって実体化された形象の基本概念を知ることができる。

目次について
25 の作品の掲載順序は、竣工年・架構・屋根型の組合せによっている。特に屋根型を分類の基準としているのは、外形における象徴性とともに、25 の住居すべてに共通する屋根型と内部空間の整合性による。

スケールについて
スケールについては、本書の趣旨から通常の数値ではなく、単位（a=900mm）との比率で表示してある。なお、透視図の縮尺はすべて 1:100 に統一されている。

タイトル

序文

槇 文彦

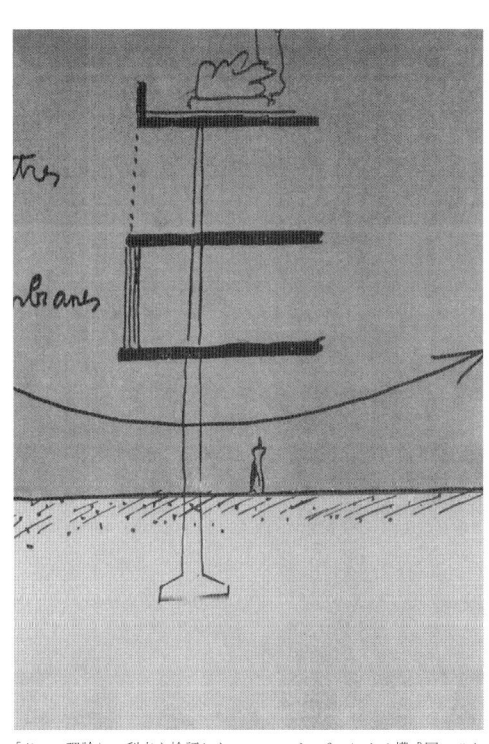

「ドミノ理論」の利点を検証したル・コルビュジエによる模式図のひとつ。

土浦亀城自邸（1935）の居間——半階ほど下がった玄関とそれを覆う踊場方向を見る。（撮影：彰国社写真部・畑 拓）

　小野正弘の"住居を断面で考える"というこの本の表題に接したとき、まず私の頭に浮かんだのは、ル・コルビュジエの、かの有名な1枚の断面図であった。この断面図ほど、20世紀の新しい建築の夜明けを謳い上げたものを私はほかに知らない。大地から開放された建築、屋上庭園、外壁からフリーな1本の柱、自由なファサードによる新しい室内と屋外との関係、そしてそこにまつわる人間の行動の息吹。この単純な構図から、どれだけ多くの近代建築が生まれたかは想像に難くない。

　ミース・ファン・デル・ローエのスケッチには、ル・コルビュジエのように異なったレベルの層が現れることはほとんどない。それはひとつに、彼が提唱した「無限定空間」とは、水平に限りなく広がる空間の様相を示したかったがゆえのことであろう。この2人の巨匠のスケッチが抽象的であったとするならば、もう2人の20世紀建築の巨匠フランク・ロイド・ライトとアルヴァ・アールトの場合、彼ら2人の建築の断面はより具体的であり、われわれの印象に残っている多くの例は、彼らの実際に設計した作品がその基底にある。

　われわれも、また建築家ではない普通の人びとも、常に日常的にさまざまな空間体験をもつ。そのなかで、私自身まだ建築家になろうとは夢想だにしなかった子供時代、極めて新鮮で強烈な空間体験をした想い出がひとつある。1930年代に完成した目黒・長者丸の土浦亀城邸を、親に連れられて偶然訪れたときのことである。周知のように、土浦亀城は、ライトが帝国ホテルを設計したときに彼に師事した日本人建築家のひとりである。当時、われわれが体験する住居といえば、壁、障子、襖で仕切られて水平に伸びる1階部分と狭い階段でのみ接続された2階部分とで構成されたものが多かった。土浦邸は違う、玄関を入ると少し上に高い吹抜けのある居間部分が右手に広がり、さらに半階近くオープンな階段を昇ると、ちょうど玄関部分を覆う大きな踊場があり、直角方向のもう半階階段を上がると2階の住居部分が見えてくる。このころ、時に横浜港を訪れる外国船でのデッキの上り下りで感じていた空間体験に相似したものがそこにあったことを、いまでもよく覚えている。

　20世紀の建築は、空間の世紀といっても過言ではない。それは当然、住宅空間にも当て嵌まる。広い敷地にさまざまな空間体を自由に発展させることができたアメリカやヨーロッパとは異なり、日本の都市住居は、比較的狭隘な、しかもさまざまなプロポーションをもった土地に、そしてあまり望ましくない周縁の状況の中で、建築家がその設計を与えられるケースが少なくない。しかし、アメリカやヨーロッパでの住宅の型は幾つかに収斂されて、異なった住み手に受け継がれやすい仕組みになっている。

　日本の都市住居は、先に述べた理由から、かならずしもそうはいかない。小野正弘がこの本で取り上げているFormologyという概念は、彼が言うように、限られた空間の中で、住宅のユーザーにとって望ましい眺望、変化のある自然光、そして通風やプライバシーなどを確保するために、その空間構成の型はひときわ多様で、しかも複雑化していることを示している。

　彼が、これまでに手掛けた住宅を通して幾つかの空間接続の型を分析したとき、三次元的に極めて興味ある類型が現れる。それは、それぞれの住居を構成する幾つかの空間領域の立体的な連結と分離の様態を示している。そのFormologyの型のなかで最も原型的なものは、単純に壁によって水平的に連結されたものと、床によって垂直方向に連結されたものである。実はそれが、前述したように私が子供のときに経験してきた殆どの住宅の型でもあったのである。この分析は、その後の日本のライフスタイルの変化も含めて、さまざまな住宅事情によって変成しつづける日本の都市住居の歴史の一端を示しているものとして興味深い。

　彼も記述しているように、このようにより複雑化する空間構成の設計においては、空間体自体をよりいっそう立体的に捉えなければならないからである。それは、設計における平面と断面のスケッチの往復運動によって得られるものであり、"断面から考える"という作業はその結果でもある。

　特に、空間を分離し、かつ連続させる作業は、もしもそれが視覚的なものであるならば、断面に現れる領域の結界間の寸法的関係も極めて重要であり、断面のみがそれを正確に記述し得るのだ。

　2010年3月、私が長年関わってきたMITのメディアラボが完成した。もちろんスケールは大きいが、ユーザーはこの6層のラボが視線的にはお互いに交錯し、あたかも大きな家のような空間体験をもちうるものであることを要請していた。その結果、7つのラボは、ひとつひとつが周辺にコの字形のメザニンと中央に吹抜けをもち、それらを東西・南北に1層ごとにずらすことによって、また透明なパーティションを用いることによって、視覚的に水平・垂直、そして斜め方向にも一体となる空間をつくり出すことができた。このように、断面から建築を考えることによって、その建築の本質に到達することができる場合は少なくない。

　小野が手掛けたこの多くの住宅において、断面に関連して特に私の興味を引いたのは、いわゆる"空間の奥行"の演出である。日本では歴史的に、限られた空間の中でさまざまな工夫による奥行の演出がなされてきた。たとえば小野の場合、居間に続く領域を、室内の大きな窓のような結界を通じてそこのみを上部からの自然光によって明るい空間とすることで奥行感をつくり出す手法がしばしば見られる。彼の自邸では、駐車場の突当りはその上部の開口によって、その真下の樹木に存在感と奥行感を与えている。よくある、薄暗い駐車場の突当りではないのだ。

　また、本書に収められた住宅のなかで最も広大で野心的な作品であるH-MITと呼ばれる複合世帯住居は、南北・東西の二つの直交する軸に沿って"もうひとつの世界"とも称すべきさまざまな様相を、コートハウス群と結界によってつくり上げている。

　このように、これまで建築設計における断面の重要性は皆が知りながら、断面という切り口によって設計手法を解説した本はあまりなかった。それだけに、この本が誕生したことを大変嬉しく思っている。

目次

序文　　槇　文彦 ……………………………………………………………………………… 3

序説

住居について ……………………………………………………………………………… 6

作用・設備 ………………………………………………………………………………… 8

表記 ………………………………………………………………………………………… 9

作図 ………………………………………………………………………………………… 10

ケーススタディー：25の住居 3の計画 …………………………………………………… 13

01 / H-ONO	光域のある住居	……………………………………	14
02 / H-KIT	光塔のある住居	……………………………………	18
03 / H-ISI	緩衝域のある住居	……………………………………	22
04 / H-IKE	光井戸のある住居	……………………………………	26
05 / H-TER	ロフトのある住居	……………………………………	30
06 / H-KOM	高圧線下に建つ住居	……………………………………	32
07 / H-TAK	反転した住居	……………………………………	36
08 / H-HOS	媒域で繋いだ住居	……………………………………	40
09 / H-SSD	地形を内包した住居	……………………………………	44
10 / H-TNA	ずれた仕組みによる複合世代住居	……………………………………	50
11 / H-OTU	3つの集域による複合世代住居	……………………………………	54
12 / H-FUM	リニアな敷地に建つ住居	……………………………………	60
13 / H-AIZ	老若世代を結ぶ複合世代住居	……………………………………	66
14 / H-SSK	光と風の塔がある住居	……………………………………	70
15 / H-MRA	記憶を布置した住居	……………………………………	74

Formology ………………………………………………………………………………… 80

16 / H-NAK	抜けのある住居	……………………………………	84
17 / H-YAM	全方位からの規制に対処した住居	……………………………………	88
18 / H-NAG	駅前商店街に建つ住居	……………………………………	92
19 / D-KOM	相乗した複合住居	……………………………………	96
20 / H-OHA	3つの採光装置がある住居	……………………………………	102
21 / H-SUZ	穿孔した立方体の住居	……………………………………	106
22 / H-OGI	風景に向けた住居	……………………………………	110
23 / H-FUJ	歴史と共生する住居	……………………………………	114
24 / H-MIT	対になった複合世代住居	……………………………………	120
25 / H-MOR	全域を囲繞した住居	……………………………………	130
26 / pH-X	DINKSを否定する複合世代住居	……………………………………	142
27 / pH-Y	錐体空間を内包する住居	……………………………………	146
28 / pH-Z	3つの空間域と水域から成る住居	……………………………………	150

作品リスト ………………………………………………………………………………… 154

著者経歴 …………………………………………………………………………………… 158

あとがき …………………………………………………………………………………… 159

住居について

1974年に事務所を設立してから2000年までの約25年間に、計画を含めると約60の住居を設計してきたが、そのほとんどは標準的な市民階級に属する家族のための住まいである。これらの住居は、その住み手である家族と、市井の"創り手"として職能に携わってきた私との、共同作業によってつくられている。

本書は、これらの住まいの内から25の住まいを選択し、断面（切断面）という手法によるそれぞれの住居の分析を通じて、住居全般に共通する空間構成の仕組みと生活行為との関係性について解説したものである。

解説に先立ち、ここで改めて25の住居の基となっている「住居という存在」に関わる社会性、歴史的過程、環境などについて確認しておくことにする。

対象	属する分野	生成の主体	生成の条件	生成後の過程
住居	生活	建築家	創造性 地誌性 経済性	生活の場として存在 ≒ 100年
絵画彫刻	芸術	作家	創造性	芸術作品として存続 ∞
車	生産	組織	生産性 効率性 機能性	生活機器として使用 ≒ 15年

□ 掲載した25の住居が所在する地理的位置と環境

住居のフィジカルな存在は、土地との関係性、すなわちグローバルなレヴェルからローカルな地点までのスパンにおける、地形的条件および気象条件によってその有り様が決定される。

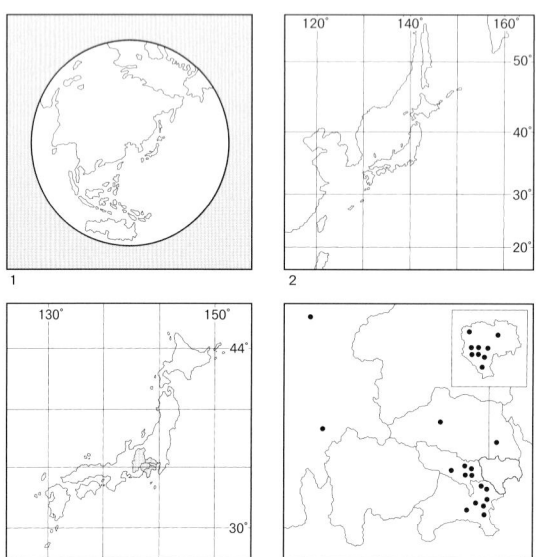

1　地球

太陽系に属する地球は、惑星の内では唯一、豊かな海と大気の下に生物と植物が共存する環境にある。

2　ユーラシア大陸

私たちの生存する日本列島は、6つの大陸の1つであるユーラシア大陸の東端に位置している。

3　日本列島

4つの島と多くの島嶼から成る日本列島は、亜熱帯から温帯にかけての北緯20°25′〜45°33′に位置し、山脈・盆地・谷が複雑な地形を形成しているため、四季と多様な地域性によってその気候は変化に富んでいる。また、モンスーン地帯にあるため、夏季と冬季では風向きが逆転し、強いジェット気流によって南北の気温差が大きい特性をもつ。

4　25の住居の位置

本書に掲載する25の住居は、本州のほぼ中央部に位置する東京および、その近郊の埼玉・神奈川と長野に分布している。

□ 住居の発生から現代までの歴史的過程

現代の住居に属する25の住居の存在は、原始時代から現在に至る歴史的過程で培われてきた地誌的条件および、社会的条件の延長線上にある。

1. 原始の住居（BC10000〜BC6000）

日本列島に最初の人類が出現したのは、BC15万年といわれている。この"先土器人"は、自然の内にできた洞窟を棲む場所としていた。長い時間を経た後、洞窟を離れて彼らが平野に立ったBC1万年の時点から、住居の原型である「竪穴式住居」を居住の場とする狩猟民の縄文文化が始まる。やがて、列島が温暖な環境に変化していくとともに、土地への定着を伴う農耕民の弥生文化への移行が進み、地上に建つ架構の原型となる「高床式住居」が生まれ、さらに「平地式住居」を住まいとする古墳文化を経て、古代の飛鳥・奈良時代へと連続していく。

1　洞窟

先土器時代の棲む場所の確保は、特定されたところに定住するのではなく、自然がつくり出した洞窟などを移住するかたちで行われた。

2　竪穴式住居

新しい環境を求めて人類が地上に降り立った時点で、住居の粗型となる草葺きのシェルターが、住むところとしての特定の場に架けられた。

3　高床式住居

本能的な"棲む行為"から意識的な"住む行為"への移行によって芽生えた空間意識が、屋根と囲いで構成される家形の原型をつくり出す。

4　平地式住居

貯蔵施設などとともに自然条件に対する構えとしてつくられてきた住居は、再び接地性を求めて土地に定住する住居へと発展していく。

2. 古代から明治へ（BC6000 ～ AC1867）

　生活様式が移住型から定住型へと移行すると、社会的集団としての律令国家を統治する階級制度が形成され、住居においては飛鳥・奈良時代から始まる朝廷・幕府体制に属する貴族や武家ら支配階級のための「造り」とよばれる政・住の複合した建物が様式的な規範の下に設営され、明治の時代に至るまで継承されていく。一方、庶民の住まいは、竪穴住居から続く「農家」と町人のための「町家」の2系統の流れとして存続し、その姿は現在でも地方においてみることができる。

3. 明治から近代へ（1868 ～ 1945）

　明治維新を契機として、建築全般にわたって欧米の様式が急速に取り入れられていくが、住居の分野ではしばらくのあいだ、一部の上流階級において和洋折衷様式の時代が続く。やがて、大正デモクラシーの社会を背景に、1920年の「分離派宣言」によって近代住居への幕が開かれ、欧米に学んだ堀口捨己、土浦亀城およびA. レーモンドらによる、立体的構成を手法とした乾式構造やRC造の「近代住居」が試みられる。

4. 近代から現代へ（1946 ～ 2000）

　第二次世界大戦による空白が終りを告げ、日本が戦後の混乱から立ち直りつつあるときに勃発した朝鮮動乱の特需によって経済は一挙に回復し、住居の分野でも池辺陽、清家清らによる一連の作品、さらに増沢洵、山田(林)雅子たち新鋭によるコンパクトな住居が発表される。加えて、篠原一男という特異な存在もみられた。これらに続くのが著者自身も属する世代だが、その内にあって住居の計画を主体とする2人の創り手、鈴木恂とやや年代を置く坂本一成の豊かな感性および緻密な理論による対照的な作品に、この世代の特質をみることができる。なお、この55年間を象徴する住居としては、上記に加え、菊竹清訓のSky Houseをはじめとする6つの作品があげられる。

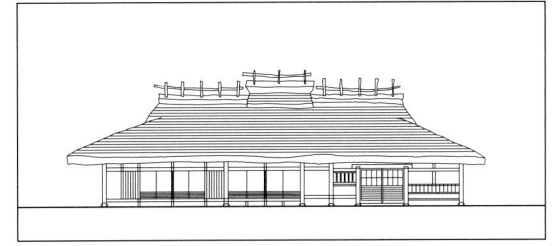

1　原長沢の住居（山梨県）

原点である草葺きの屋根架構による竪穴式住居から進化して農家に至る住居の流れは、日本の原風景を象徴する存在として、いまもある。

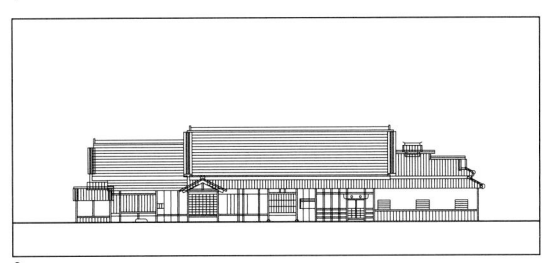

2　吉村家住居（大阪府）

農家の形式から派生して街に住むために発展した町家に至る住居の流れは、庶民生活に根ざした存在として現在にある。

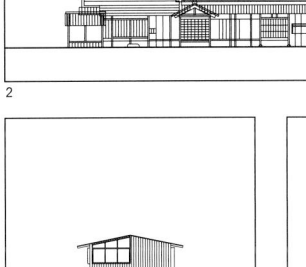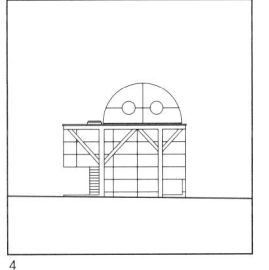

3　最小限住居・1952（増沢洵）

木の特性を生かした架構、身体性、和の佇まいによる具象体としての住居。

4　上原通りの家・1976（篠原一男）

野生の思考に基づく、象徴化された架構によって支えられた異相体としての住居。

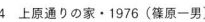

5　KAH 6606・1966（鈴木恂）

カメラオブスキュラのような陰翳空間に付加された、光に対する水泡装置をもつ補光体としての住居。

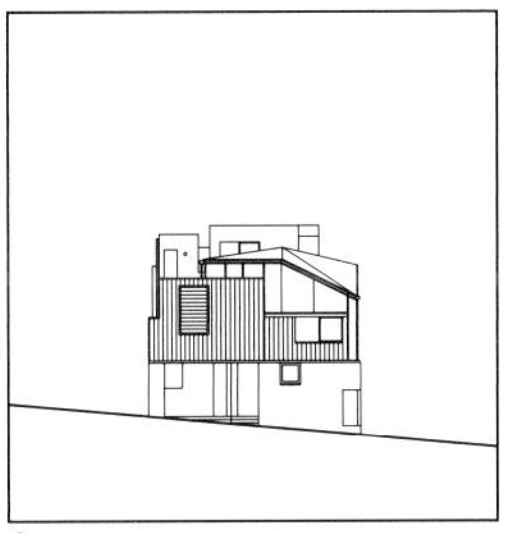

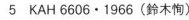

6　HOUSE F・1988（坂本一成）

地形化された場に対応して架けた被覆と囲いによる、分節体としての住居。

7　Sky House・1958（菊竹清訓）

新陳代謝の思考過程を刻みつつ変貌を重ねていく、空間体としての住居。

8　塔の家・1966（東孝光）

街に住むことを具現化するために狭小の土地に積層し、周辺環境と対峙する共棲体としての住居。

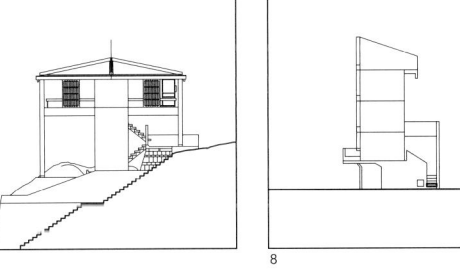

9　Awazu House・1972（原広司）

反射性空間に断片化した単位を埋設した、多様体としての住居。

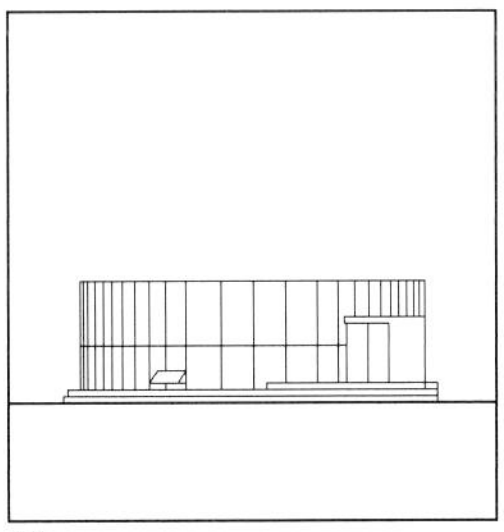

10　White U・1976（伊東豊雄）

サイクロトロンのような白い曲面空間の内に、時間と速度を発生させる抽象体としての住居。

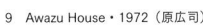

11　住吉の長屋・1977（安藤忠雄）

囲繞（いぎょう）された空間の内に、コスモスに繋がる外を内包した、連続体としての住居。

12　物質試行32・1991（鈴木了二）

既成の概念から距離を置いたパラダイムで試行された、物質体としての住居。

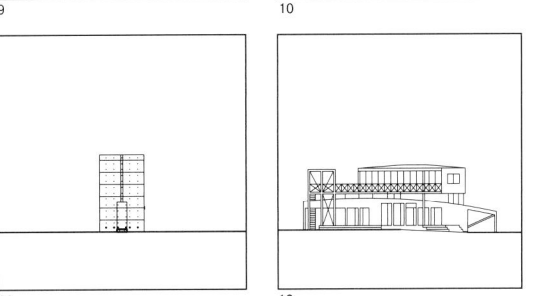

作用

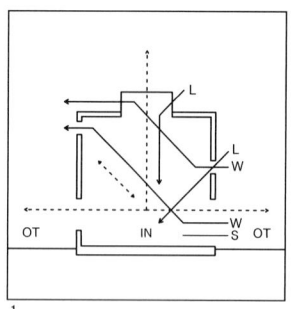 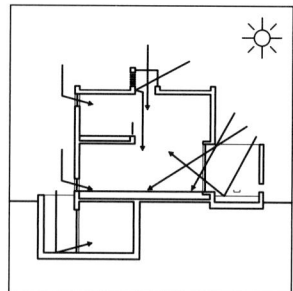

1　　2

□ 空間体と作用

草葺きのシェルターに出入口と換気口だけが付いた竪穴式の棲み処が、囲いによって「意識された空間体」としての住居に進化した段階になると、内外から働く作用との関係性から空間体を囲う外皮に開口を設け、そこに作用を制御する装置を取り付ける操作が施される。

空間体に関わる作用の種別と方向性には、
a）自然からもたらされる、外から内に向かう内向的作用
b）"ひと"の知覚による、内から外への外延的作用
c）住み手同士のあいだで交されるメンタルな相互作用
がある。

作用における具体的な種別と物理的・心理的な効果には、
a）自然による作用
　　光：採光・遮光・断熱
　　風：通風・換気・防風
b）知覚による作用
　　視覚：視線（眺望、時間の経過、四季の変化に対する反応）
　　聴覚：音（音響・騒音に対する反応）
　　触覚：感触（素材の肌理に対する反応）
　　臭覚：芳香（素材の香に対する反応）
がある。

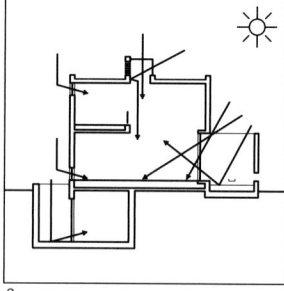 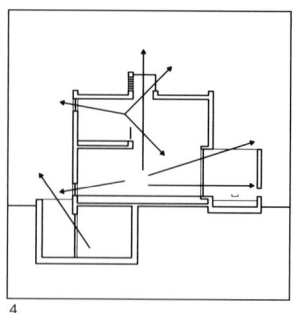

3　　4

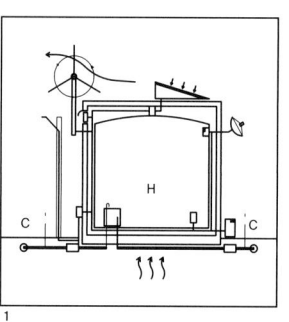 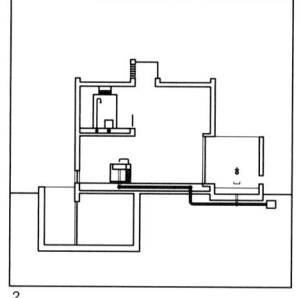

5　　6

1　空間体と作用

「意識された空間」を囲う外皮には、作用を顕在化させるための開口が穿たれ、さらに流れを制御する装置や仕掛けが取り付けられる。

2　光の作用

自然の作用である光は、逆光・順光の方向で作用し、開口に設けた装置によって直射光・反射光・間接光などに転換され、影と対になって空間を視覚化する。

3　風の作用

風は、外・内・外の流れで空間体に作用する。兼好法師の『徒然草』にも記されているように、風の作用は、この地の夏期における高温・多湿に対する最も有効な自然作用として、意識的に利用されてきている。

4　視線の作用

"ひと"の知覚による作用である視覚は、開口を介して周囲の光景から宙に繋がる意識を生むとともに、内にあっては住み手がお互いの存在を確認し合う作用として働く。

5　音の作用

音の作用は、受動的な作用として"ひと"に知覚される。静謐な空間に響く鹿威し（ししおどし）の音は、視覚的な動きとともに住み手に安らぎを与え、視聴覚装置による作用はヴァーチャルな世界を演出する。一方、都市騒音に対しては、バッファーとしての機能をもった仕掛けが必要とされる。

6　Base Valley・2008（三分一博志）

空間体に対する環境からのフィジカルな作用の特性を実体的なエレメントに置換して全域を構成した作品に、これからの住居に対するひとつの方向性をみることができる。

設備

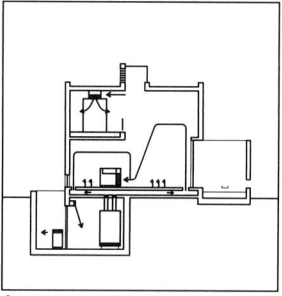 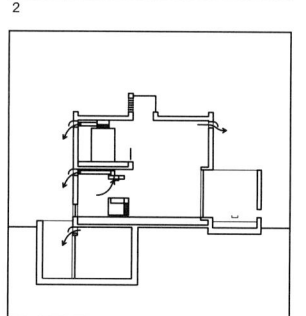

1　　2

□ 空間体と設備

空間体に対するバックシステムとしての設備系は、その機能とともに配管・配線ルートおよび末端での機器の納まりなどによって、その断面構成と関わりをもつ。この本では詳述していないが、地球環境に対するエコロジカルな技術的成果に対して、今後は景観などと関連する形態言語としての表徴的対応が必要になってくるものと思われる。

自然光に対する人工の光である照明については、光の操作によって何を見せるかの機能によるデノテーション（Denotation）の作用と、その対象をいかに見せるかのコノテーション（Connotation）の作用とが対の作用として働き、その関係性は概念的にはシニフィアン（signifiant）としての照明の修辞とシニフィエ（signifié）としての見方のイデオロギーとして捉えられる。

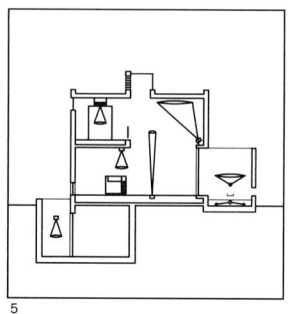 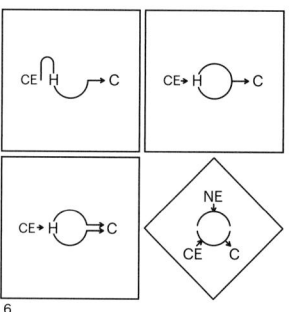

3　　4

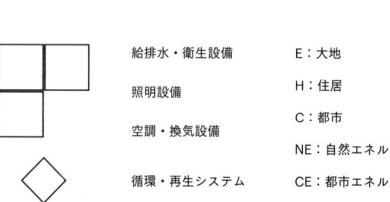

給排水・衛生設備　　　E：大地
照明設備　　　　　　H：住居
空調・換気設備　　　C：都市
　　　　　　　　　　NE：自然エネルギー
循環・再生システム　CE：都市エネルギー

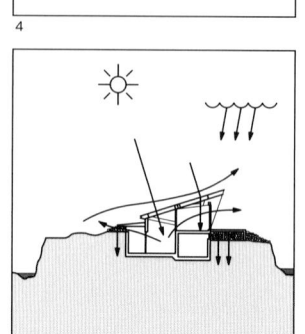

5　　6

1　空間体と設備システム

空間体と設備システムは、供給されるエネルギーの種別、
a）都市設備によるエネルギー
　　　：給水・電力・ガス
b）自然からのエネルギー
　　　：太陽熱・風力・地熱
および内部におけるエネルギーの供給ルート、末端機器との納まりによって関係づけられる。

2　給排水設備

家事・衛生・空調などに供給される都市からの給水は、利用後は再び浄水場へと戻されるが、浄化作業にはコストがかかる。

3　空調設備

電力エネルギーによる空調設備は、自然の作用に代わる人工環境をつくる装置として機能するが、最終段階での放熱による環境温暖化が問題となる。

4　換気設備

自然の通風に代わる換気設備もまた、空調設備と同じく環境との関わりが生じる。

5　照明設備

自然光に代わって夜の空間を演出する照明設備は、フィジカルな機能とともにメンタルな効果をもたらす一方、放熱の集積によって環境に影響を与える。

6　設備系システムの転換

グローバルな環境温暖化対策に際し、設備系システムの根本的な発想転換が必要とされてきている。ひとつの方向性としては、住居単位の太陽光・風力・地熱などの自然エネルギー利用、および雨水や土壌浄化による閉鎖系の再生・循環システムへの移行が考えられる。

表記

表記の基となる用語には、具象的な事象から抽象的な概念まで幅広く伝える機能がある一方で、イメージを拡張する作用と、逆に意味を固定化してしまう逆の作用を併せ持つ性向がある。本書では、そうした性向に考慮して、従来の表記にはとらわれない用語を採用している。

用語	選択の理由	従来の用語
住居	生活機能を充足する器 住み手と空間との相互作用を通して個の存在を意識させる空間装置 従来の用語がもつ階層性の否定	住宅・邸宅
場	開かれた空間 固定化されない自由な行為の触発	室
域	派生語 "集域" などとの関連性	ゾーン
路	派生語 "経路" などとの関連性 従来の用語がもつ単一機能から複合機能への転換	廊下・階段

□ 用語の作用

用語として採用している「路」の内包的意味：Connotation は "通っていく場" だが、思考の拡大に伴う外延的作用：Denotation によって、

　段路：空間を昇降する路
　　・住み手に、昇降に伴う上下空間の連続性を意識させる
　架路：空間に架けられた路
　　・異なる空間を物理的・心理的に結ぶ

などの派生語に意味づけられる部位を創出し、実体化される。

思索的な建築家であった L.I.Kahn の語録にある「The Room」は、直訳すれば "室" だが、本来は上記の「場」の概念に相当する用語であることが、添えられている素描からも読み取れる。

□ 用語に対する空間モデル

T／域 TERITORY
- TΣ　全域
- TF　空間域
- TZ　集域
- TC　共用域
- TI　個域
- TM　媒域
- TS　供給域
- TL　光域
- TW　水域
- TO　静域

S／場 SPACE
- sC　共用の場
- sF　家族の場
- sI　個の場
- sI/O　高齢世代の場
- sI/M　壮年世代の場
- sI/Y　若年世代の場
- sJ　和式の場
- sD　食事の場
- sK　調理の場
- sU　家事の場
- sS　衛生の場
- sS/W　洗面
- sS/B　入浴
- sS/T　排泄

R／路 ROUTE
- RAp　導入路
- RRt　経路
- RSt　段路
- RSl　斜路
- RBr　架路
- RRd　廻路

D／装置 DEVICE
- DL/x+y　複合装置
- DL/S　天窓
- DL/C　高窓
- DV/v　換気窓
- DD/P　展示装置
- DV/K　調理機器

E／部位 ELEMENT
- ALC　アルコーヴ
- ATL　アトリエ
- BAL　バルコニー
- BYW　出窓
- CAN　キャノピー
- DEK　デッキ
- DEN　書斎
- ENT　入口
- FAC　ファクトリー
- FPL　暖炉
- FWL　飛び壁
- GAL　ギャラリー
- GAT　門
- GAZ　東屋
- GRG　車庫
- HRM　ホビールーム
- LFT　ロフト
- LTW　光塔
- LWL　光井戸
- ORM　アウタールーム
- PAG　パーゴラ
- PIL　ピロティー
- POD　池
- POL　プール
- PRM　パウダールーム
- RTE　ルーフテラス
- RGD　ルーフガーデン
- SRM　サンルーム
- STD　スタジオ
- WRM　ワークルーム

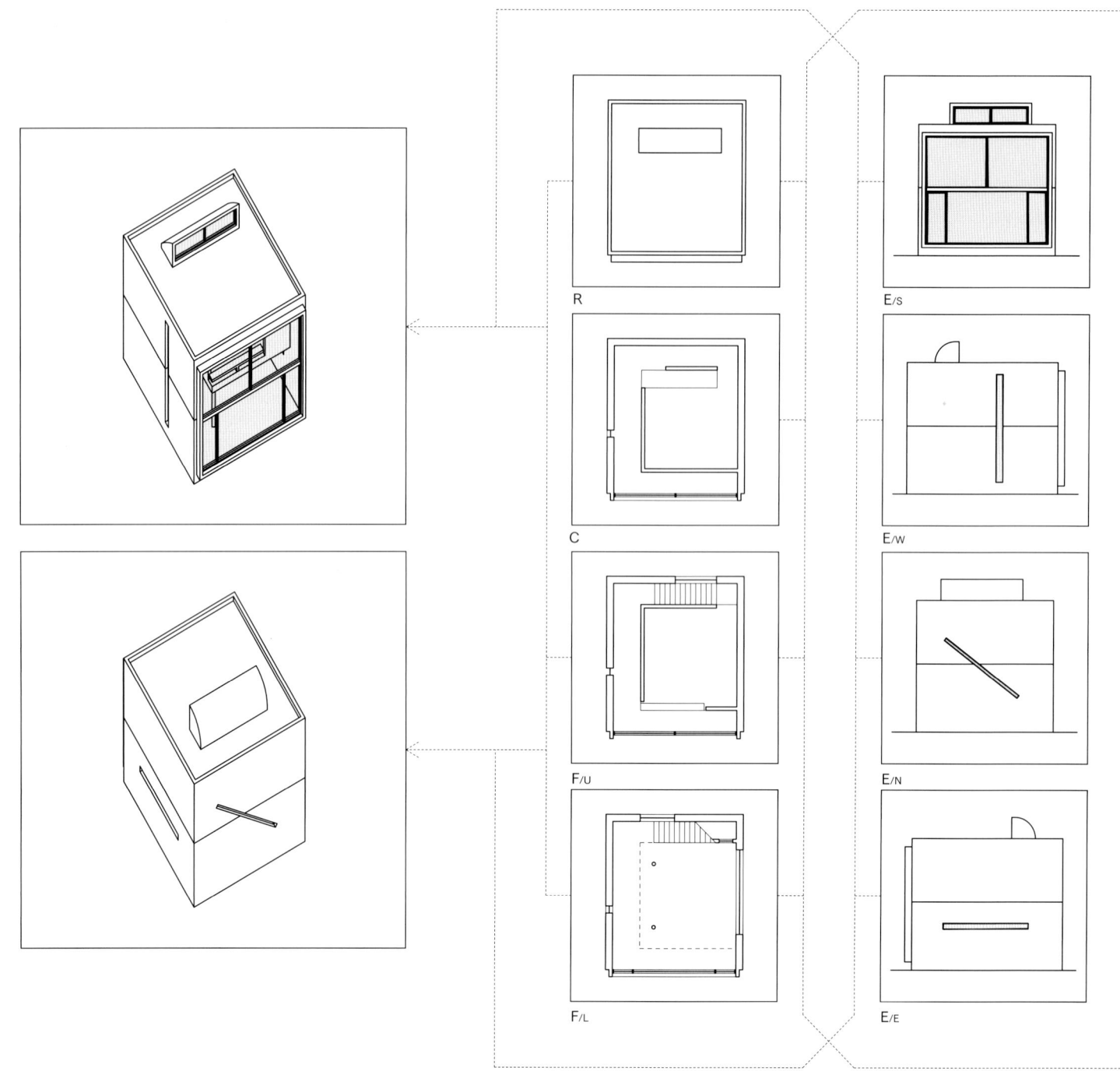

外形図	水平面図　水平切断図	（外部）垂直面図
（鳥瞰）軸測投影図：(Birds eye view) Axonometric ＜アクソノメトリック図＞		
外観図・鳥瞰図	平面図　　天井伏図・屋根伏図	立面図

作図

- ☐ **図法**　・空間組成の仕組みについての解説を目的としている本書では、空間という三次元の対象を二次元の手法で表現する図法として、外形図では「アクソノメトリック図」、切断図については「一点平行透視図」を採用している。
- ☐ **比較リスト**　・上記の表は、本書の表記・図法と従来の表記についての比較リスト
- ☐ **仕上げ・図式表記**　・図式において、その形態や空間の組成をわかりやすくするために、仕上げの表現は特殊な例を除いて省略している。また、図式の名称表記については、用語と同じ考えに従っている。

IE/S

IE/E

IE/N

IE/W

S/W-E

S/N-S

S/W-E

S/E-W

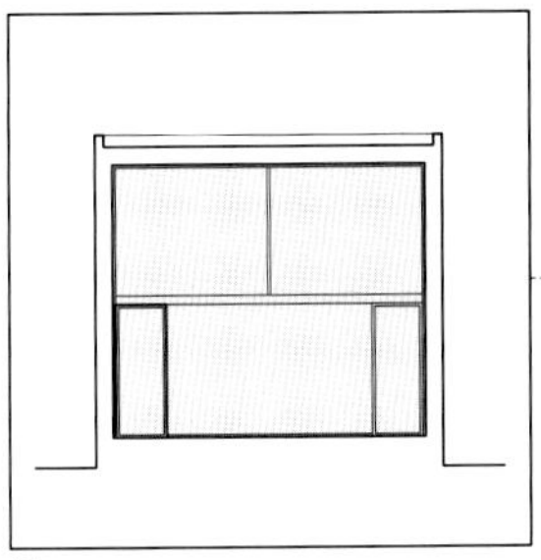

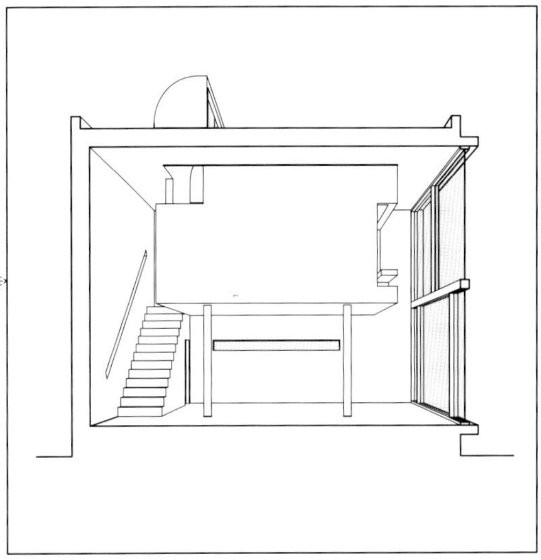

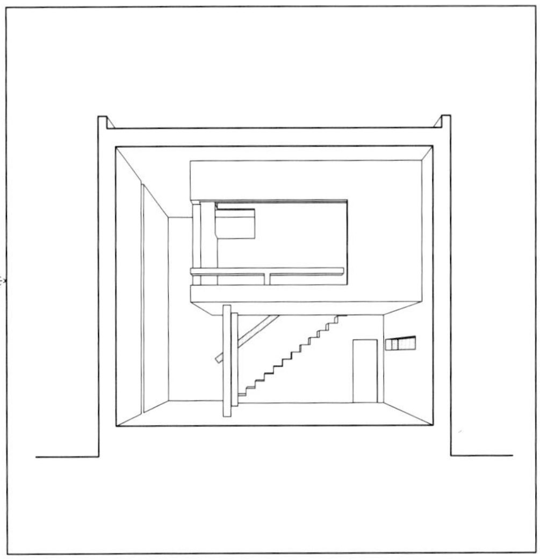

（内部）垂直面図	垂直切断図	切断透視図 平行足線透視図：Parallel perspective ＜一点平行透視図＞
展開図	断面図	断面透視図

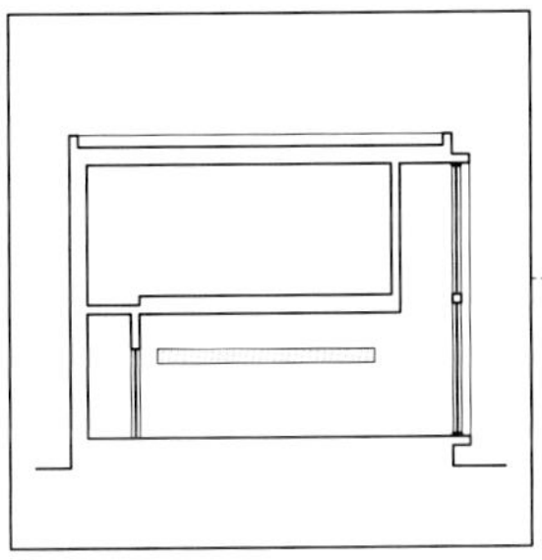

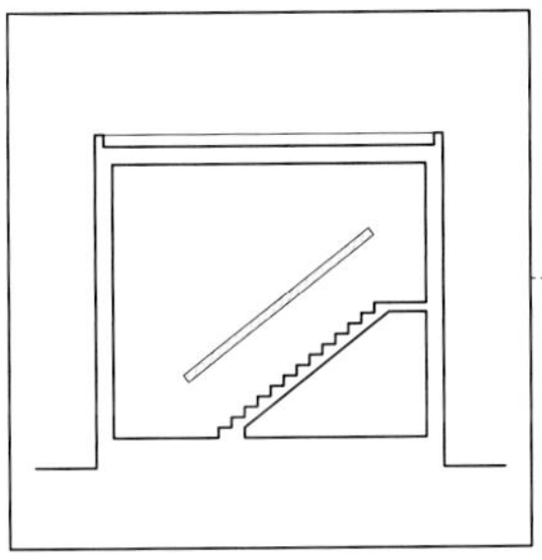

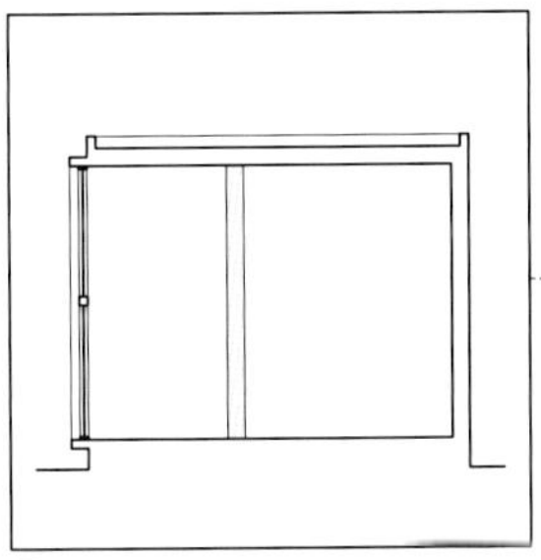

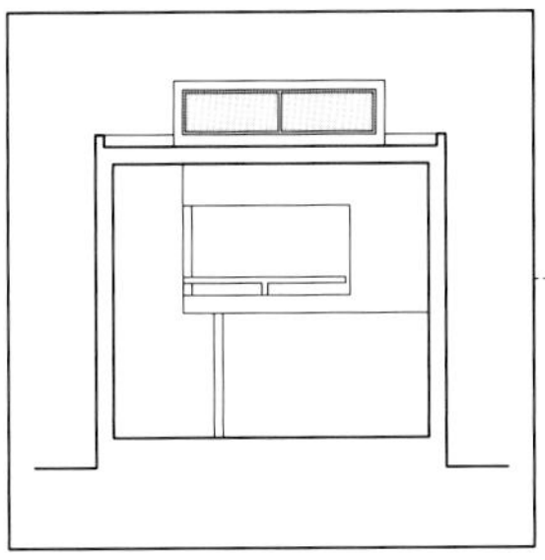

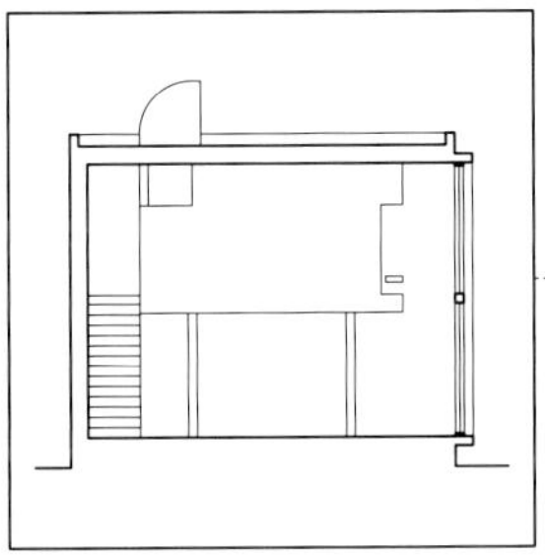

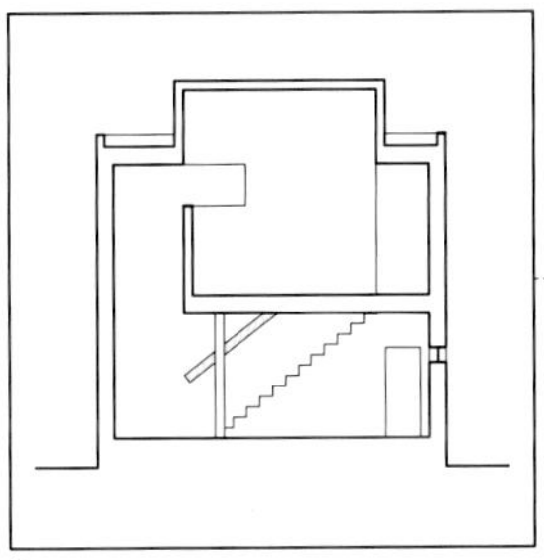

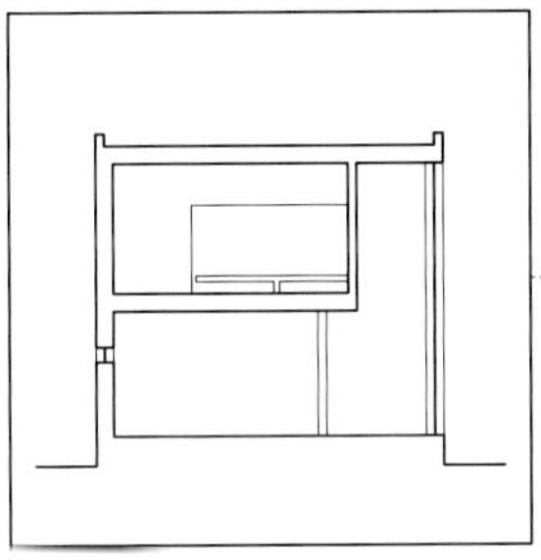

□ **アクソノメトリック図**

・複数の消点をもつ透視図にくらべて、空間組成のシステマティックな読み取りが可能となる。
水平・垂直方向寸法において、3 軸とも同じ縮率なので、スケールの把握がしやすくなる。
基準面のみならず、相対する面 (仰角 60 度側) における関係性の判読が可能となる。

□ **一点平行透視図**

・消点位置を切断図の中心軸上と上層床 +600 の位置に設定しているため、空間全体の歪みがない表現が可能となる。

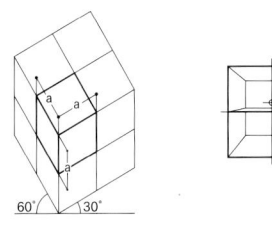

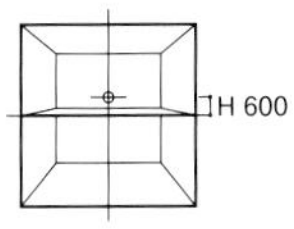

ケーススタディー
25の住居 3の計画

□ 外形図

| 01 | H-ONO | 光域のある住居／光域を中心とした各領域の陰翳によって生じる光のグラデーション効果を、全域の空間に織り込む。|

1970

W-2F　194.17m²
♀+♂ ♀+♂　89.91m²

立地
東京側から多摩川を渡った川崎北部の丘陵地は、この20年ほどのあいだに開発が加速され、環境が急速に変わりつつある。尾根を通る道に沿った傾斜地に建てられた雛壇式の集合住居の脇にある外階段を降りて行くと、南に拡がる造成地の一画に建つこの住居が見えてくる。

配置・外形
・敷地の北側中央に、全域を配置する。
・南の集域を単層、中央の空間域を吹抜けに、北の集域を復層にする。
・中央の空間域の東端と、それに連続する北の集域の下層を、外部化する。
・南と北の集域に、片流れ屋根を架ける。
・吹抜けた空間域（光域）の上部に、複合装置（天窓＋高窓・換気窓）を取り付ける。

□ 基準切断面

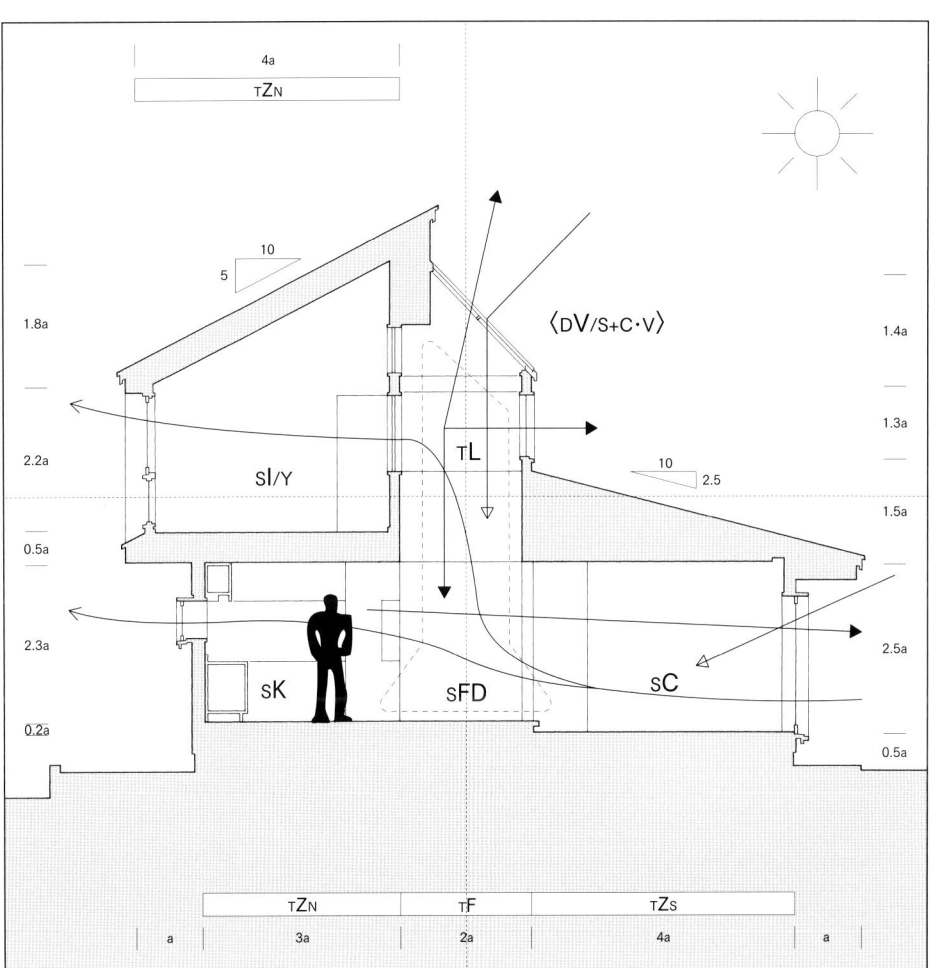

←—— 光
←—— 視線
←—— 風

TZS	南の集域
TF	空間域
TZN	北の集域
TL	光域
SC	共用の場
SFD	家族・食事の場
SK	調理の場
SI/Y	若年世代の場
DV/S+C・V	複合装置（天窓＋高窓・換気窓）
a	＝900mm

□ 切断透視図（1）

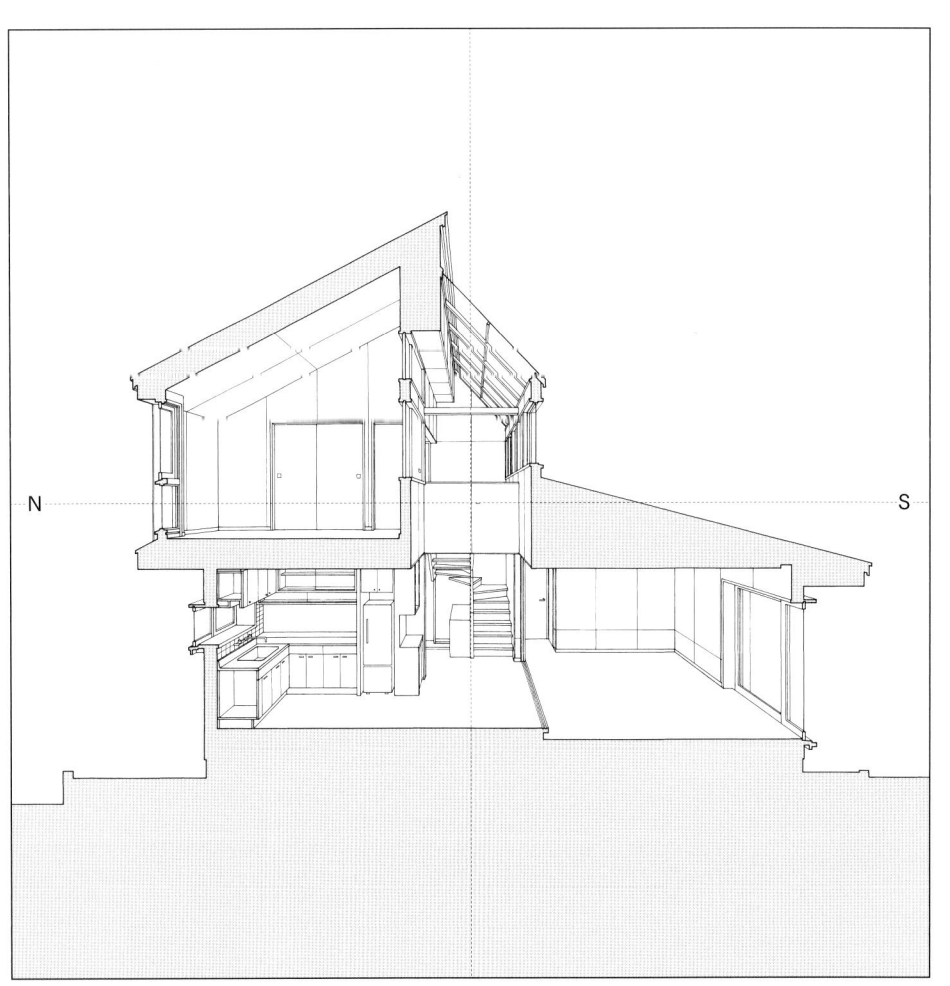

・全域の空間は、南北方向の奥行に沿って配列した、3つの集域で構成されている。
・南の集域にある共用の場は、集りの領域としてのアイデンティティーと、南北方向への連続性を得るために、天井高を2,250mmに抑え、床は基準レヴェルより150mm下げてある。
・吹抜けた中央の空間域（CH4,550mm〜5,900mm）は、複合装置（天窓＋高窓・換気窓）から入ってくる光の作用によって、全域を制御する光域として機能する。
・光域と共用の場との繋がりは、境界に建て込んだ内法高2,100mmの横引戸によって調節される。
・北の集域の下層にあるオープン形式の調理の場（CH2,100mm）は、光域から間接的に入る光によって、快適な作業スペースになっている。
・上層の若年世代の場は、勾配天井（CH1,800mm〜3,600mm）の下にあるロフト的な構成によって個別性を保ちながら、吹抜けを介して他の領域と一体化されている。
・天井・壁のラワン合板目透し貼りは、空間の連続性を表現する仕上げとして、全域に用いている。

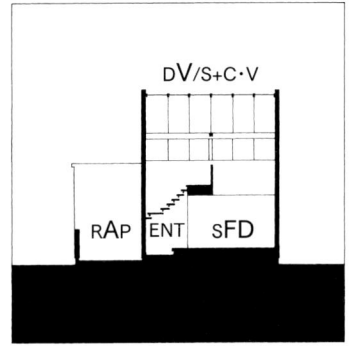

☐ 切断透視図（2）

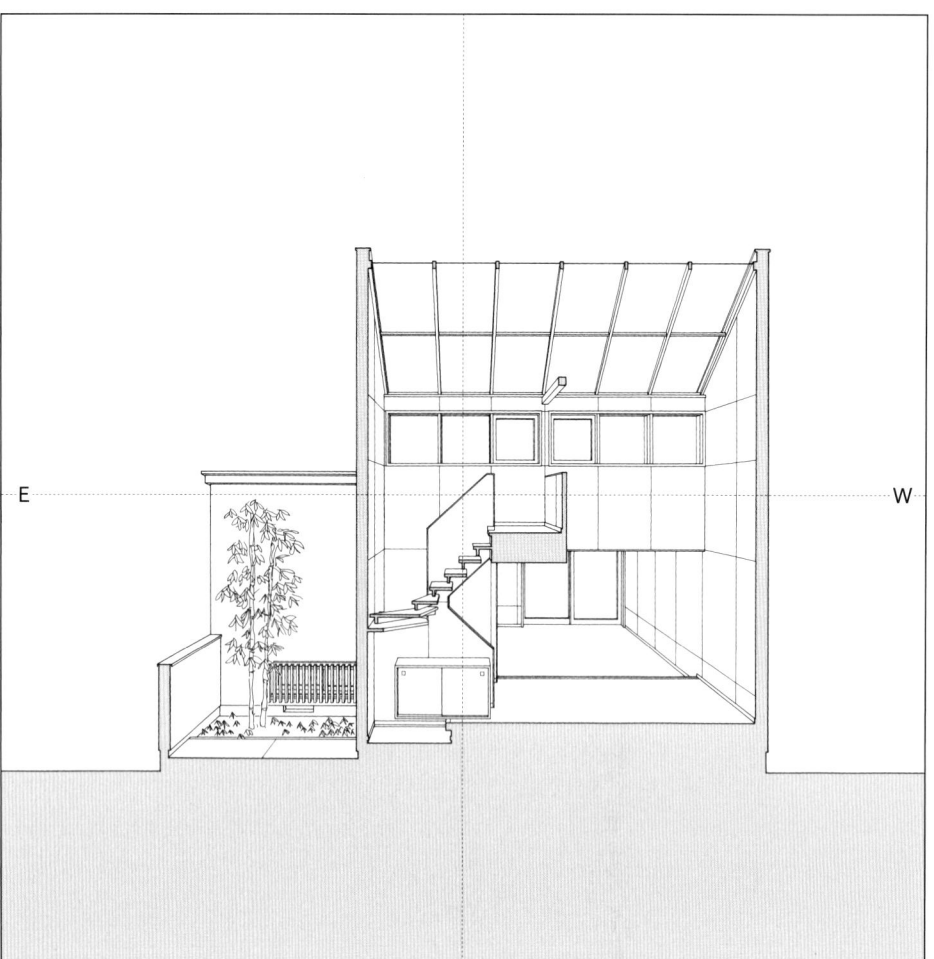

- ピロティーの下を通る導入路を経て入口から上がると、複合装置から降りてくる光に満たされた中央の空間域と共用の場、さらにその先にある南庭が視野に入る。
- 入口のスペースに組み込まれた段路を上がって架路に立つと、複合装置の広い視野を通して、周りの光景とそれに連なる空の拡がりが眺められる。
- 天窓の下には、水平にスライドする遮光パネルが取り付けてある。

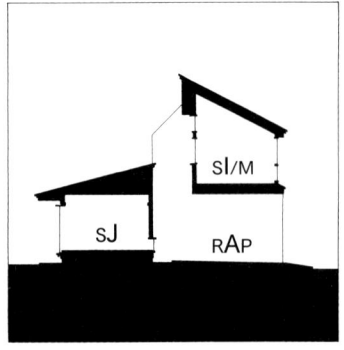

☐ 切断透視図（3）

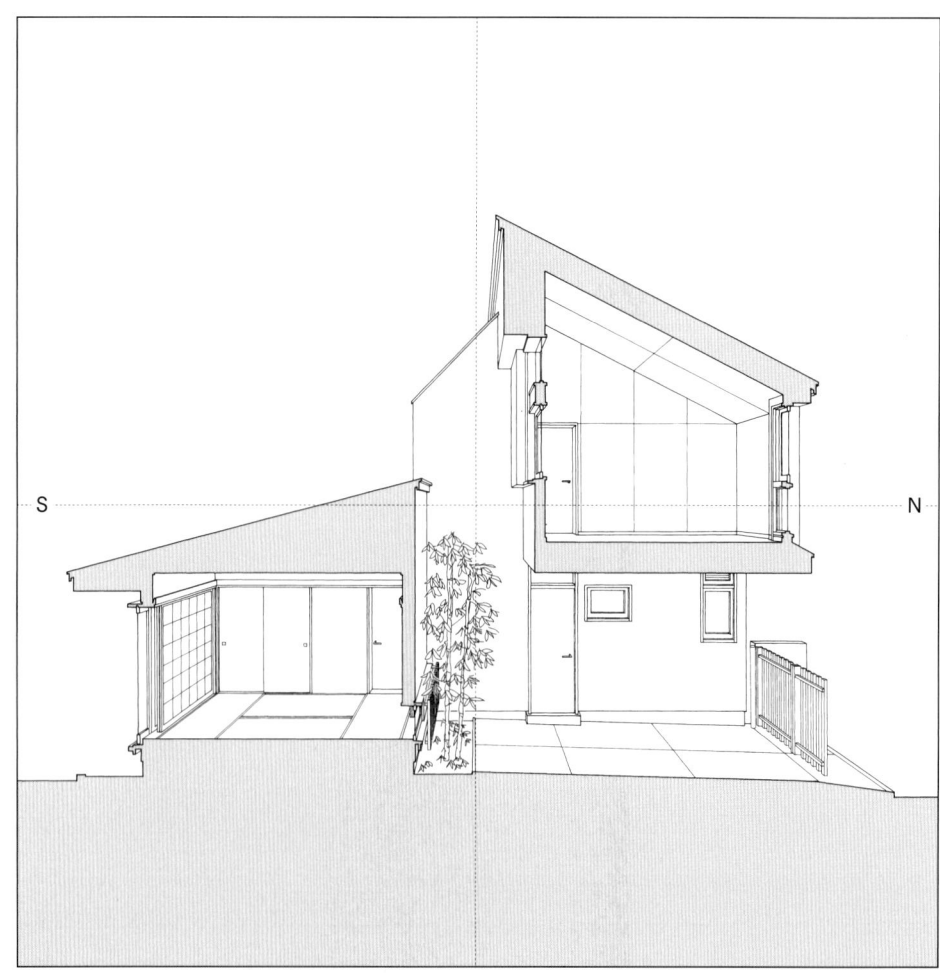

- 北の集域の外部化された空間は、駐車スペースを兼ねた導入路と上方に抜けた狭間とが矩折（かねおり）に連続している。
- 狭間から入る光を受けた竹の緑が、訪れる人を迎えるアイストップとして働く。
- 南の集域にある和式の場（CH2,250mm）は、客間として使われるとともに、家族の記憶を紡ぐ場としての仏間でもある。
- ピロティーの上にある壮年世代の場（CH1,800mm〜3,600mm）には、直接外部に面した南の開口から光が入り、風が北側のスリット窓を通って抜けていく。

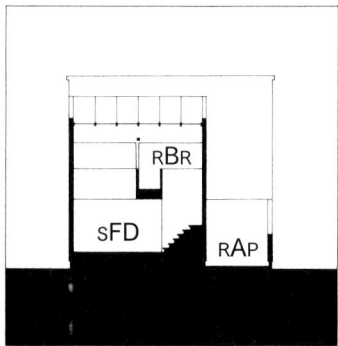

□ 切断透視図（4）

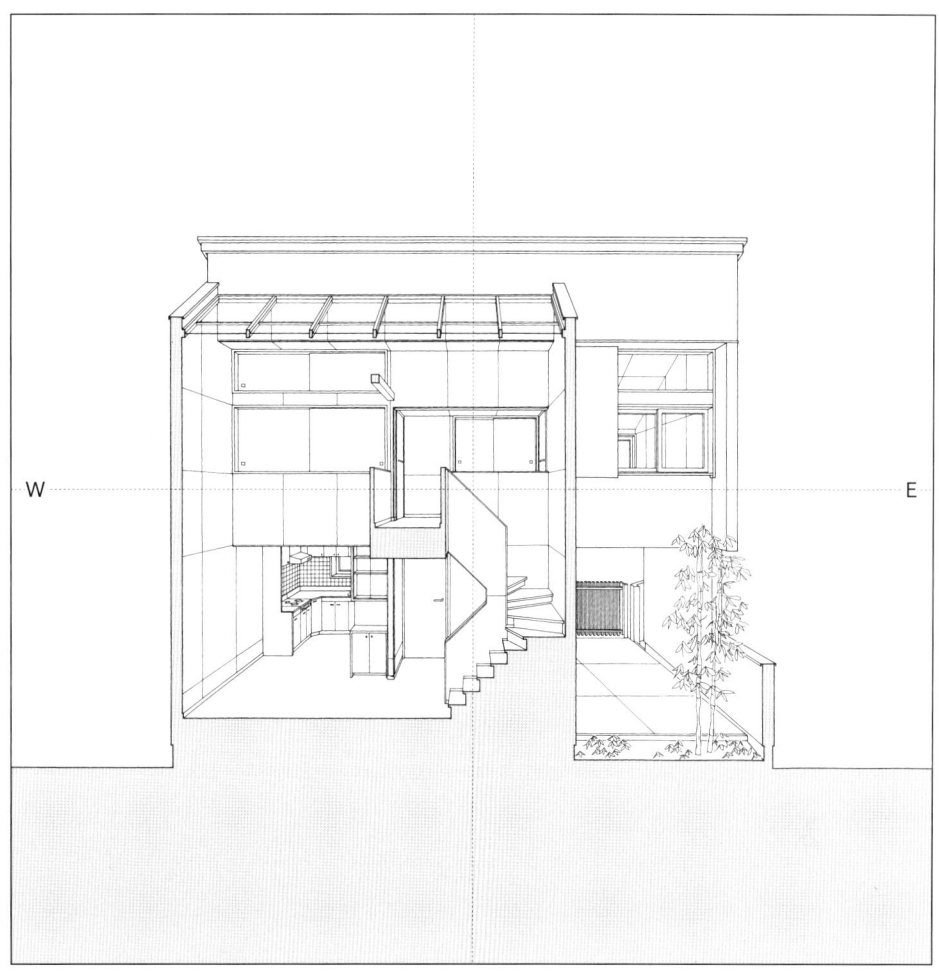

- U字形をした調理の場は、中央の空間域にある家族・食事の場に向かって開かれている。
- 吹抜けに面した若年世代の場の開口は、通風、採光、保温、見通しのほか、プライバシーの確保といった、相反する条件に対応するため、段窓の引違い戸にしてある。
- 吹抜けを横断する架路は、重層する空間を繋ぐ視覚的な仕掛けとして働く。集合住居のフラットな住まいで生活している孫たちにとってこの仕掛けが格好の遊び場となる光景を眺めていると、形態言語作用による人と空間と仕掛けとの関係性が実体として理解される。
- 架路は、複合装置のメンテナンスにも利用される。

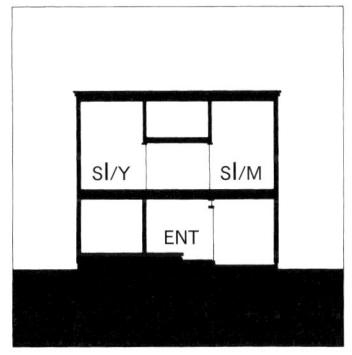

□ 切断透視図（5）

- 北の集域は、スパン2,700mmを基準にして、3つの場に区分されている。
- 入口の北にある供給域（CH2,100mm）には、家事・衛生の場の機能がコンパクトに納めてある。
- 個の場のあいだにある納戸は、多様な生活用具を収納するために、経路の天井裏も利用できるようにしてある。

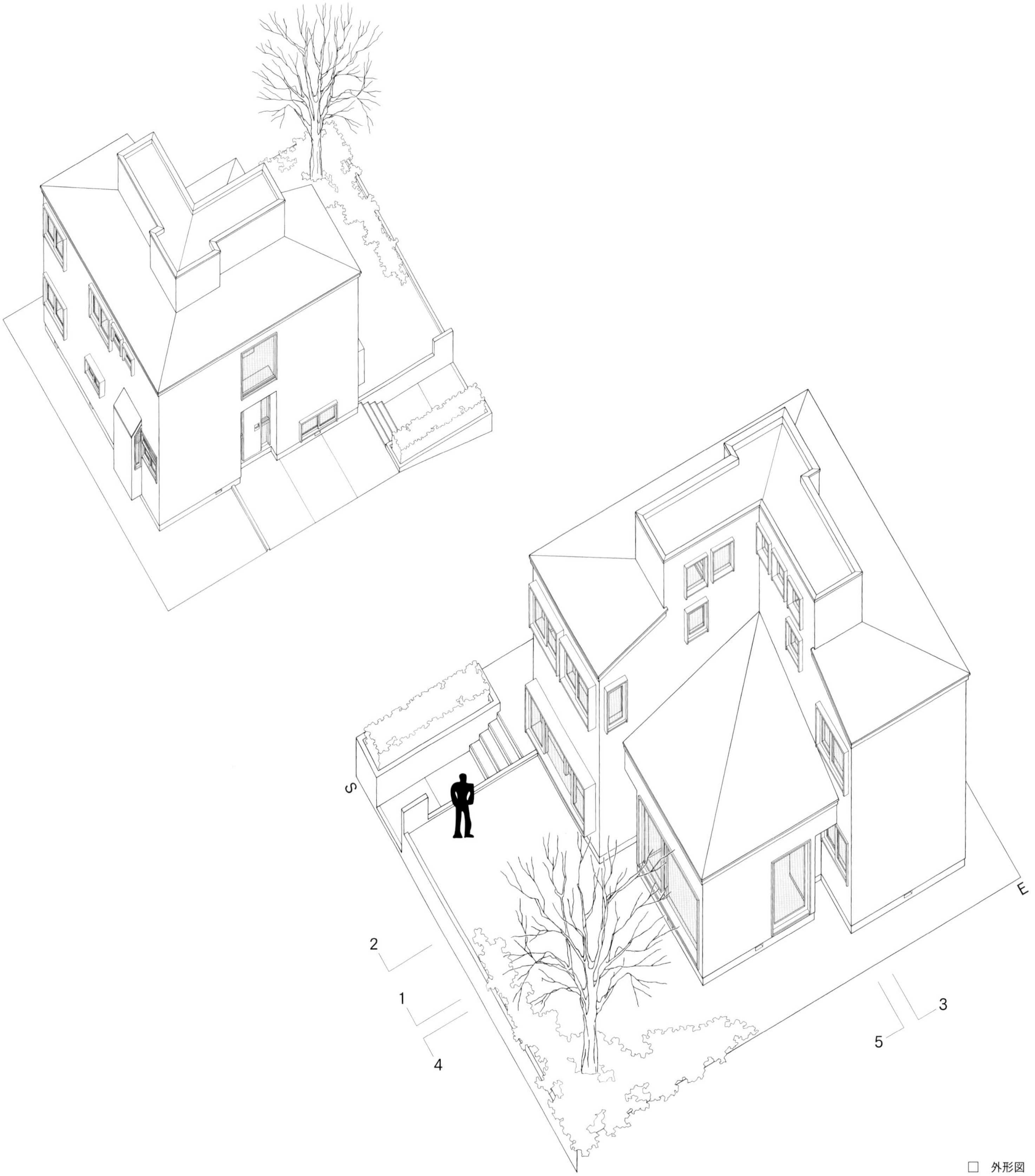

□ 外形図

02	H-KIT
	1972
W-2F	171.47m²
♂♀+♂♂	115.02m²

光塔のある住居／光塔からの光を操作して、中間域の空間に組み込まれた経路と架路および下層と上層との関係性を視覚化する。

立地
金沢八景に近い、まだ所々に緑の自然が残されている傾斜地に造成された住居地域の北下がりになった道を行くと、南側の前面道路に接した敷地に建つこの住居が、庭先に植えた株立ちの小楢（こなら）の枝越しに見えてくる。

配置・外形
・東南の集域を単層、矩折（かねおり）にした中央の空間域を吹抜けに、西北の集域を複層にする。
・吹抜けの両端に、復層部を取り込む。
・東南と西北の集域に、変形の方形屋根を架ける。
・吹抜けた空間域の上部に、光塔（高窓付き）を付加する。

□ **基準切断面**

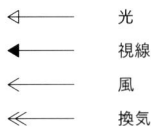

⇐	光
←	視線
⇐	風
⇚	換気

TZS	南の集域
TZN	北の集域
TF	空間域
sC	共用の場
sK	調理の場
DEN	書斎
RRT	経路
RBR	架路
LTW	光塔
DL/C	採光装置（高窓）
a	＝900mm

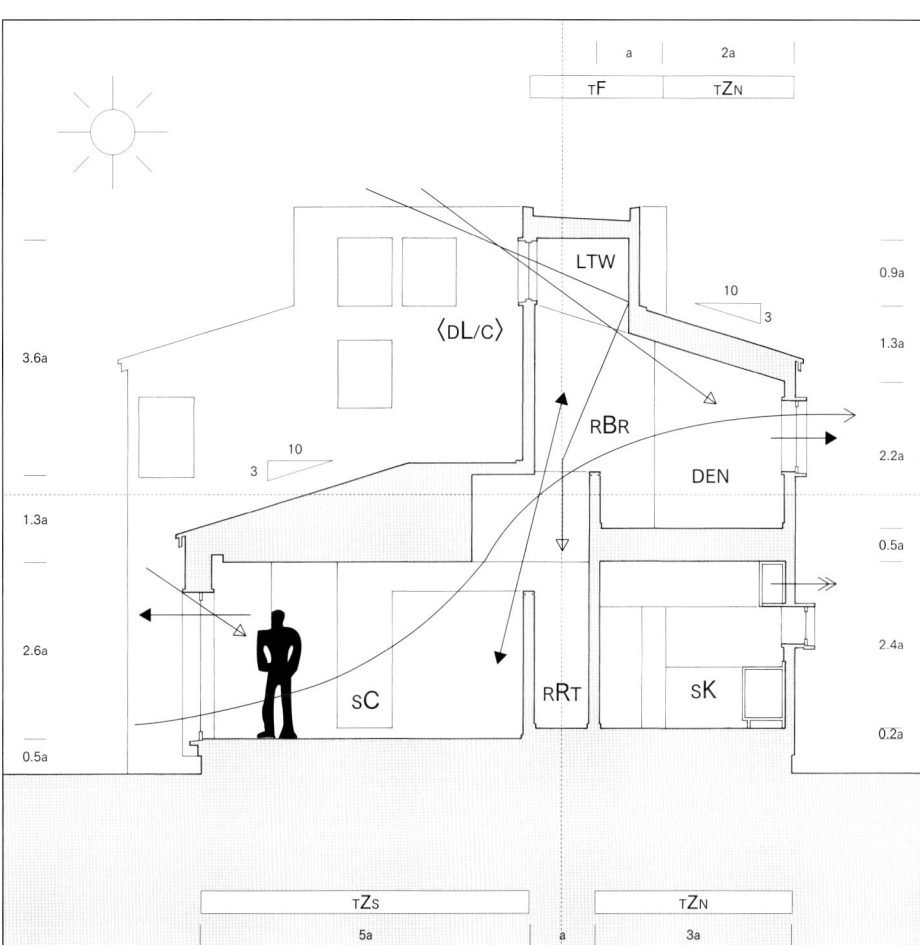

□ **切断透視図（1）**

・全域の空間は、ダイアゴナルな軸に沿って配列したスクエアな集域および矩折の集域で構成されている。
・南の集域にある共用の場（CH2,250㎜）は、東と南の2方向に向けて開いている。
・フラットな天井は、中間の空間域の手前で折り上げられて、上方に連続している。
・中間域との境界に立つ高さ1,950㎜の間仕切が、連続性を保ちながら空間を分節している。
・吹抜けた空間域の上部に付加した光塔からの光が、壁にリフレクトしながら降りてくる。
・北東の集域の下層は、調理と家事の場（CH2,200㎜）になっている。

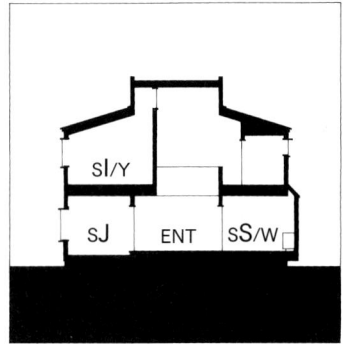

☐ 切断透視図（2）

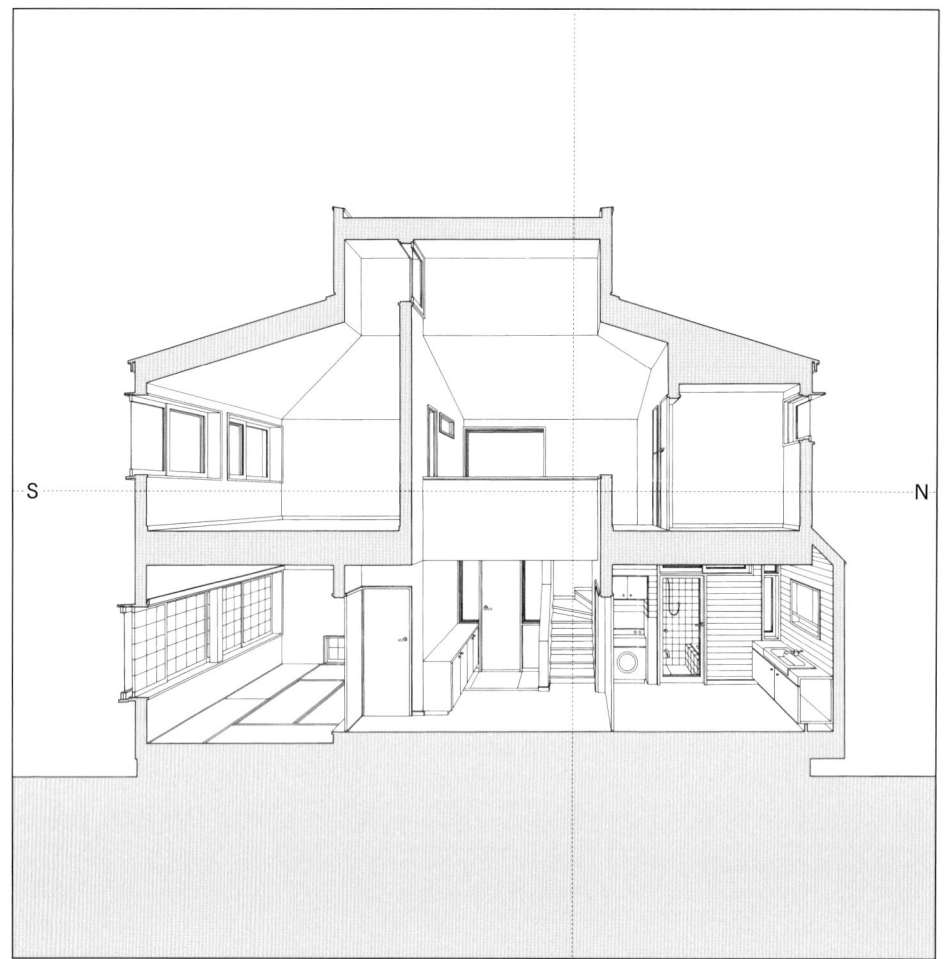

- 経路は、入口を起点として和式の場（CH2,350㎜）に直接入るルート、供給域の前を通過して家族・食事の場（CH2,200㎜）に至るルートおよび、段路を経て上層の各場に向かうルート、に分岐している。
- 南西と西北の集域の下層は、それぞれ和式の場と衛生の場に充てられている。
- 上層の南西にある若年世代の場（CH1,980㎜〜2,350㎜）は、上り棟の架構をそのまま現した天井が、空間に変化を与える。

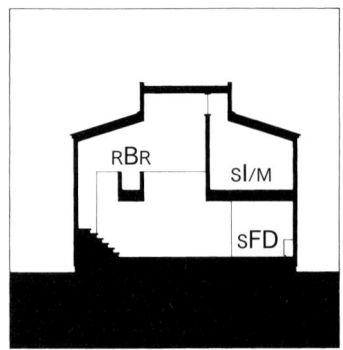

☐ 切断透視図（3）

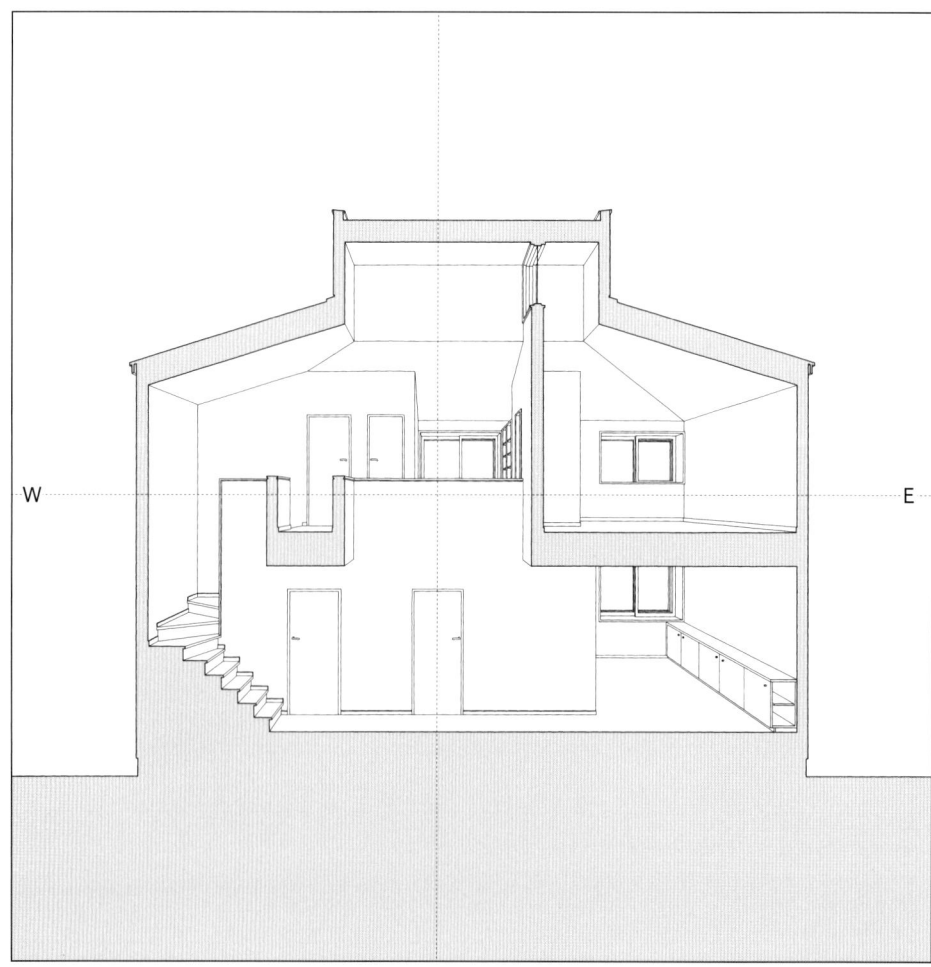

- 入口から供給域の壁に沿って東に向かう経路は、家族と食事の場に続いている。
- 段路を上がって2方向に分岐した経路は、架路を渡って、それぞれ若年世代の場や壮年世代の場に向かう。
- 矩折に回した光塔の連続性を視覚化するために、個の場と吹抜けとを間仕切る壁の上部は、ガラスの嵌殺し（はめごろし）にしてある。

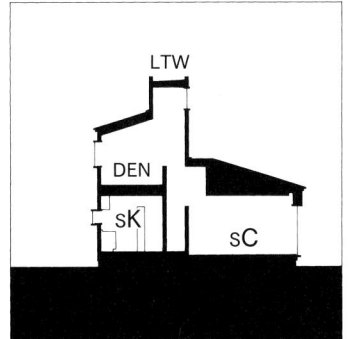

☐ 切断透視図（4）

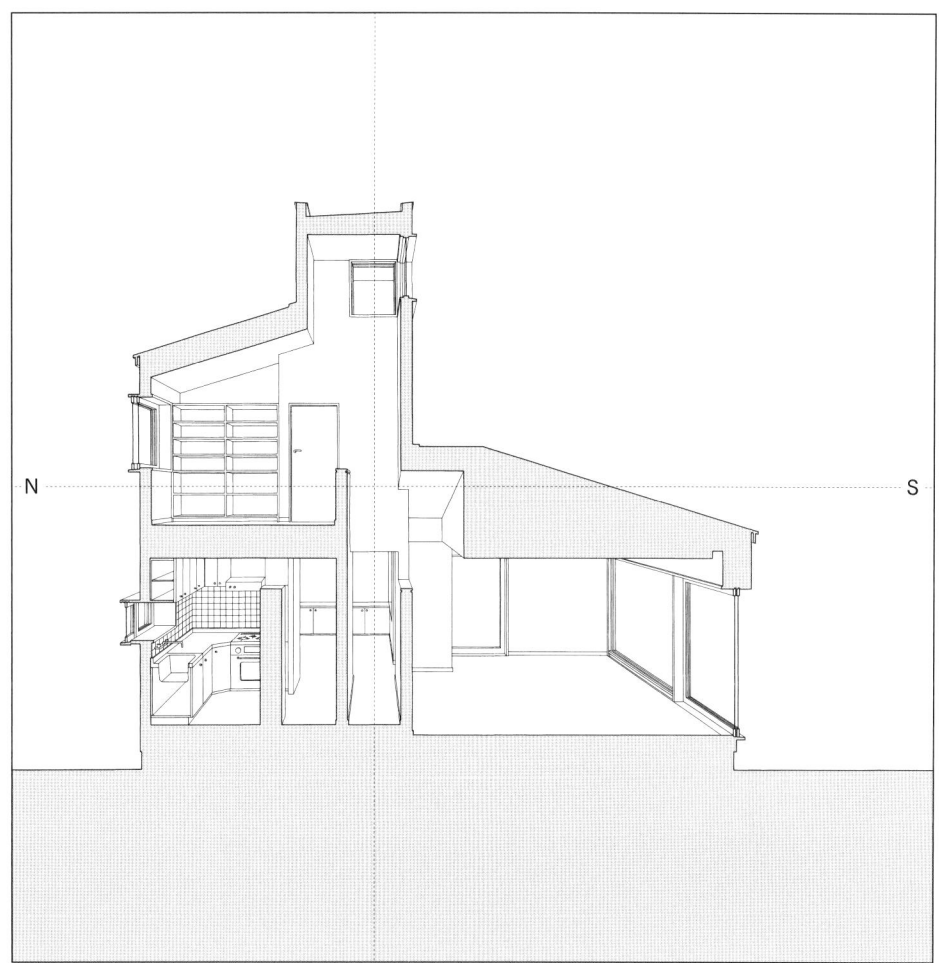

- 2方向に開かれた共用の場は、中間の空間域との取合い部分の連続性を得るために、スリットで分節している。
- 北東の集域の下層にある調理と家事の場は、オープンケースの開口を介して、東側にある家族・食事の場と結ばれている。
- 壮年世代の場の前にある、住み手が音楽・映像観賞などのプライヴェートな憩いのスペースとして使う書斎（CH1,950mm～2,350mm）には、光塔からの光が射し込む。

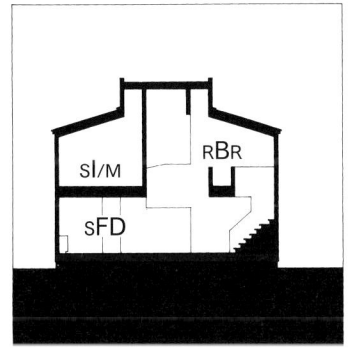

☐ 切断透視図（5）

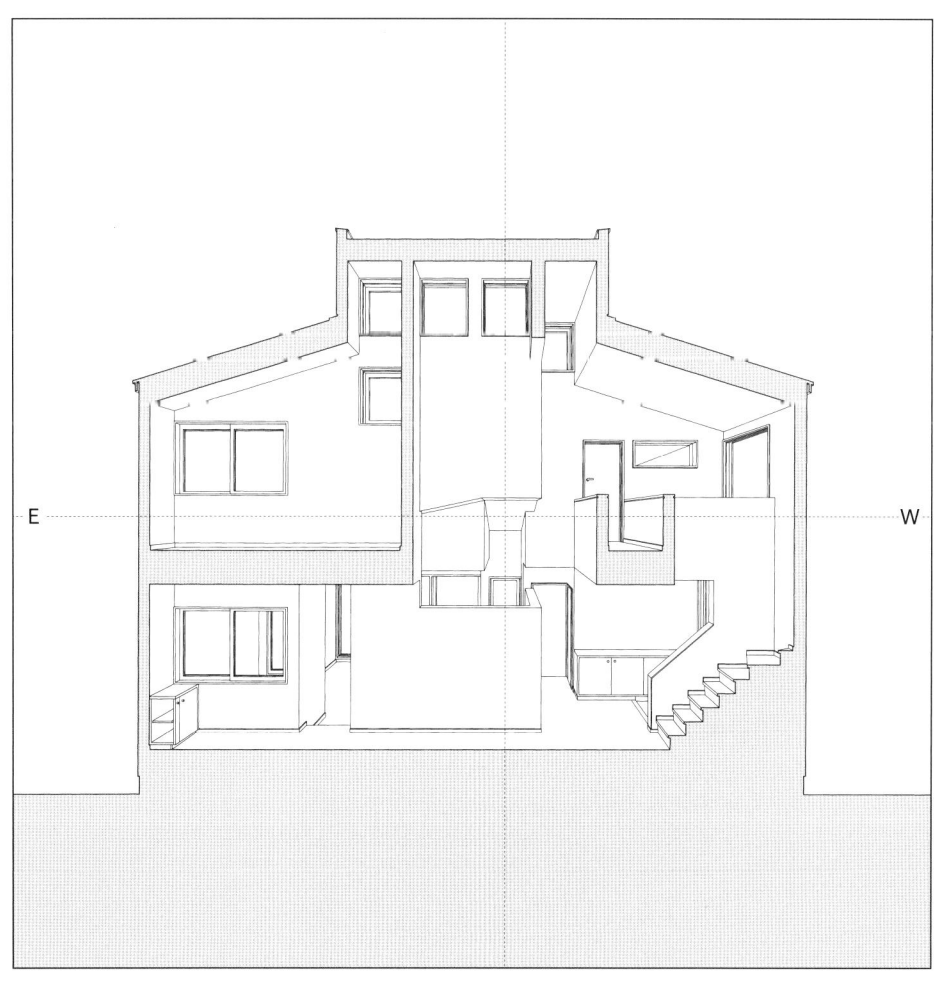

- 経路は、下層では天井と分節した矩折の間仕切によって誘導され、上層では架路によって方向性が与えられる。
- 各機能に対応した開口が、壁面のさまざまな位置に穿たれている。
- 折り上げた天井、分節した間仕切、吹抜けを横断する架路などの部位によって互いにずれた仕組みが、住み手に変化のある空間体験を与える。

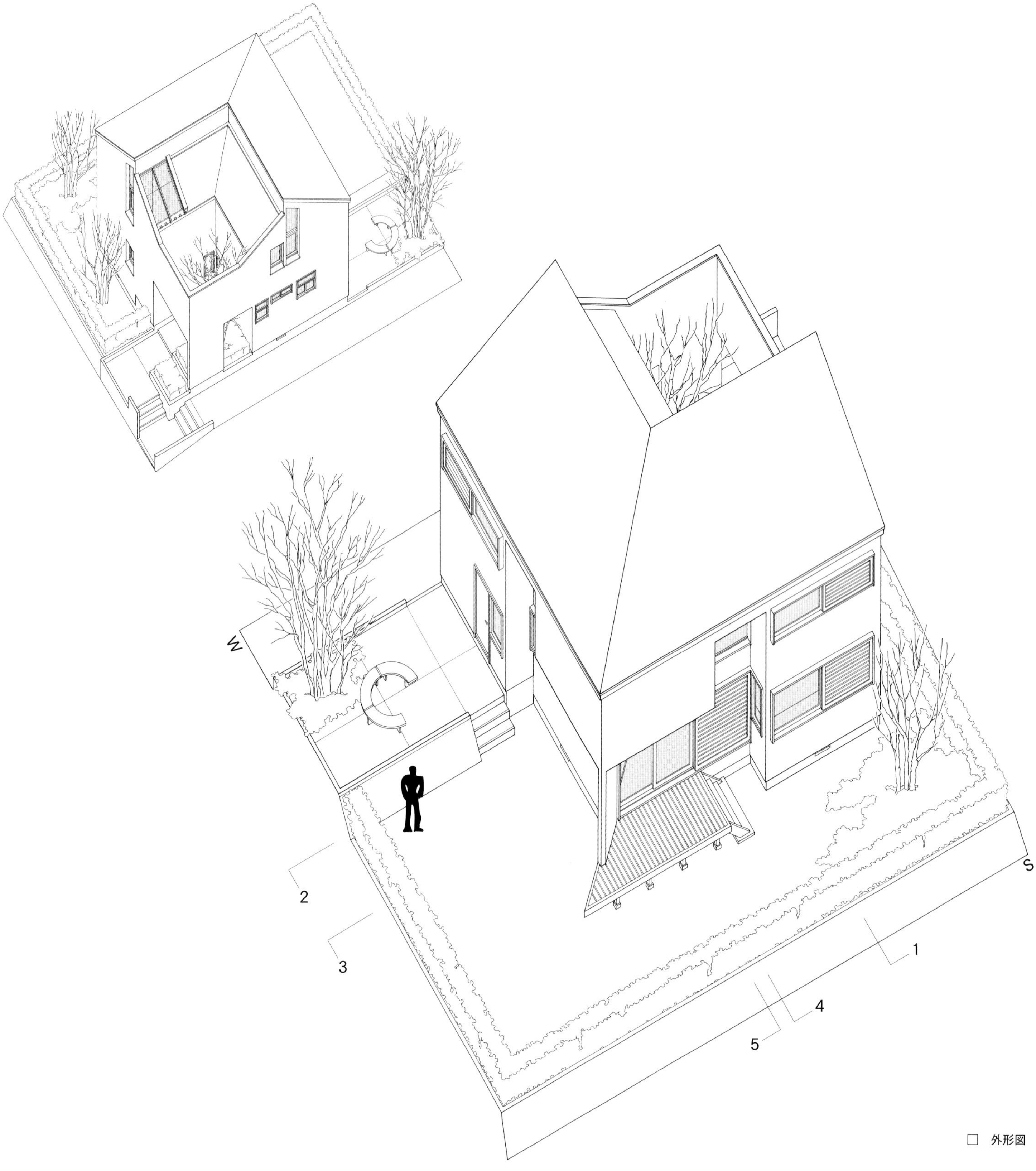

| 03 | H-ISI | 緩衝域のある住居／街とのあいだに、壁で囲繞（いぎょう）された半外部的な緩衝域を設ける。 |

1973

W-2F　　612.00m²
♂♀+♀　　105.02m²

立地

かつては果樹園が点在する静かな環境にあったこの地域も、宅地化が進む周辺の影響を受けて、環境が変わりつつある。舗装された道路から離れて畦道を辿っていくと、遥か西に丹沢の山並と富士山を望むなだらかな傾斜地に建つこの住居が見えてくる。

配置・外形

・全域を、敷地の北東隅を起点として南西方向に設定したダイアゴナルな軸に沿って配置する。
・北東の空間域を、囲い壁を残して外部化し、東側に飛び壁を架ける。
・南西の空間域を吹抜けに、東南と西北の集域を複層にする。
・外部化した空間域に矩折（かねおり）の下屋を付加する。
・東南・西北の集域と吹抜けた空間域に、矩折に連続する片流れ屋根を架ける。
・下屋上部に、採光装置（天窓）を取り付ける。
・南側にデッキを取り付ける。

□ 外形図

□ 基準切断面

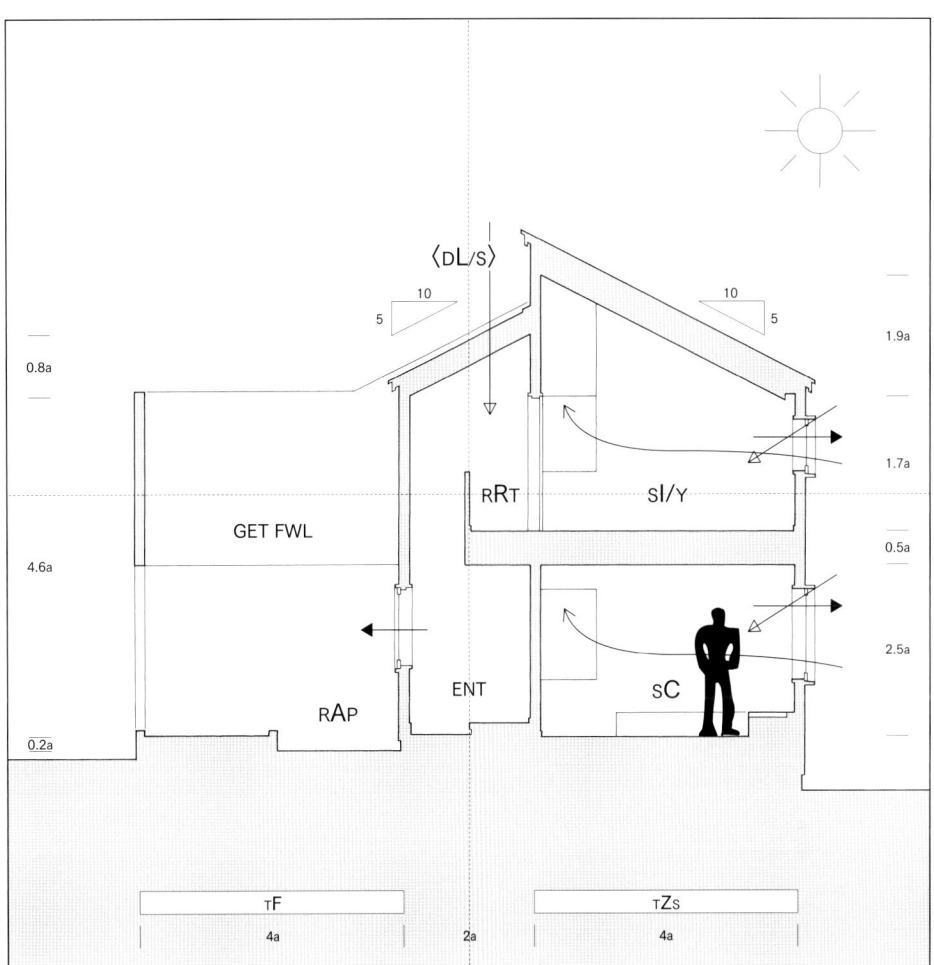

←―◁　光
←――　視線
←―――　風

TZS	南の集域
TF	空間域
SC	共用の場
SI/Y	若年世代の場
GET FWL	門・飛び壁
RAP	導入路
ENT	入口
RRT	経路
DL/S	採光装置（天窓）
a	＝900mm

□ 切断透視図（1）

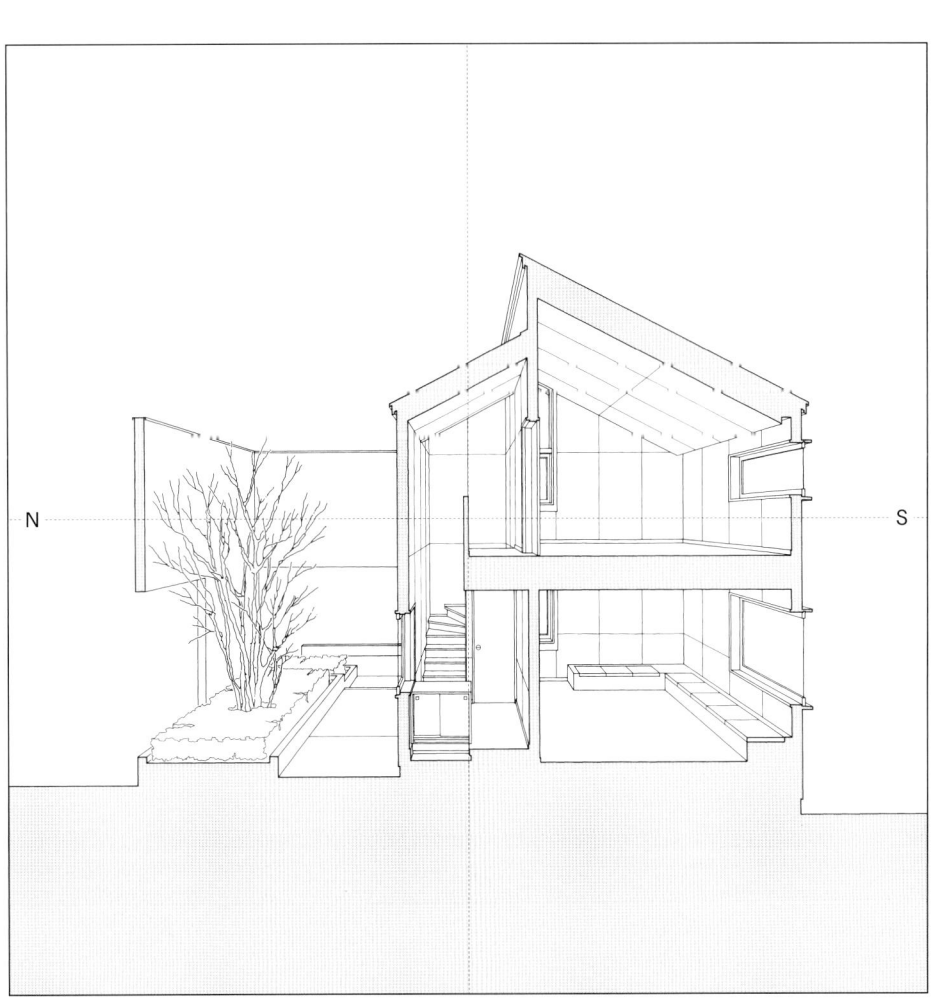

・全域の空間は、ダイアゴナルな軸上に回転の中心をもつ、4つの集域で構成されている。
・一部の壁を残して外部化した北東の空間域は、街と住居とを結ぶ緩衝領域として働く。植込みの中に立つ株立ちの小楢（こなら）が、訪れる人を迎え入れる。
・道路側に架かるゲートを象徴する飛び壁の下を通る誘導路が、入口への方向を示す。
・東南の集域下層にあるアルコーヴ状の共用の場は、天井高を2,150mmに抑え、コーナーには矩折になったベンチが造り付けてある。
・共用の場の上には、若年世代の場（CH1,550mm〜3,250mm）が重層している。
・外と内とのあいだの狭間のような空間（CH4,100mm〜4,950mm）には、経路と上部に採光装置を取り付けた折返しの段差が組み込まれている。
・天井・壁のラワン合板目透し貼りは、空間の連続性を視覚化する仕上げとして、全域に用いている。

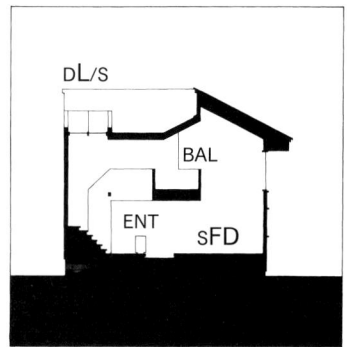

□ 切断透視図（2）

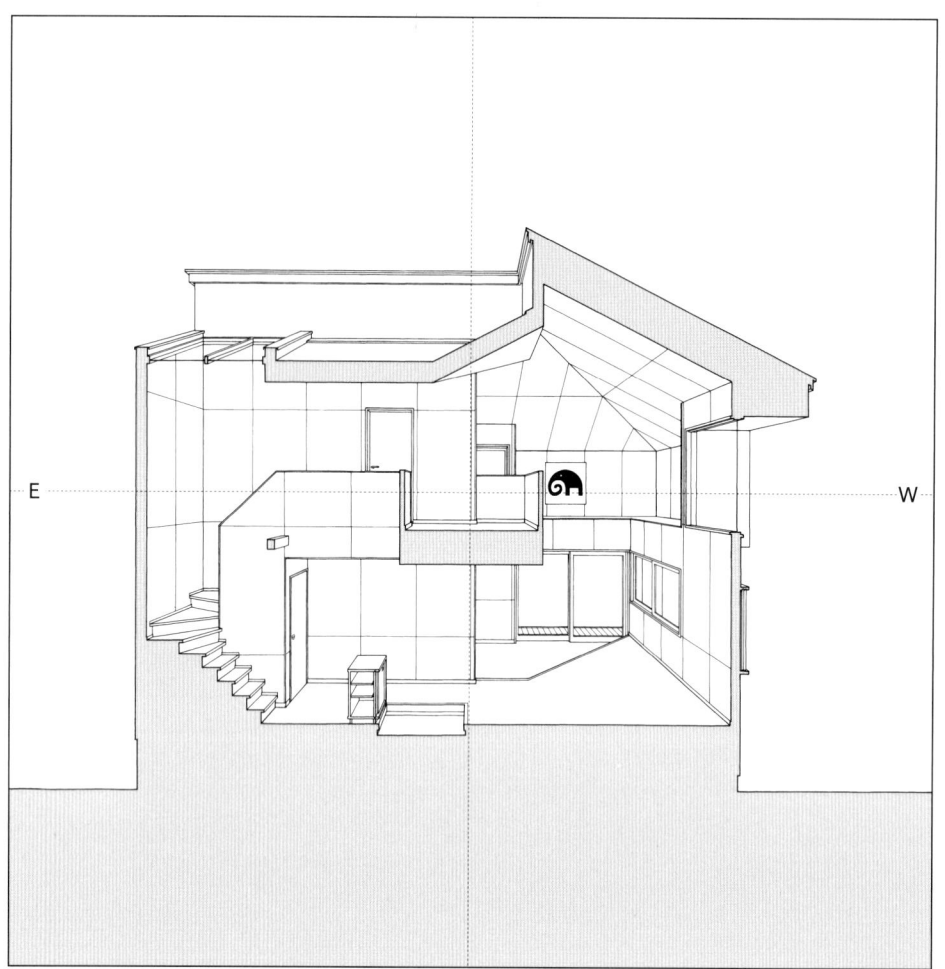

- 入口を上がると、吹き抜けた空間域（CH4,100mm～5,800mm）にある家族・食事の場と、床の150mmの段差によって示されるダイアゴナルな軸の先にある南庭が視野に入る。
- 斜めの軸、直交する軸および吹抜けを媒域として、空間が連続していく。
- 入口から東に向かう経路は、下層の領域をディスターブすることなく、下屋に組み込まれた折返しの段路を経て上層へと繋がる。段路の上に設けた天窓から入る光が、閉じた空間の壁伝いに降りてくる。

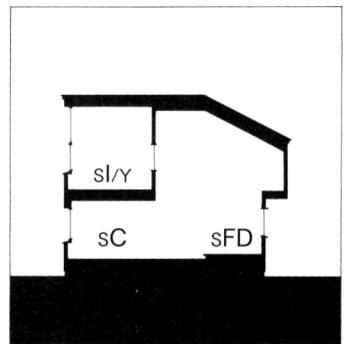

□ 切断透視図（3）

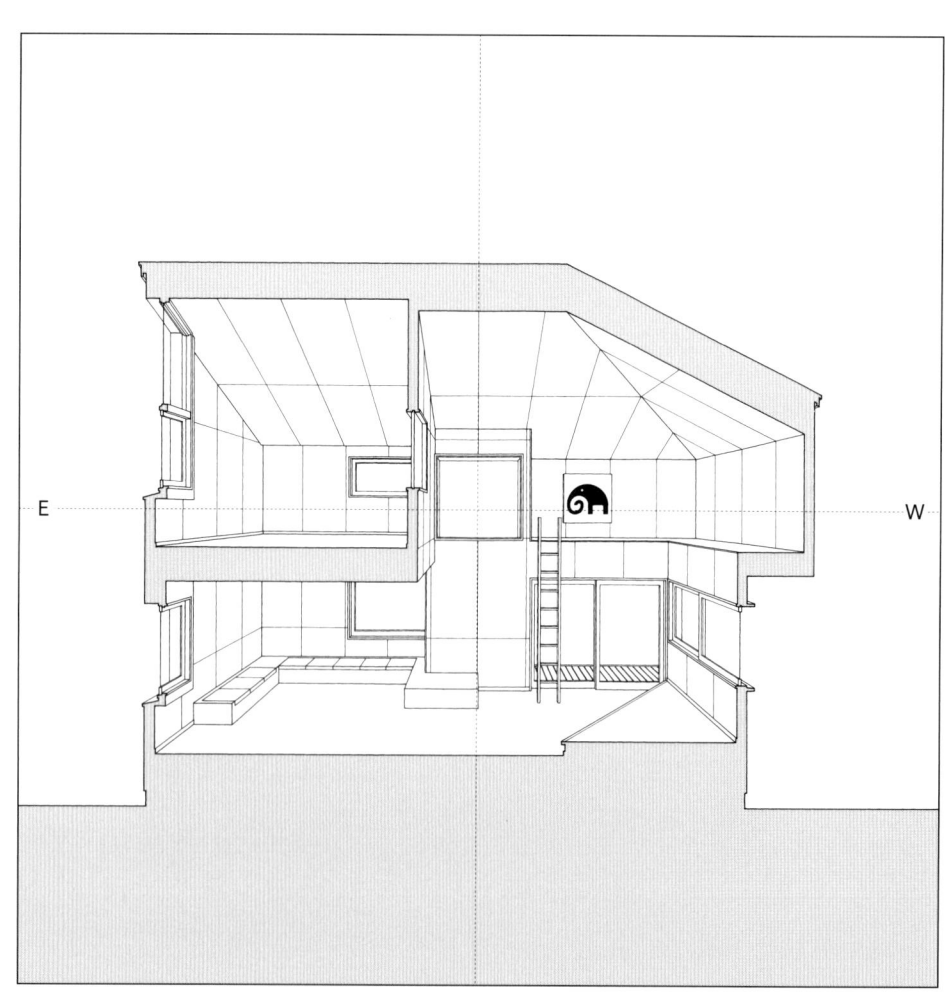

- 天井を低く抑えた共用の場の空間が、ダブルハイトの吹抜けに連続している。2つの空間によるスケールの対比が、住み手に変化のある空間体験を与える。
- 吹抜けの上層レヴェルに設けたアルコーヴは、絵画や彫刻をディスプレーする展示装置であるとともに、外部では開口部の庇として機能する。
- 上層にある若年世代の場は、ロフト的な空間にするために勾配天井の昇り始めを1,550mmに抑え、吹抜けに面した開口をスクエアな形に絞るなどの手法を用いている。

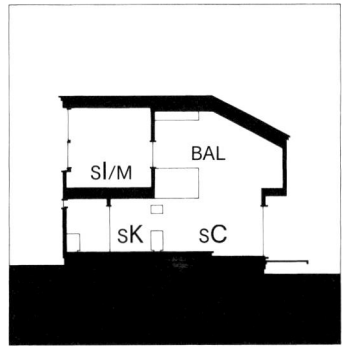

□ 切断透視図（4）

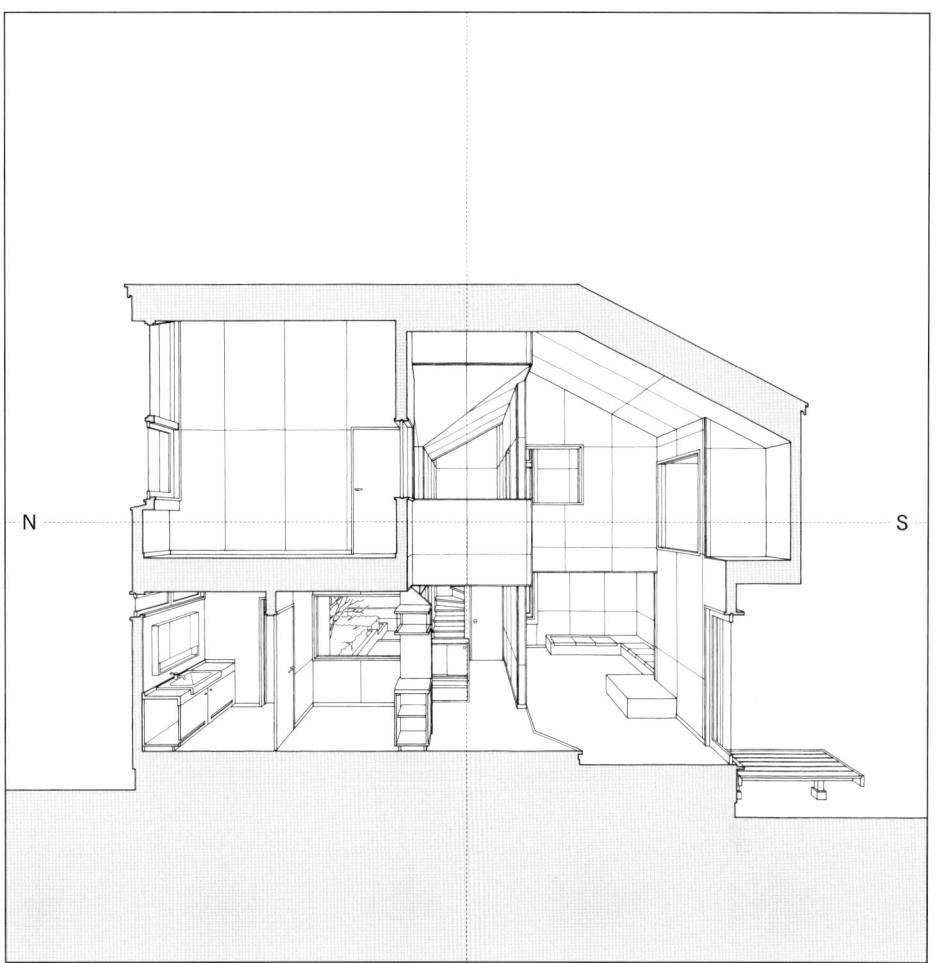

- 段路からの経路は、中心にくると吹抜けに張り出したバルコニーに形を変える。
- この場に立つと、住居全体の仕組みが知覚されるとともに、稜線に沿って折り上げた天井と下に見える軸に沿って段差をつけた床の納まりが、ダイアゴナルな軸の存在を視覚的に意識させる。
- ダイアゴナルな軸に対して吹抜けを介して対称の位置にある壮年世代と若年世代の場は、同じ仕組みで構成されている。
- 調理の場（CH2,150mm）は、家族・食事の場とは食器類を収納するサーヴィスカウンターで仕切られているが、ハッチの開口を通して他の領域と視覚的に結ばれている。

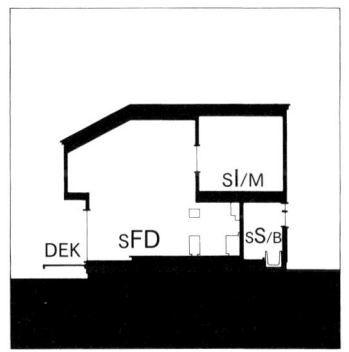

□ 切断透視図（5）

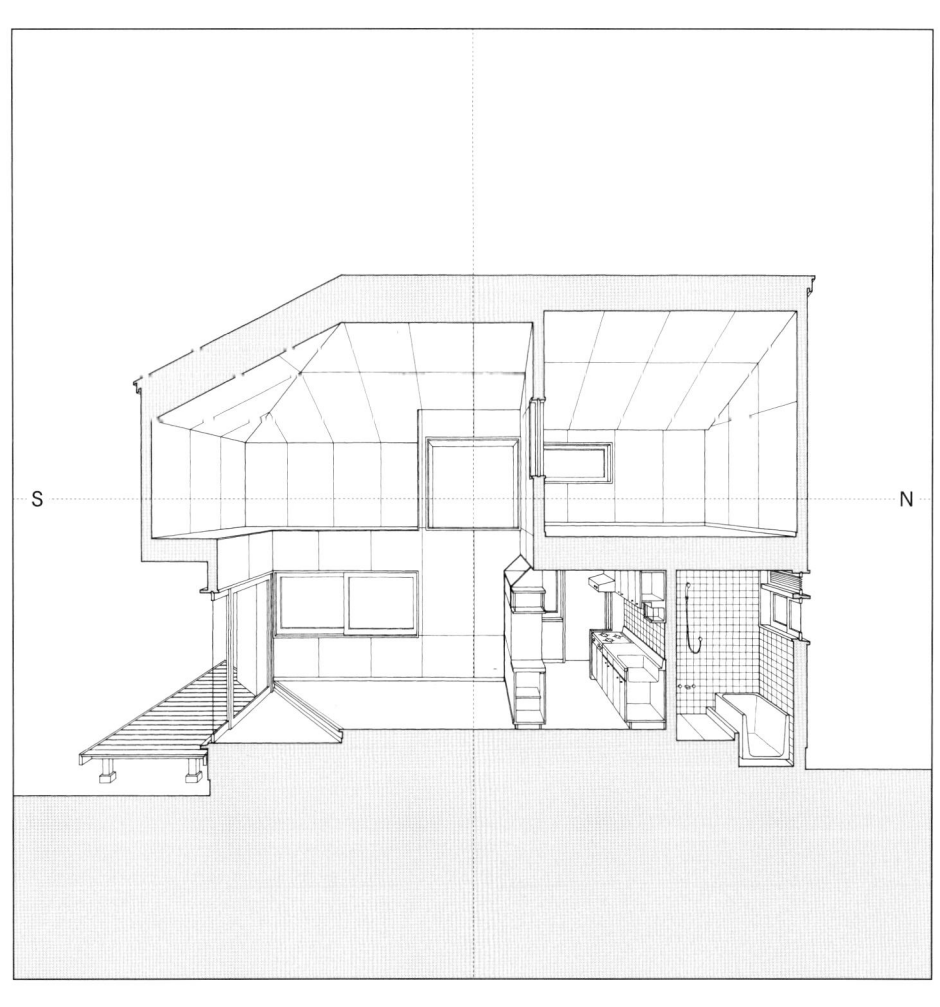

- 吹抜けの上層レヴェルの西側に大きく穿たれた開口は、中心にあるバルコニーに立ったとき、そのスクエアなフレームの内に遥か遠くに望む富士山の姿が入る位置にセットしてある。
- 家族・食事の場よりも150mm下げた床は、ダイアゴナルな軸に沿って外部のデッキを経て、さらに南の庭へと連続していく。
- 調理の場と家事・衛生の場は、住み手が効率よく働ける形に配置されている。

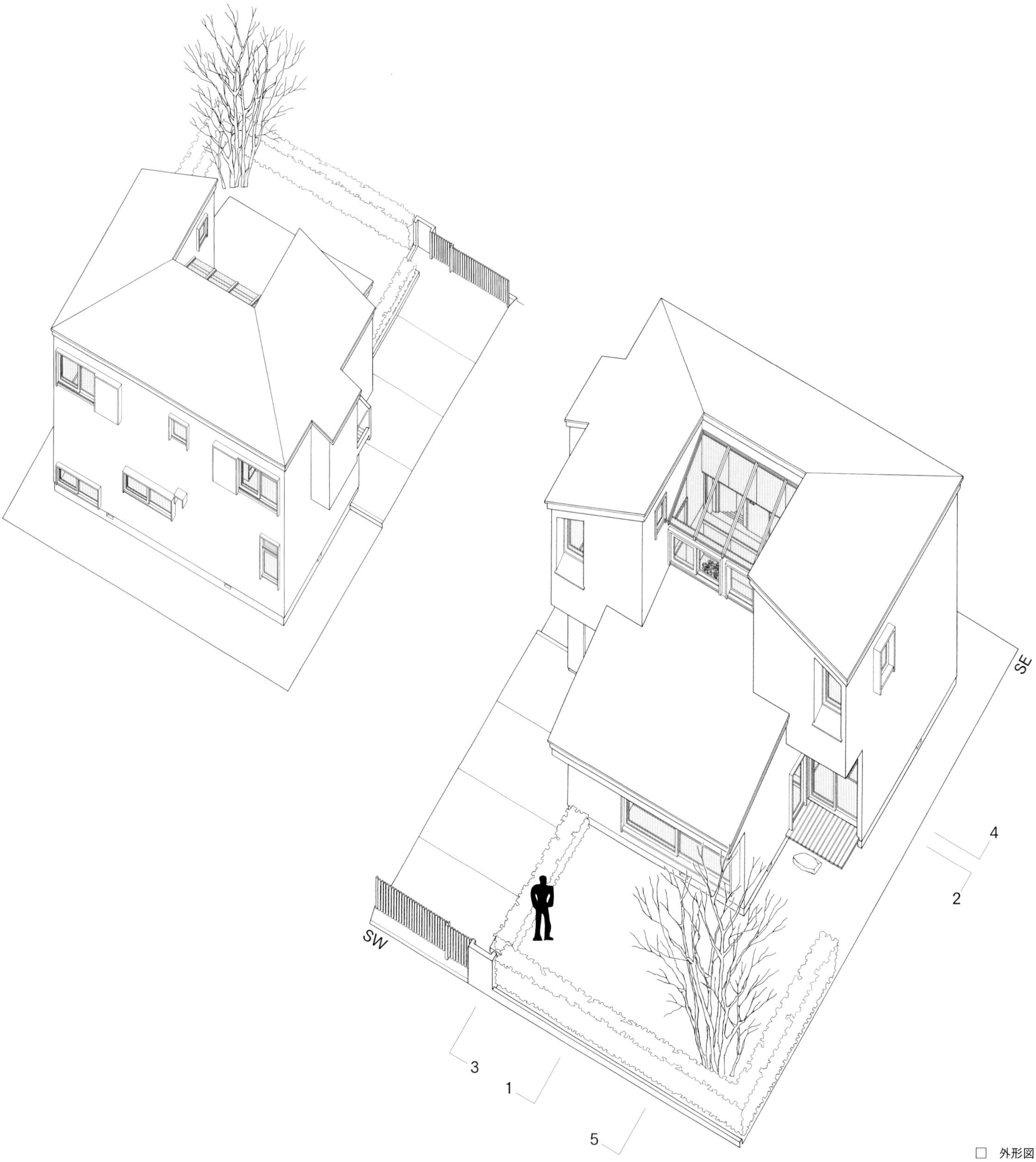

04	H-IKE
	1975
W-2F	173.51m²
♂♀+♂♂	103.95m²

光井戸のある住居／光帯から変換された光井戸を下降する光を操作し、ヴォイドな空間を囲う場の関係性を視覚化する。

立地
横浜の湾岸沿いを通る産業道路を過ぎて、住居が無秩序に建つ区域を抜け、丘陵に造成された住居地域に向かう坂道を登って行くと、南側道路に面して方位がほぼ45度振れた敷地に建つこの住居が見えてくる。

配置・外形
・敷地の北側中央に、全域を配置する。
・南の集域を単層、中央の空間域を吹抜けに、北の集域を複層にする。
・北の集域の両端を矩折（かねおり）にして、吹抜けを光帯から光井戸に変換する。
・南の集域に片流れ屋根を、北の集域に変形の方形屋根を架ける。
・光井戸の上部に、複合装置（天窓＋高窓）を取り付ける。

□ 外形図

□　基準切断面

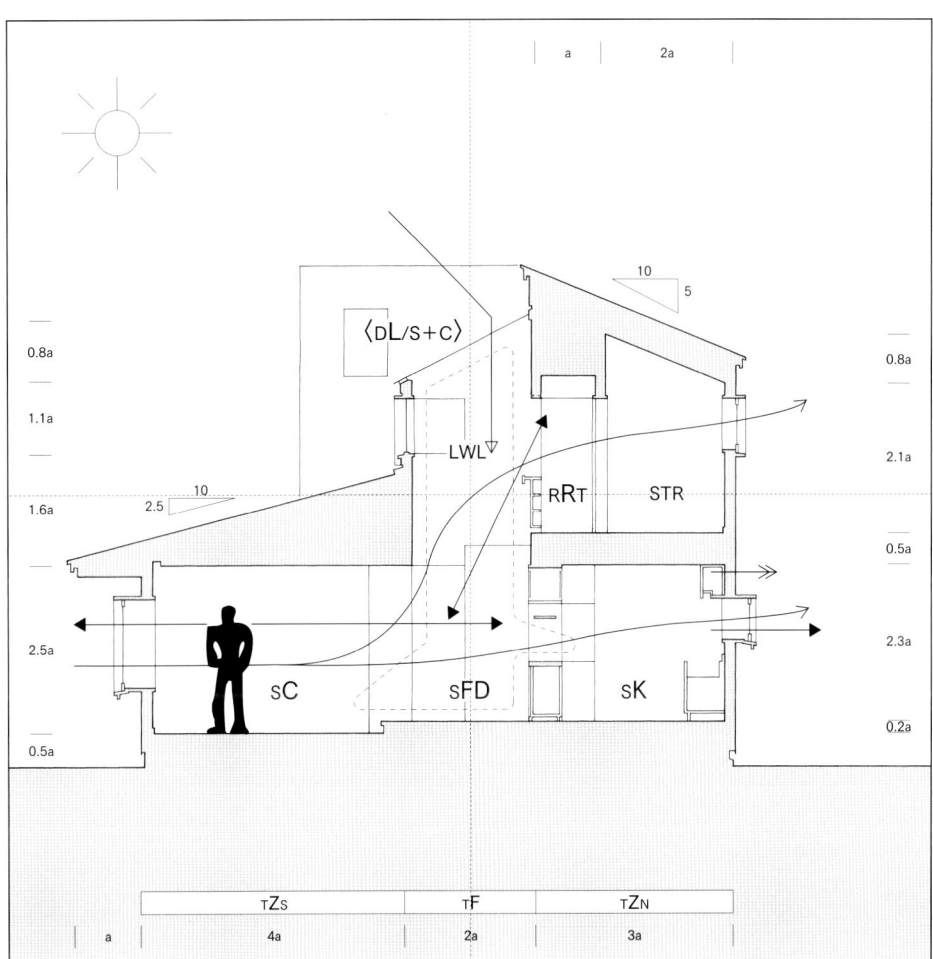

◁────	光
◀────	視線
⇐────	風
⇚────	換気

TZS	南の集域
TF	空間域
TZN	北の集域
sC	共用の場
sFD	家族・食事の場
sK	調理の場
LWL	光井戸
STR	納戸
RRT	経路
DL/S+C	複合装置（天窓＋高窓）
a	＝900mm

□　切断透視図（1）

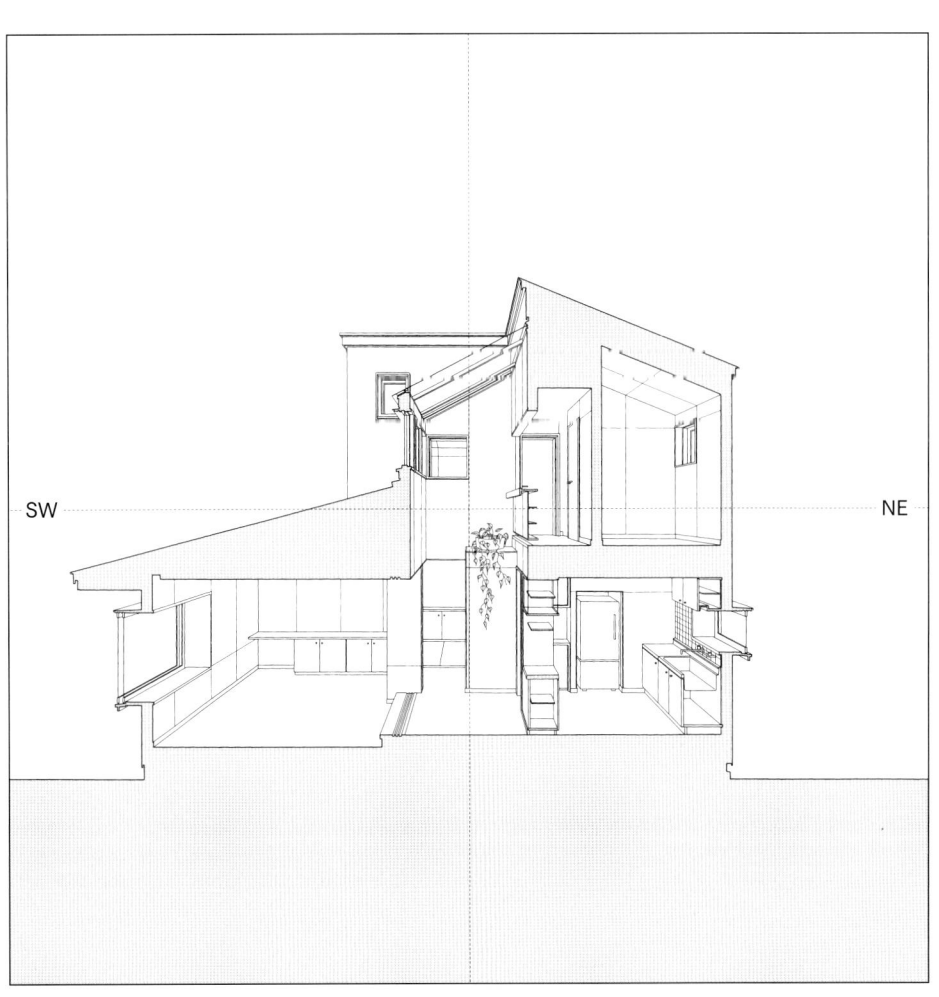

- 全域の空間は、南北方向の奥行に沿って配列された、3つの集域で構成されている。
- 吹抜けた中間の空間域（CH4,600mm～5,400mm）は、両側に折れ込んだ北の集域によって、光帯から光井戸に変換されている。
- 光井戸の上部に取り付けた複合装置（天窓＋高窓）からの光が、上層の経路と下層の家族・食事の場を経て、南の集域にある共用の場にも拡散する。
- 光は、上層の経路下にある食器棚とハッチを備えた間仕切を透過して、北の集域にある調理の場（CH2,100mm）にも射し込む。
- 共用の場は、南庭との連続性の関係から天井高を2,250mmに抑え、床は基準レヴェルより150mm下げてあるが、アプローチが南入りであることと、領域性を明確にするために、開口部は横幅の広い腰窓になっている。
- 上層の光井戸に面するリセスした部分には、個の場を繋ぐ経路が通り、その北側には納戸（CH2,000mm～2,700mm）が設けてある。

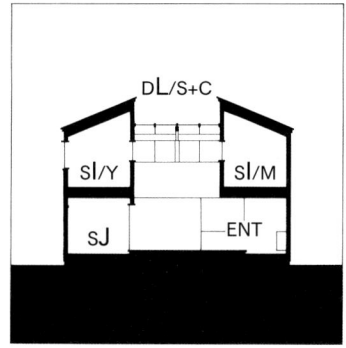

□ 切断透視図（2）

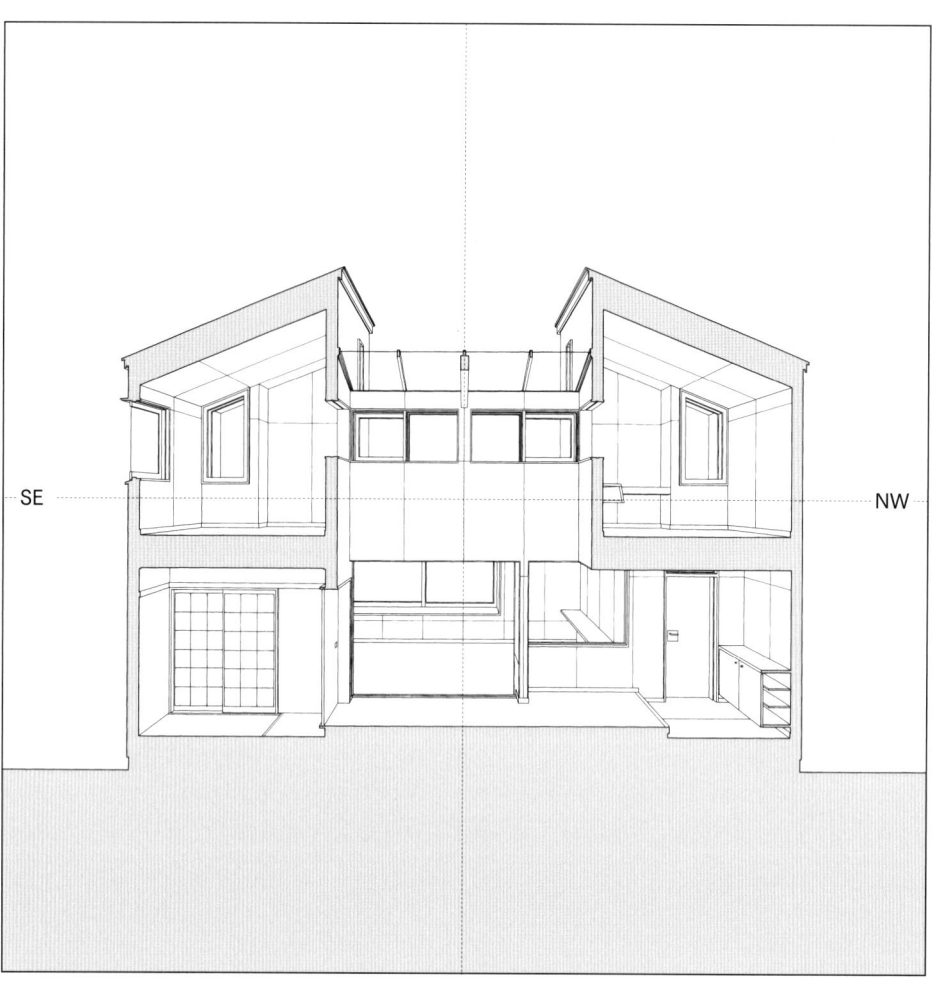

- 南入りの入口から入ると、光井戸の下にある家族・食事の場と、南の集域の共用の場が視野に入る。
- 中間の空間域の奥には、和式の場への入口が見える。
- 光井戸の両側に設けたスクエアな開口が、対称に配置されている壮年世代と若年世代の場との関係を示している。
- 上層の経路に立って南を見ると、採光装置の腰壁を挟んで、内・外の光景が同時に眺められる。

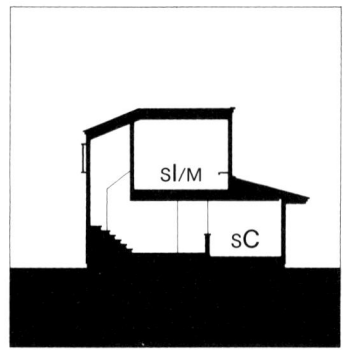

□ 切断透視図（3）

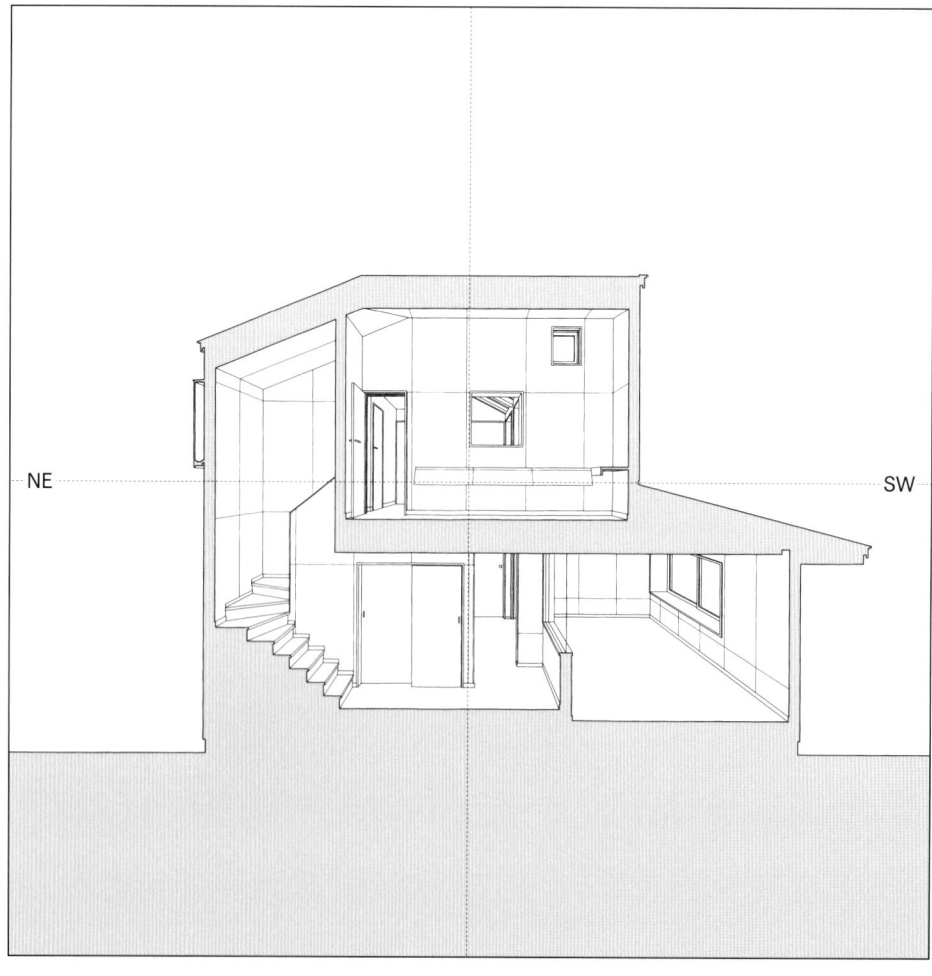

- 入口を上がった溜りのスペースからは、南に嵌殺し（はめごろし）の窓を通して共用の場、正面には家族・食事の場とその奥にある和式の場の入口が見える。左側の収納に沿った経路の先は、折返しの段路に続いている。
- 段路を登っていくと、上部の開口を通して壮年世代の場が見えてくる。
- 壮年世代の場に設けたヘッドボード上の開口は、対面にある若年世代の場の開口と同じ位置にあって、お互いの視線が光井戸を介して行き交う。

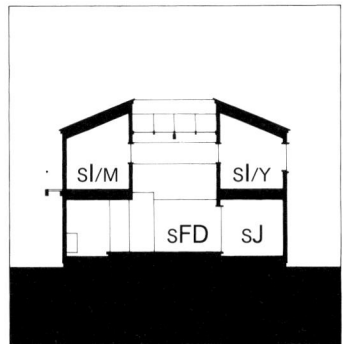

□ 切断透視図（4）

・入口と家族・食事の場を分節する収納の上部には観葉植物などが置かれ、光井戸の空間を彩る。
・架路の手摺は、住み手の蔵書を収納する書棚を兼ねている。
・対称の位置に置かれた個の場は、オープンな若年世代の場（CH2,000㎜～3,000㎜）に対して、壮年世代の場（CH2,000㎜～3,000㎜）は北側に書棚で区分した書斎コーナーが設けてある。
・下り棟の稜線をそのままの形で現した天井が、個のスペースの空間に変化を与えている。

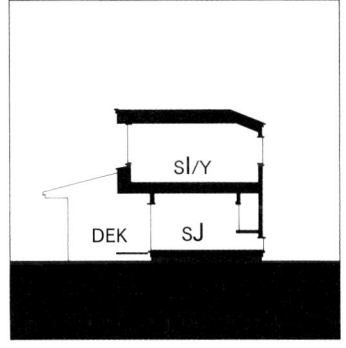

□ 切断透視図（5）

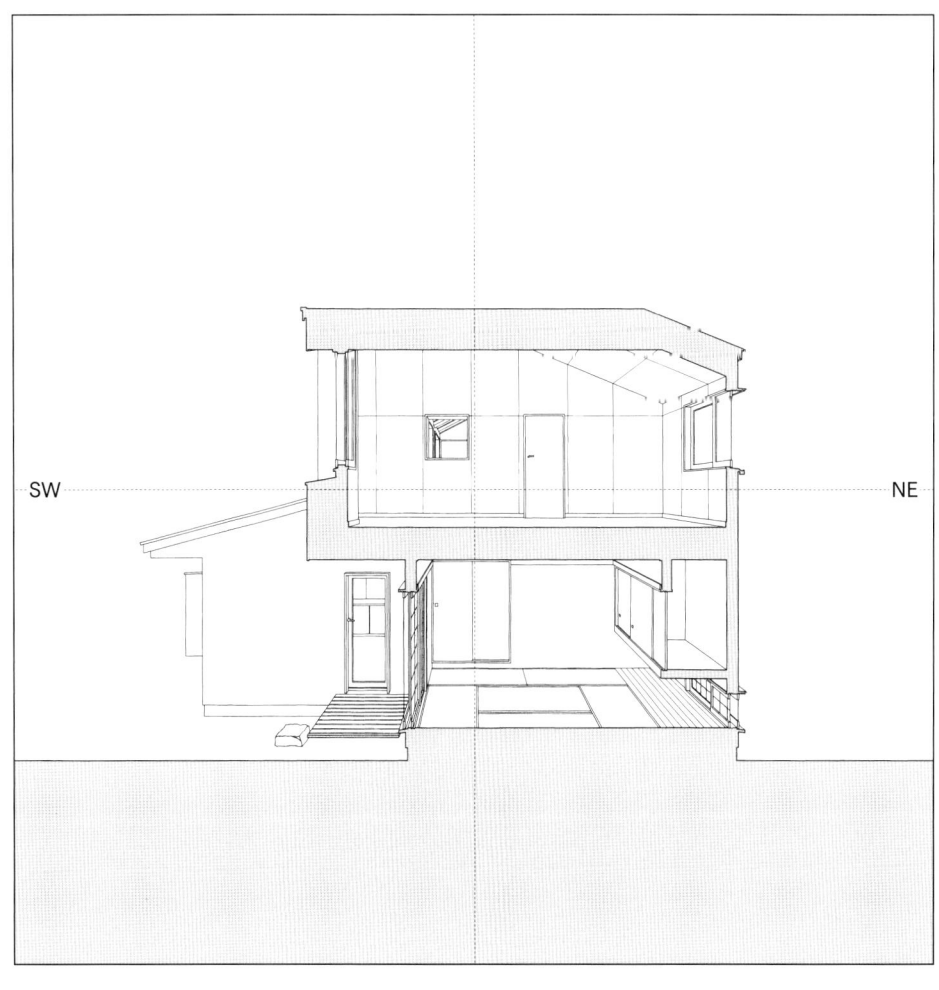

・雰囲気が異なる和式の場（CH2,150㎜）は、静のスペースとして他の領域からは離れたかたちでしつらえてあり、南庭とは簀子（すのこ）敷きのデッキによって直接結ばれている。
・南庭からの風が、吊り押入の下にある地窓を通って北へ抜けていく。
・デッキの上部に迫り出した上層部分が、和式の場の庇として機能している。
・上層の、オープンなスペースにしてある若年世代の場は、将来の分割に対応できるように開口や設備のアウトレットなどを配している。

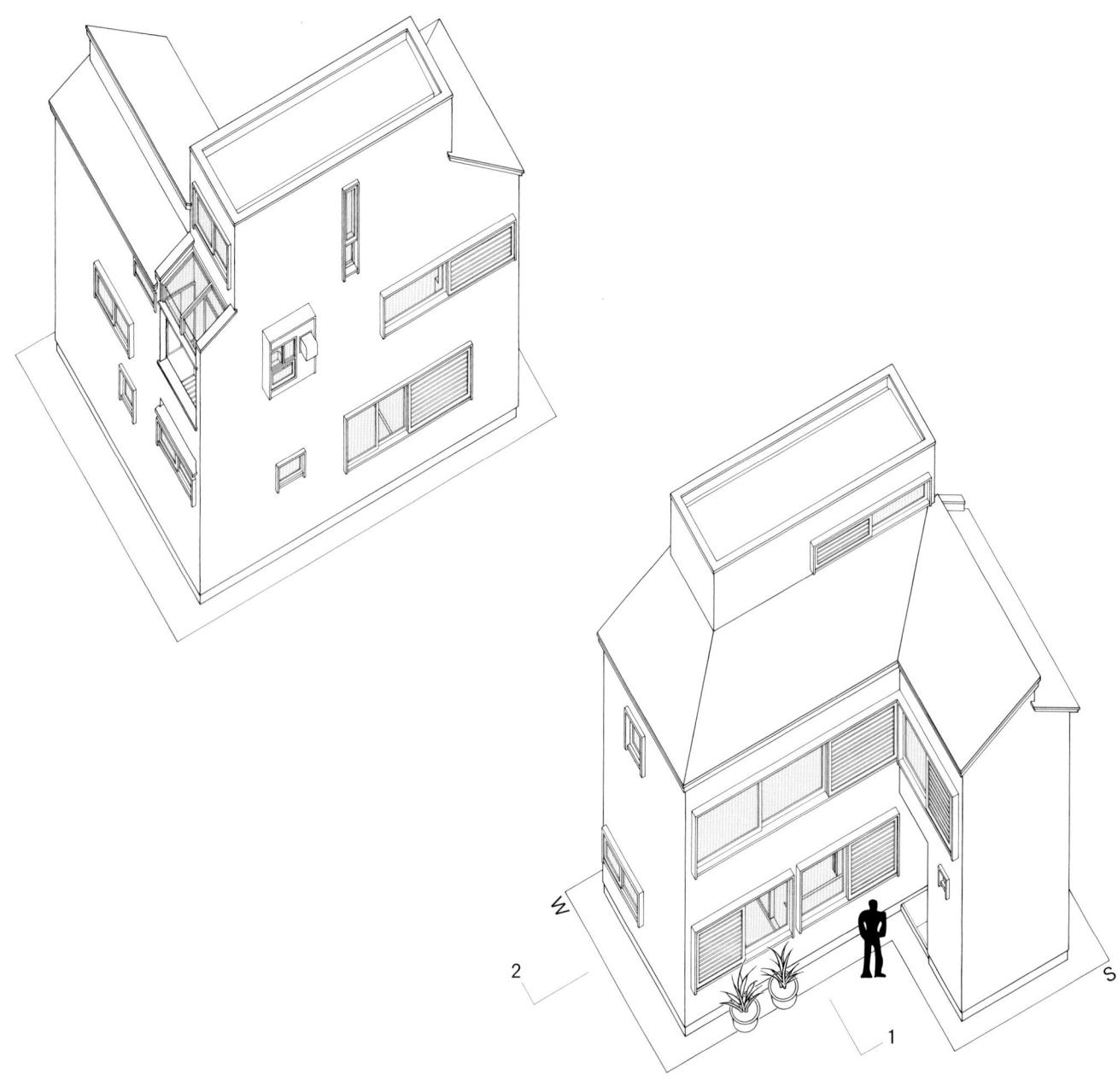

☐ 外形図

05	H-TER	
		1976
W-2F, L1		59.85m²
♀+♂♀		75.38m²

ロフトのある住居／2つの集域が重接するヒンジ部分の自在性を操作して、地形・方位・隣地との関係性などに対応する。

立地
上野の杜に近い住居地界隈には、かつての下町の佇まいがいまも残っている。古くからの店が軒を連ねる坂道を登り、寺の屋根が散見される場所から枝分れして軒先に植木が並ぶ路地に入ると、奥の曲り角に沿って建つこの住居が見えてくる。

配置・外形
・矩折（かねおり）の路地に面した敷地の地形に沿って、全域を配置する。
・全域を複層にする。
・北の集域の上層を吹抜けにして、南の集域との重接部にロフトを挿入する。
・全域に、雁行する片流れ屋根を架ける。
・南の集域の東側に、小屋根を架ける。
・ロフトの上部に、光塔（高窓付き）を付加する。
・小屋根に連続する北東端部に、ガラス屋根を取り付ける。

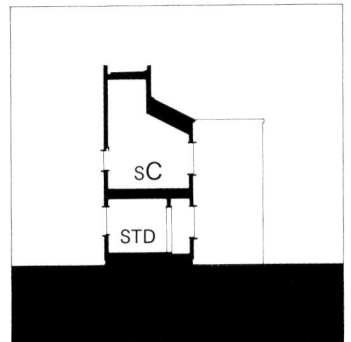

□　切断透視図（1）

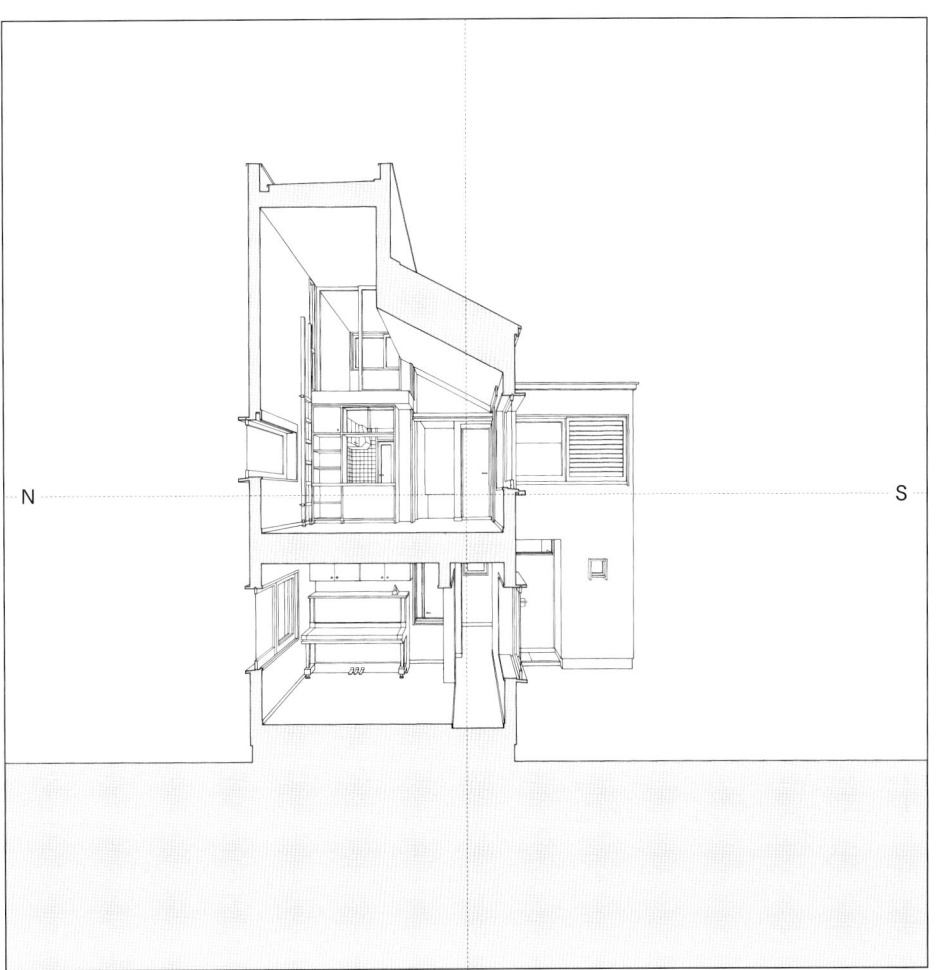

・全域の空間は、矩折になった路地の地形に合わせた、2つの集域で構成されている。
・西の集域の上層の領域からロフトに連続している変形した寄棟屋根の構成が、そのまま内部空間に現れている。
・上り棟から立ち上がる箱形のヴォリュームが、特異な空間を形作っている。
・敷地の制約から、北側の外形は断面がそのまま表出したような構成になっている。
・下層のピアノが置かれたスペース（CH2,100㎜）は、友人との語らいやコーラスの練習など、コミューナルな場として使われる。
・入口、納戸、壮年世代の場などを納めた東の集域が北の集域と重接し、鉤形（かぎがた）をした敷地の形状に合わせたかたちで路地に沿って配置されている。

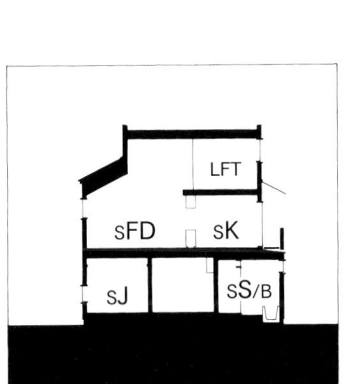

□　切断透視図（2）

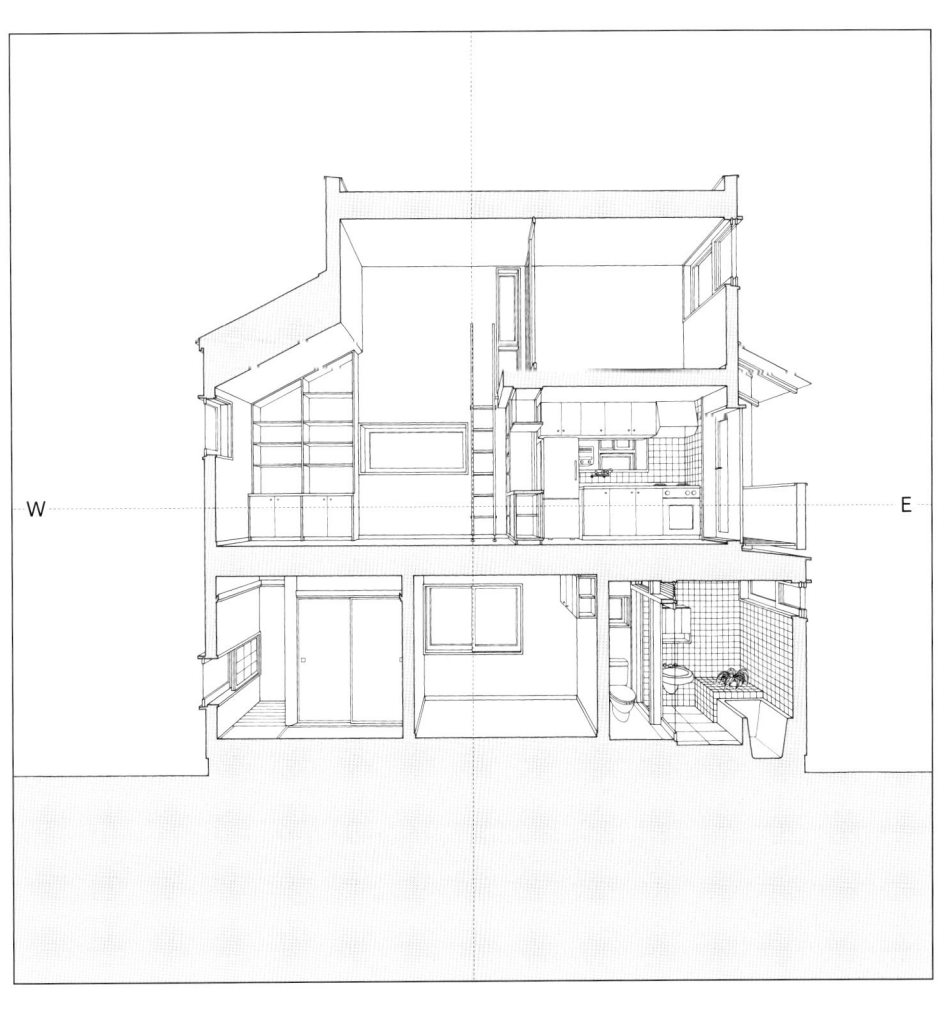

・日常生活のほとんどは、上層の吹抜けの下にある西の集域に集約された共用・家族・食事の場（CH2,300㎜〜4,200㎜）で営まれる。
・空間は、変形した寄棟屋根の形をそのまま現した天井を、ロフトの延長部分でさらに高くしてあるので、狭さを意識させない。
・集域の東側には、調理の場（CH2,100㎜）に続いて、ガラス屋根が付いた屋外の家事の場が設けてある。
・古典美術の出版を営む住み手のための書斎（CH2,000㎜）が、調理の場の上に重層されている。タラップで上がるロフト的な構成は、隔離された空間をという要望によるもので、低い天井との取合いに設けた横長の開口からは遠くに上野の杜の緑が見える。
・高齢世代のための和式の場（CH2,100㎜）は、古くからの近所付合いや衛生の場との関係から、下層に置いてある。

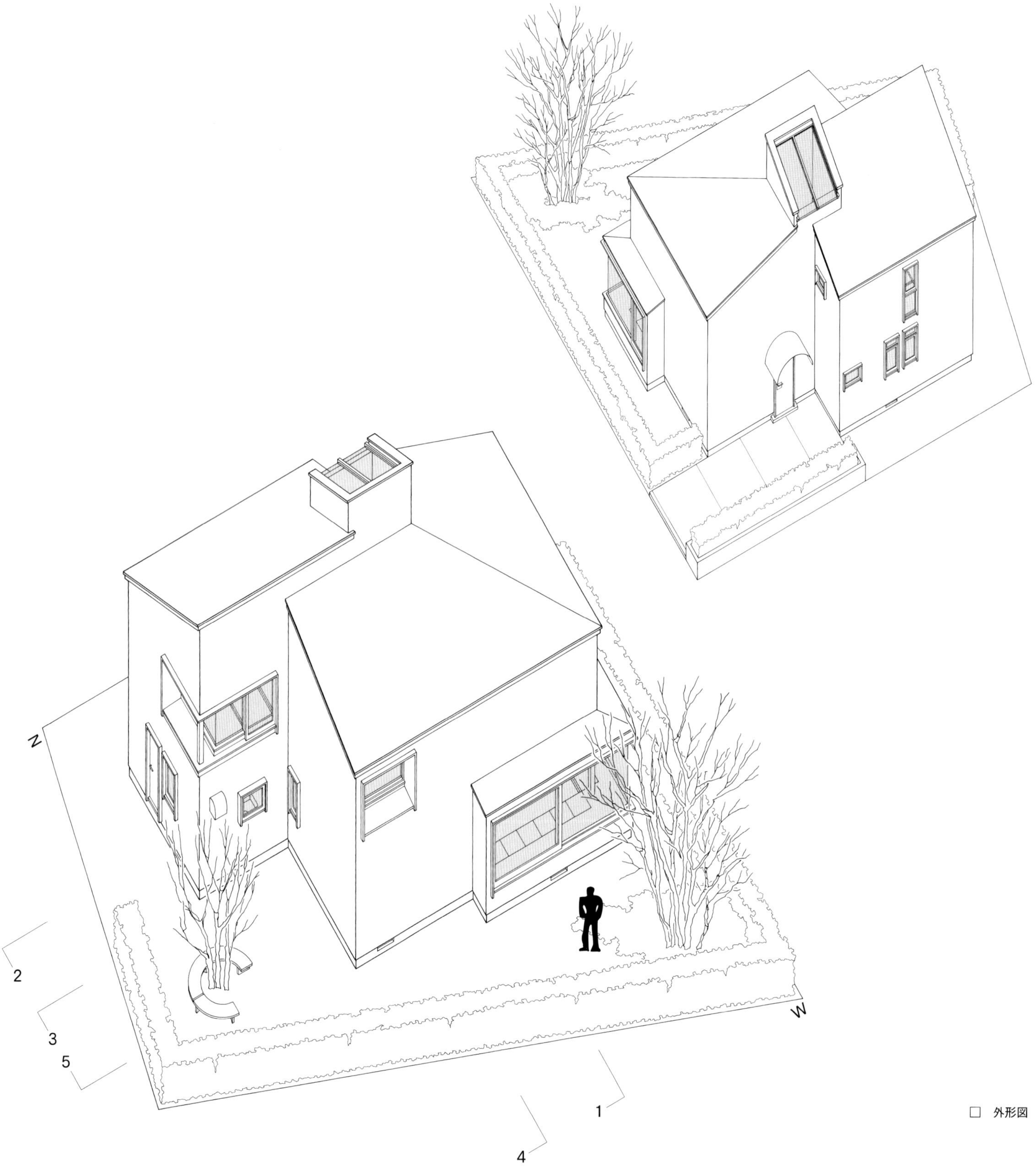

□ 外形図

| 06 | H-KOM | 高圧線下に建つ住居／重接部分に入る光と経路の仕組みを操作して、2つの集域の関係性を視覚化する。 |

1976

W-2F　　242.77m²
♂♀　　　80.87m²

立地
東京近郊にある霊園近くの私鉄駅を降り、周りに農地が拡がる未舗装の砂利道をしばらく東に向かい、さらに砂利道から分かれて北に向かう農道を辿って行くと、敷地の真ん中を縦断する高圧線の下にあるこの住居が見えてくる。

配置・外形
・敷地中央を縦断する高圧線の東側に、南北軸に沿って全域を配置する。
・南の空間域を吹抜けに、北の集域を複層にする。
・南の空間域に矩折（かねおり）の片流れ屋根、北の集域に片流れ屋根を架ける。
・南の空間域の南西コーナーに、出窓を付加する。
・重接部の上部に、採光装置（天窓）を付加する。

□ 基準切断面

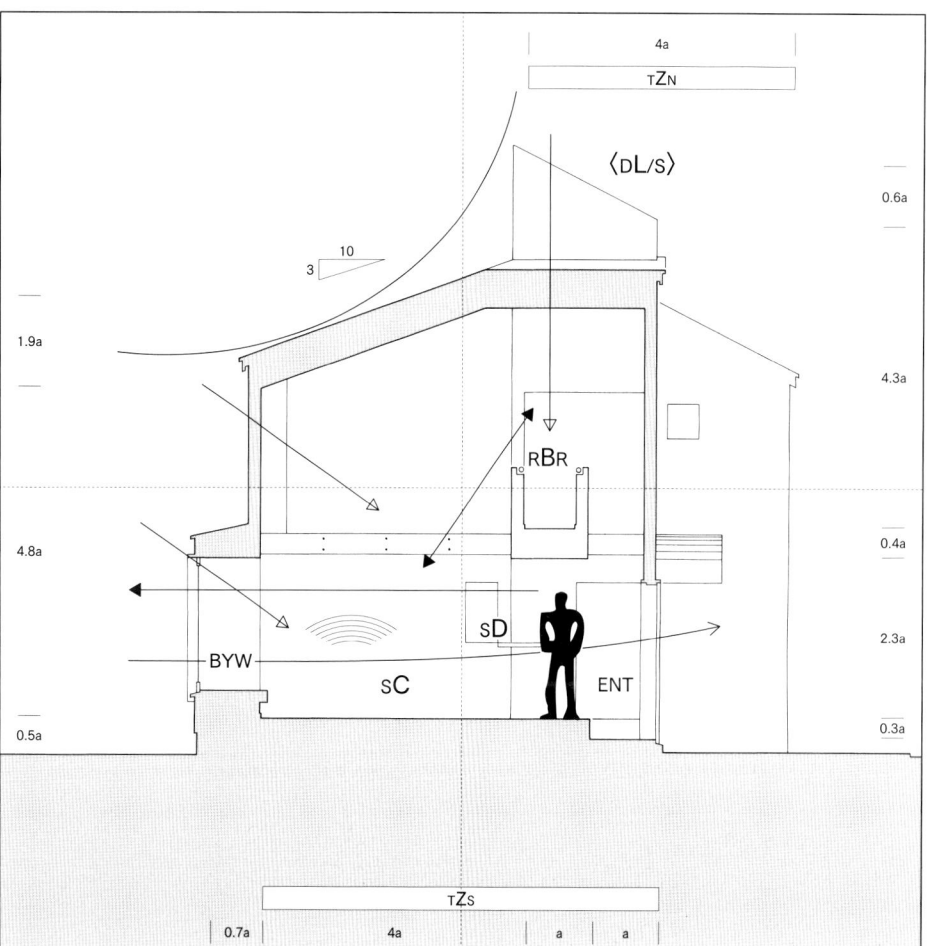

記号	意味
◁	光
◀	視線
←	風
	音
	高圧線制限線

TZS	南の集域
TZN	北の集域
SC	共用の場
SD	食事の場
DL/S	採光装置（天窓）
RBR	架路
ENT	入口

a　＝900mm

□ 切断透視図（1）

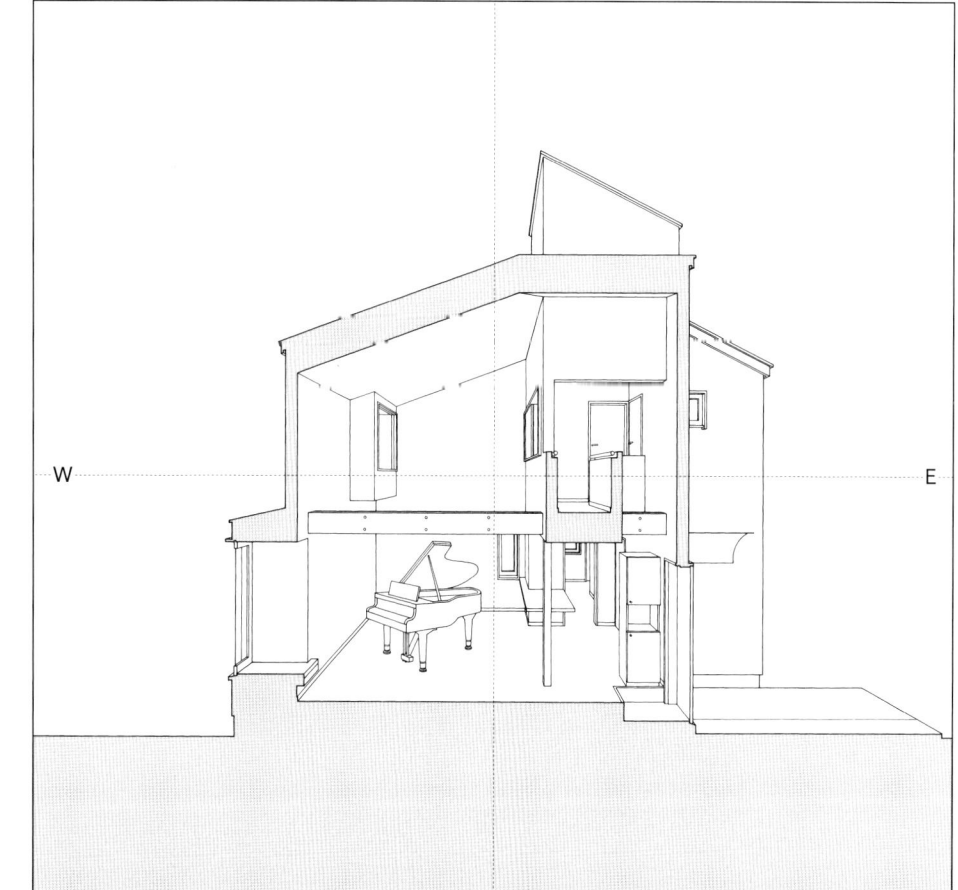

・全域の空間は、土地の中央を南北に縦断する高圧線による制限ラインに沿って配列した、2つの集域で構成されている。
・西南の隅から採光用のシャフトに向かう上り棟の形をそのまま天井に現わした吹抜けの下にある南の集域（CH4,300㎜〜5,500㎜）は、空間を横断する合せ梁によって2つのスペースに分節されている。
・南西のコーナーに大きな開口のあるスペースは共用の場として使われ、西北の上部にスクエアな高窓が付いたスペースはピアノ演奏と食事のための場になっている。
・ヴォールト形の庇が付いた入口から入ると、上に2つの集域を結ぶ架路が渡され、北に向かう経路の先には柔らかい光が降りてくる採光用シャフトと、重接する北の集域の一部が入り込んできている。

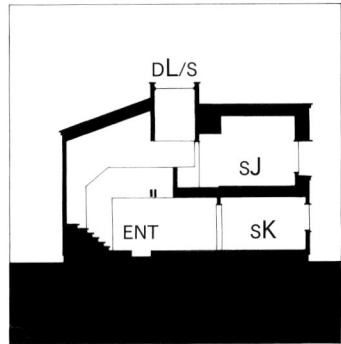

□ 切断透視図（2）

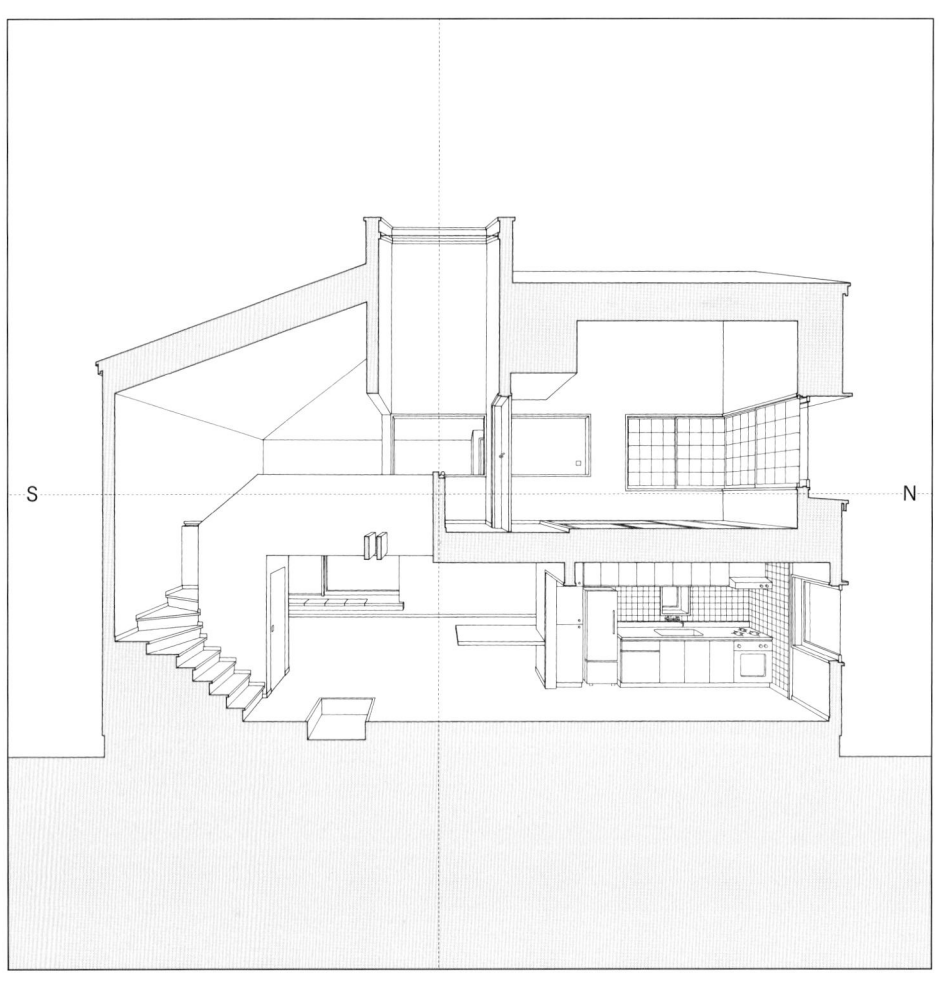

- 入口を上がると、架路の下端を通して、合せ梁で分節された2つの場が見える。
- 壁からキャンティレヴァーで持ち出した食卓が造り付けてある食事の場は、北の集域の下層にある調理の場（CH2,100mm）に続いている。
- 入口から左に折れ、折返しの段路および架路を経てさらに天窓からの光の下を行く経路は、北の集域の上層にある和式の場へと向かう。
- 勾配天井の和式の場（CH1,750mm～3,600mm）は、おもに就寝の場として使われるが、コーナーには両側の壁に引き込まれる低い腰付きの障子が矩折に建て込んである。

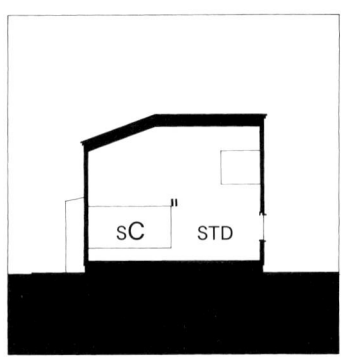

□ 切断透視図（3）

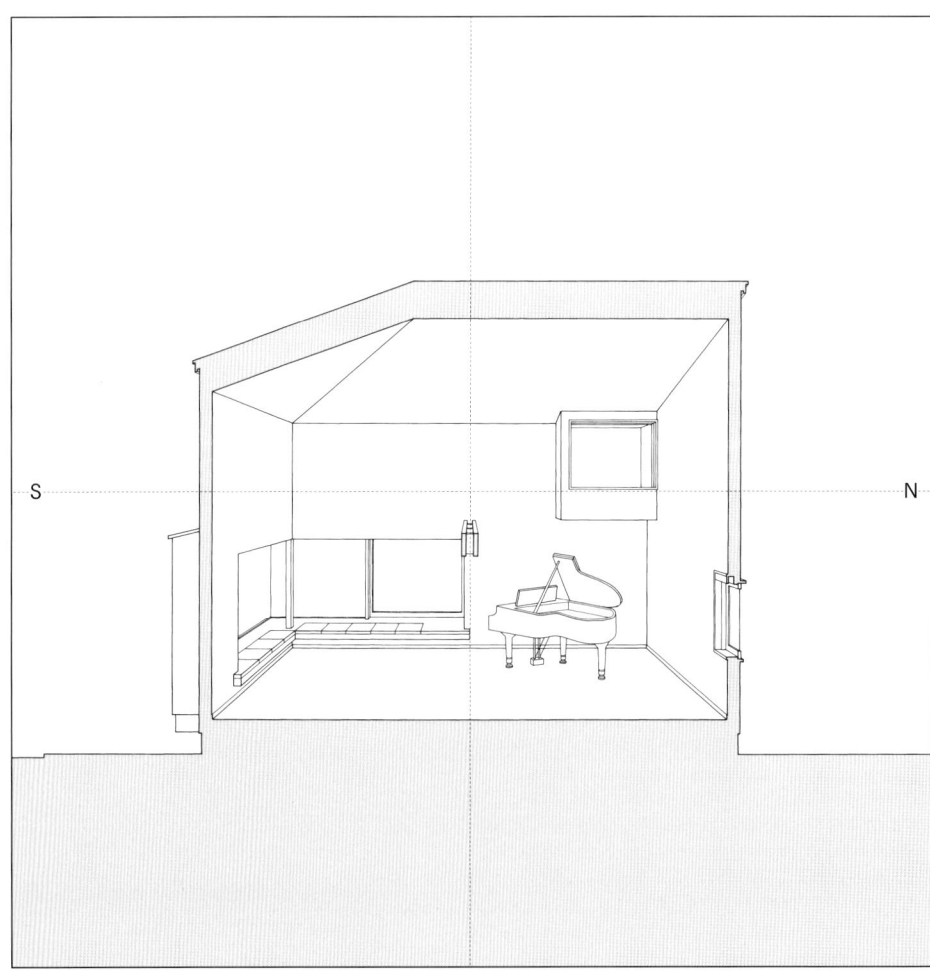

- 分節された南側の共用の場には、広い視界をもつ開口の足元に鉤（かぎ）の手に回したベンチが造り付けてあるが、このスペースは家族の団欒や友人たちとの交流とともに、住み手が指導しているピアノ教室に通う子供たちの待合のために利用される。
- 北側の場の西壁に穿たれた大きくスクエアな高窓から入る光が、天井にバウンドして、ピアノの置かれたスペースに柔らかく降りてくる。
- 南の出窓から入った風は、北側の小さなスリット窓を通って北へ抜けていく。

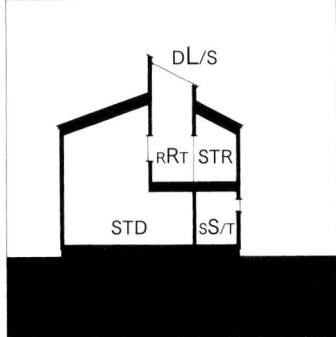

□ 切断透視図（4）

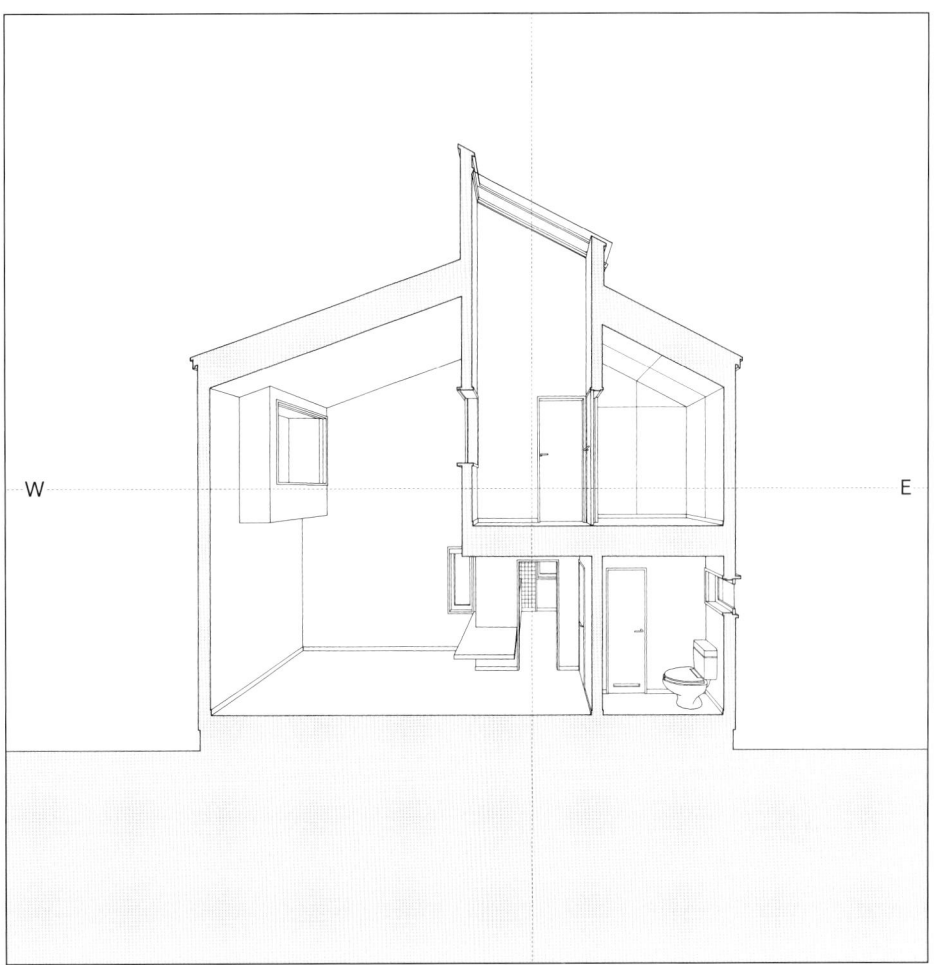

- 食事の場の奥には、北の集域にある調理の場が続いている。
- 壁からキャンティレヴァーで持ち出した食卓を囲む食事の場に、高窓からの光が射し込む。
- 2つの集域が重接する上部に立ち上げた採光用シャフトから入った光は、壁で拡散され、柔らかな粒子となって下を通る経路に降りてくる。
- 重接した部分の下層には衛生の場が置かれ、上層には納戸が設けてある。

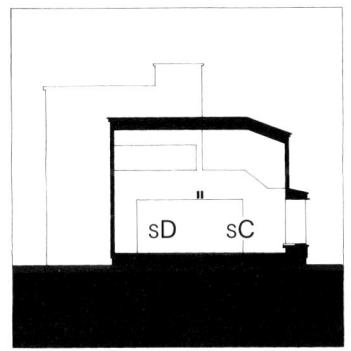

□ 切断透視図（5）

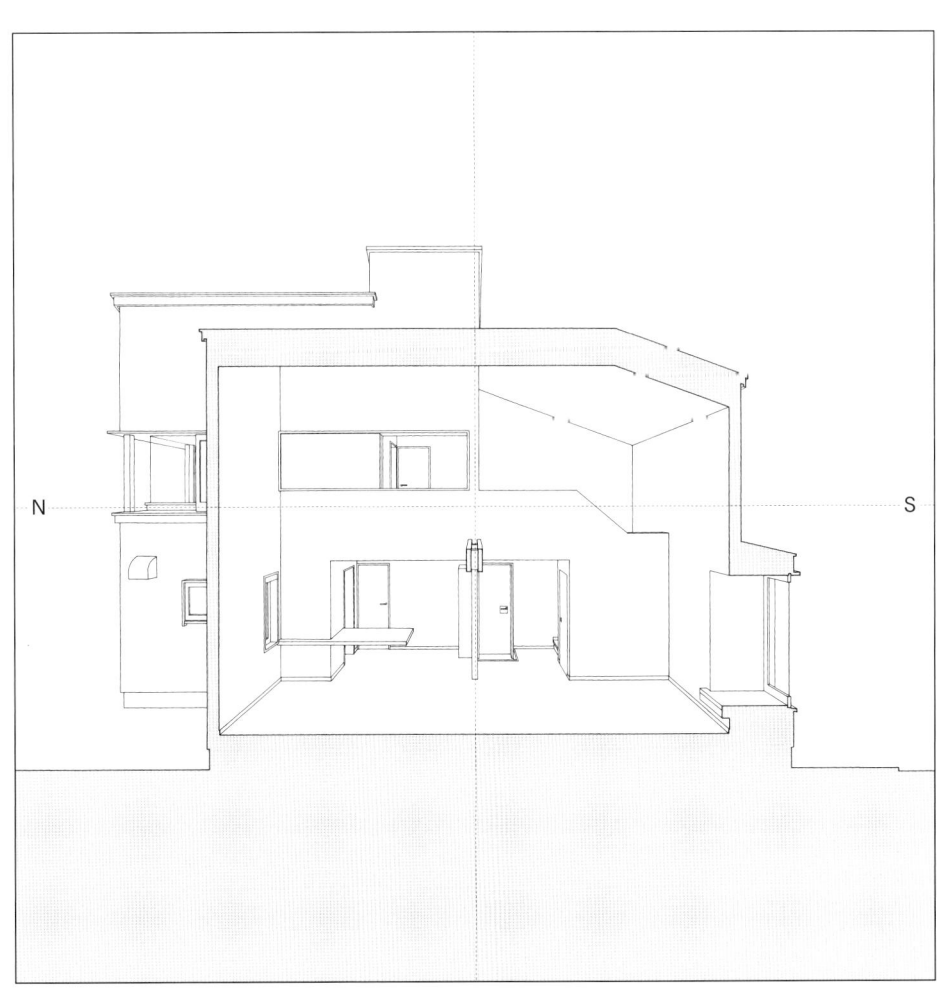

- 2つに分節されたスペースから東を向くと、この住居の重接した空間構成と、北の集域と南の集域を繋いでいる経路の仕組みが視覚的に理解される。
- 上り棟の形をそのまま現した天井が吹抜けの空間に変化を与え、採光用シャフトの下り壁が重接体の構成を形態化している。
- 北側には、南の集域に重接した北の集域の外壁に設けた矩折の開口と調理の場の小窓が見えている。

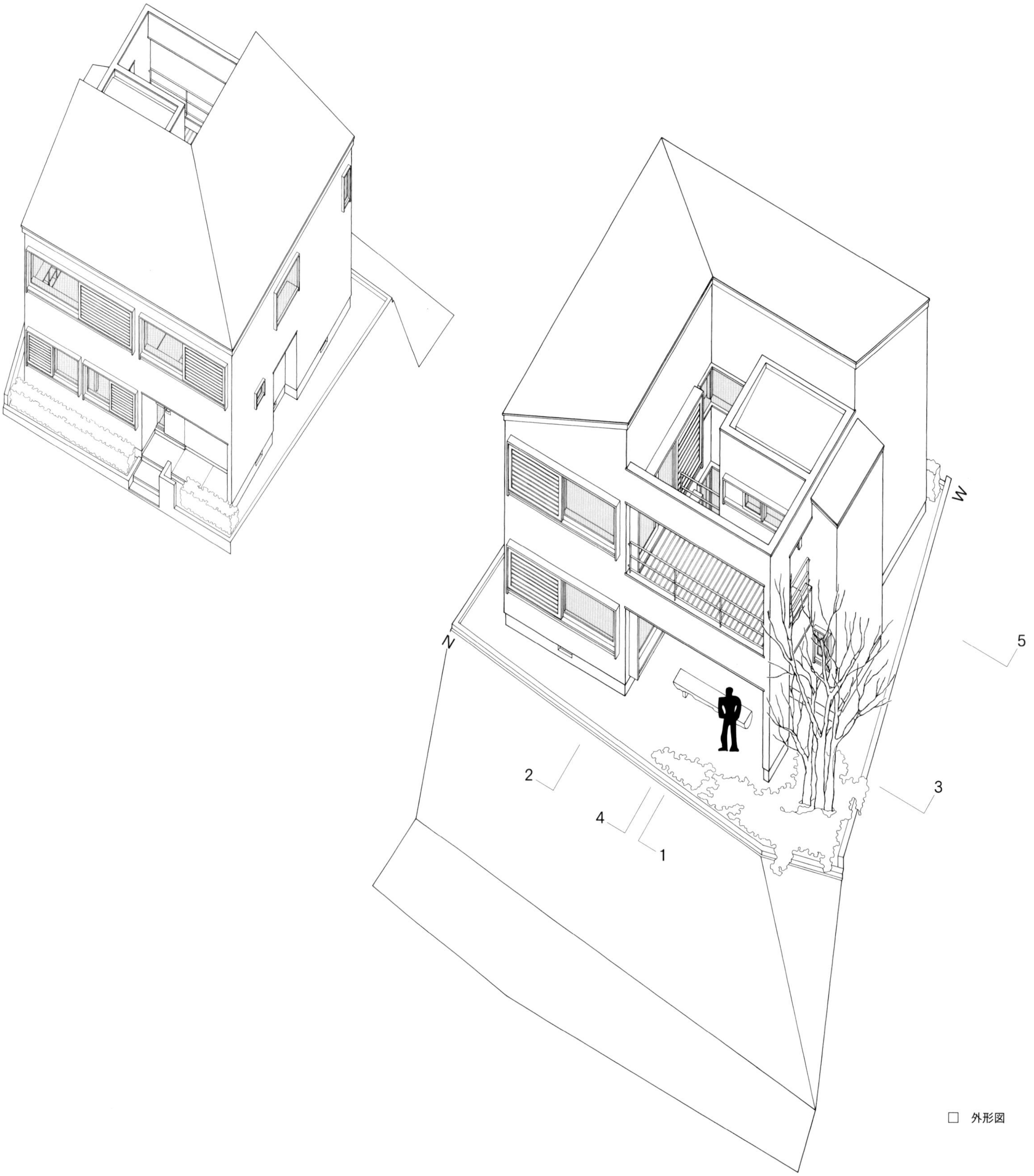

07	H-TAK	
		1979
W-2F		162.85m²
♂♀+♂♀		101.93m²

反転した住居／土地の特性から発想した反転の手法を、上下層と方位に対する仕組みおよび内外の仕上げに取り入れる。

立地

都心から南に向かう高速道路の戸塚出口を降りて枝道に入ると、周りは緑の多い景色に一変する。切通しをしばらく行った谷底から見上げると、30mほどの落差がある北斜面の稜線に沿って建つこの住居が、シルエットとなって見えてくる。

配置・外形

・敷地の中央に、全域を配置する。
・西北の空間域を外部化し、連続する北東・東南・南西の集域を復層にする。
・外部化した空間域に、復層の供給域を挿入する。
・矩折（かねおり）に連続する集域に、片流れ屋根を架ける。
・外部化した空間域の上層をデッキにし、上部に矩折の飛び梁を架ける。

□ 外形図

基準切断面

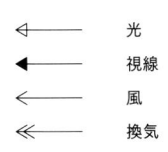

← 光
← 視線
← 風
⇐ 換気

TZW	西の集域
TZN	北の集域
sFD	家族・食事の場
sK	調理の場
sI/Y	若年世代の場
sS/W	洗面
RRT	経路
DEK	デッキ
a	=900mm

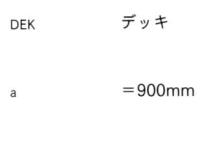

切断透視図（1）

- 全域の空間は、点対称による接合に反転の手法を重ね合わせた、4つの集域で構成されている。
- 南西の集域の上層にあるスペースには、家族・食事の場（CH1,920㎜〜3,480㎜）が置かれている。
- 下層には、入口から分岐した経路と、近接する道路との関係から、開口を腰高にした若年世代の場が配してある。
- 西北の外部化した空間に挿入した供給域の下層には衛生の場、上層には調理の場がセットされている。
- 調理の場（CH2,300㎜）は、北側のデッキを使用する際のサーヴィスにも使われ、デッキがサニーな場になるように、ユニットの屋根は緩勾配にしてヴォリュームを抑えている。
- 内部の天井や壁は、灰黒色で塗装した外装に対する反転と、空間の連続性および表現を抑えるために、ラワン合板よりさらにニュートラルなテクスチュアをもつ椴（しな）合板目透し貼りで仕上げている。

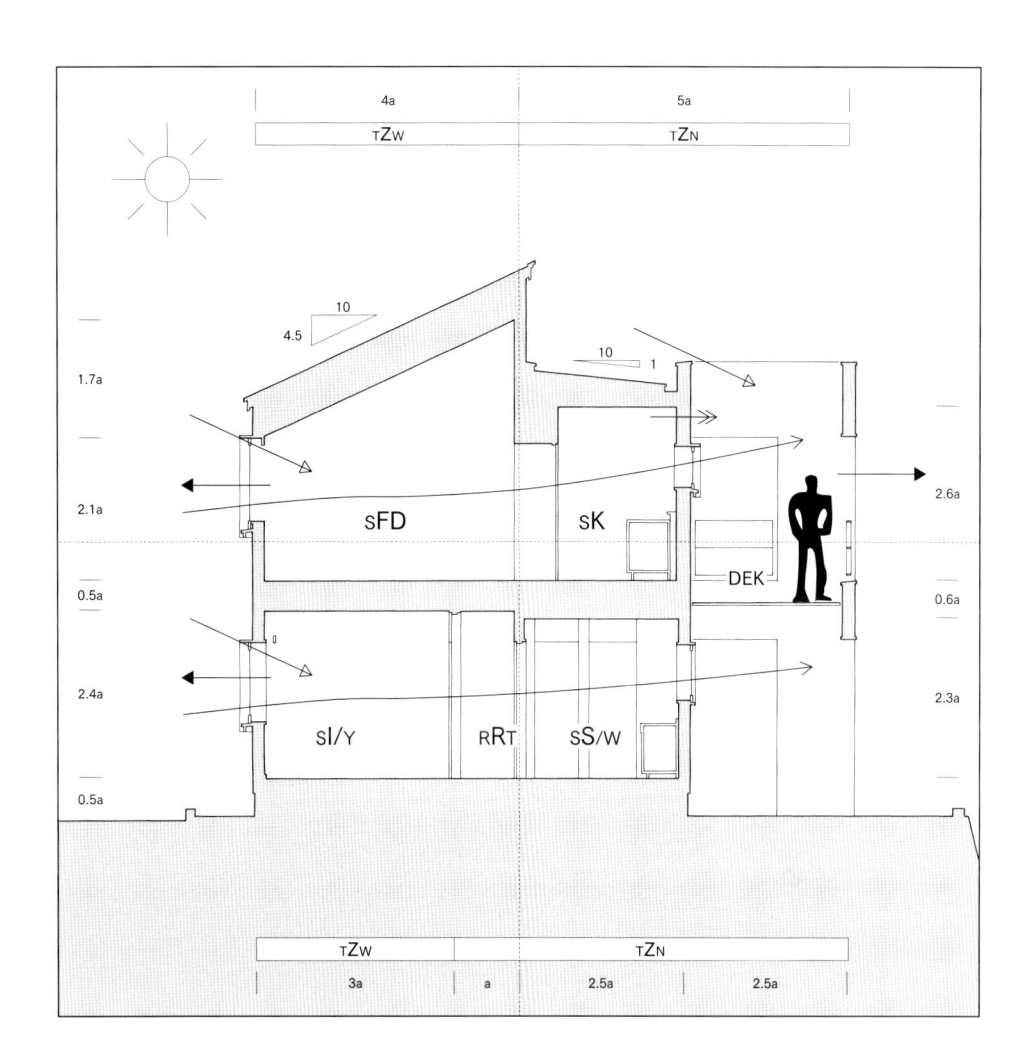

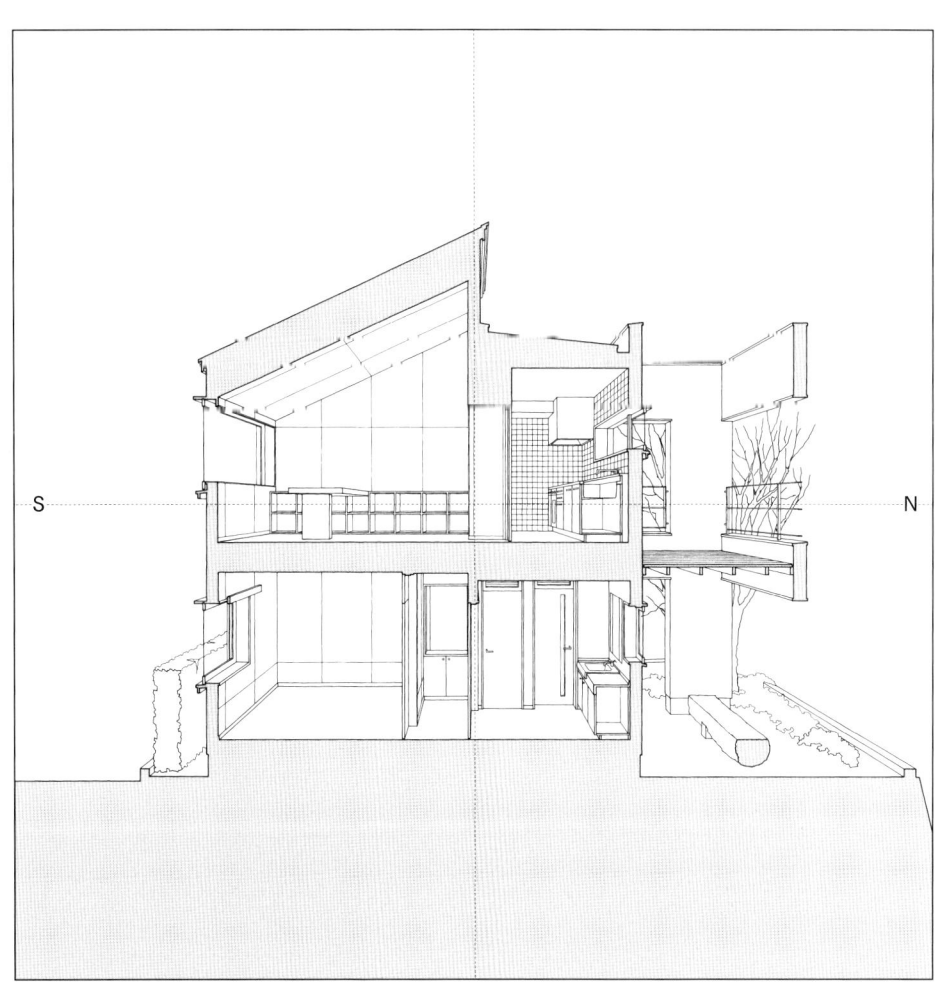

□　切断透視図（2）

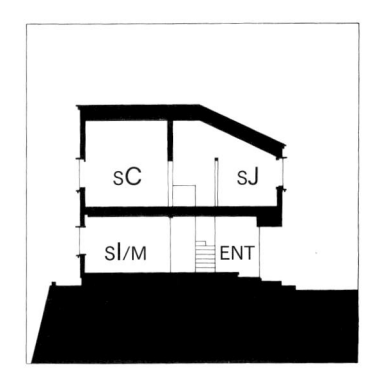

- 反転した空間構成によって、訪れた人は入口を上がると脇にある段路を登って、直接上層に導かれる。
- 東南の集域では、下り棟架構の形態をそのまま現した天井が、フレームで仕切られた和式コーナーに向かって下りていく。
- 北東の集域の上層にある共用の場（CH1,920㎜〜3,480㎜）は、勾配天井に沿って西側のデッキに向かって開き、北に展開する眺望を取り入れるために広い視野をもった横長の開口が設けてある。
- 下層のスペース（CH2,200㎜）は、北側の光景を順光の姿で眺められる落着いた壮年世代の場になっている。

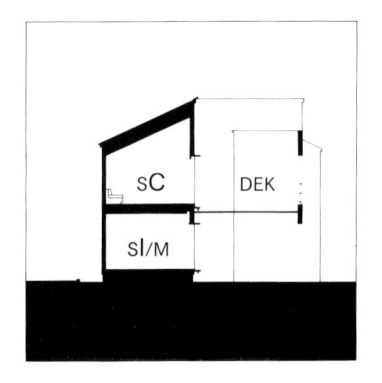

□　切断透視図（3）

- 共用の場には、北に向かう視線に対応して、鉤（かぎ）の手に回したベンチがコーナーに造り付けてある。
- 段路側にある腰付きの引戸と片開き戸は、取合う竪枠（たてわく）を省いた特殊なディテールによって、開けたときには北東と東南の集域が一体となる仕組みになっている。
- 本体とユニット的な供給域とを分節する狭間に設けた開口は、通風とともに、北の光景を垣間見る部位として機能する。

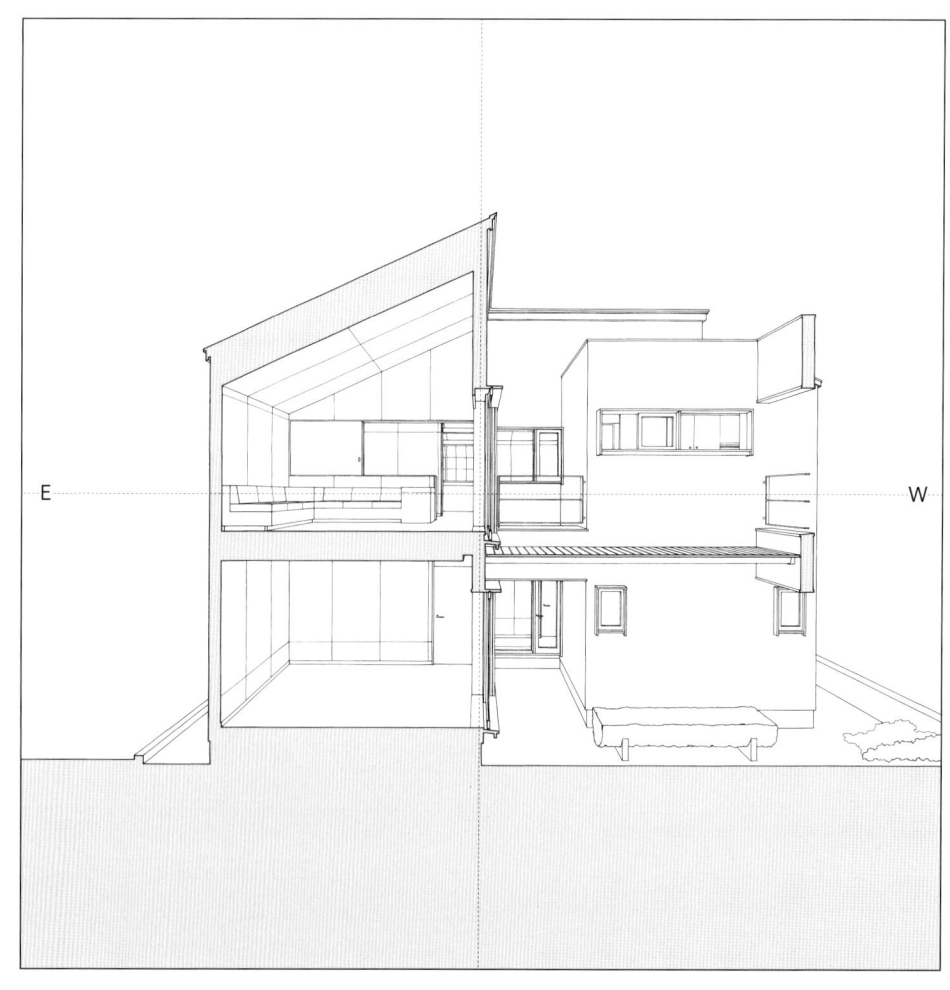

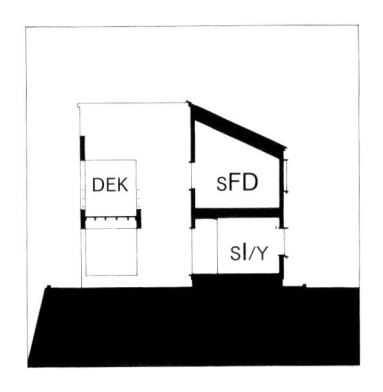

□ 切断透視図（4）

・共用の場と簀子（すのこ）張りのデッキは、季節のよいときには、内・外の空間が連続する一体の場として使われる。
・デッキの外周には、領域を示す飛び梁が架かり、狭間の部分は上下の繋がりと採光のために、本体とデッキとのあいだを離してある。
・デッキ下の外部には、壮年世代の場から直接出ることができる。この外の場は、季節のよいときなどは、北に見える光景を順光のかたちで眺めながら涼をとるスペースになる。

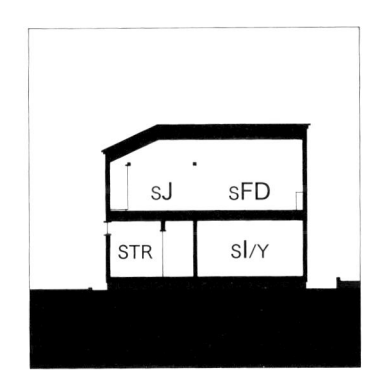

□ 切断透視図（5）

・家族・食事の場から和室コーナーへと繋がる空間は、連続性を得るために壁・天井を同じ仕上げにし、フローリングの床と畳との取合いもレヴェル差を付けずに、フラットに納めている。
・同じ意図で、和室コーナーを仕切っている襖を立て込んだフレームも、上端を内法の高さで止めて、上部をオープンにしてある。
・若年世代の場（CH2,200mm）は、将来柱の立つ位置で2つのスペースに分割したとき、それぞれの室の使い勝手に適応できる位置に、開口・設備のアウトレットなどを配置してある。

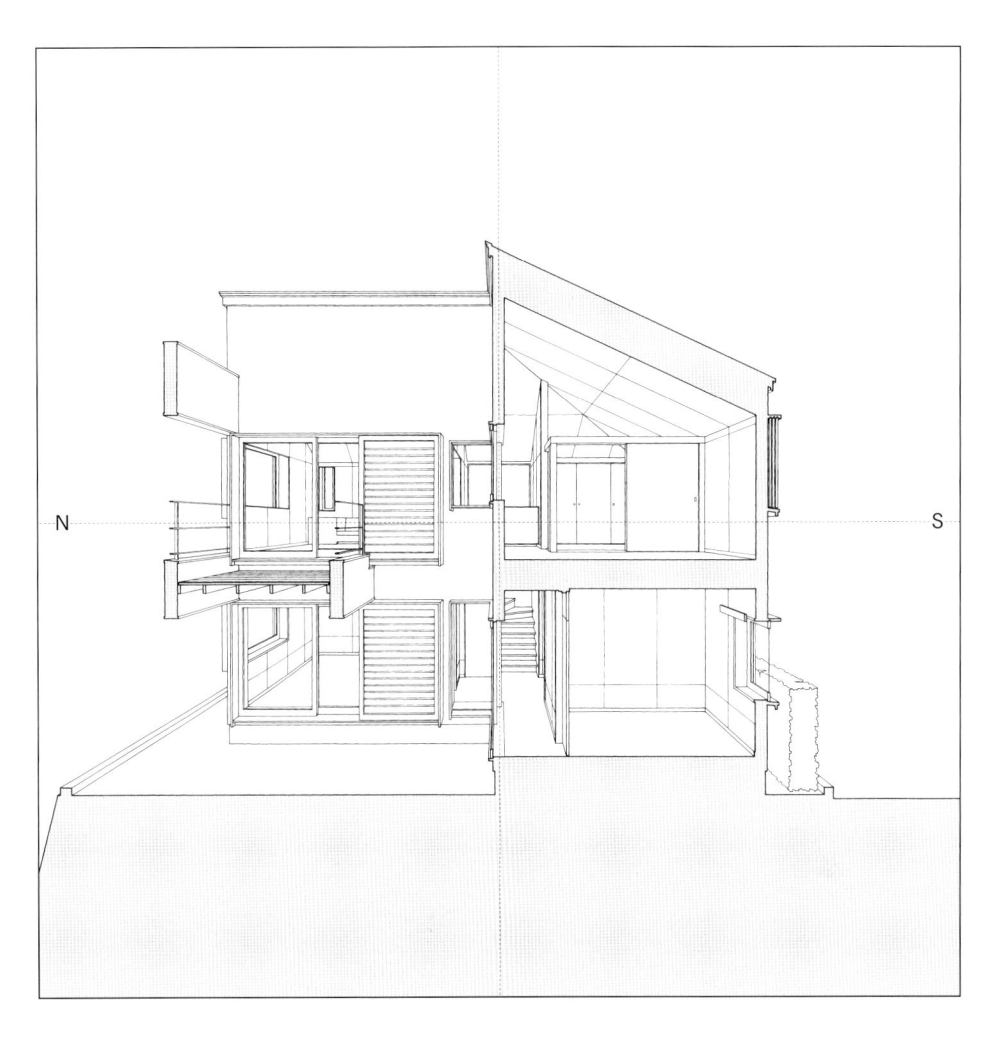

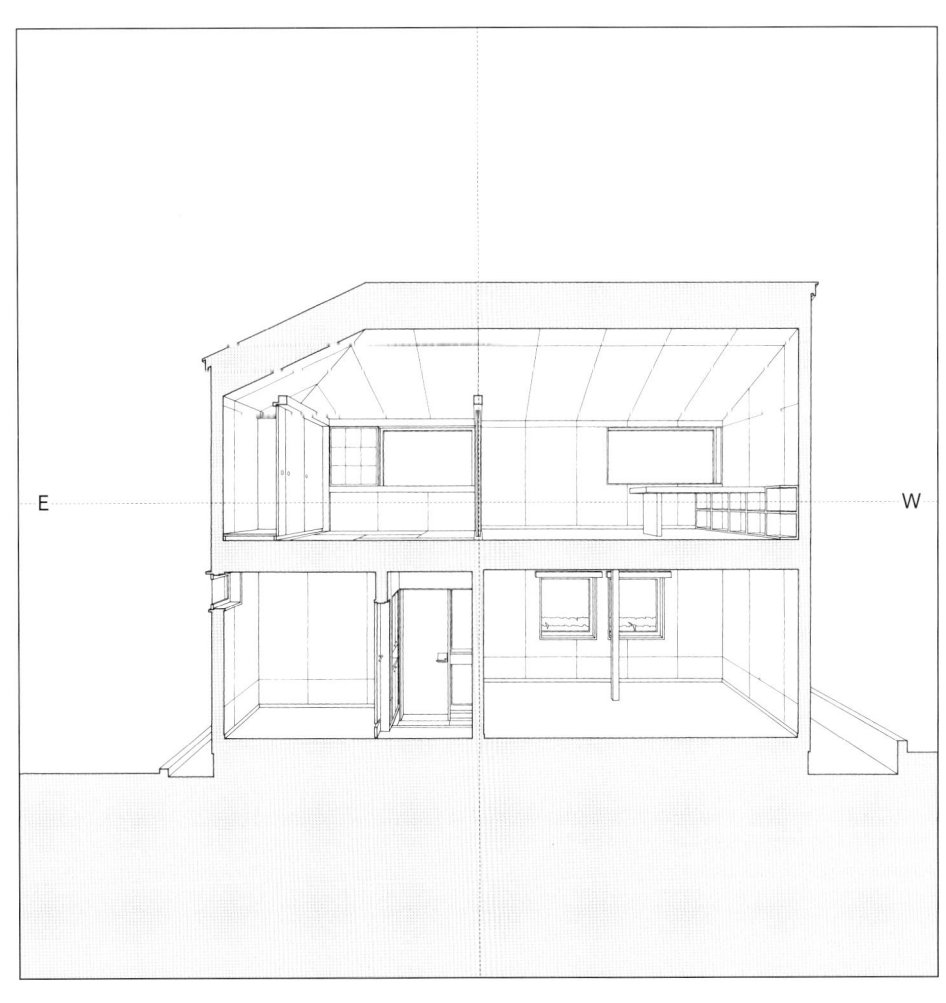

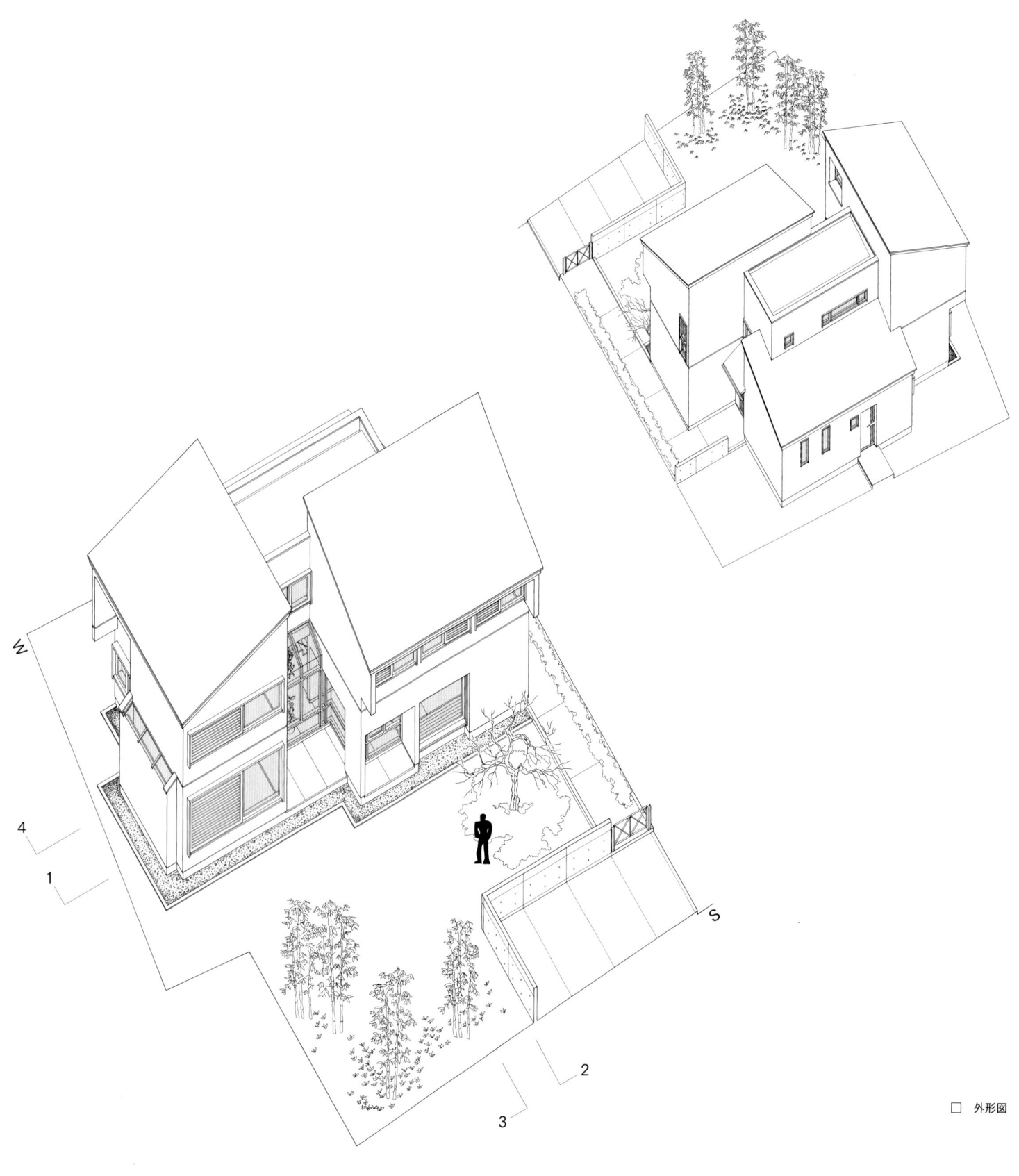

□ 外形図

08	H-HOS	
		1980
W-2F		321.44m²
♂♀+♂♀♂		150.86m²

媒域で繋いだ住居／媒域による路地的な構成を操作して、散佚的（さんいつてき）に布置された各領域を視覚化する。

立地
東京近郊のJR線駅前にある商業地域を抜けてしばらく行くと、周りは雑木林が所々に残るかつての武蔵野の面影を偲ばせる景色に変わる。古い住居地域の中にある袋状の私道を入って行くと、緑の木立を背にして建つこの住居が見えてくる。

配置・外形
- 敷地の北側東寄りに、全域を配置する。
- 南と西の集域を複層、北の集域を単層、集域を繋ぐ経路を含む媒域を吹抜けにする。
- 南の集域の下層西側を半外部化して、媒域に連続させる。
- 南・西・北の集域に片流れ屋根、媒域に緩勾配の屋根を架ける。
- 媒域の南側に、カーテンウォール（天窓付き）を取り付ける。
- 西の集域に、アルコーヴ（天窓付き）を付加する。

□ 切断透視図（1）

- 全域の空間は、経路を含んだ媒域よって接合した、3つの集域で構成されている。
- 経路と段路が通る吹抜けた媒域が、散佚的に布置した3つの集域を繋ぐ。
- 南の集域の下層には土間が付いた和式の場（CH2,250mm）、上層の若年世代の領域には将来分割することができるようにしてある大きなスペースと東端の場が配してある。
- 西の集域は、共用の場（CH2,250mm）とその北側にある食事の場、および上層の壮年世代の場（CH1,830〜3,390mm）とその北側に付属する書斎で構成されている。
- 2つの集域の中間に位置する北の集域には、調理と家事の場（CH2,100mm）と衛生の場や納戸が、効率的に配置してある。
- 南の集域と西の集域とのあいだには、媒域の一部であるサンルームが、ガラスの皮膜に囲われた土間に連続するかたちで取り付けてある。

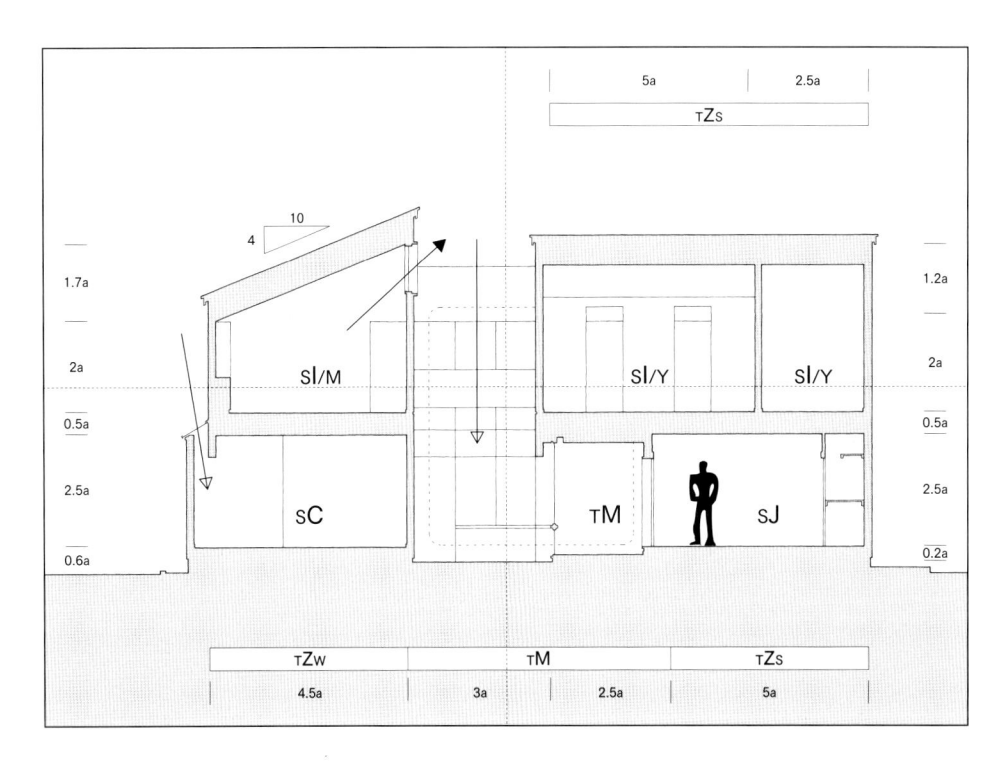

□ 基準切断面

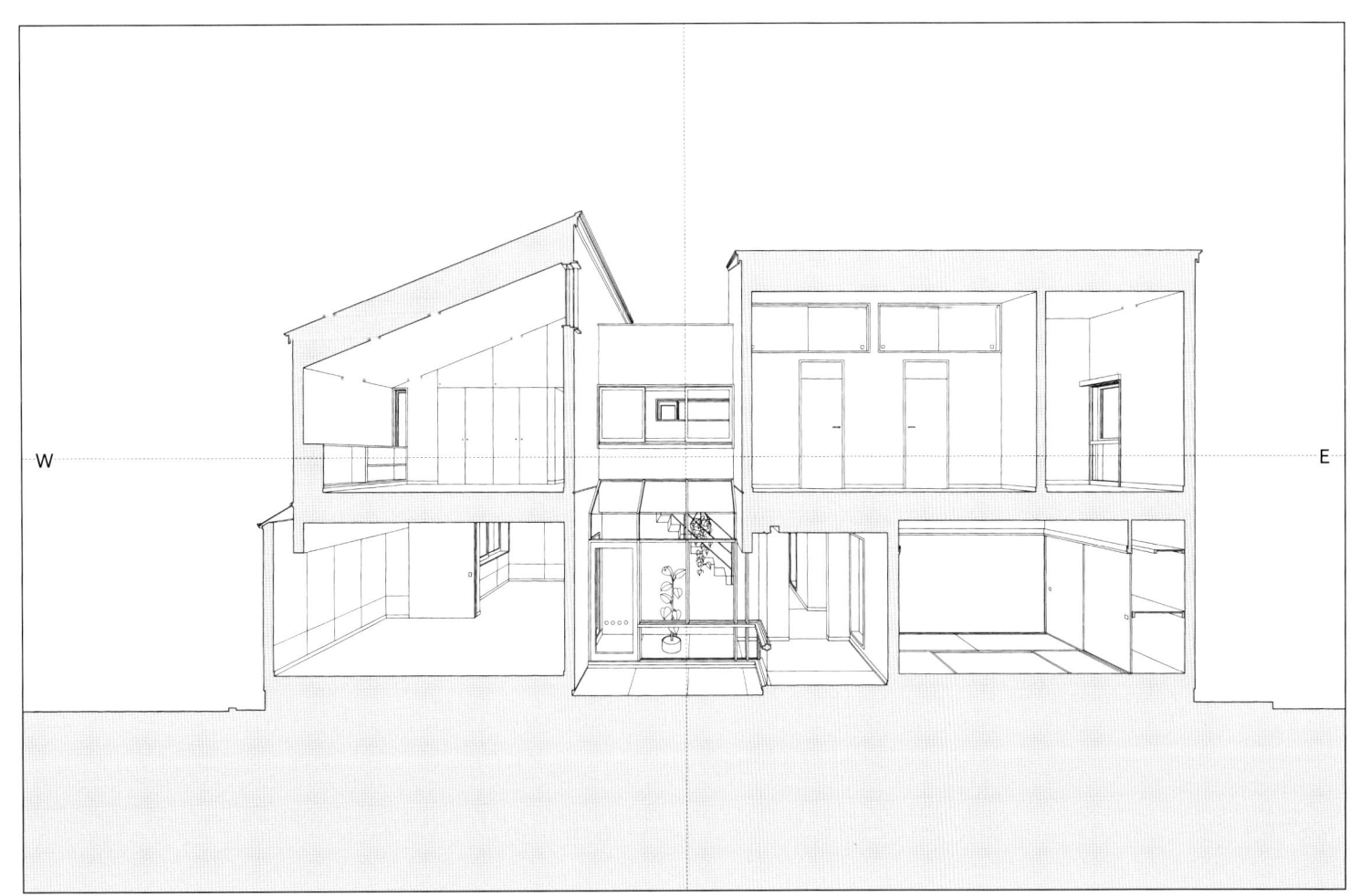

⇐ 光
← 視線

a ＝900mm

TZS 南の集域
TZW 西の集域
TM 媒域
SI/M 壮年世代の場
SI/Y 若年世代の場
SJ 和式の場

□ 切断透視図（2）

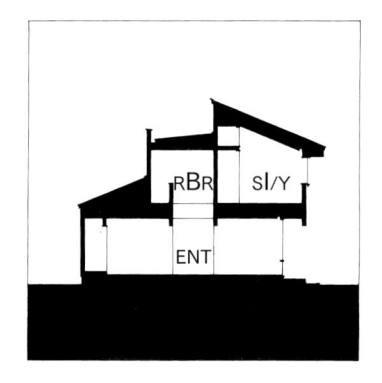

- 入口を上がり、天井の高い狭間のような空間（CH4,950㎜）に渡された架路の下をくぐり抜ける経路は枝分かれして、和式の場の土間と北側の集域へと向かう。
- 南の集域に並んだ勾配天井の下にある若年世代の場（CH2,010㎜〜3,030㎜）では、スペースを有効利用するために、北側を通る経路の天井裏に収納を設けている。
- 媒域の北側にある北の集域の東側には、衛生の場および納戸が、集約して納めてある。

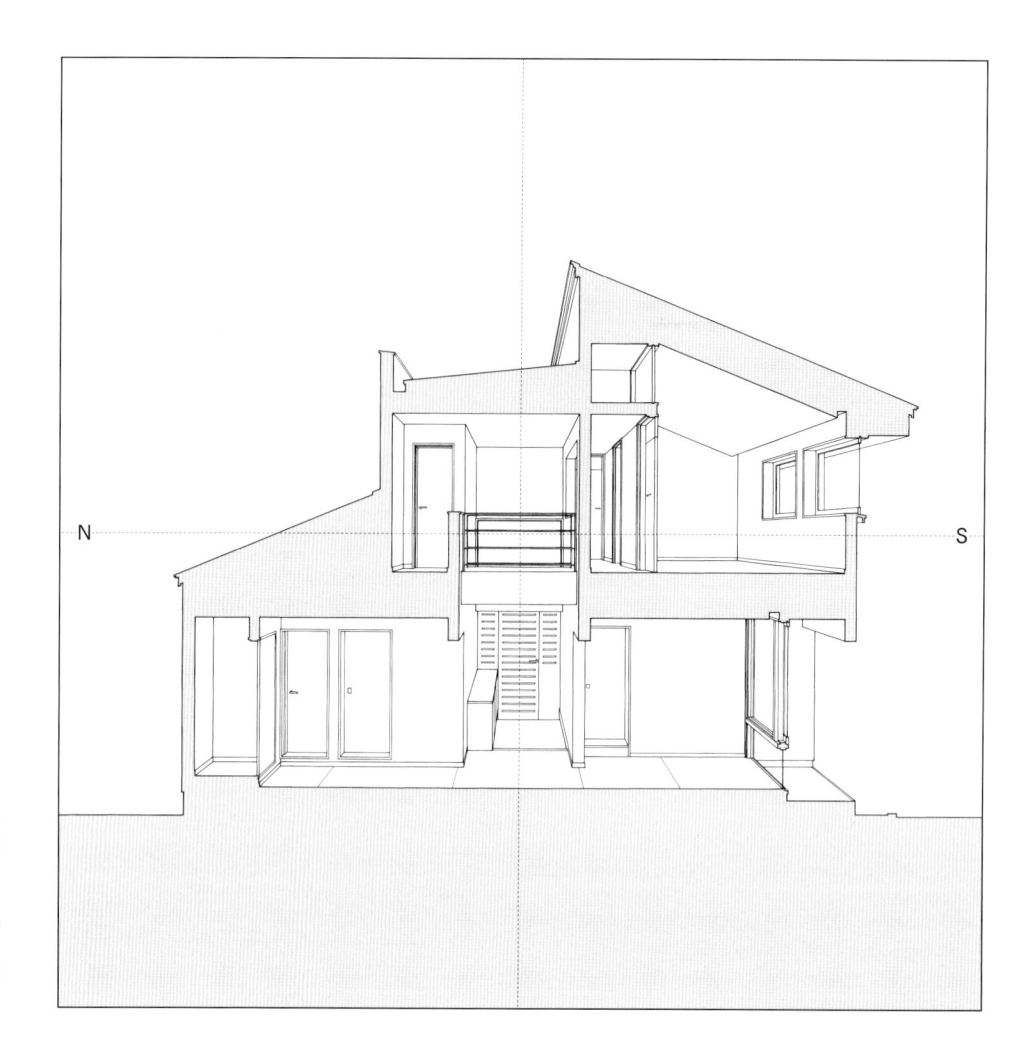

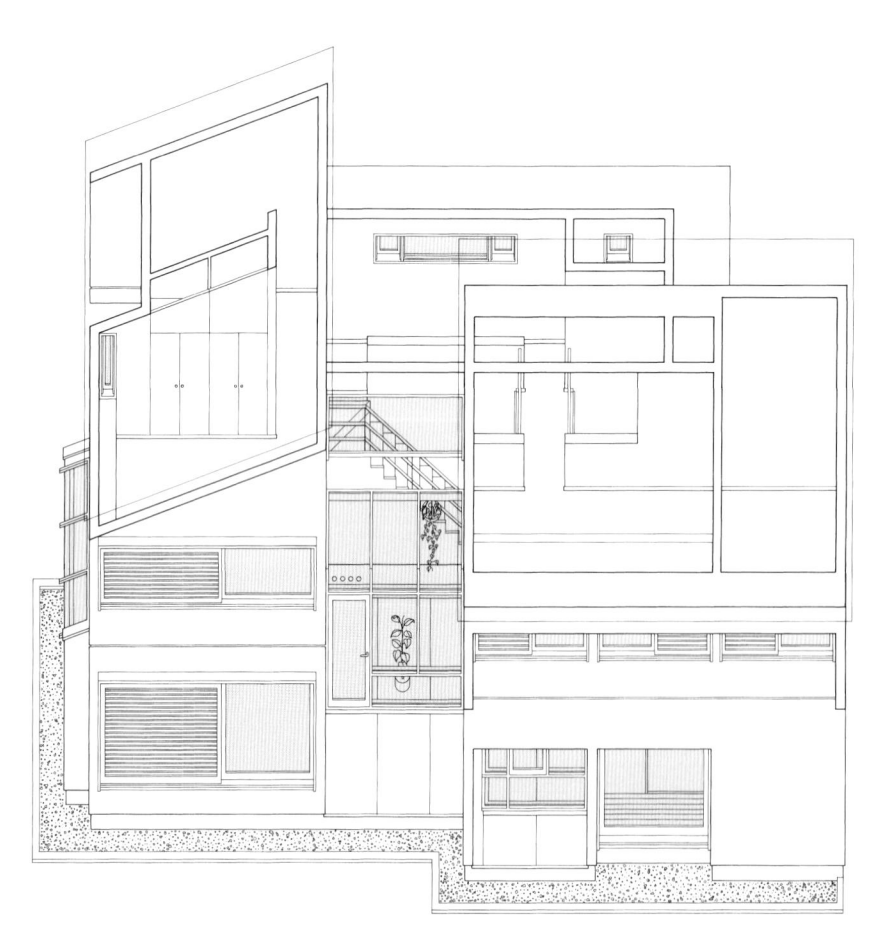

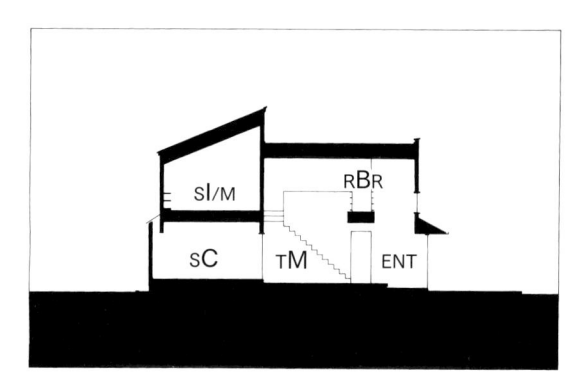

□ 切断透視図（4）

- 入口から架路の下を通り抜けて段路で上層に上がる経路は、反転して再び架路の位置に戻ってくる。こうした、距離によるトポロジカルな作用を空間に重ね合わせる手法は、経路を単なる連結の部位から移行に伴う知覚の反応によって豊かな空間体験を与える能動的なスペースへと変換させる。
- 共用の場の西側の壁は、450㎜外にずらすことで、上からの光を取り入れている。こうした些細なディテールワークが、空間に拡がりと変化を与える。
- 3つの片流れ屋根と媒域の陸屋根による形態が、それぞれの場に託された機能の違いを表現している。

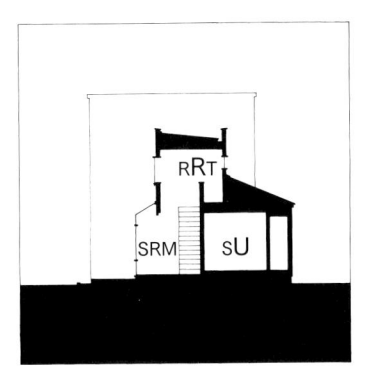

□ 切断透視図（3）

- 吹抜けの下にある各集域を繋ぐ媒域（CH4,950㎜）の中央には、ノードとして機能する段路が置かれ、分岐した経路がそれぞれの集域に向かって延びていく。段路の南側には、和式の場の土間から続くガラス屋根が付いたサンルームが設けてあるが、立体的に変化するスケールとグラデーション効果との組合せが空間に変化を与える。
- 段路と背中合せになった調理の場（CH2,300㎜）は、住み手の作業が効率よく行えるように、食事の場と家事の場（CH2,300㎜）との中間に配置してある。

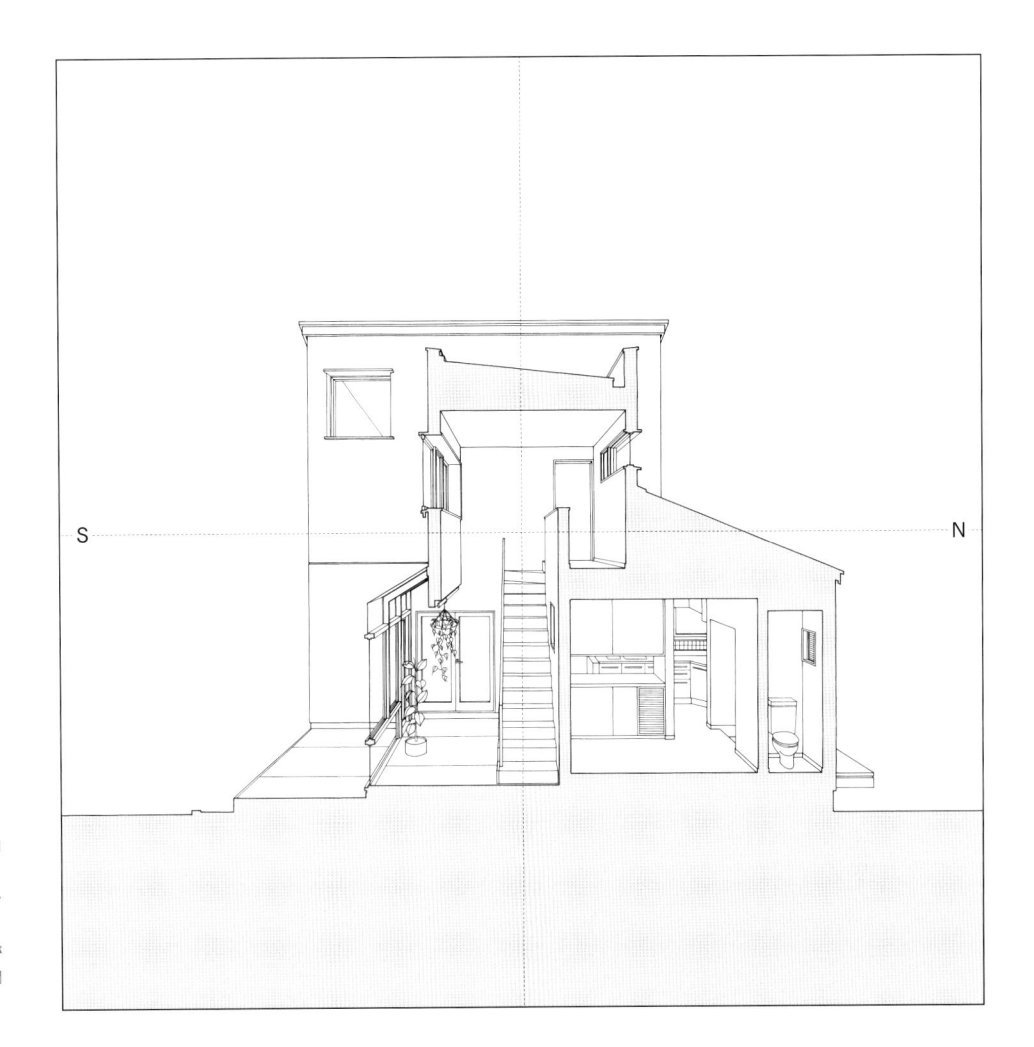

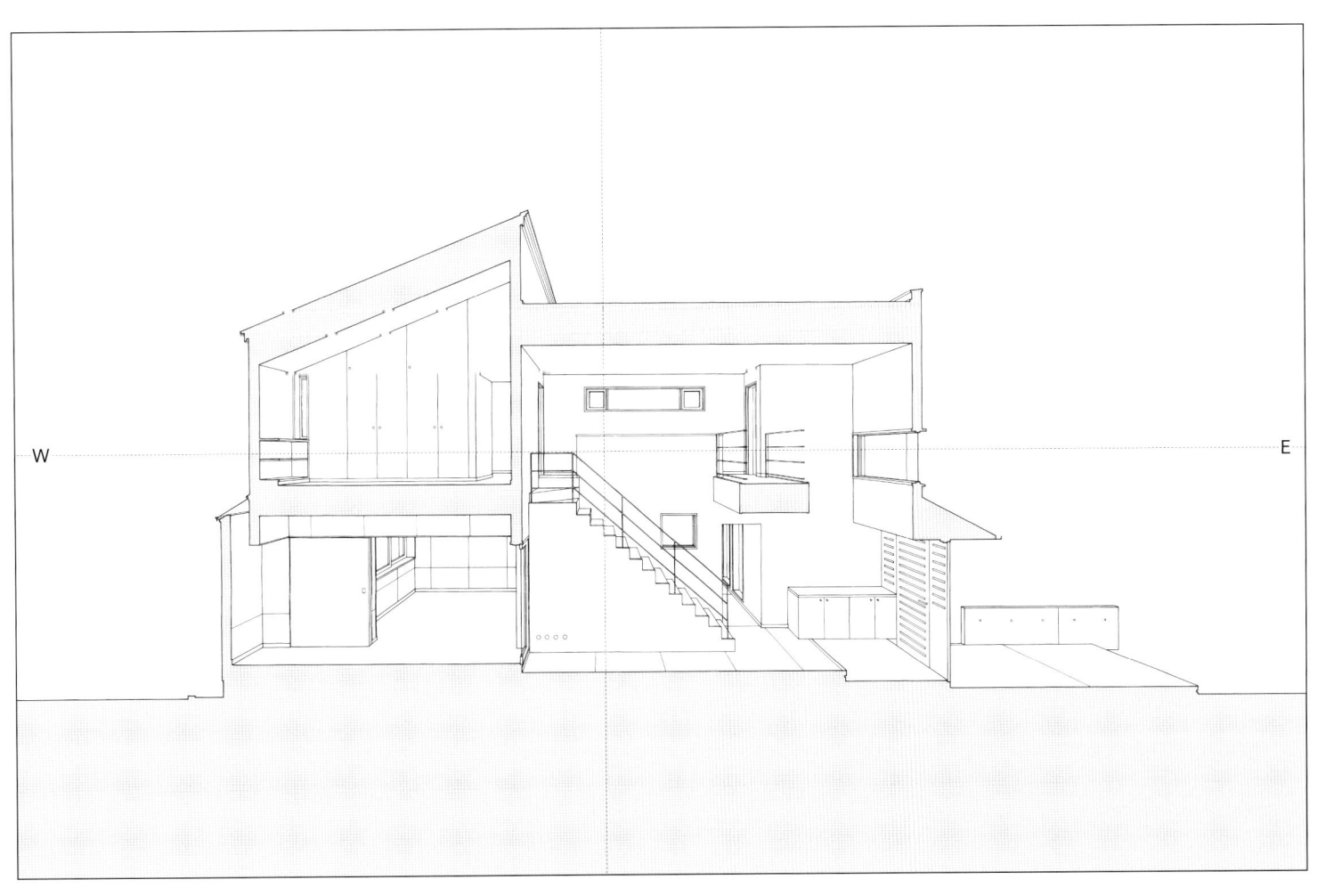

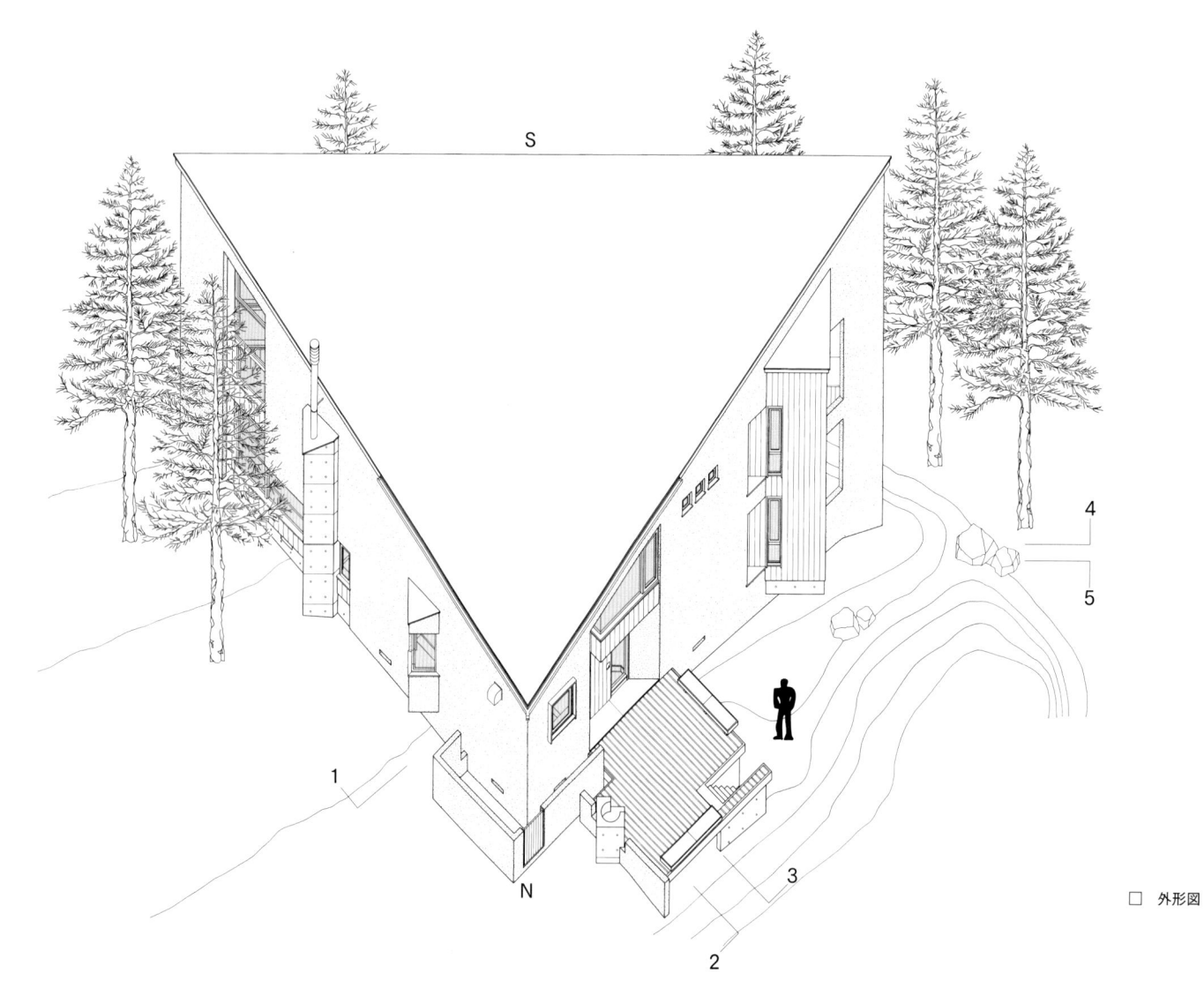

| 09 | H-SSD | 地形を内包した住居／傾斜する地形の特性と周囲に展開する唐松林の写しを、全域の空間構成と架構に取り入れる。|

1992

W-3F, L1　1,059.00m²
♂♀+♂　177.73m²

立地
信州原村の北にあるペンションビレッジと八ヶ岳美術館のあいだを通る通称八巻道路を横断して北に向かうと、なだらかな斜面に沿って造成された中央高原別荘地の入口に着く。九十九（つづら）折りの坂道を登って行くと、共有広場の先に拡がる林の中に建つこの住居が見えてくる。

配置・外形
- 土地の地域協定に従って、全域を林に囲まれた傾斜のある敷地のほぼ中央に配置する。
- 西の集域を3層＋ロフト、東と北の空間域を吹抜けにする。
- 全域に、二等辺三角形の外郭に合わせた片流れの大屋根を架ける。
- 南面に、出窓とアルコーヴで構成した複合フレームを挿入する。
- 入口外部に、バーベキューコーナー付きのデッキを取り付ける。
- 南に、ベンチ付きのデッキを取り付ける。
- 北壁に、暖炉の煙突および出窓を取り付ける。

□ 外形図

□ 切断透視図（1）

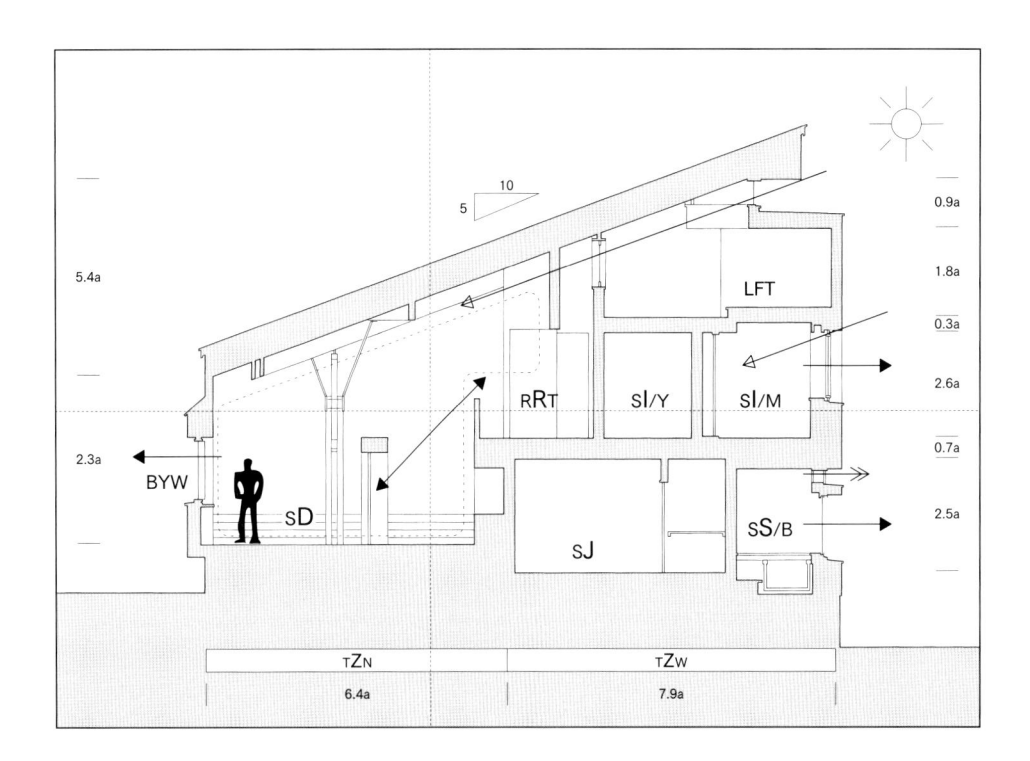

□ 基準切断面

←	光	TZN	北の集域	sI/Y	若年世代の場
←	視線	TZW	西の集域	LFT	ロフト
⇐	換気	sD	食事の場	RRT	経路
		sJ	和式の場	BYW	出窓
a	＝900mm	sI/M	壮年世代の場	sS/B	入浴

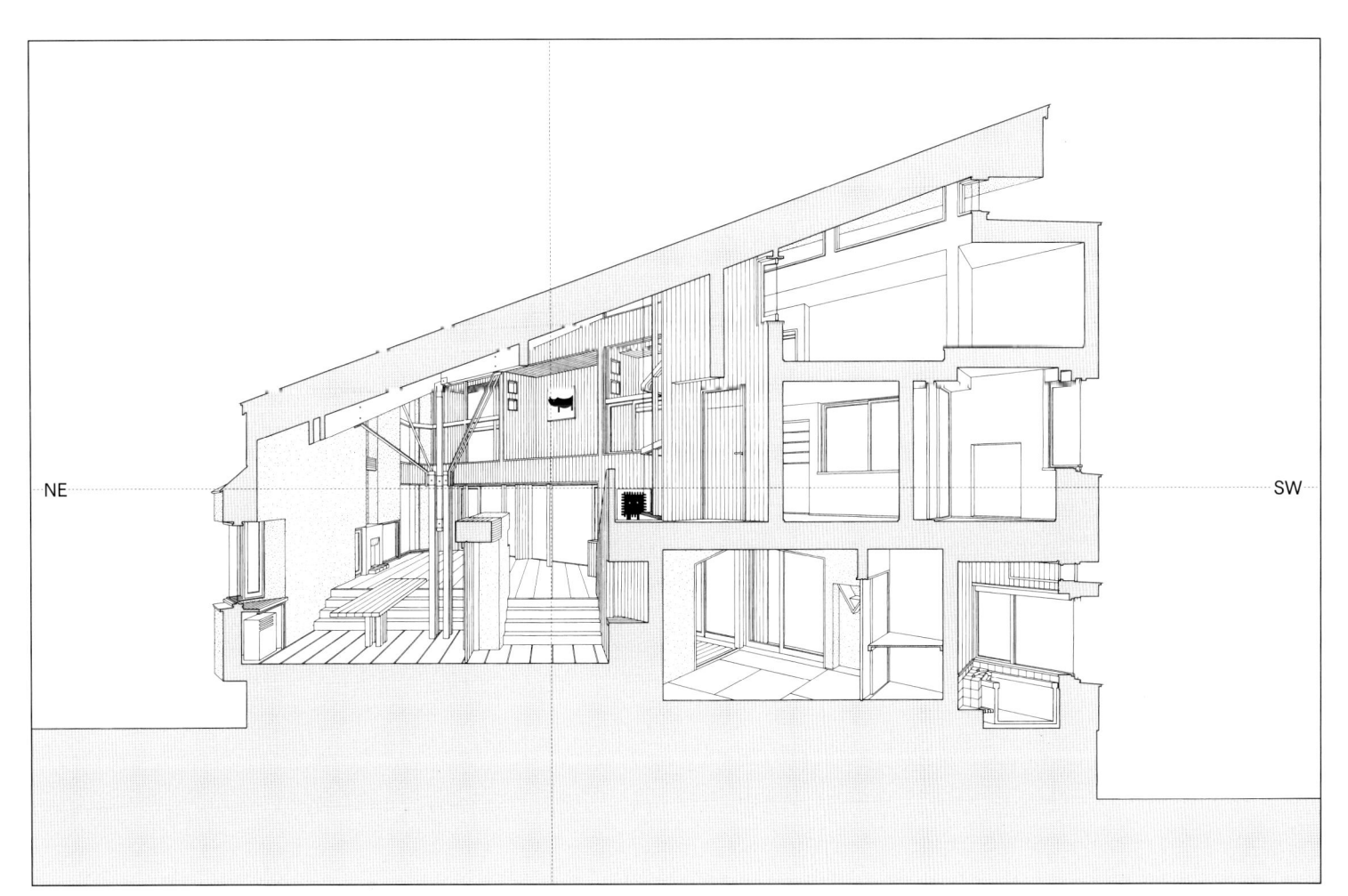

・全域の空間は、東西方向に傾斜した地形の断面形状に沿って配列した、3つの集域で構成されている。
・南から北に葺き下ろした三角形の大屋根の下に、吹き抜けた東と北の集域と、3つの領域を積層した西の集域が配されている。
・入口を入ると、傾斜した地形に沿って東の集域に上がっていく段床と、その傍らに立つ樹木の写しとしての組み柱が枝を張るようにして大屋根を支えている仕組みが視野に入る。
・段床の左側にあるスタッコ仕上げの間仕切壁が、訪れる人を招くように緩くカーヴしながら、東の集域に向かって延びていく。
・間仕切の途中にある戸を開けて入ったスペースは、遥か遠方に見える八ヶ岳連峰の山並に向けて開けた三角形の出窓がある食事の場になっている。
・段床を上がって東の集域にある折返しから始まる段路が、西の集域の積層された3つの領域を繋ぐ。
・積層された西の集域は、東の集域から半階下がった下層にある和式の場と衛生の場、上層の壮年と若年世代の場および最上階の屋根裏に組み込まれたロフトによって構成されている。

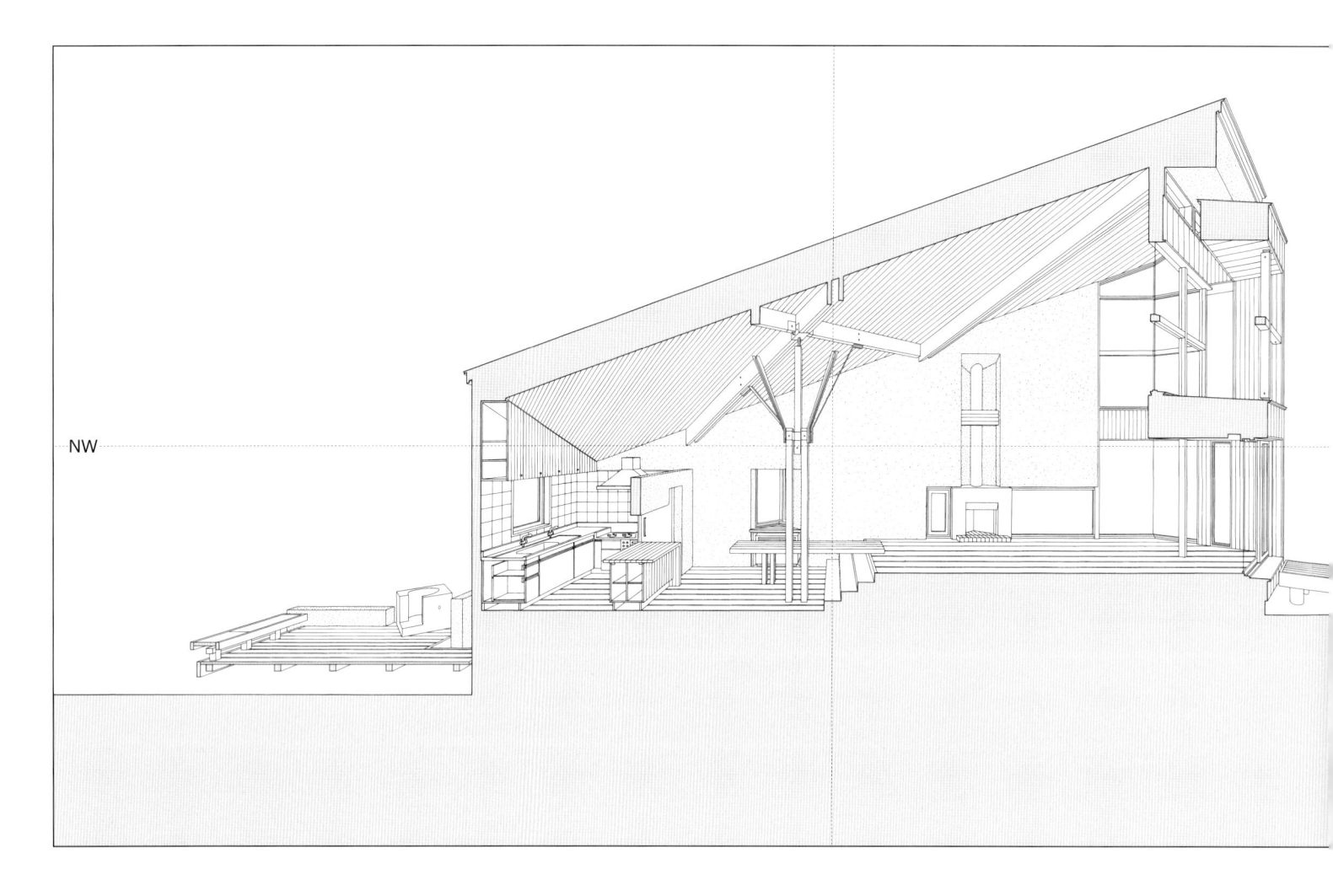

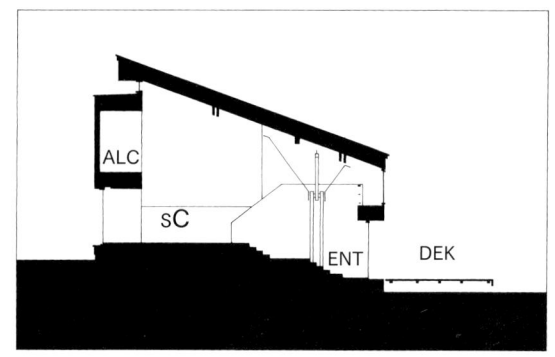

□ 切断透視図（3）

- 入口からの経路は、地形に沿って徐々にレヴェルが高くなっていく。経路は、入口まわりから600㎜上がった共用の場で折り返し、上層のレヴェルから屋根裏のロフトへと続く。
- 東の集域と西の集域のあいだに切り込まれた光と風のシャフトの脇にある段路を上がっていくと、ダブルスキンのガラスを通して、唐松林の緑とその上に拡がる青空が見えてくる。
- 壮年と若年世代の場がある上層レヴェルと屋根裏のロフトを繋ぐタラップは、スペースが限られているために、段板を互い違いに取り付けた納まりにしてある。
- 上層レヴェルで分岐した経路は、八ヶ岳連峰の景色を取り込む開口を設けた入口上のギャラリーに続いている。
- 入れ子になった複合フレームの内に設けたアルコーヴは、写真家である住み手の作品やグラフィックアートなどをディスプレーする装置として使用される。

□　切断透視図（2）

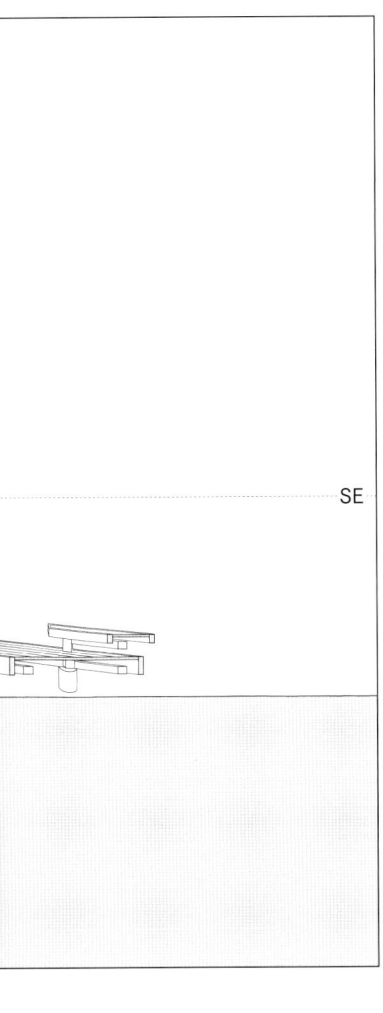

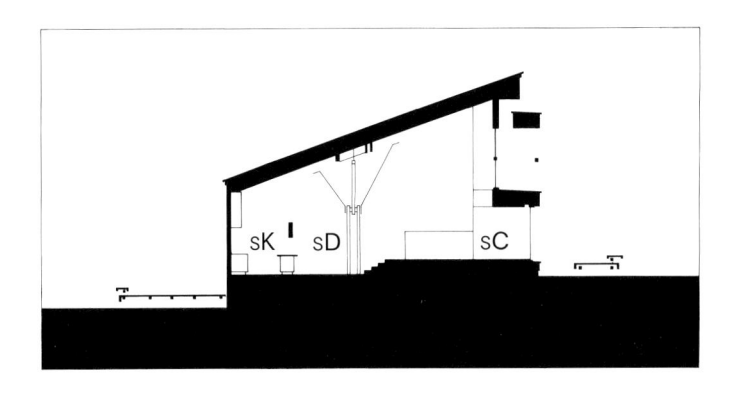

- 北の集域には、カウンターを組み込んだ間仕切の両側に、調理と食事の場（CH2,160㎜〜4,770㎜、床：床暖仕様のオークフローリング貼り、壁：スタッコ仕上げ、天井：米杉小幅板貼り）が配置されている。
- 600㎜の段差がある東の集域とのあいだには、米杉の厚板で造った食卓が架け渡してある。
- 段床を上がった東の集域にある共用の場（CH4,170㎜〜6,400㎜、床：床暖仕様のオークフローリング貼り、壁：スタッコ仕上げ、天井：米杉小幅板貼り）は、入れ子になった複合フレームを介して南の唐松林に連続している。
- 共用の場の壁面にはRC打放しで造った暖炉が設けてあるが、室内に取り込んだ煙突はこの住居のモチーフである三角形のアルコーヴの中に収めてある。
- 北の入口前には、ベンチとバーベキュー設備が付いた簀子（すのこ）張りのデッキが設けてある。
- 南の外部には、三角形をしたベンチ付きのテラスが、唐松林に向かって手を差し延べるようなかたちで取り付けられている。

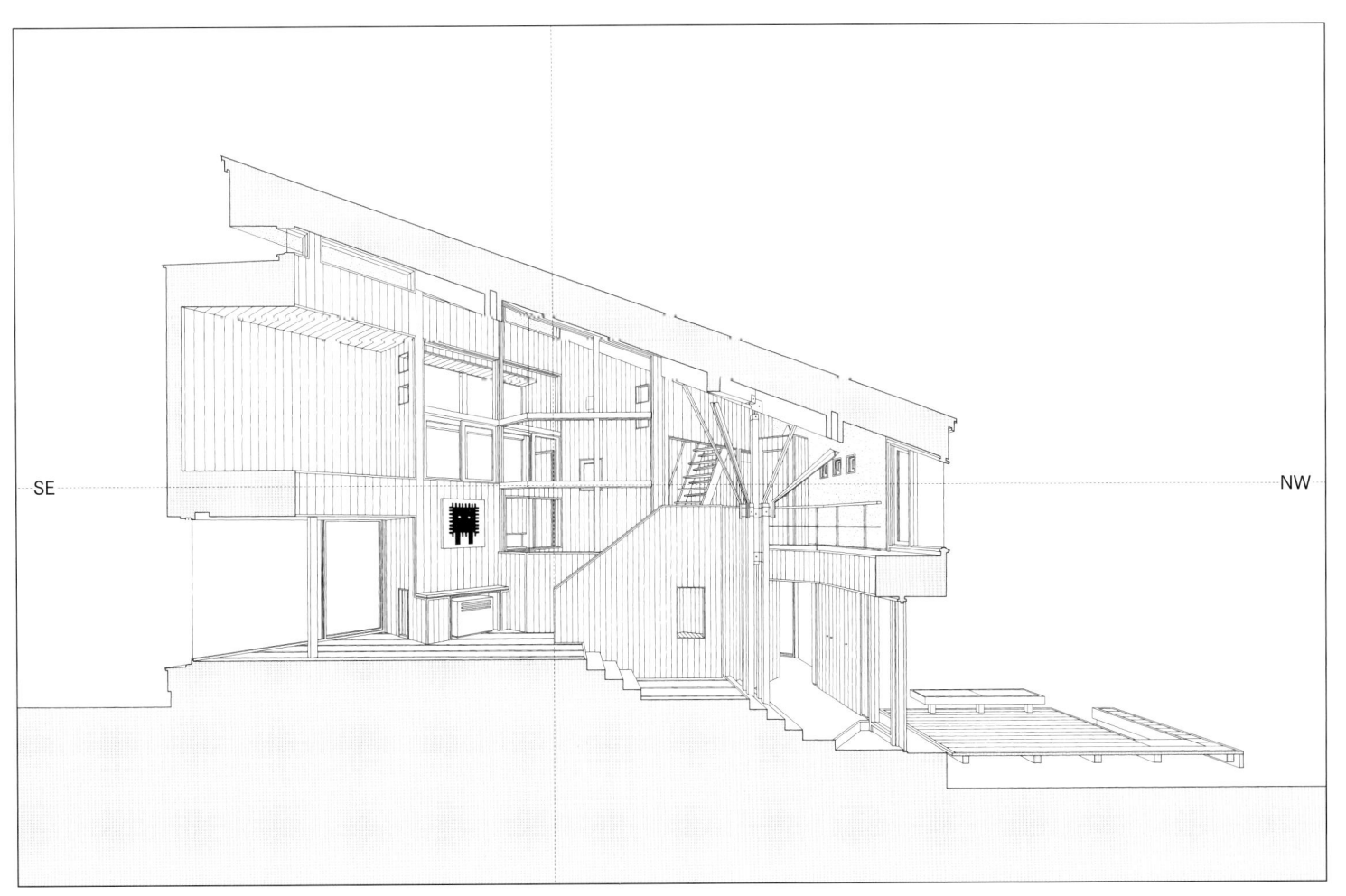

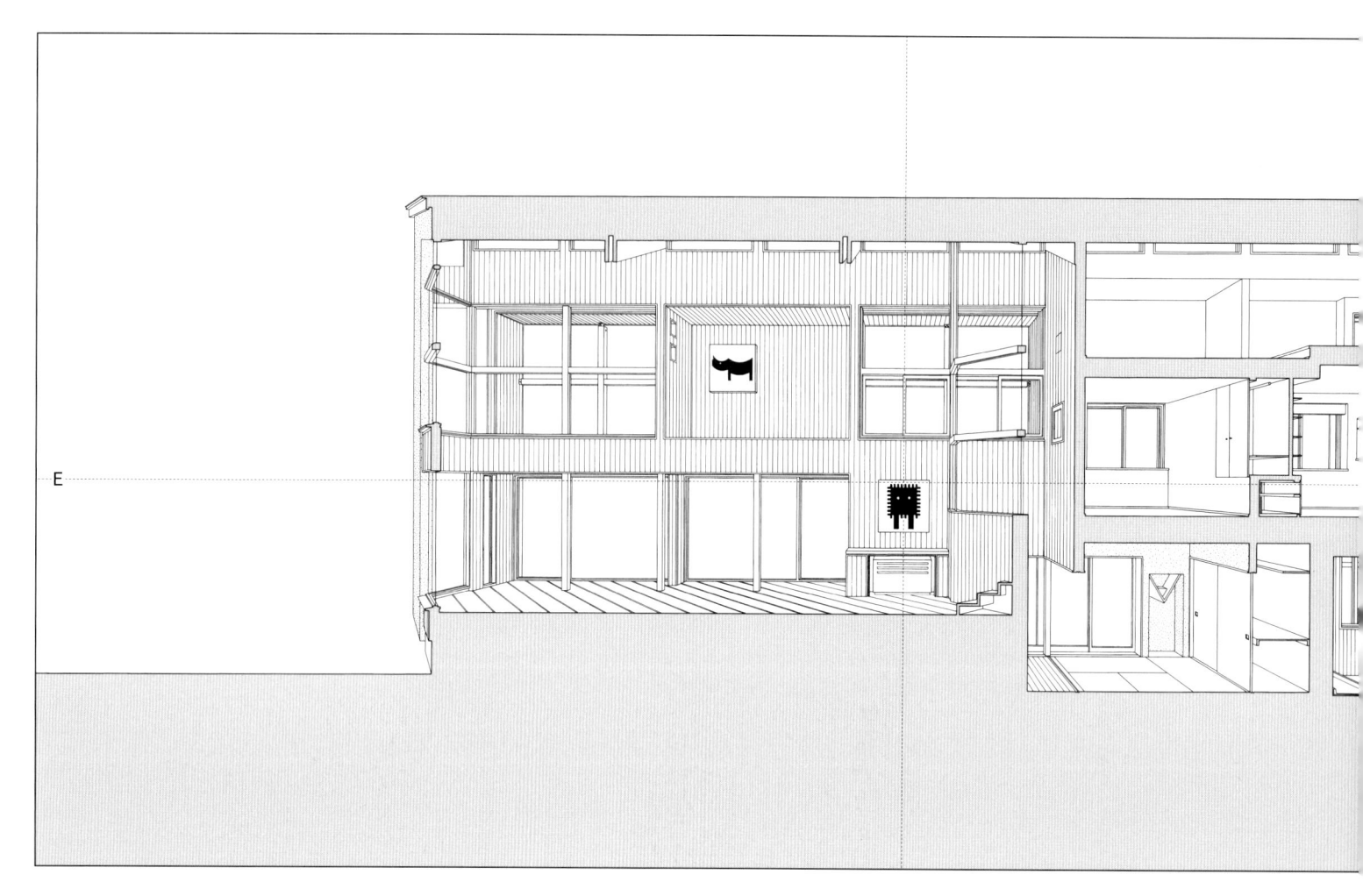

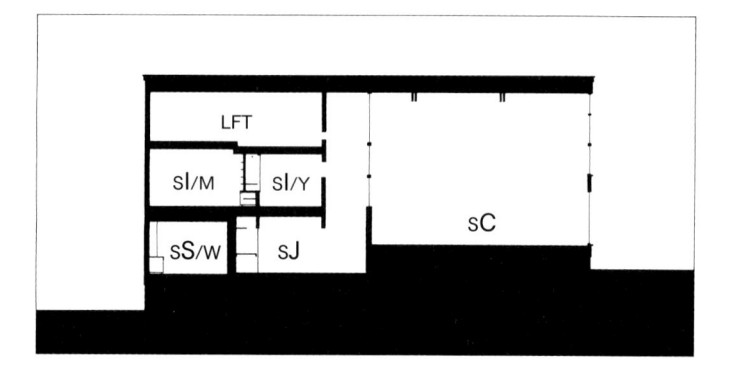

□　切断透視図（5）

- 北から南に向けて扇のように開いている大屋根は、樹木の写しとしての組み柱（親柱：米栂 4-105×105、子柱：米栂 105×105、方杖：ST-2L-45×45×4）と挟み梁（米松 2-60×390）によって支えられている。
- 南から回り込んだフレームが、途中で地窓に切り換えられて暖炉に連続している。
- 東と西の集域の境にある光と風のシャフトの底部は和式の場の広縁になっているが、西側に立ち上がっているシャフト内の壁には、若年世代の場とロフトの換気用小窓が壁と面一（つらいち）に納めてある。
- 上層の壮年世代の場の天井隅には、ドラフト効果を利用した換気用シャフトに繋がる三角形をした穴が開いている。
- 屋根裏に組み入れたロフトは、団欒のスペースと一段床を高くした就寝のスペースとの組合せによって構成されている。

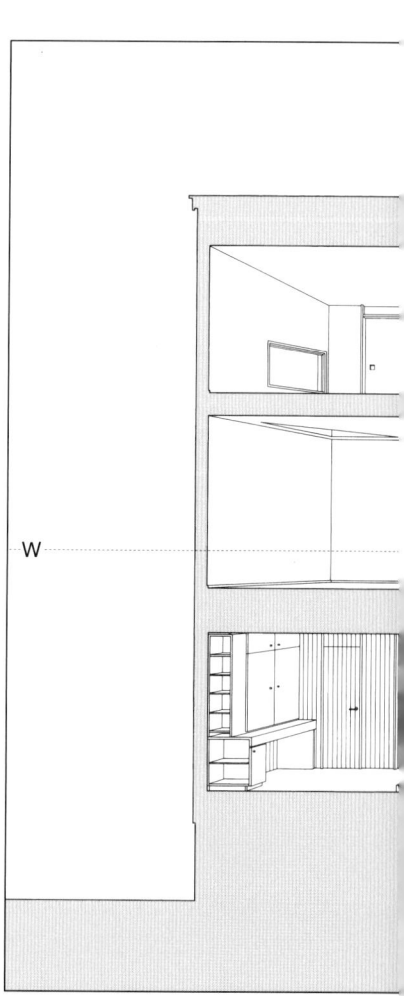

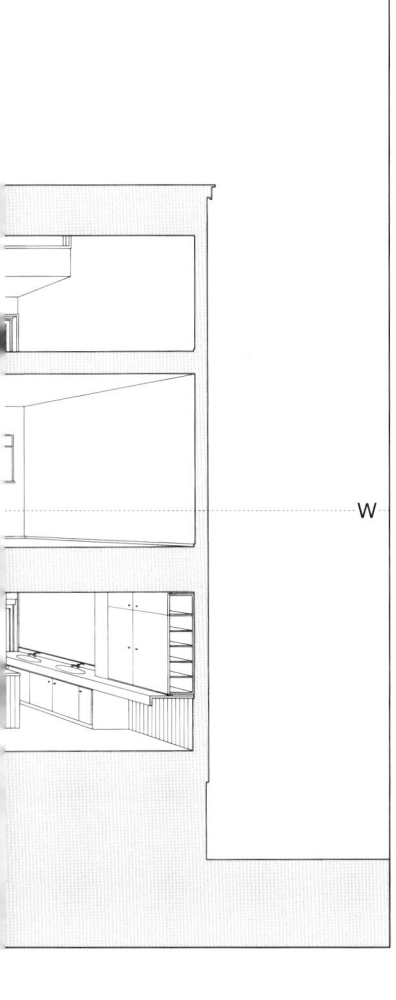

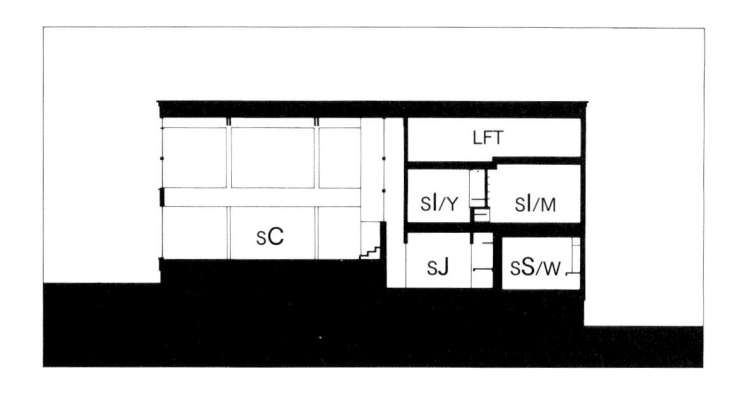

□　切断透視図（4）

- 南側の外形は、大きく開いたスタッコ仕上げの架構に米杉で組んだ複合フレームを入れ子に組み入れたかたちで構成されている。
- 南側は、中央に切り込まれた光と風のシャフトを境にして、東側に大きな吹抜けのある共用の場、西側に3つの領域を積層した集域を組み入れた仕組みになっている。
- 唐松林に面した共用の場の複合フレームの下の部分には、複層ガラスを入れた断熱サッシが立て込まれているが、視界と通風に対する構えとして嵌殺し（はめごろし）と片引戸の比率を2対1にしてある。
- 上の部分にあるアルコーヴの両側は、十字形の方立を入れたダブルスキンの開口になっている。
- 内側のフレームは、嵌殺しのガラスを留めで納めた東南のコーナーから鋭角に折れて、東側の壁に続いている。
- 積層された西の集域の下層には和式の場（CH2,300㎜）と家事・衛生の場（CH2,100㎜）、上層には壮年と若年世代の場（CH2,300㎜）が配され、屋根裏にはロフト（CH980㎜〜2,340㎜）が組み入れてある。
- 大屋根と入れ子になった複合フレームとのあいだにあるスリットから射し込む光が、北に向かって傾斜している天井面に沿って降りていく。

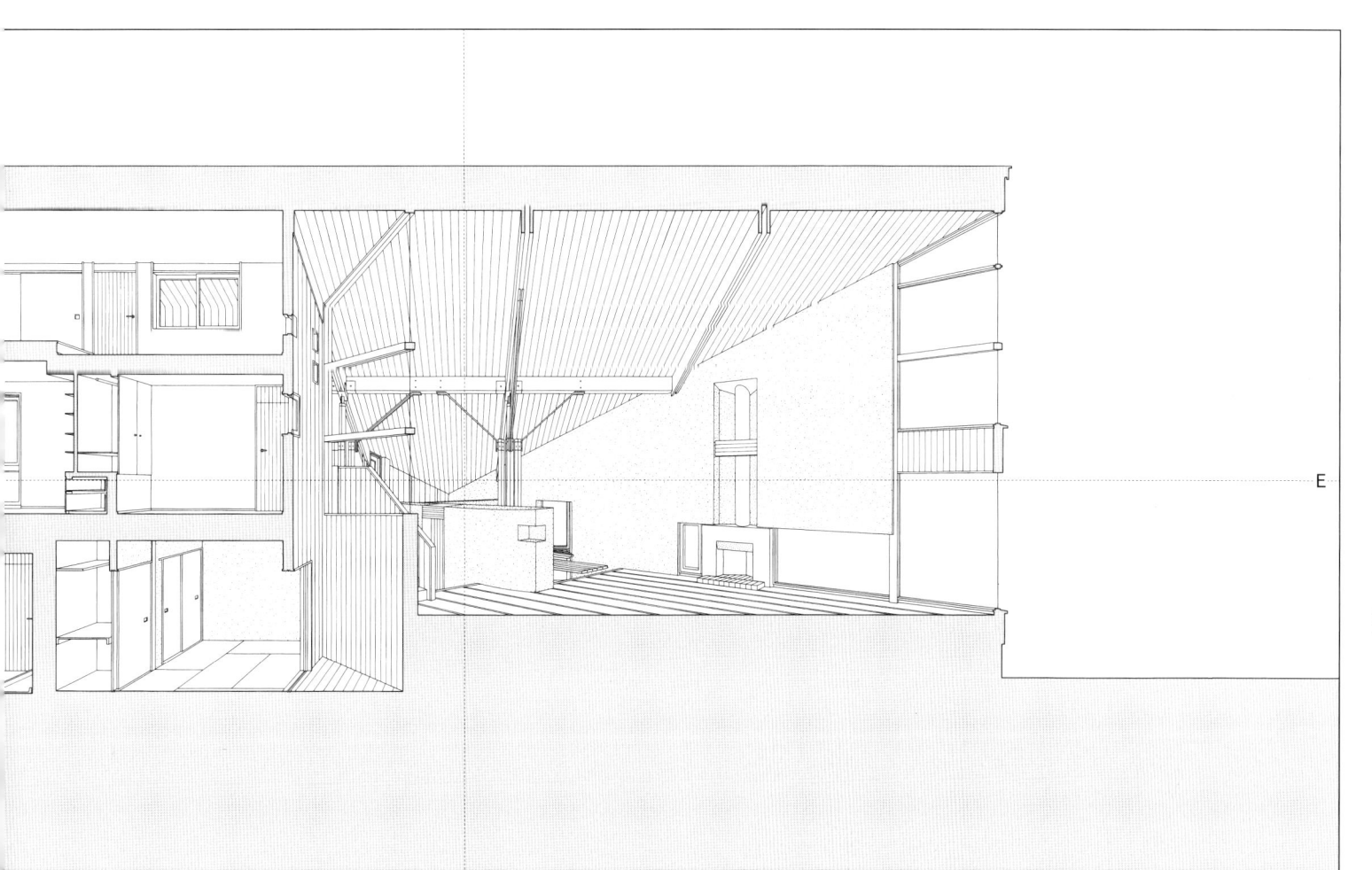

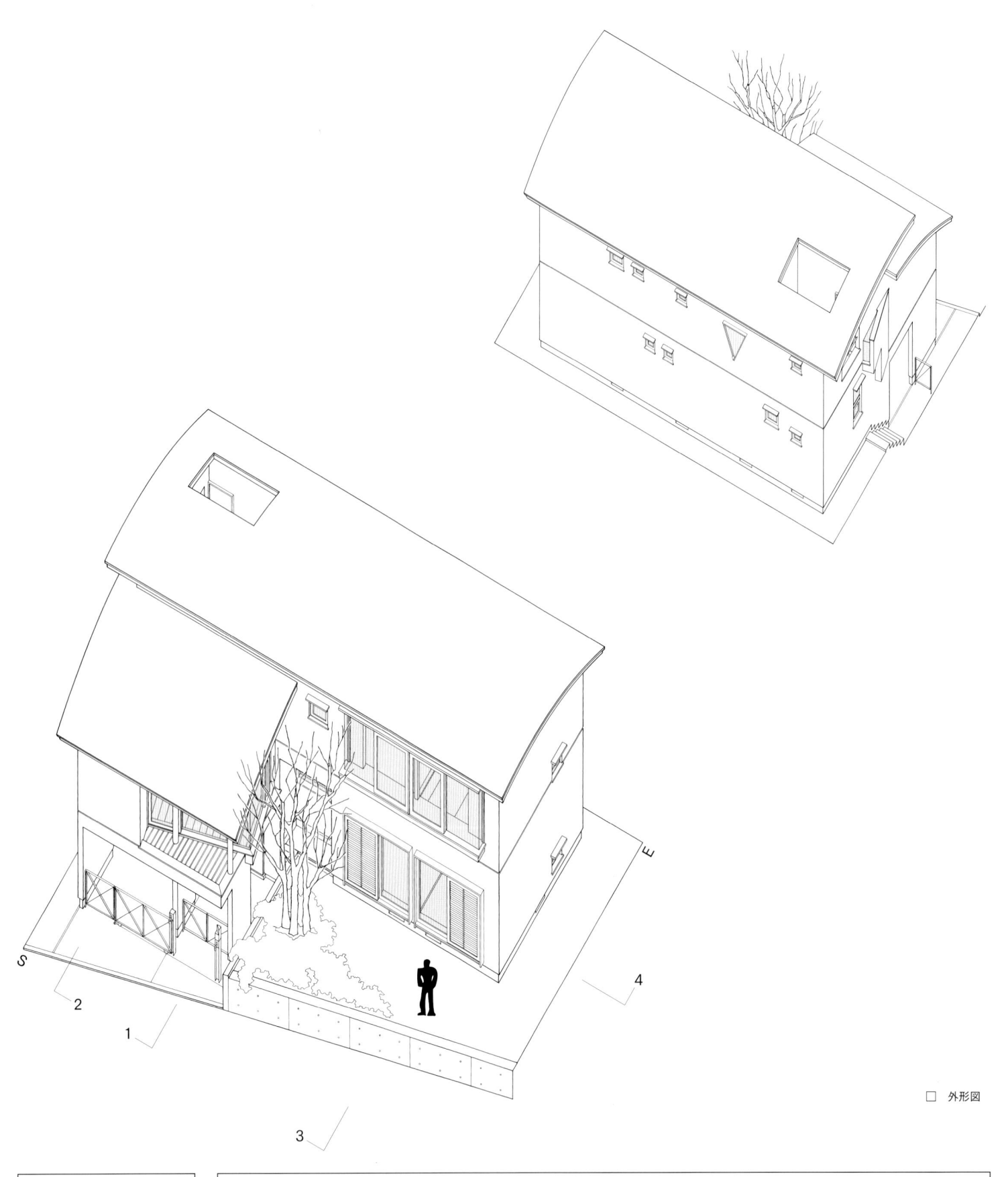

10	H-TNA
	1992
W-2F	124.96m²
♂♀+♂♀+♂	104.60m²

ずれた仕組みによる複合世代住居／土地の特性を生かしたずれによる効果を、全域の仕組みや視線の制御、複合世代の繋がりなどに取り入れる。

□ 外形図

立地

東京の西郊にある高尾山と都心とを結ぶ私鉄の駅前には、市が区画整理の代替地として開発した住居地域が線路に添って西に続いている。南を流れる疎水の桜並木の下を通る遊歩道を行くと、前面道路より少し上がった敷地に建つこの住居が見えてくる。

配置・外形

・敷地の北側中央に、全域を配置する。
・東と西の集域を複層にして、敷地の中央で半層分垂直方向にずらす。
・西の集域の下層南側と上層西北隅を、外部化する。
・西の集域の上層を吹抜けにし、空間域に水平方向のずらしの操作を行う。
・連続する東と西の集域の北側と吹抜けた空間域に、曲面の片流れ屋根を架ける。
・東の集域南面に、出窓を取り付ける。
・西の集域上層の外部化した部分を、デッキにする。

□ **基準切断面**

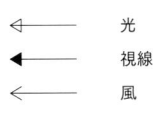

◁―――	光
◀―――	視線
⇐―――	風

TZW	西の集域
TZE	東の集域
SC	共用の場
ENT	入口
RAP	導入路
RST	段路
BAL	バルコニー
a	＝900mm

□ **切断透視図（1）**

- 全域の空間は、複合世代住居としての条件に土地と道路との高低差を利用したスキップフロアシステムを重ね合わせた、3つの集域で構成されている。
- 入口を上がって半層スキップした東の集域のレヴェルを過ぎ、さらに半層上がると、東から連続する空間が北側に貫入している西の集域にある共用の場（CH2,100㎜〜3,000㎜・4,100㎜、R9,000㎜）に出る。
- 緩やかな曲線を描く天井に覆われたスペースは、3世代家族のための共用の場であるとともに、親しい友人たちを招いて行うパーティーなどの際には、東の集域の上層と一体化した立体的なコミューナルな場となる。
- 共用の場と東の集域の上層にある高齢世代の領域を繋ぐ段路は、変化のある空間に相応しい軽やかな形態の部位となるように、フラットバーの箱桁（ささらげた）と積層材の段板とで構成されている。

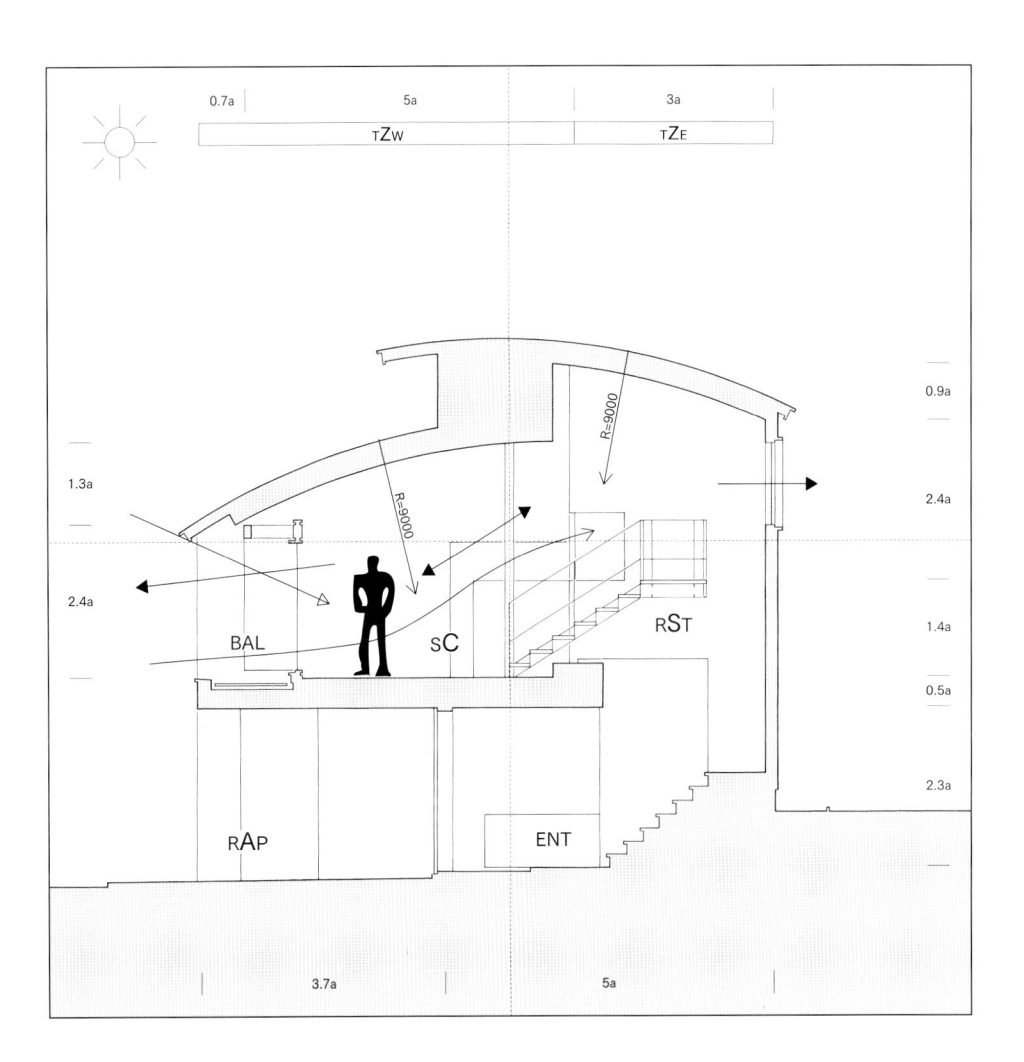

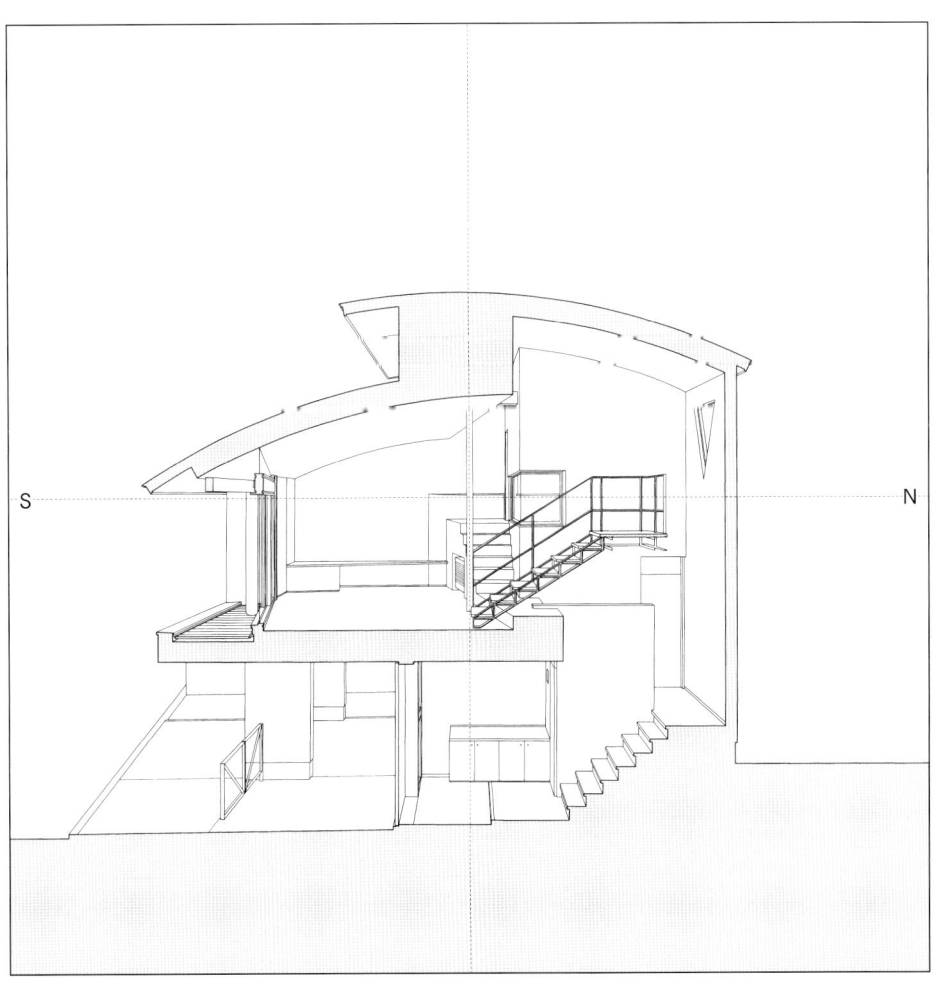

□ 切断透視図（2）

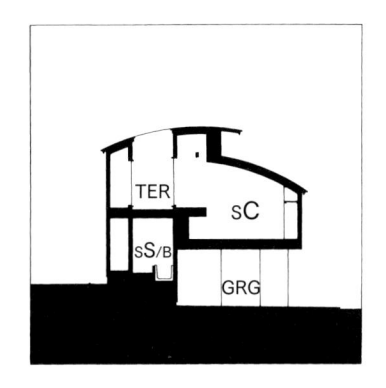

- ピロティーの下を通る導入路と駐車スペースは、壁柱によってセパレートされている。
- 共用の場は、南の景色に向かう視線との関係で、ずらしたかたちで本体に挿入されているが、折上げ天井部分の納まりがその仕組みを視覚化している。
- 共用の場から半層上がった北側は、テラスと物置になっている。
- 南から入った風が、ドラフト効果によってテラスを通って北に抜けていく。
- 共用の場から半層下がったテラスの下には、衛生の場が置かれている。

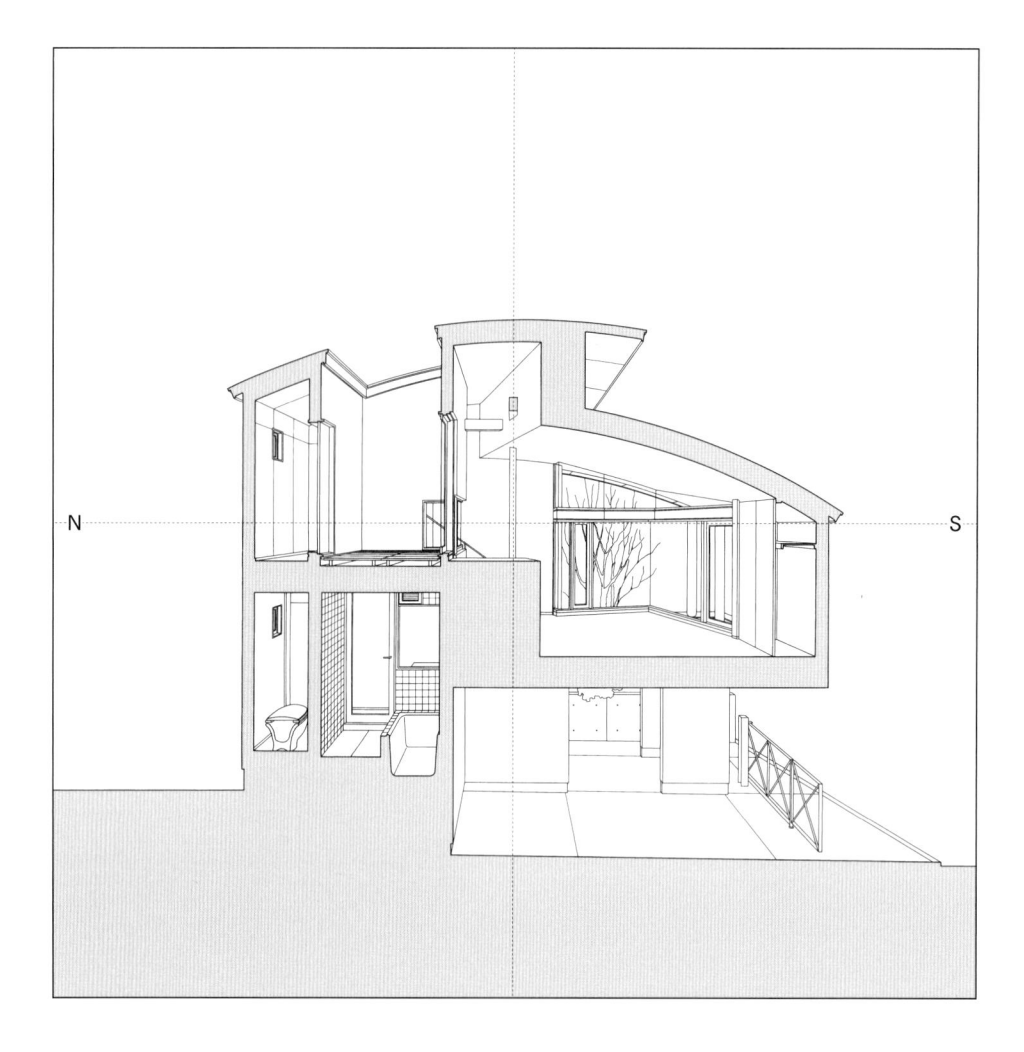

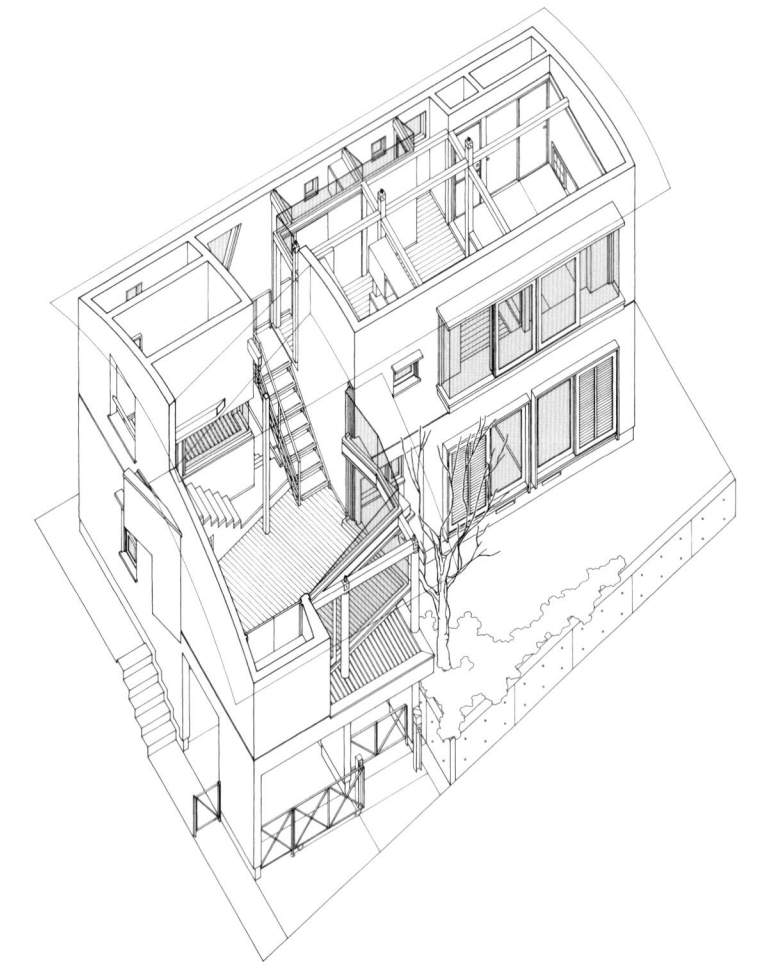

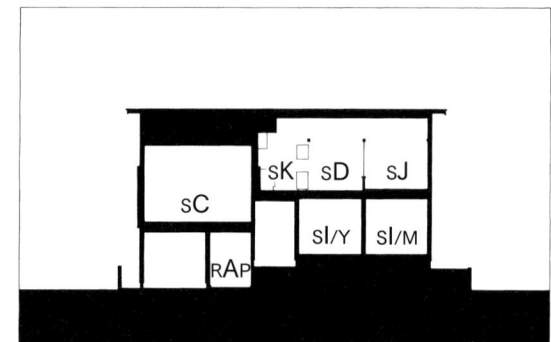

□ 切断透視図（4）

- フラットな天井の下にある壮年と若年世代のための場のニュートラルな空間、緩やかな曲面天井に覆われた共用の場の変化のある空間、片流れの曲面天井の下にフレームで仕切られた調理・食事・衛生・和式の場がフラットに連続する高齢世代のための空間など、ひとつの住居の内に3世代の生活に対応した異なる空間構成の領域が組み入れられている。

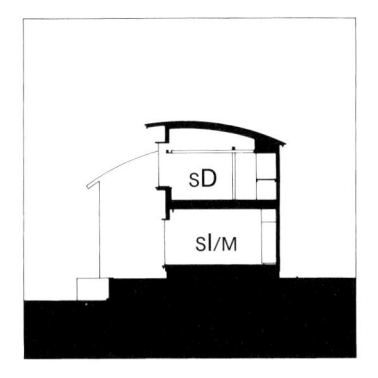

□ 切断透視図（3）

- 東の集域の下層にある壮年と若年世代のための場（CH2,250㎜）からは、直接南の庭に出ることができる。
- 上層の高齢世代のための領域は、日常生活が支障なく営めるように、食事の場（CH2,134㎜～2,895㎜、R9,000㎜）の周りに調理の場と家事・衛生の場が直結したかたちで配置されている。
- 南側に取り付けた採光と換気の機能を組み合わせた大きな出窓から入ってくる光と風が、日常生活の大半が営まれるこの場を心地よいスペースにしている。

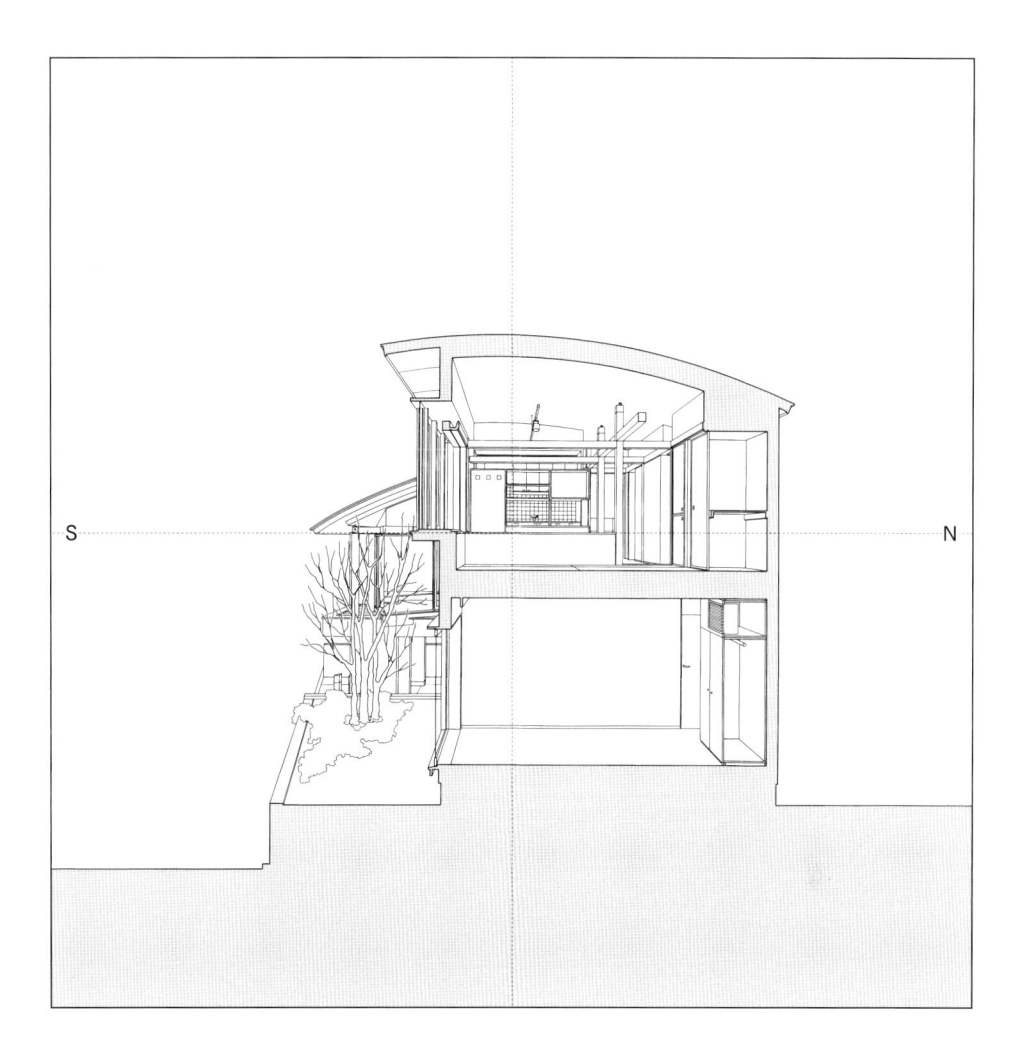

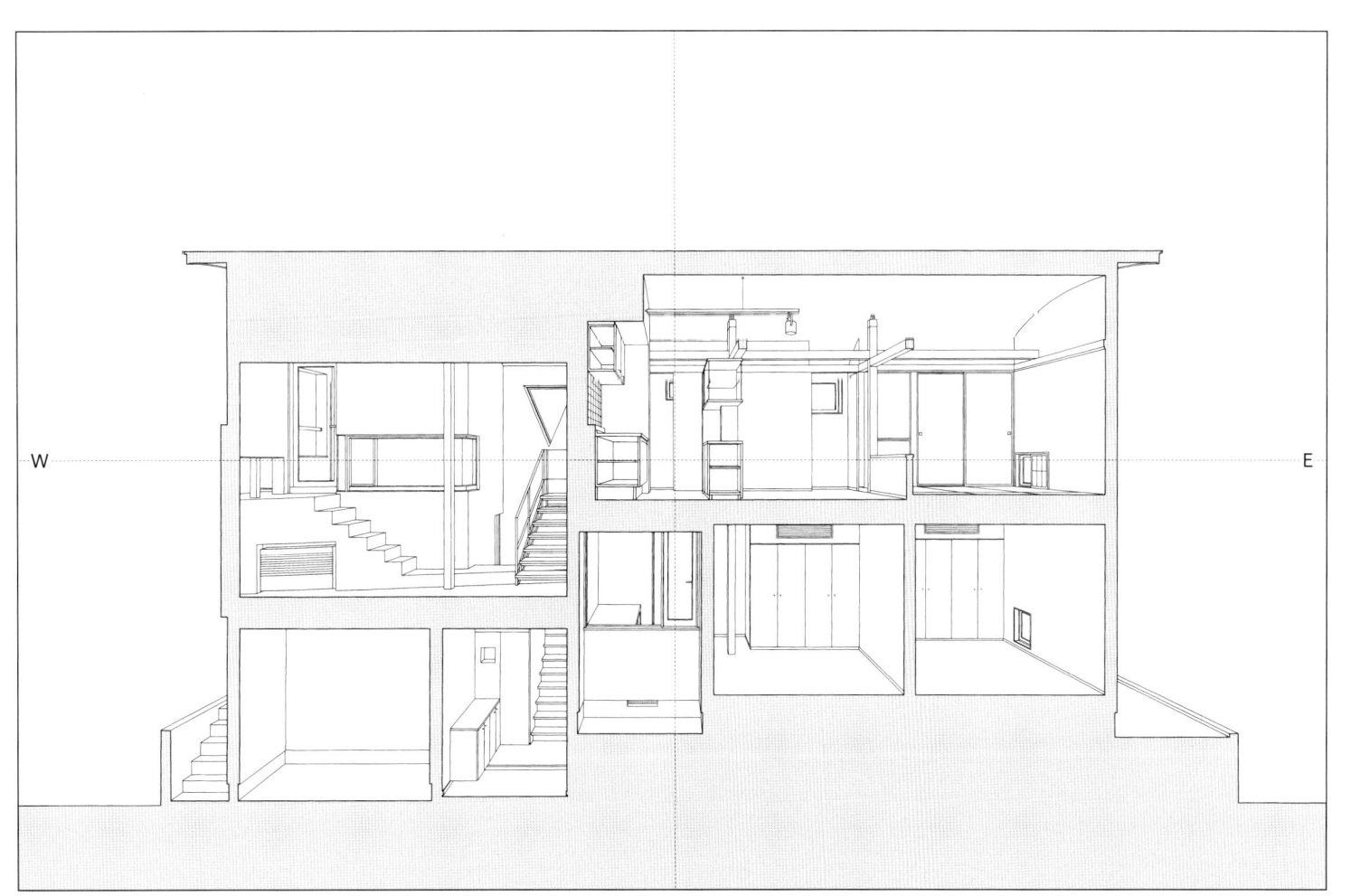

11	H-OTU	
		1994
W-2F		285.25m²
♂♀+♂♀+♀♀		182.32m²

3つの集域による複合世代住居／回路によって繋れた3世代の領域とアウタールームを内包する仕組みを、土地の特性に重ね合わせる。

立地

東京近郊の私鉄駅からバスで北へ15分ほどのところには、まだ樹齢を経た欅（けやき）の木立が点在するかつての武蔵野の面影を偲ばせる風景が残っている。古くからの地割に沿って曲りくねる道をしばらく行くと、道が折れる手前に建つこの住居が見えてくる。

配置・外形

- 南北に奥行のある敷地の北・西・南に、3つの集域を布置する。
- 全域を複層にする。
- 集域を単層の回路で繋ぎ、集合体としての全域を形作る。
- 北の集域に曲面の切妻屋根、西・南の集域に曲面の片流れ屋根を架ける。
- 北と南の集域に付属する段路に、緩勾配の屋根を架ける。
- 回路の上部を、外の経路として機能するデッキにする。
- 回路に囲われた、外の場としてのアウタールームとデッキを一体化させる。

□ 外形図

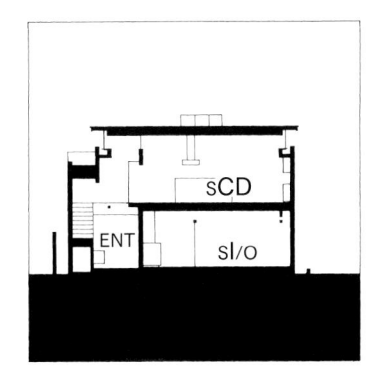

□　切断透視図（1）

・北の集域の上層は、共用・食事の場と、北側に並列した調理・家事の場で構成されている。
・この領域は、基本的には日常の家族生活を対象としているが、友人たちとの集りなどにも対応できるコミューナルなスペースとしての機能も備えている。
・パーティーなどに使われる際には、中央にセットしてあるカウンターが、人々の交流を媒介する装置として働く。
・北側に組まれているフレームは、構造体であるとともに、領域を示す仕掛けでもある。
・吹抜けに面して設けたフレームレスガラスのボックスを介して、吹抜けから共用・食事の場へと連続する空間が一体化されている。
・入口の吹抜けまわりに組まれたフレームが、北の集域と段路が組み込まれた部分との"ずれた仕組み"を視覚化している。

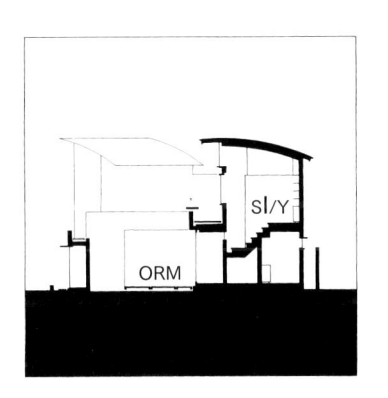

□　切断透視図（2）

・西の集域は、若年世代のための領域になっている。
・曲面天井の下にある上層の領域（CH2,250㎜〜2,855㎜、R8,500㎜）には、内法の高さで回したフレームが入れ子にして組み込まれている。
・中庭に向かって開く片流れの天井とフレームは、部位の関係を明確にするために、柱頭金物で分節してある。
・集域ごとに設けてある段路は、それぞれのスペースの条件に従ったかたちで構成されているが、若年世代の場合は回路から外したかたちにして領域内に納めている。
・段路の踊場の壁面には収納が造り付けてあり、東の欄間から入る柔らかい光が、段路まわりを明るく包んでいる。

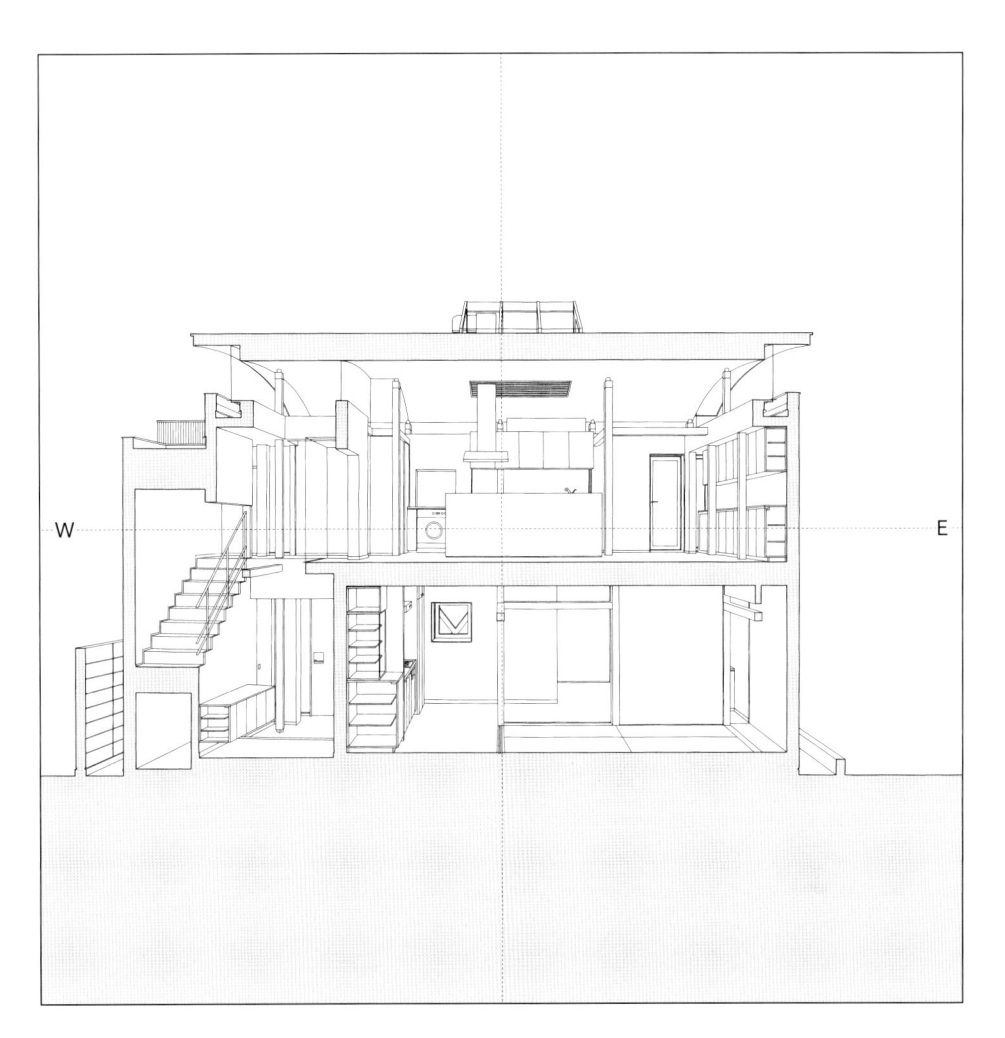

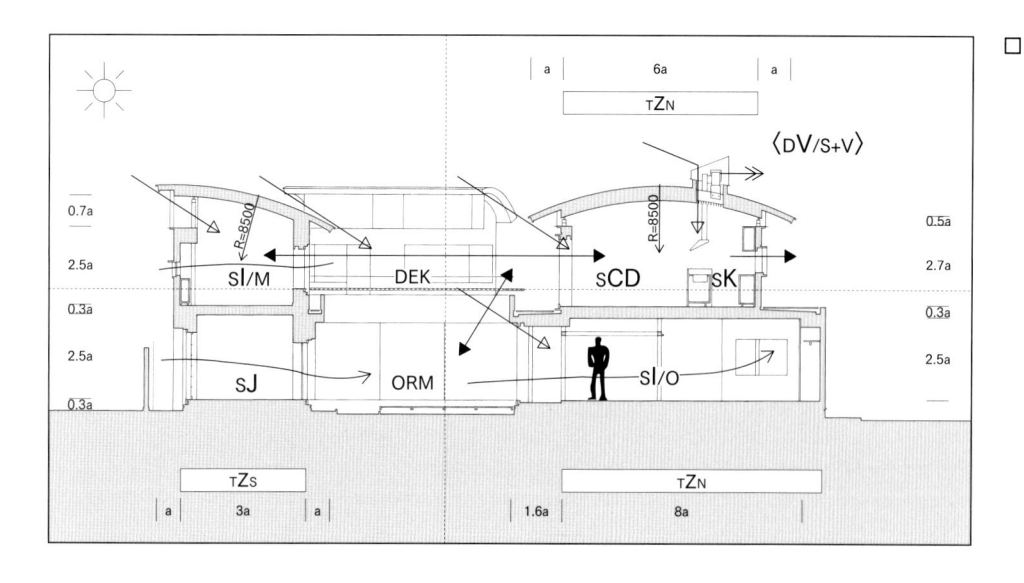

□ 基準切断面　　⇐　光
　　　　　　　　◀　視線
　　　　　　　　⇐　風
　　　　　　　　⇐　換気

τZs	南の集域
τZN	北の集域
sCD	共用・食事の場
sK	調理の場
sI/O	高齢世代の場
sI/M	壮年世代の場
sJ	和式の場
ORM	アウタールーム
DEK	デッキ
DV/S+V	複合装置（天窓＋換気）
a	＝900mm

□ 切断透視図（3）

- 全域の空間は、奥行のある敷地に対して散佚的（さんいつてき）に布置した3つの領域と、それらを繋ぐ回路によって構成されている。
- 南の集域からアウタールームと西の集域を介して北の集域へと連鎖していく全域の繋がりが、この複合世代住居の仕組みを示している。
- 寄付き道路に接して建つ、緩い曲線を描く切妻屋根を架けた北の集域は、中庭に直接出ることができる下層に高齢世代の領域、上層にはコミューナルな場としても使われる共用の場が配してある。
- 東に向かって建つ、曲面の片流れ屋根を架けた西の集域は、上下層共に若年世代の場に充てられている。
- 北に葺き下ろした曲面の片流れ屋根を架けた南の集域の上層には壮年世代の場が置かれ、下層の和式の場は客間を兼ねた家族の記憶を紡ぐ場である仏間としてしつらえられている。
- 3つの集域は、中庭を巡る回路とデッキが複合した部位によって、お互いに結ばれている。
- 各領域のスペースが柔らかく覆われた空間となるように、屋根と天井は緩やかな曲面架構で構成されている。
- 簀子（すのこ）ユニット敷きのデッキと、山法師の株立ちや馬酔木（あせぼ）の下草で構成した中庭は、外の内であるアウタールームとして使われるとともに、光と風と視線を制御する装置としても働く。

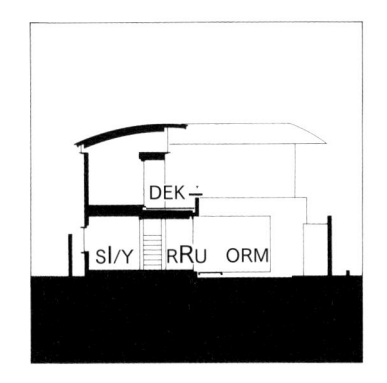

□ 切断透視図（4）

- 西の集域は、若年世代である三姉妹の領域に充てられている。
- 下層は2人の妹たちのスペースで、段路を上がった上層は長姉のためのスペースになっている。
- 緩い曲線を描く天井の下にある上層の領域は、東に向いて開いた欄間から入る光によってサニーな場にしつらえられており、気候のよい季節にはデッキを通って直接北と南の集域に行くことができる。
- 下層の領域（CH2,250mm）は、中庭を巡る回路を介して高齢世代の領域と結ばれている。
- 上層の各領域を繋ぐデッキは、囲われた中庭と連動して、外の生活を演出するスペースとして機能する。
- 下層の回路にある独立柱は、中庭に向かう視線と北と西の集域のずれた軸線に対応するため、φ110mmの丸柱にしてある。

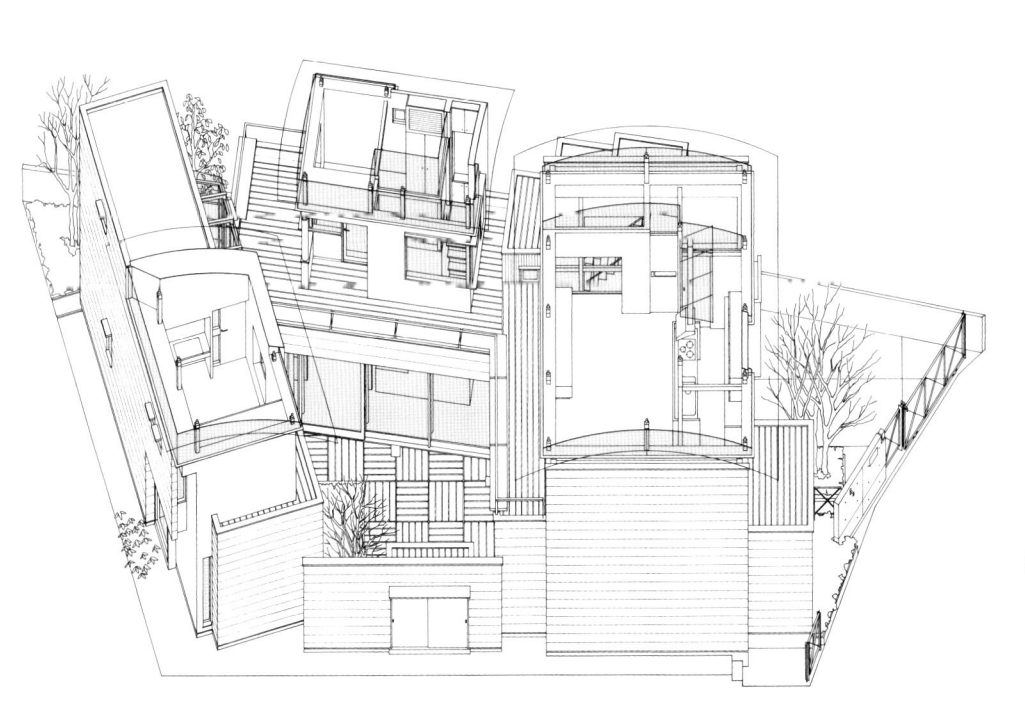

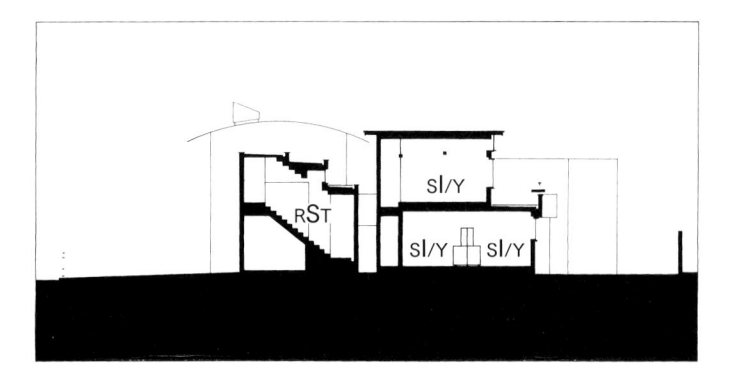

☐　切断透視図（5）

・北の集域に付属した部分にある段路は、本体に 97 度の角度で貫入しているが、吹抜けに組まれたフレームがその関係を視覚化している。
・エッシャーの絵のような、段路の形を反転した天井のスリットから入る光がトリッキーな空間として浮かび上がらせる。
・西の集域の下層は 2 つのスペースに区分されているが、将来の模様替えに対応できるように、お互いは組立式の間仕切家具で仕切ってある。
・西の集域および南の集域に付属した衛生の場からは、集域のあいだにある馬酔木の下草と姫娑羅（ひめしゃら）を植えた坪庭の緑が眺められる。

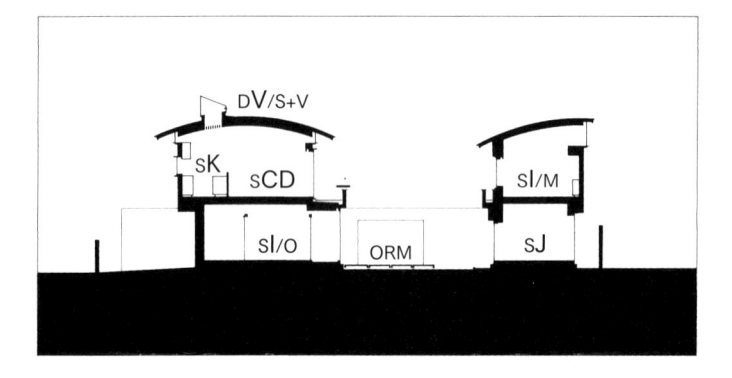

☐　切断透視図（6）

・北の集域の上層スペース（CH2,400㎜～2,840㎜、R8,500㎜）には、曲面で構成した切妻屋根が架けられているが、部位の関係を表現するために天井と軒桁まわりのあいだには嵌殺し（はめごろし）の欄間を設け、柱と天井とは柱頭金物によって分節している。
・カウンター上にある複合装置（天窓＋換気）にはフードと繋いだ排気ファンが収められているが、天井と面一（つらいち）に納めたルーヴァーは、ファンが直接目に入らないようにするとともに、天窓から入る光を拡散する部位として働く。ルーヴァーは、メンテナンスの際には取り外すことができる。
・下層の高齢世代の場にある広縁が付いた畳敷きのスペース（CH2,215㎜）は、憩い、食事、孫たちとの団欒、接客など多目的に使われるが、中庭から入る光と風と緑の眺めが住み手の生活に潤いを与える。
・南の集域の上層の領域（CH2,250㎜～2,855㎜、R8,500㎜）は、隣家に近接しているため、空間が空に向かって連続していくように曲面の片流れ屋根の南側を高くしてあるが、その結果北側の軒が低く抑えられて、中庭に対する日照が確保されている。
・下層の領域（CH2,250㎜）と隣家との境界には建仁寺垣（けんにんじがき）を巡らし、笹の下草を植えている。北側に立て込んだ障子を開けると、中庭の緑が順光のかたちで目に入る。
・中庭の東側には、隣家とのあいだの目隠しを兼ねた塀と一体化した物置が設けてある。

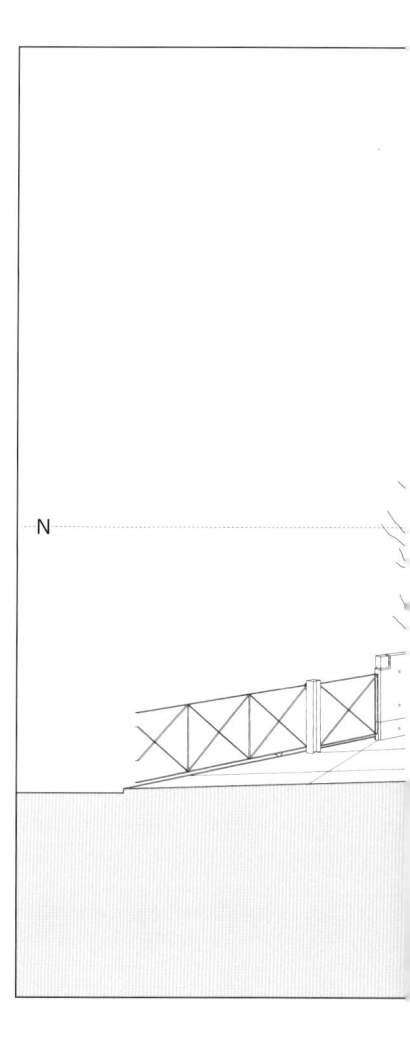

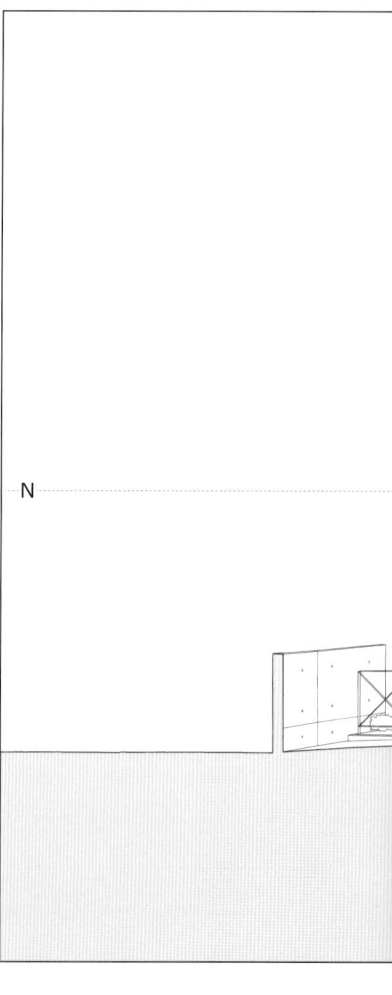

059

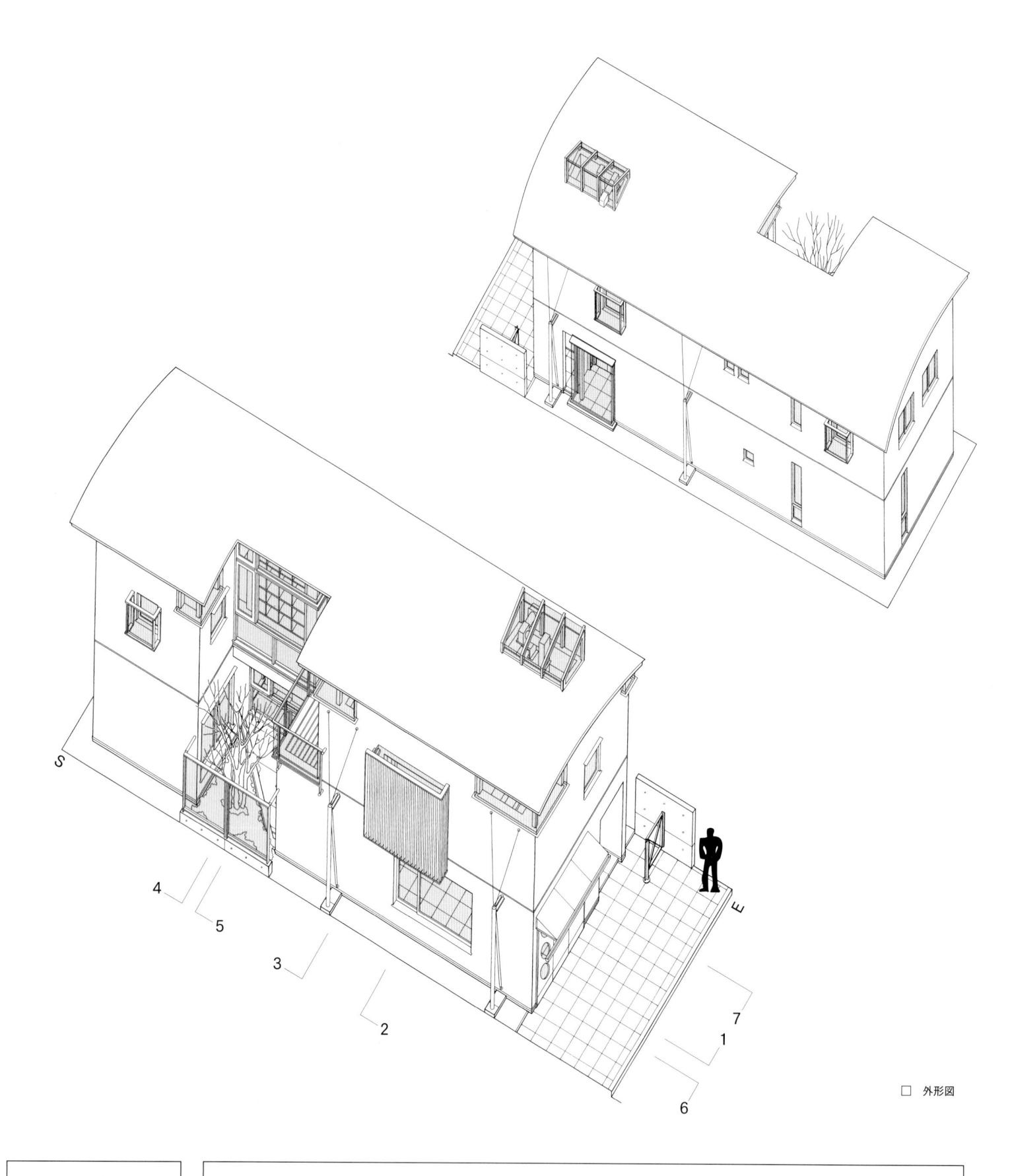

□ 外形図

| 12 | H-FUM | | リニアな敷地に建つ住居／リニアな敷地条件と高密度の環境に対して、上下層の反転および光と風のシャフトなどの部位によって対応する。 |

1996
RC＋W-B1F, 2F　111.17m²
♂♀＋♂　　　　130.64m²

立地
多摩川に近い私鉄の駅を降りて緑に囲まれた急坂を登りきると、古くからの住居地域に出る。かつては広い敷地で構成されていたこのあたりも、相続などとの関連から細分化された土地区画に変わりつつある。表通りから枝道に入って行くと、広い土地を分割した間口の狭い敷地に建つこの住居が見えてくる。

配置・外形
・間口が狭いリニアな敷地の東西軸に沿って、全域を配置する。
・東の集域を地下層＋複層、中央と西の集域を複層にする。
・東の集域の上層西側と中央領域の南側を、外部化する。
・全域に、曲面の片流れ屋根を架ける。
・中央の外部化された部分をダイアゴナルに区分し、地上を植栽の場、地下層をデッキにする。
・地下層まで連続するヴォイドスペースを、光と風を制御するシャフトとして機能させる。
・東の集域外部に、耐震用のバットレスを取り付ける。

□ 切断透視図（1）

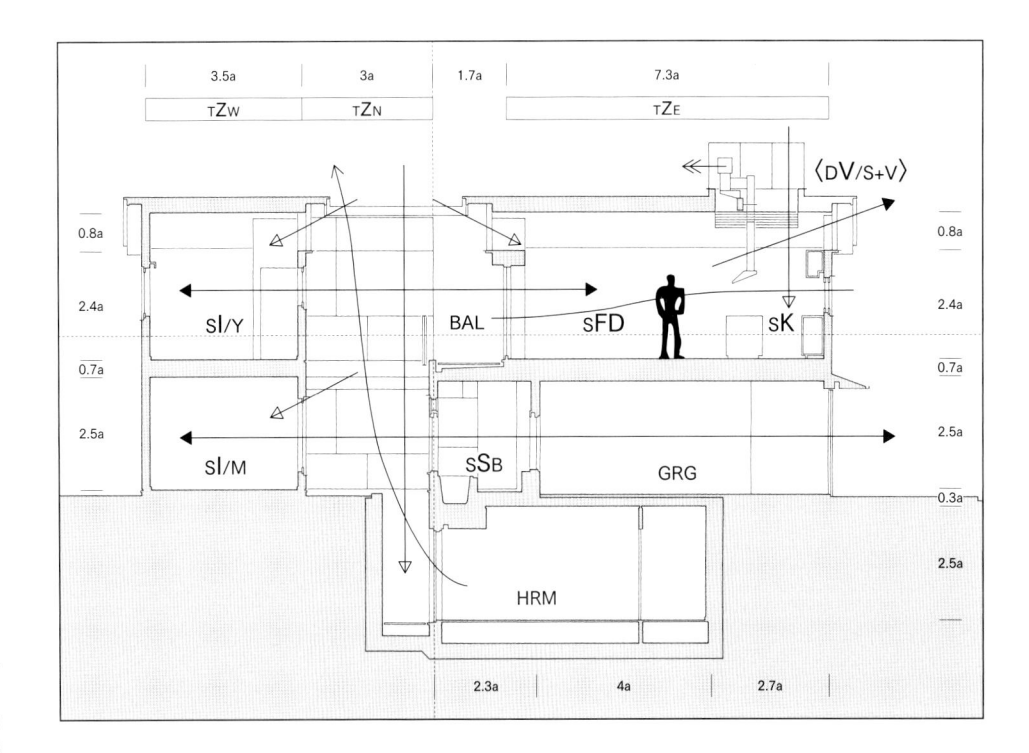

- 全域の空間は、東西方向の経路に取り付いた3つの集域と中央に設けた光と風のシャフトで構成されている。
- 東の集域の下層には車庫（CH2,250mm）と洗面・入浴の場（CH2,150mm）が置かれ、緩やかな曲面を描く片流れ天井の下にある上層の領域は共用の場と調理・食事の場（CH2,190mm～2,900mm、R11,000mm）に充てられている。
- 中央のダイアゴナルに仕切ったドライエリア（光と風のシャフト）に接する地下層の領域（CH2,270mm）は、音響・映像設備を備えたホビールームとして使われる。
- シャフト北側の上層と下層は、排泄の場になっている。
- 西端の集域の下層には壮年世代の場（CH2,250mm）、上層には将来セパレートすることができるようにしてある若年世代の場（CH2,200mm～2,900mm、R11,000mm）が配されている。

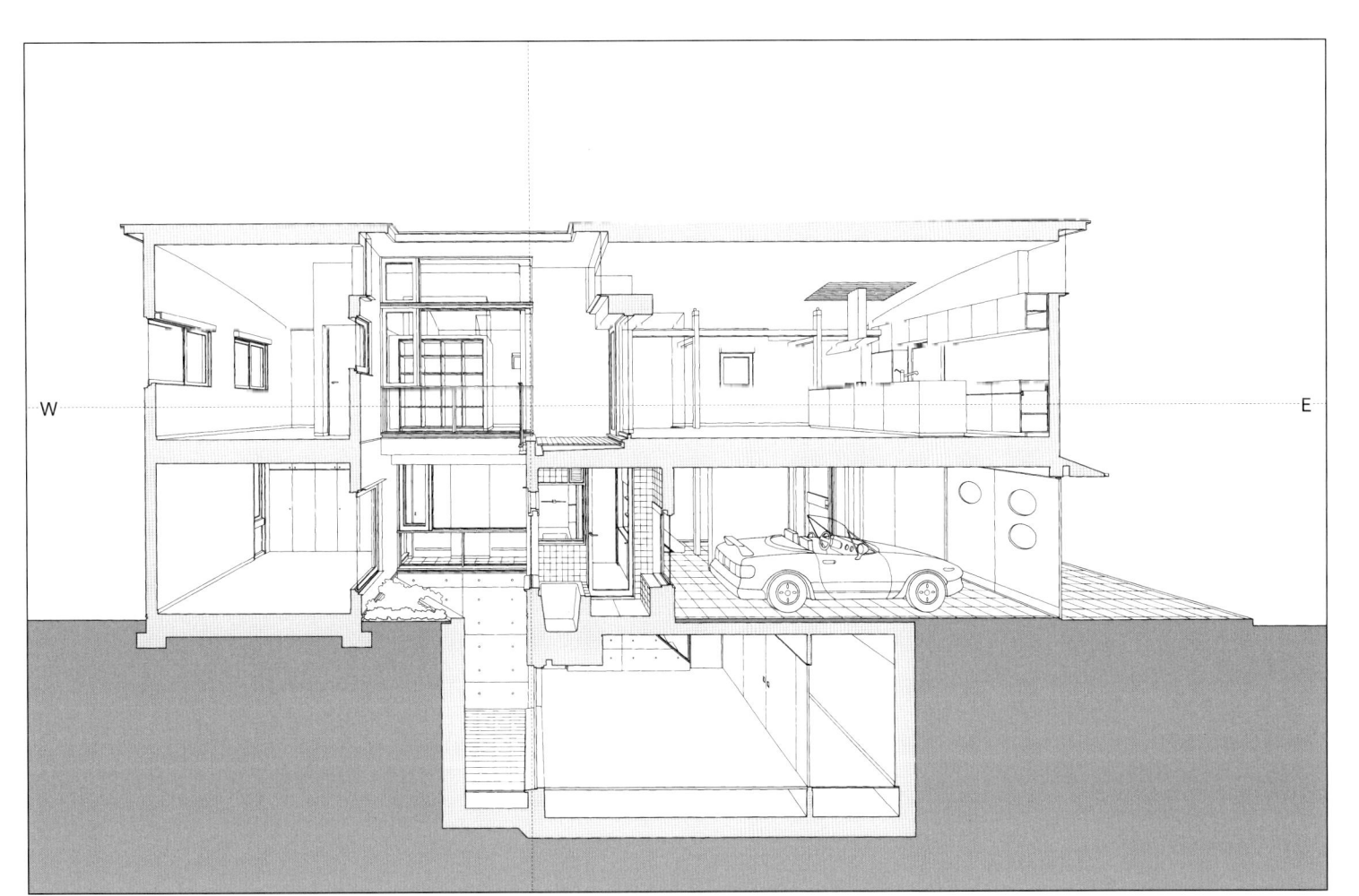

□ 基準切断面

記号	意味	記号	意味	記号	意味
←	光	TZE	東の集域	sI/Y	若年世代の場
←	視線	TZN	北の集域	sSB	入浴
←	風	TZW	西の集域	HRM	ホビールーム
⇐	換気	sFD	家族・食事の場	GRG	車庫
a	=900mm	sK	調理の場	BAL	バルコニー
		sI/M	壮年世代の場	DV/S+V	複合装置（天窓＋換気）

□　切断透視図（2）

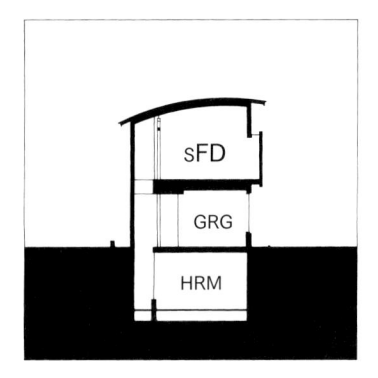

- 下層の車庫（CH2,250mm）には、普段は住み手の所有するスポーツカーが置かれているが、大勢の友人たちを招いて催すパーティーなどの際には、床が舗石ブロック貼りのスペースは、入口まわりと一体になったコミューナルな場として使用される。
- 上層の東側に置かれた調理の場にセットしたアイランドキッチンの上には、複合装置（天窓＋換気）が取り付けてある。
- 調理の場の北側にある食事のコーナーは、構造材でもあるフレームによって、領域が視覚化されている。
- フレームの柱と天井は、部位の関係を明確にするために、柱頭金物で分節されている。

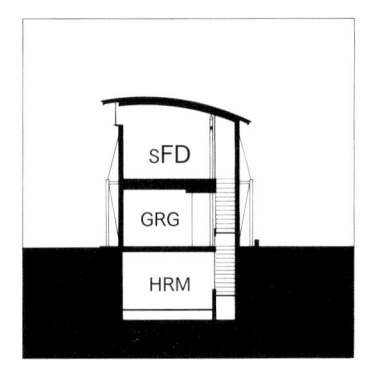

□　切断透視図（3）

- 北側にある簓桁（ささらげた）と踏板を積層材で造った段路が、地下層から上層までを繋いでいる。
- 車庫に面した入浴の場の大きくスクエアな窓から西に向かう視線は、反対側にある同じ開口を通ってシャフトの緑をとらえる。
- 共用の場の西側にあるバルコニー付きの開口からは、シャフトに植えた娑羅（しゃら）の枝越しに西の集域が見える。
- バルコニーの手摺は、視線を妨げないように、フラットバーのフレームと強化ガラスで造られている。
- 内部に耐力壁を出さないようにするため、鋼管（φ101.6mm、φ48.6mm）のバットレスが、外壁の外側に取り付けてある。

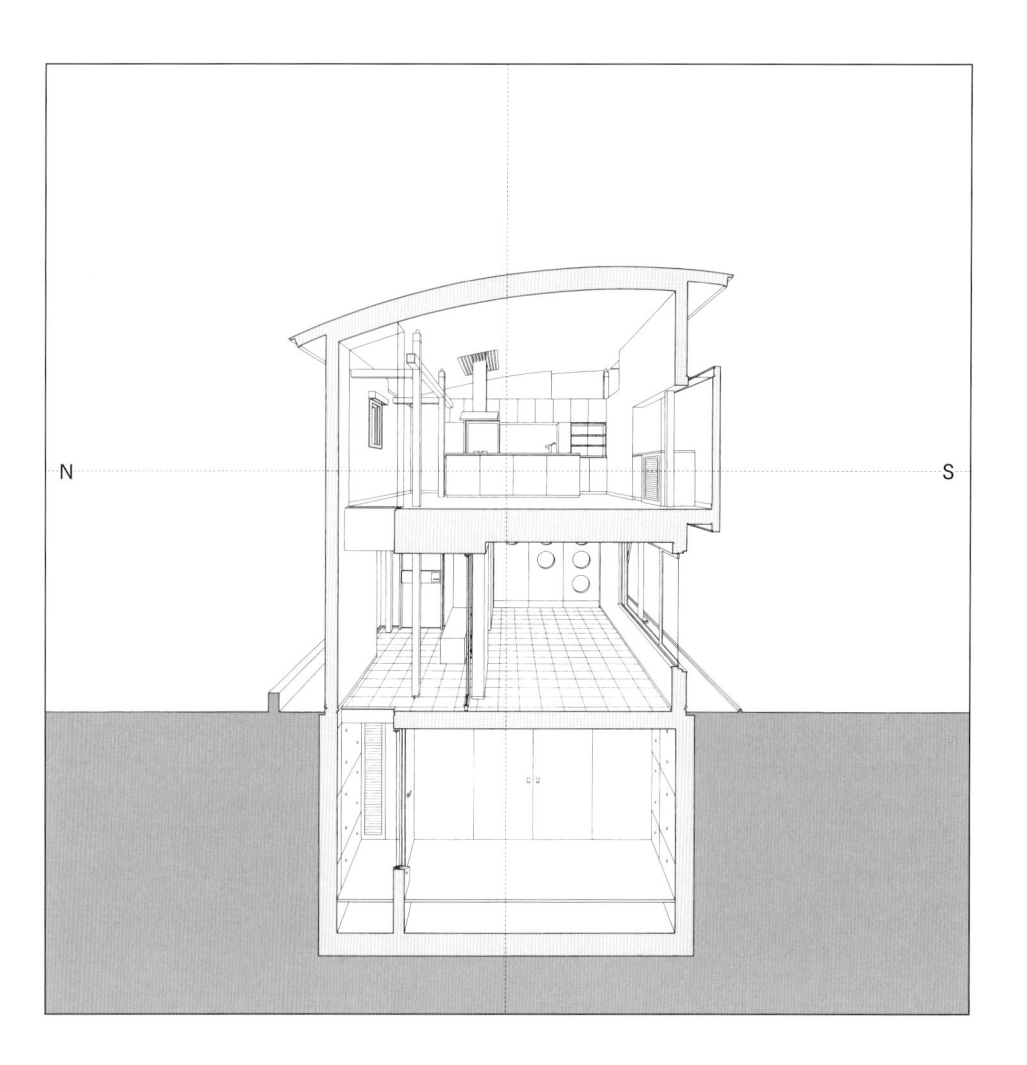

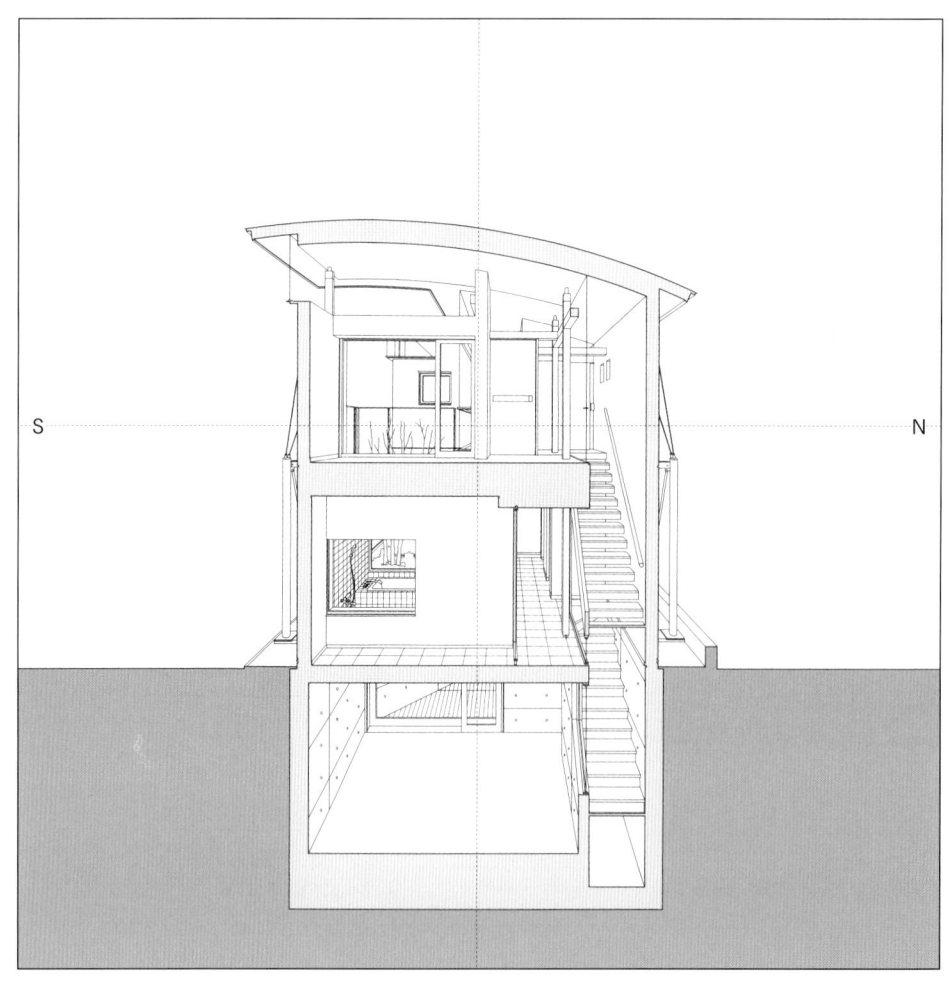

☐ 切断透視図（4）

・南側の隣家が境界に近接して建っている関係から、通常の形式の開口を設けることができないので、中央の外部化された場はドライエリアと一体となって作動する採光と通風のためのシャフトとして機能するようにしてある。
・シャフトの三角形をした坪庭に植えた娑羅の株立ちと皐月（さつき）の下草が、住み手に自然の潤いを与える。

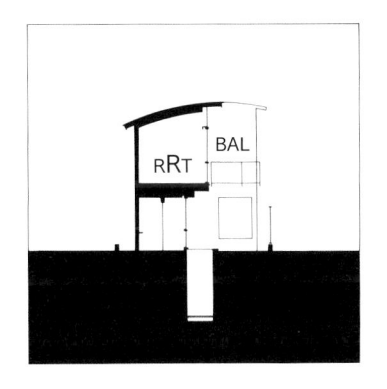

☐ 切断透視図（5）

・ダイアゴナルにカットされたシャフトは、地下層のためのドライエリアと植栽を植えた坪庭とに区分されている。
・RC打放しの擁壁に囲われたドライエリアは、ホビールームに光と風を導き、気候のよい季節にはお茶を飲んだりハンモックを吊って休んだりする憩いのスペースとなる。
・隣家からの視線をコントロールするため、境界沿いにタペストリーガラスを入れたスクリーンが、コの字形に取り付けられている。

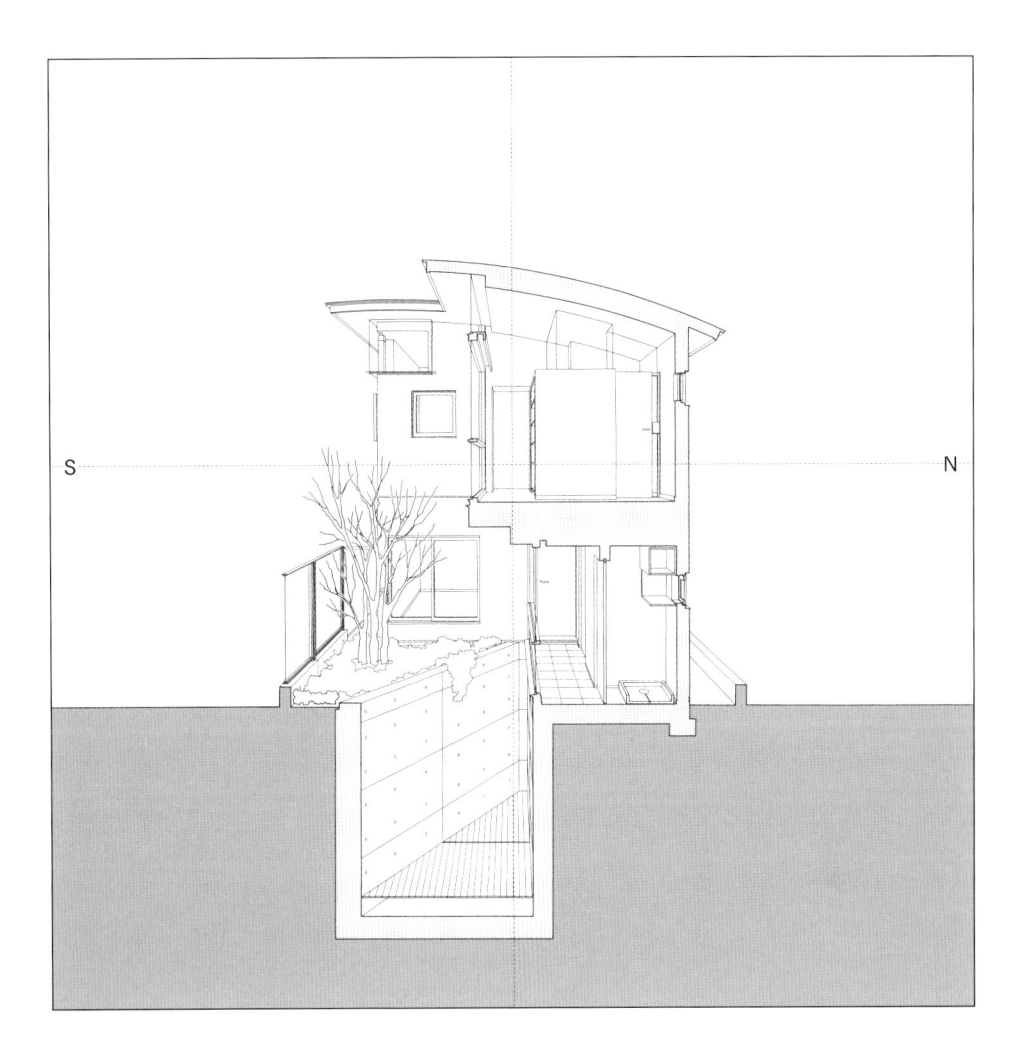

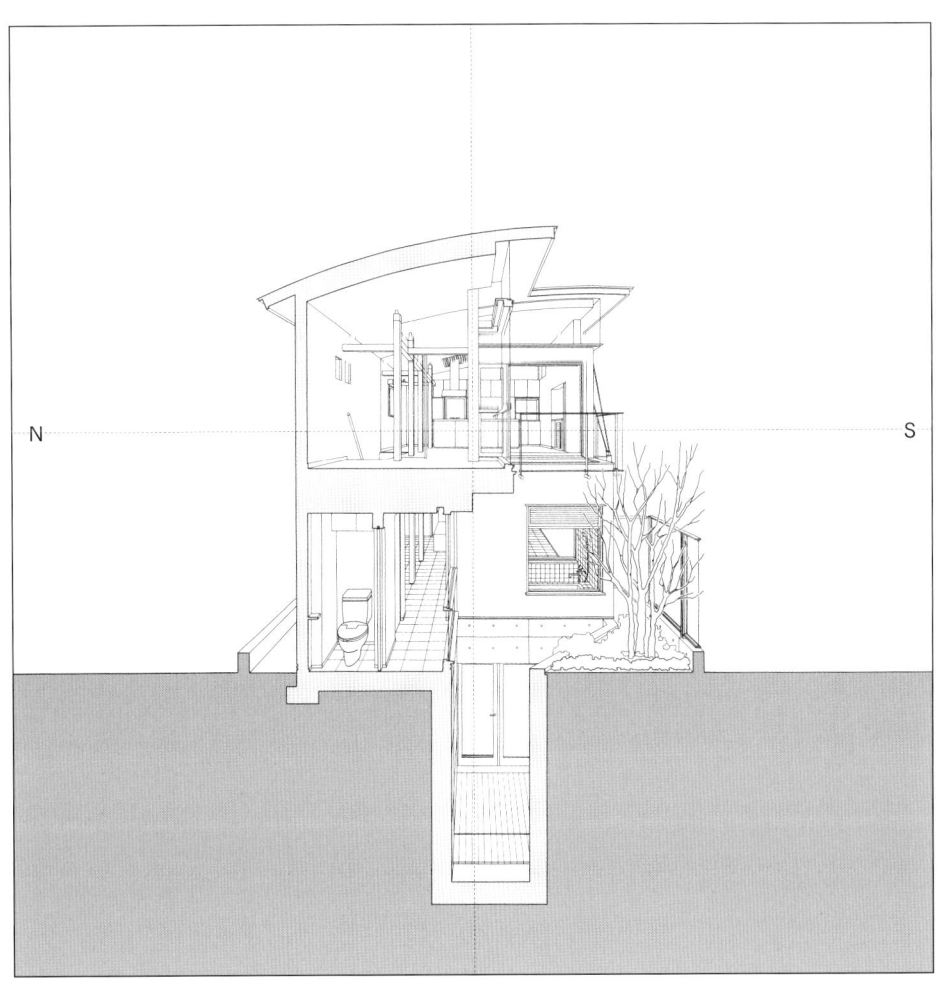

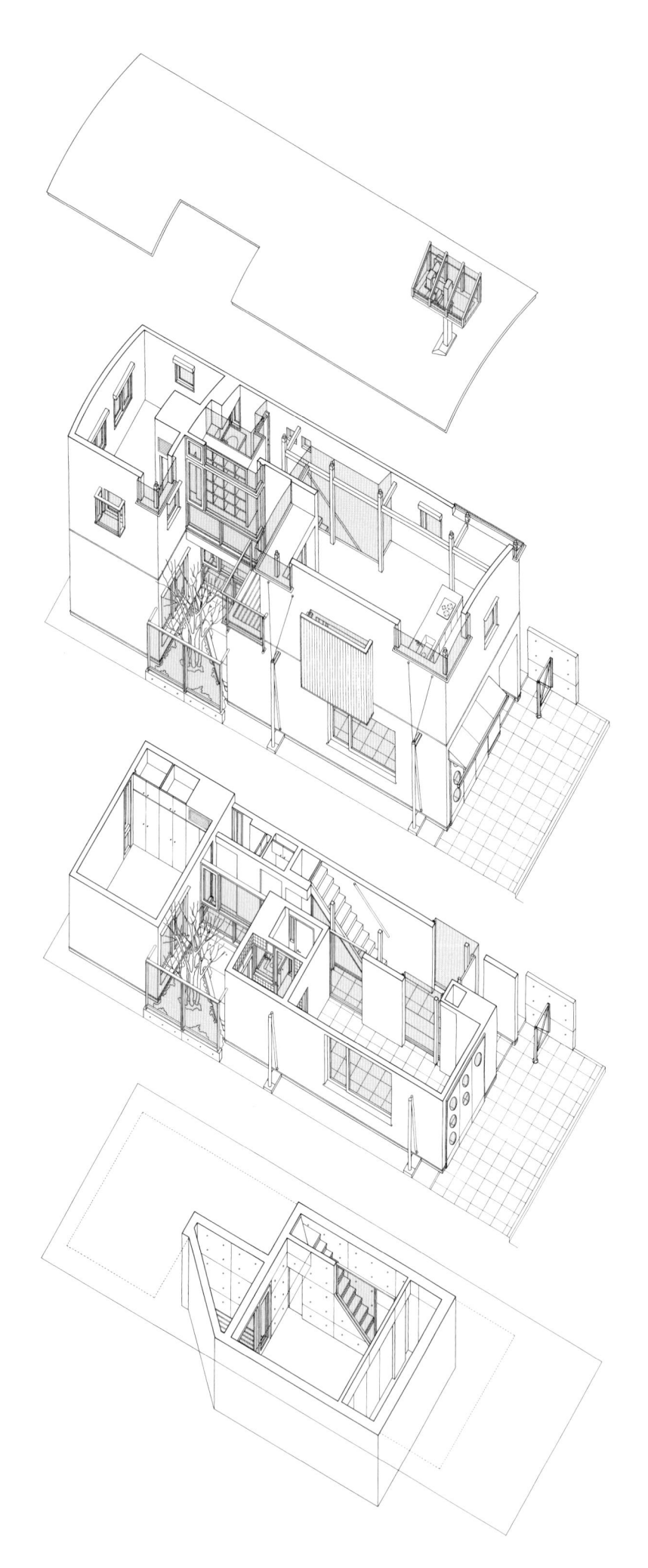

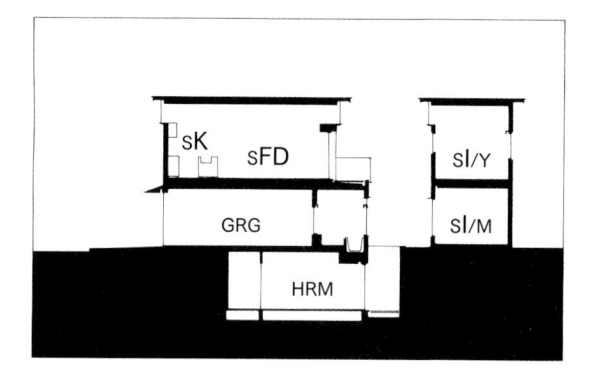

□　切断透視図（6）

- 立地条件からくる採光と通風の制約や視線の制御については、コーナーに矩折（かねおり）に回した嵌殺し（はめごろし）の欄間、上端にガラスを入れて側面には片開き窓を付けたアルコーヴ、タペストリーガラス入りのスクリーン、境界と直角の位置に設けたシャフトまわりの開口および植栽、などの部位によって対処している。
- 地下層のホビールームの東側には、換気装置を付けた納戸が設けてある。

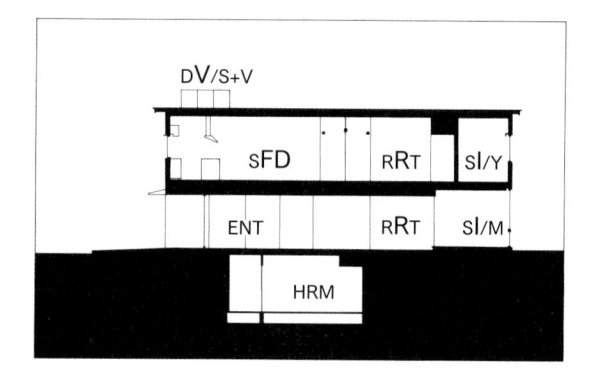

□　切断透視図（7）

- 上層の複合装置が付いた調理の場と壁面にアルコーヴを設けた共用の場がある東の領域と西の集域の若年世代の場とを経路で繋いだ構成や、下層の入口から車庫と衛生の場の前を通ってシャフトの緑を眺めながら壮年世代の場へと続く連続性が、この住居の仕組みを示している。
- 地下層に置かれたホビールームは、住み手のプライヴェートなスペースとして、他の領域からは隔離された空間として扱われている。

065

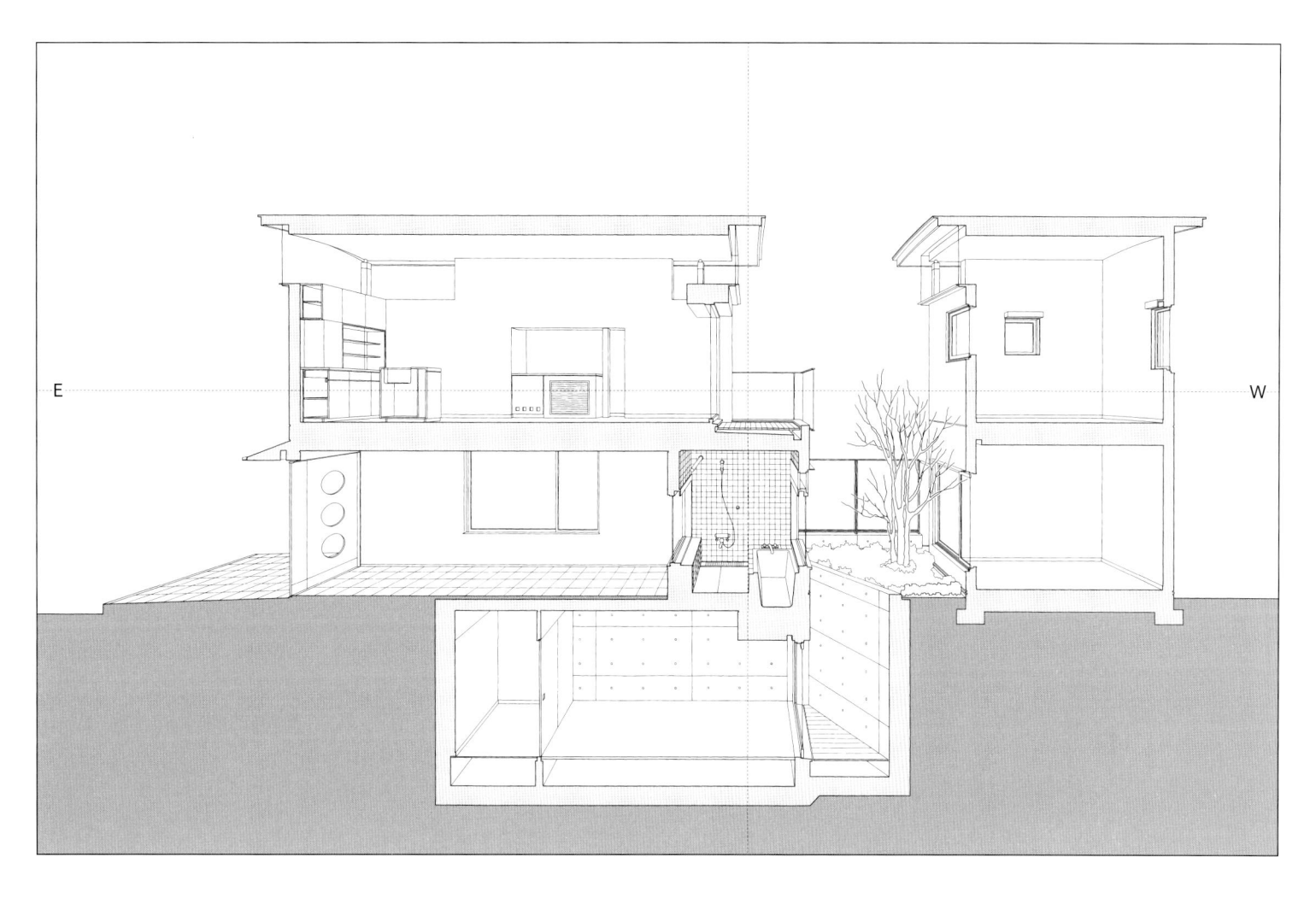

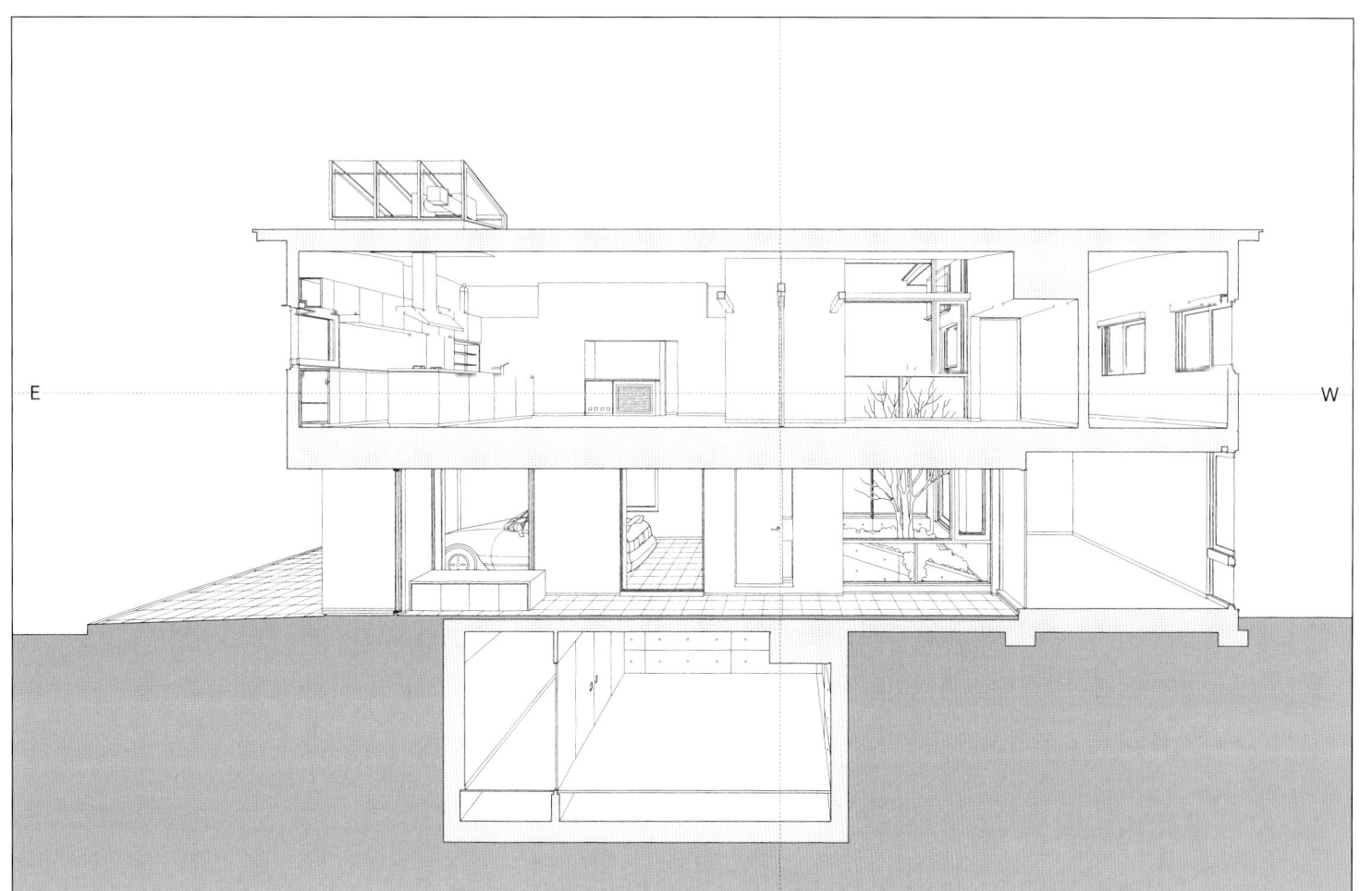

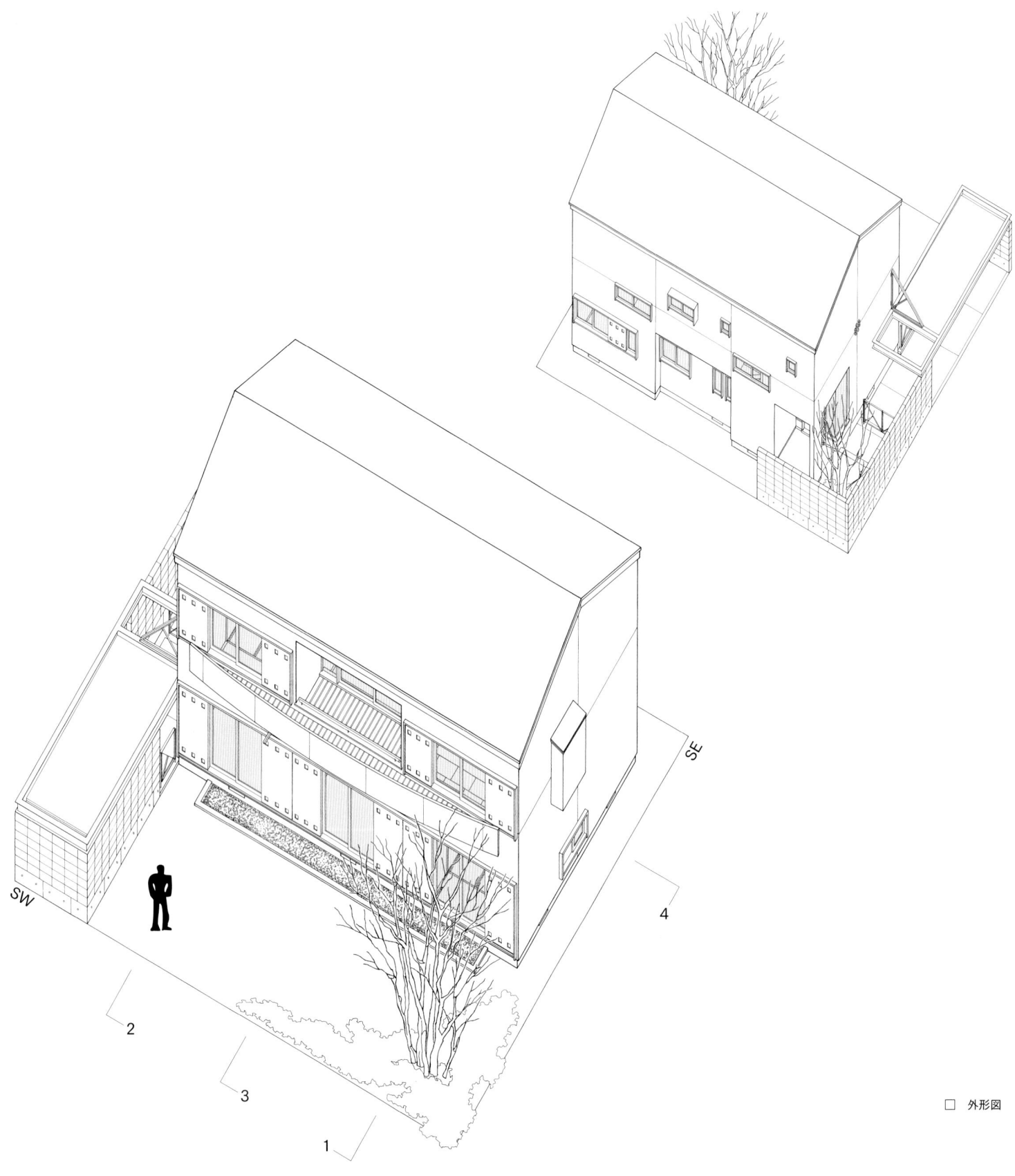

13	H-AIZ		老若世代を結ぶ複合世代住居／高密度の環境および複合世代住居における老若世代の関係に対して、反転の手法を取り入れる。

		1986
W-2F		230.00m²
♀+♂♀+♀♂		126.36m²

立地
東京郊外の西へ向かう幹線道路から離れて北に向かい、小規模な店舗が混在するマーケットや木造アパートが雑居する高密度の住居地域を通る狭い道路を行くと、先が行き止まる手前に建つこの住居が見えてくる。

配置・外形
・敷地の北側東寄りに、全域を配置する。
・全域を複層にする。
・下層の西北隅と上層の南側中央を、外部化する。
・全域に、切妻屋根を架ける。
・上層の外部化した部分をデッキにし、南に曲面の手摺を取り付ける。
・物置と複合した車庫のキャノピーを、西側外壁から吊り下げる。

□ 外形図

□ **基準切断面**

記号	意味
⇐	光
←	視線
⟵	風

TZE	東の集域
TZS	南の集域
TZN	北の集域
TF	空間域
sC	共用の場
sI/O	高齢世代の場
sJ	和式の場
a	＝900㎜

□ **切断透視図（1）**

- 全域の空間は、複合世代住居の条件に重ね合わせた東西方向の経路と、それに接合するオープンエンドの空間域を含む、4つの集合域で構成されている。
- 南と東の集域の下層には、高齢世代と若年世代のための2つの場が置かれ、接地性を介しての共生が試みられている。
- 高齢世代の領域には、日常生活の大半が営まれる仏壇が置かれた和式の場（CH2,250㎜）および、調理・食事・就寝の場（CH2,100㎜）が、フラットに配置されている。
- 東の集域の上層には、切妻屋根の形をそのまま天井に現した共用の場（CH2,100㎜～3,630㎜）と和式コーナーが設けてあるが、2つのスペースはその中間に立て込んだ襖の操作によって繋がり方を調節できる。
- 共用の場には、食事の場を分節する鉤（かぎ）の手に巡らせたベンチが造り付けてある。
- 上層の南側開口から入ってくる風は、吊り押入の下に設けた地窓を通って、北に抜けていく。

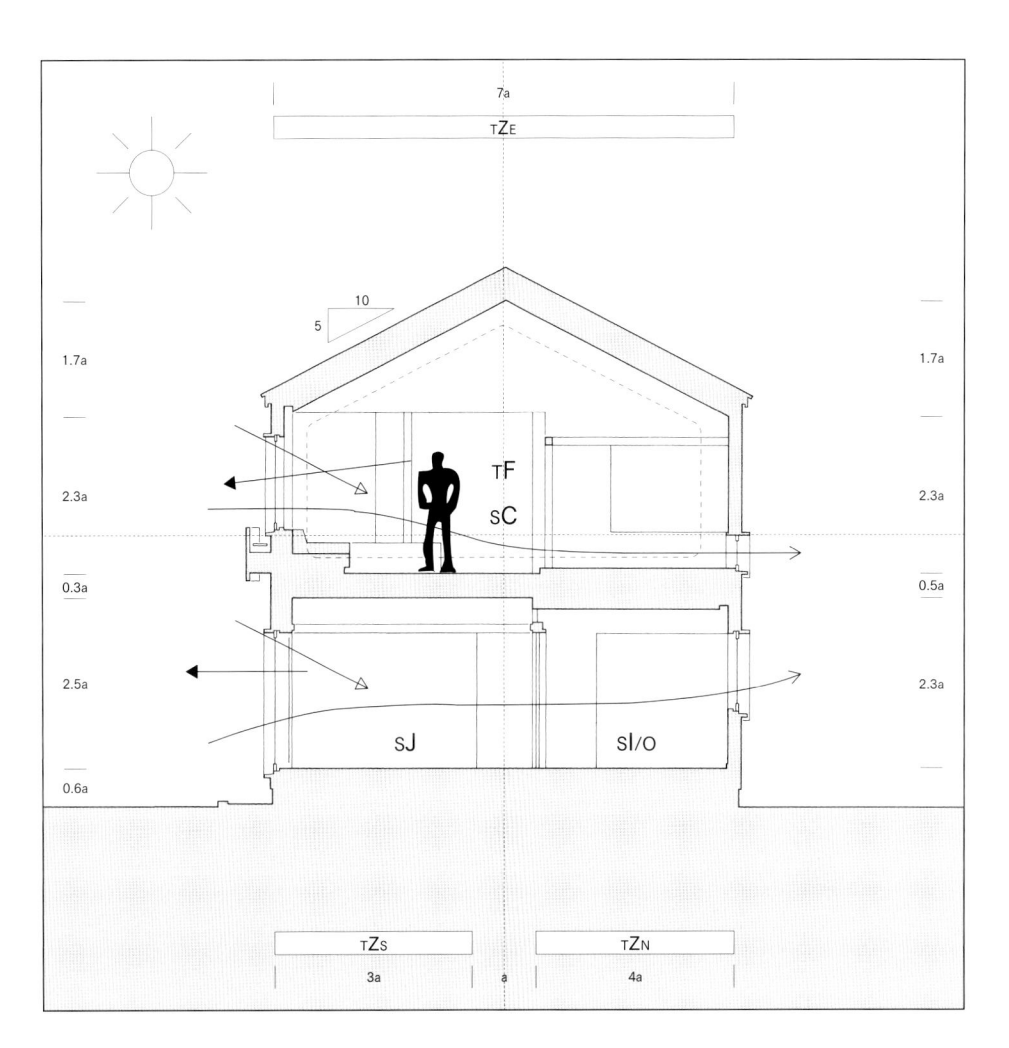

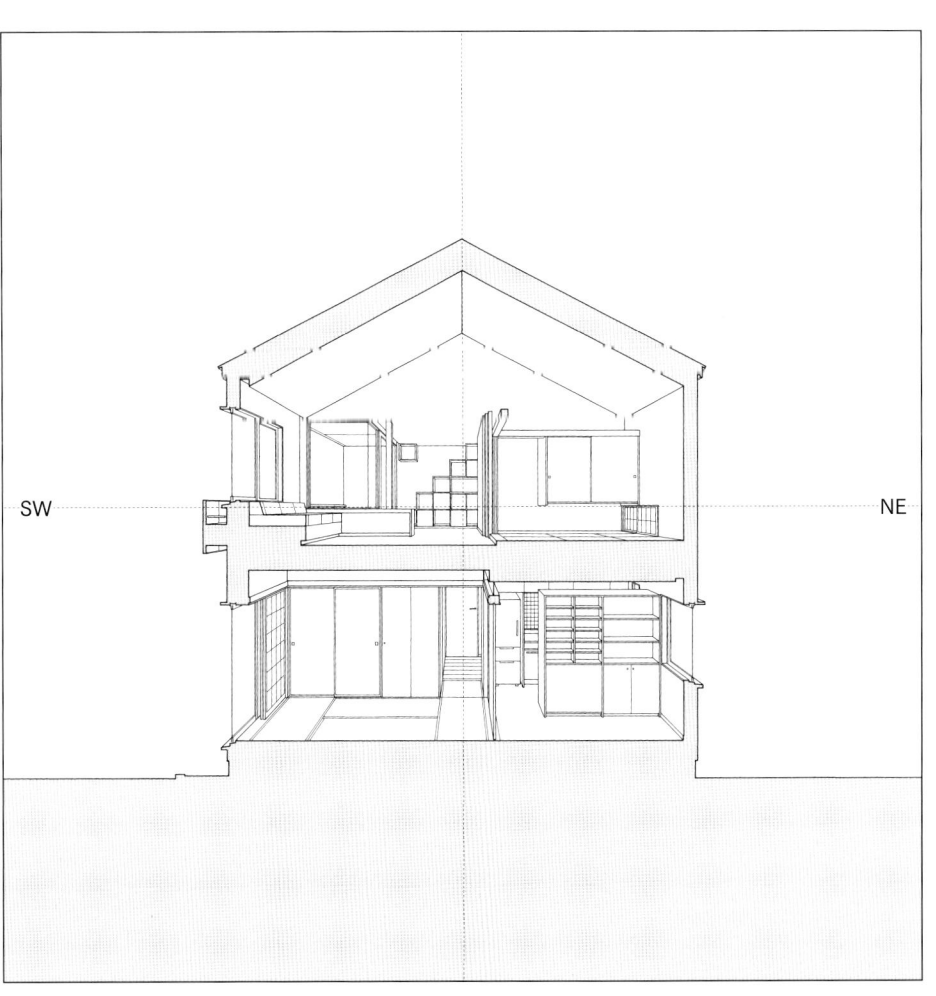

□ 切断透視図（2）

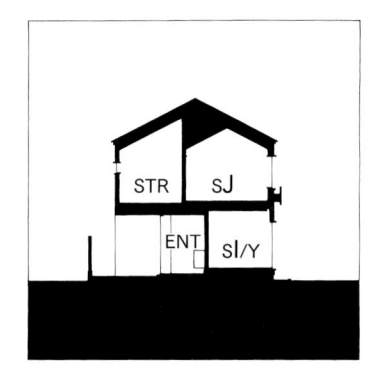

- 北入りの入口から上がると、中央を通る経路の南側に2つの若年世代の場（CH2,100㎜）が並び、北側には上層に通じる折返しの段路が組み込まれている。
- 西の集域の上層にある壮年世代の場（CH2,040㎜〜2,884㎜）は、憩い、読書、就寝など多目的に使われるが、家形に入れ子に組み込まれた船底天井や、壁・天井の和紙貼り仕上げによって、他の領域とは異なる雰囲気をもつ空間にしつらえられている。
- 壮年世代の場の北側にある納戸は、収納力を高めるために、架構に沿ったスペースにしてある。

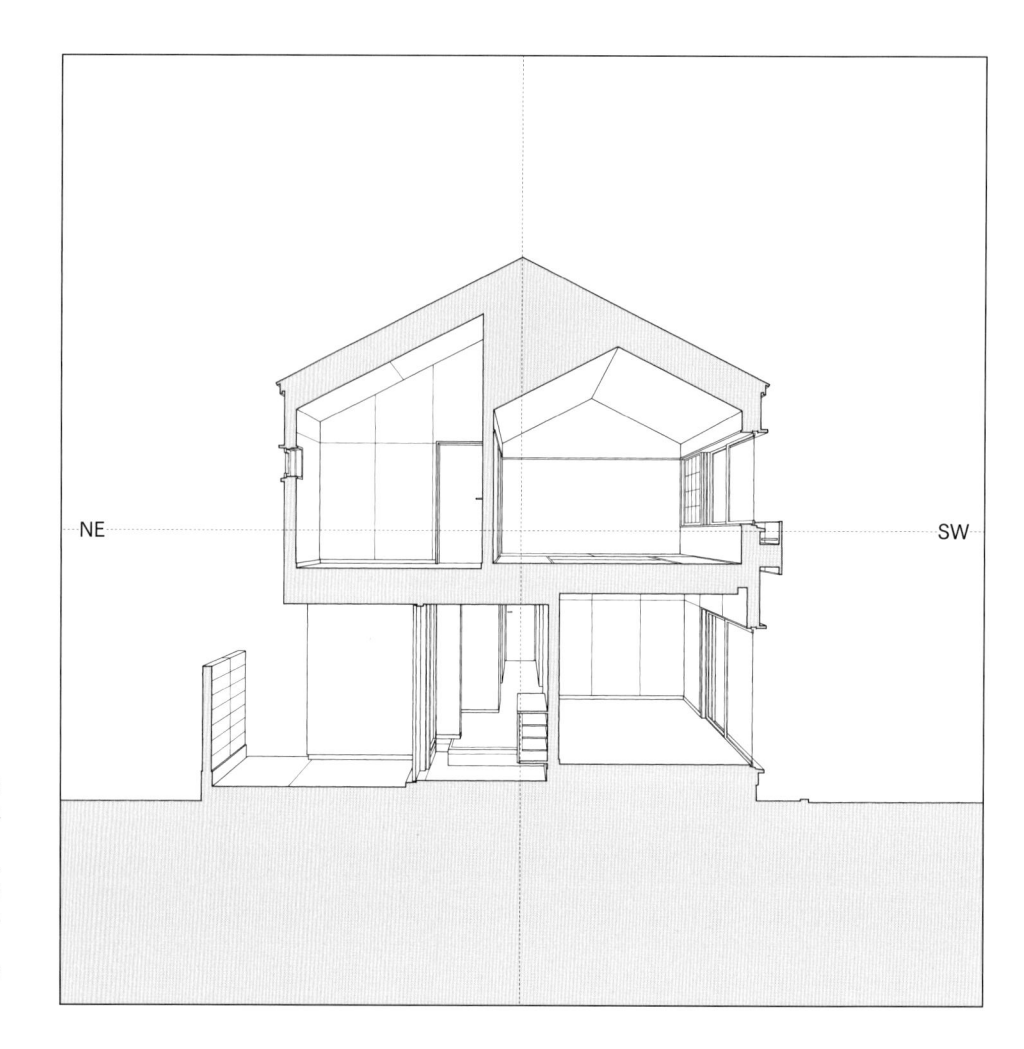

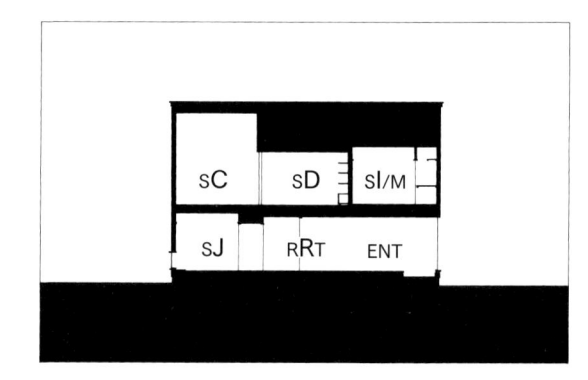

□ 切断透視図（4）

- 下層のフラットな天井は、経路、高齢世代の入口、和室など、それぞれに天井高を変えている。
- 上層の連続する集域の天井は、その機能に応じてスケールや形を変化させている。
- 断面の変化を空間構成の仕組みに取り入れる手法は、形態言語作用によって、住み手の日常生活に区切りとリズムを与える。

□ 外形

左のアクソメトリックには、この住居がシルヴァーメタリック仕上げの外壁、壁に象嵌（ぞうがん）された金色のラスタータイル、アルミパネルで構成した花台、アルポリックパネル貼りの雨戸、駐車スペースの鉄骨屋根を吊っているステンレス形鋼のトラスなどの、ハードなテクスチュアをもつ部位によって構成されたメカニカルな空間体であることが表現されている。

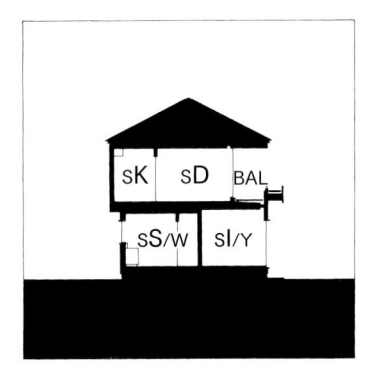

□ 切断透視図（3）

- 敷地との関わりと複合世代住居との関係から、家族・食事の場（CH2,100mm）は、南の集域の上層に置かれている。
- 食事の場の南側には、外壁からリセスした形のバルコニーが設けてあるが、その先端には桁行に沿って緩い曲線を描く花台が、スタティックな構成の外形をやわらげる部位として取り付けてある。
- 北の集域の下層には、高齢世代との関係から衛生の場が置かれ、上層には食事の場と背中合せに調理の場（CH2,100mm）が配されている。

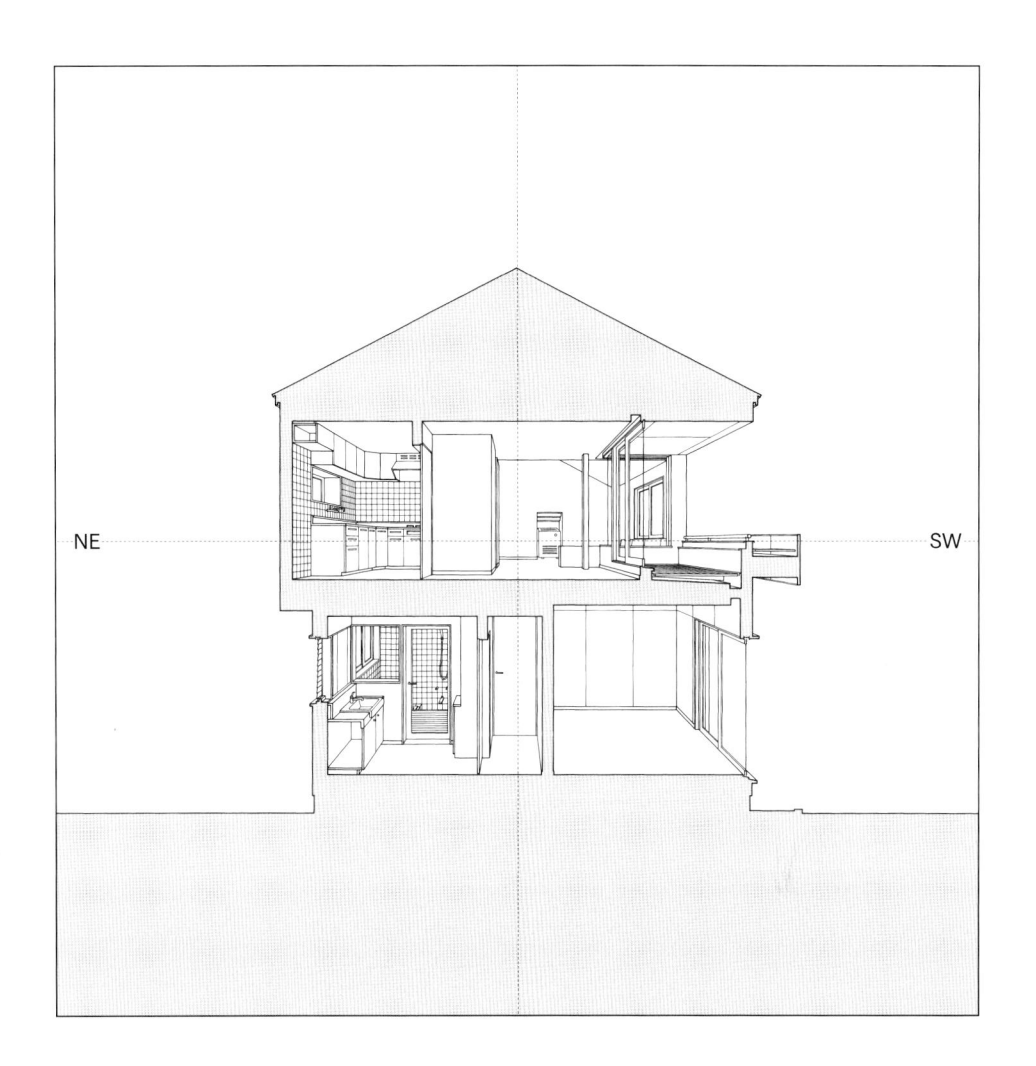

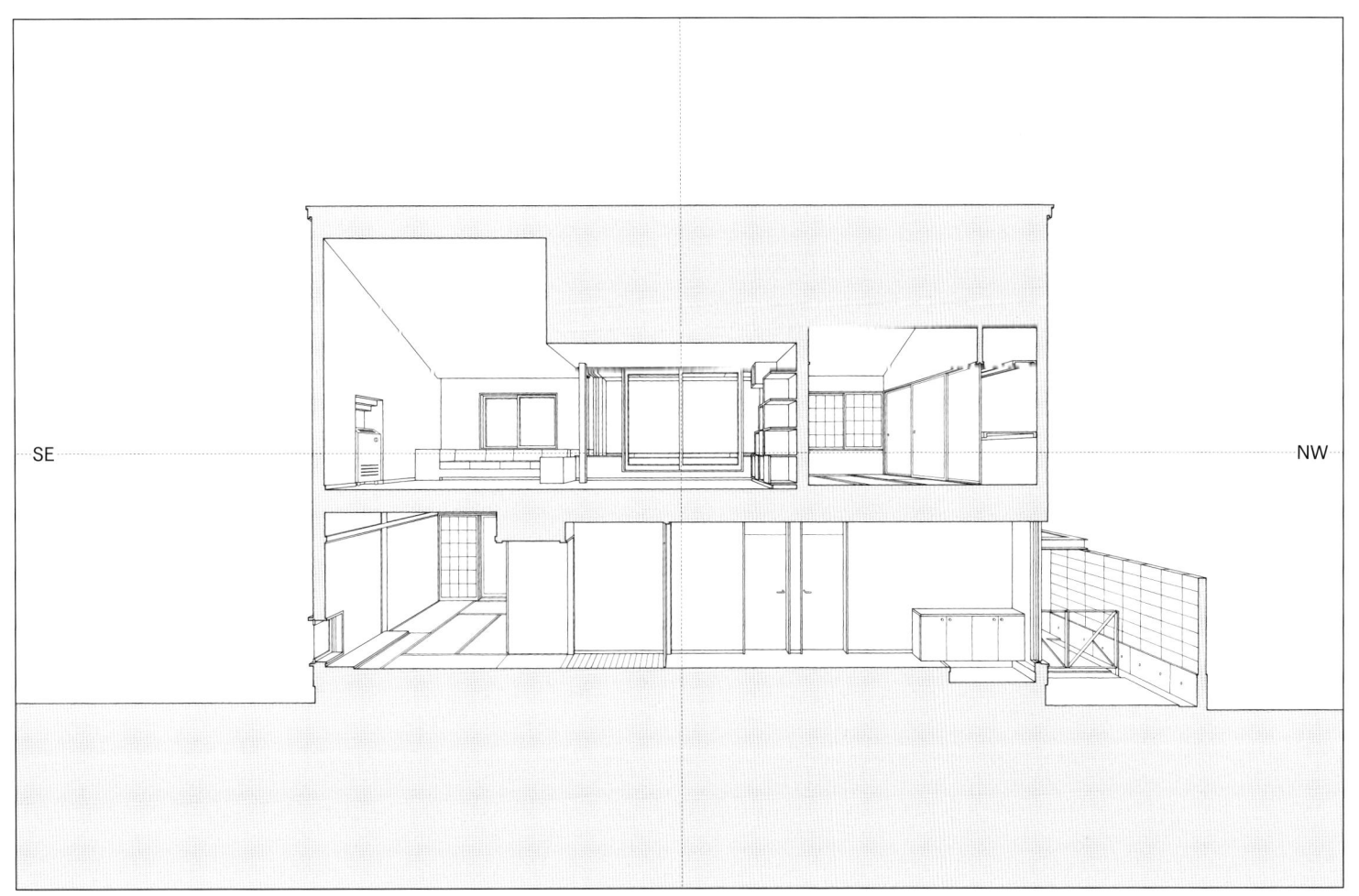

NE ········· SW

SE ········· NW

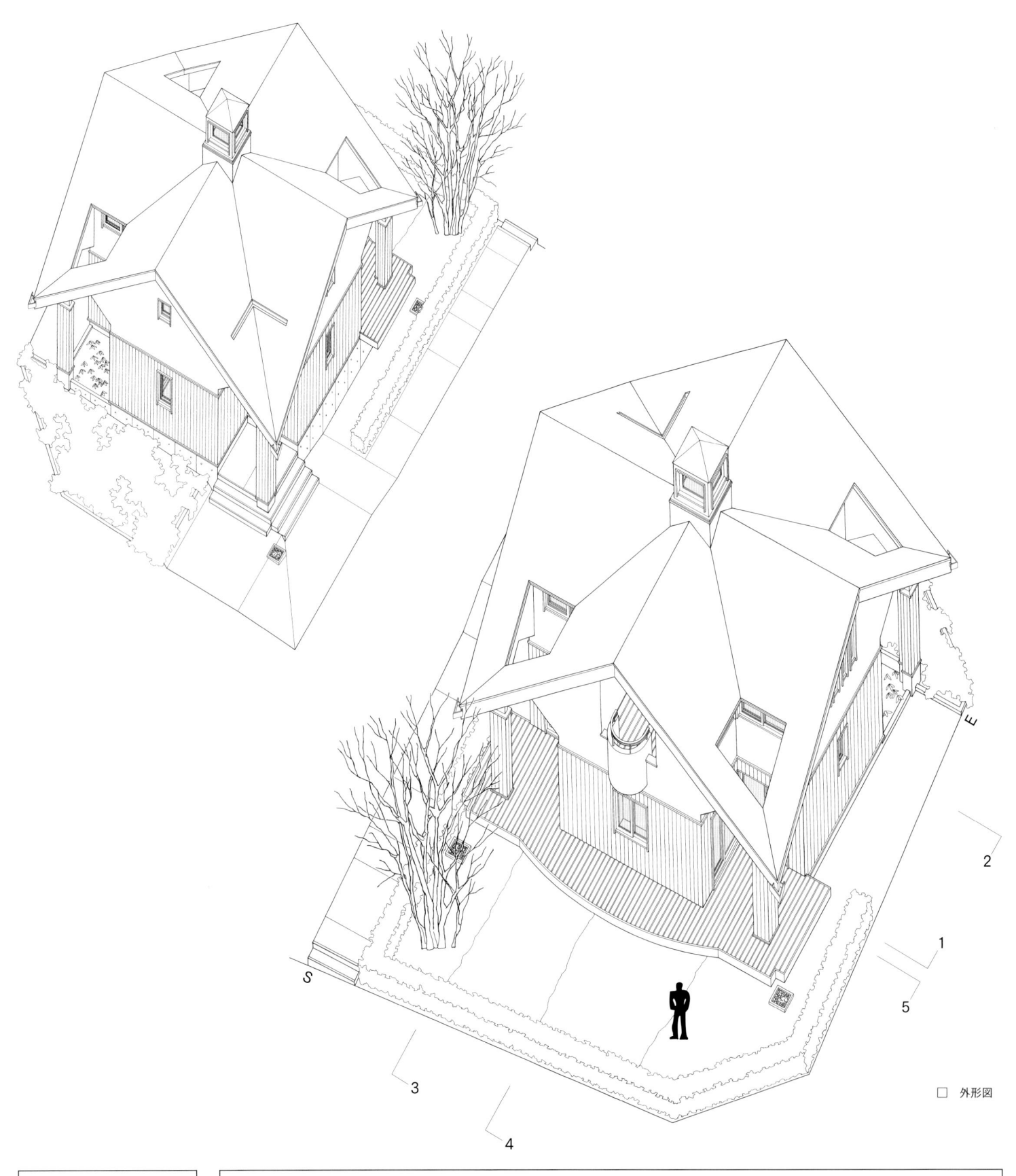

14	H-SSK	
		1986
W-2F		226.73m²
♂♀+♂		101.79m²

光と風の塔がある住居／相接する空間体から変換された仕組みを操作して、直交する軸に沿う作用に加え、外・内・外へと連続する空間を実体化する。

立地
駅前の市街化された地域を抜けて、まだ周りに自然が残されている坂道を登って行くと、途中の道端には道祖神や澄んだ水が流れる用水路など、過去の名残が姿を留めている。畑地を転用した造成地に近づくと、周りはまだ空地のままの角地に建つこの住居が見えてくる。

配置・外形
・敷地の北側東寄りに、全域を配置する。
・北・東・西の集域を複層、南の集域を吹抜けにする。
・外郭と内接する正方形を組み合わせた空間域の出隅を外部化し、隅柱を付加する。
・全域に、中央で交叉する棟と谷棟による変形の切妻屋根を架け、西北以外の先端部を切り欠く。
・南の集域の南面に、バルコニーを取り付ける。
・外部化した南と西の出隅を、デッキで連続させる。
・棟が交叉する中心に、複合装置（高窓＋換気窓）を取り付ける。

□ **基準切断面**

外形や空間構成における古典的な手法に準じて、内外共に左官仕上げ、下層では外壁・隅柱および内壁の腰部分を竪羽目仕上げにしている。

◁──── 光
◀──── 視線
⇐──── 風
))))── 音

TZS	南の集域
TZE	東の集域
TZW	西の集域
sC	共用の場
sD	食事の場
STD	スタジオ
RST	段路
RBR	架路
DEK	デッキ
DV/C+V	複合装置（高窓＋換気窓）
a	＝900mm

□ **切断透視図（1）**

- 全域の空間は、段路を組み入れた中央の竪（たて）シャフトに接合した、4つの集域で構成されている。
- 吹抜けた南の空間域（CH5,040㎜）は共用の場として使われ、上部を竪シャフトに組み込まれた段路から分岐してバルコニーへと向かう架路が貫通している。
- 東と西に設けた簀子（すのこ）張りのデッキを覆う交叉した切妻屋根の谷部分に開けた穴からの光が、時間の経過とともに、さまざまな角度で共用の場に射し込む。
- 共用の場の北側には、組み格子に囲われた竪シャフトと、その両側に連続している東と西の集域が見える。
- 外形や空間構成における古典的な手法に準じて、仕上げは上層では内外共に左官仕上げ、下層では外壁・隅柱および内壁の腰部分を竪羽目（たてばめ）貼り、壁を左官仕上げにした、仕様の使い分けがなされている。

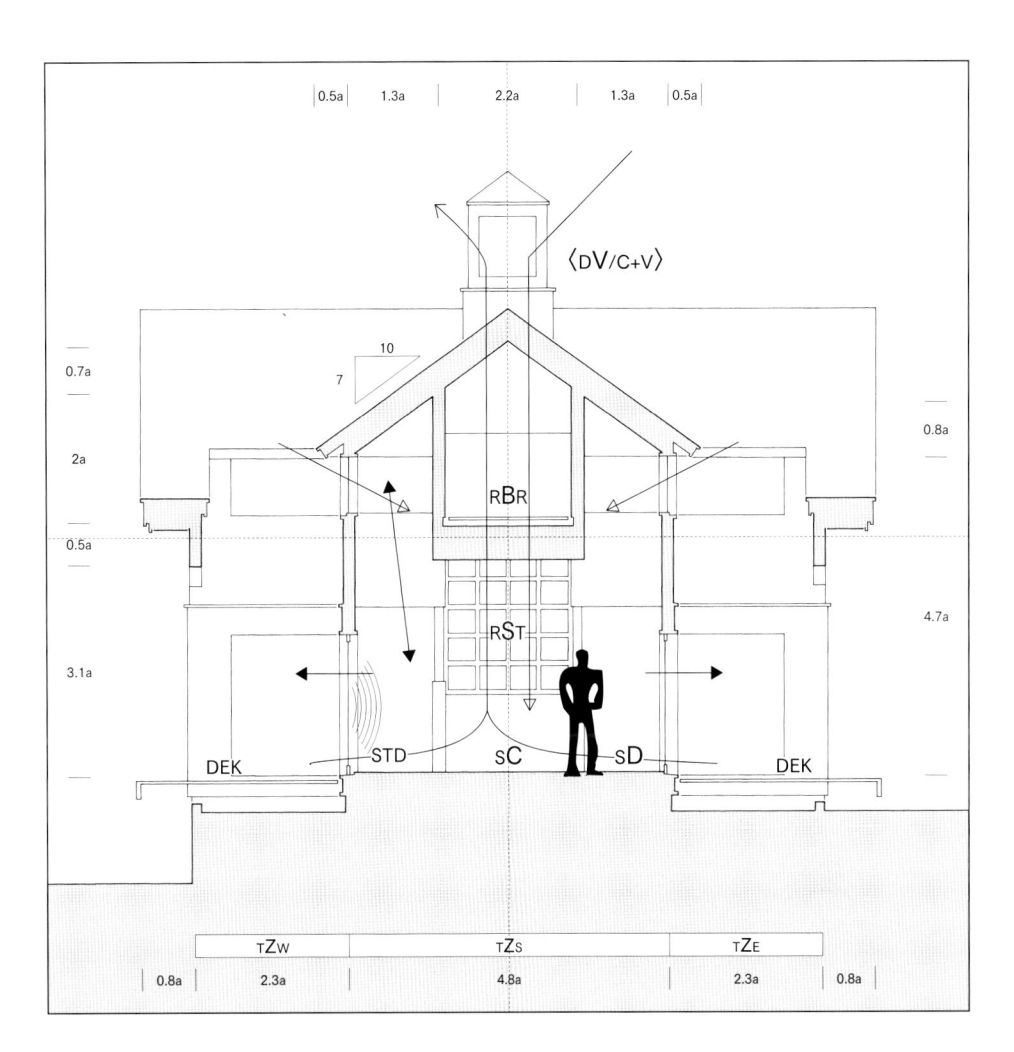

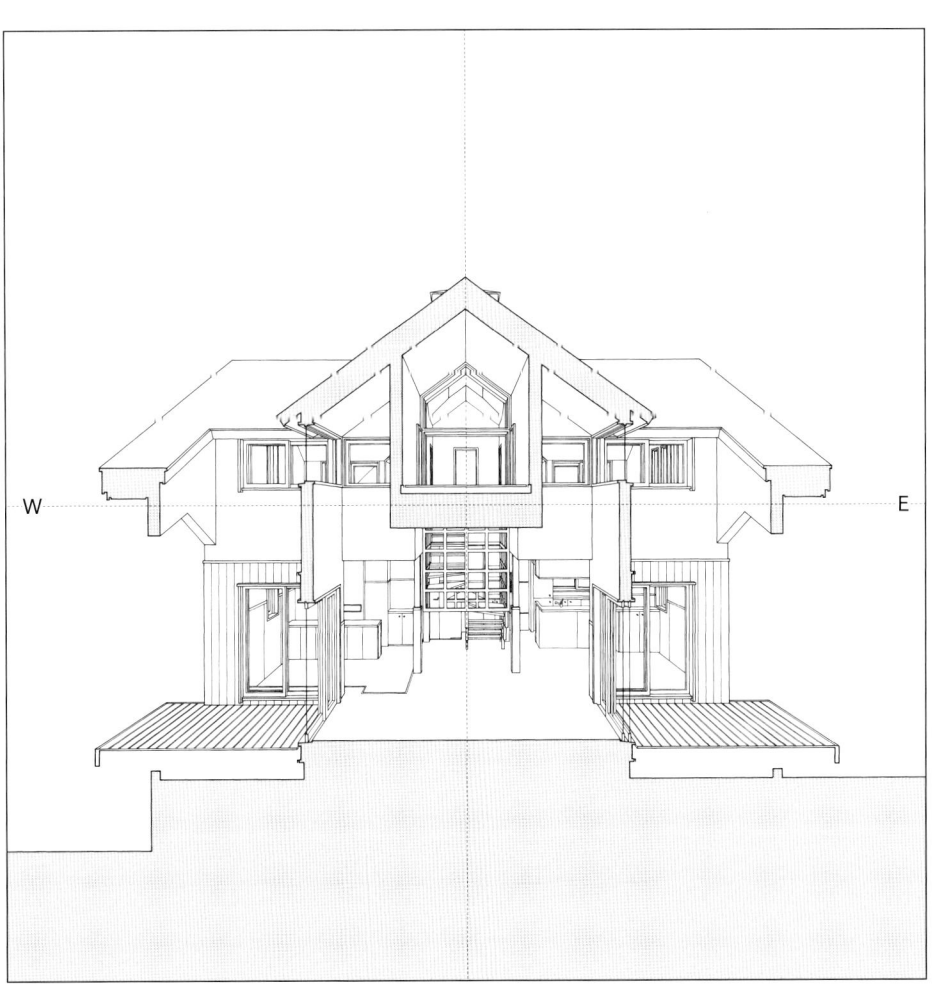

□ 切断透視図（2）

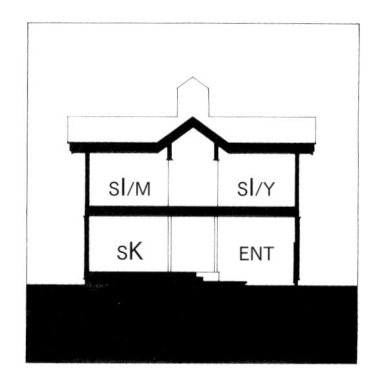

- 入口を上がると、基準床レヴェルより350mm下がった西の集域（CH2,560mm）のスタジオに置かれたピアノ越しに共用の場が見え、中央の竪シャフトを囲う組み格子のあいだからは東の集域の家族・食事の場（CH2,200mm）が垣間見える。
- 家族・食事の場の北側には、入口とダイレクトに結ばれた調理の場（CH2,200mm）が配置してある。
- 上層の東と西の集域は、それぞれ壮年世代の場と若年世代の場になっている。
- 段路を上がった踊場には、上部に取り付けたタワーの複合装置（高窓＋換気窓）からの光が射し込み、南に向かう架路の先には曲面の手摺で構成したバルコニーが見える。

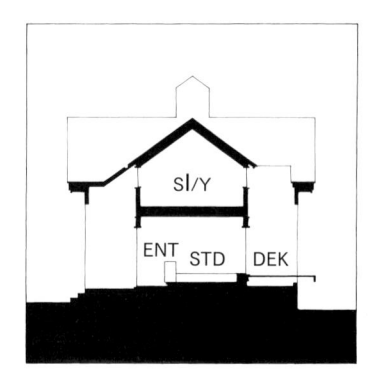

□ 切断透視図（3）

- 西北コーナーのアプローチから入口を通り、西の集域を経てテラスへと抜ける外・内・外の関係で連鎖していく空間の仕組みは、この住居の特性を生かす手法として、各集域で用いられている。
- 西の集域の上層にある若年世代の場は、屋根の形をそのまま現した船底天井（CH1,500mm～3,070mm）のスケールによって、ロフト的な空間にしつらえられている。
- 南と北の開口からは屋根に開けた穴越しに異なる風景が見え、南から入った涼風が部屋を通って北へ抜けていく。

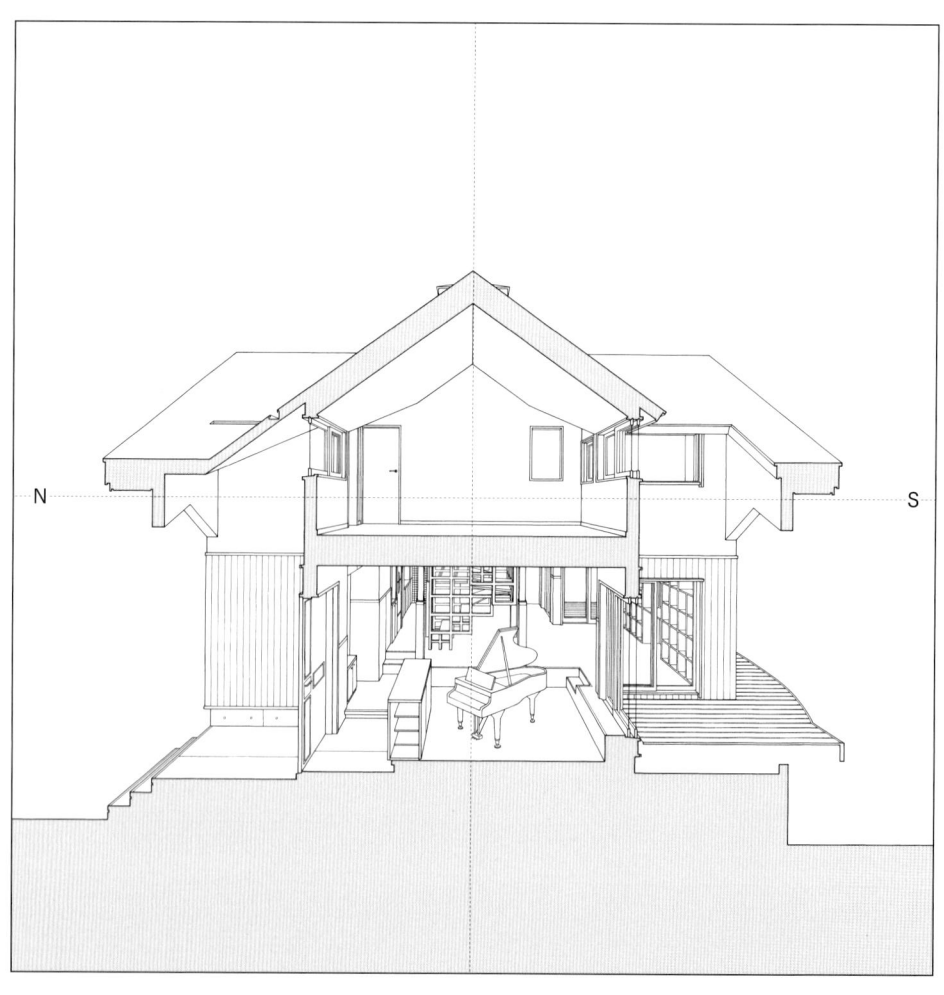

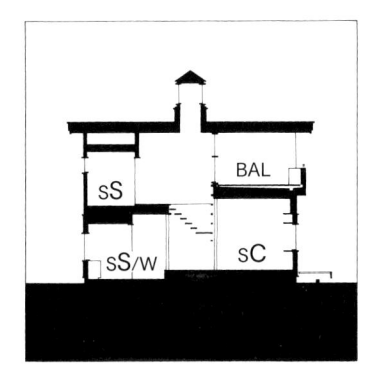

□ 切断透視図（4）

- 中央にある、組み格子で囲った回り段路から上層の踊場を経てタワーに至る竪シャフトは、住み手の行為を誘導する仕掛けであるとともに、光と風を制御する装置として働く。
- 切妻屋根が交叉する部分に開けたタワーの穴は、稜線の効果によって、星形に切り取られている。
- タワーの頂部に設けたバランサー付きの換気用窓は、踊場にあるオペレーターによって操作される。
- 北の集域は、上下層に付属する衛生の場になっている。

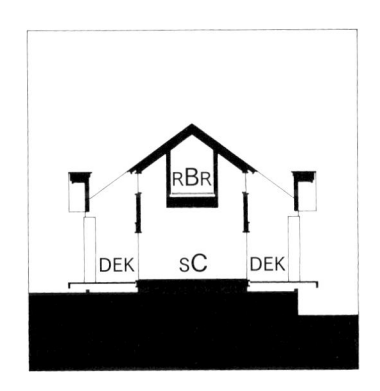

□ 切断透視図（5）

- 共用の場の南面には、スクエアに開けた開口の周りを囲んで、楽譜を収納する棚が造り付けてある。上部を貫通する架路が、吹抜けの空間に変化を与える。
- 両側の高窓から射し込む光は時間の経過とともに変化し、デッキに面した東と西の開口からは連続する周囲の風景が見える。
- 入隅になった外部のコーナーは、屋根に開けた採光用の穴、L形をした竪羽目貼りの隅柱、山型をした矩折（かねおり）の垂れ壁、簀子（すのこ）敷きのデッキなどによる、共通した部位で構成されている。

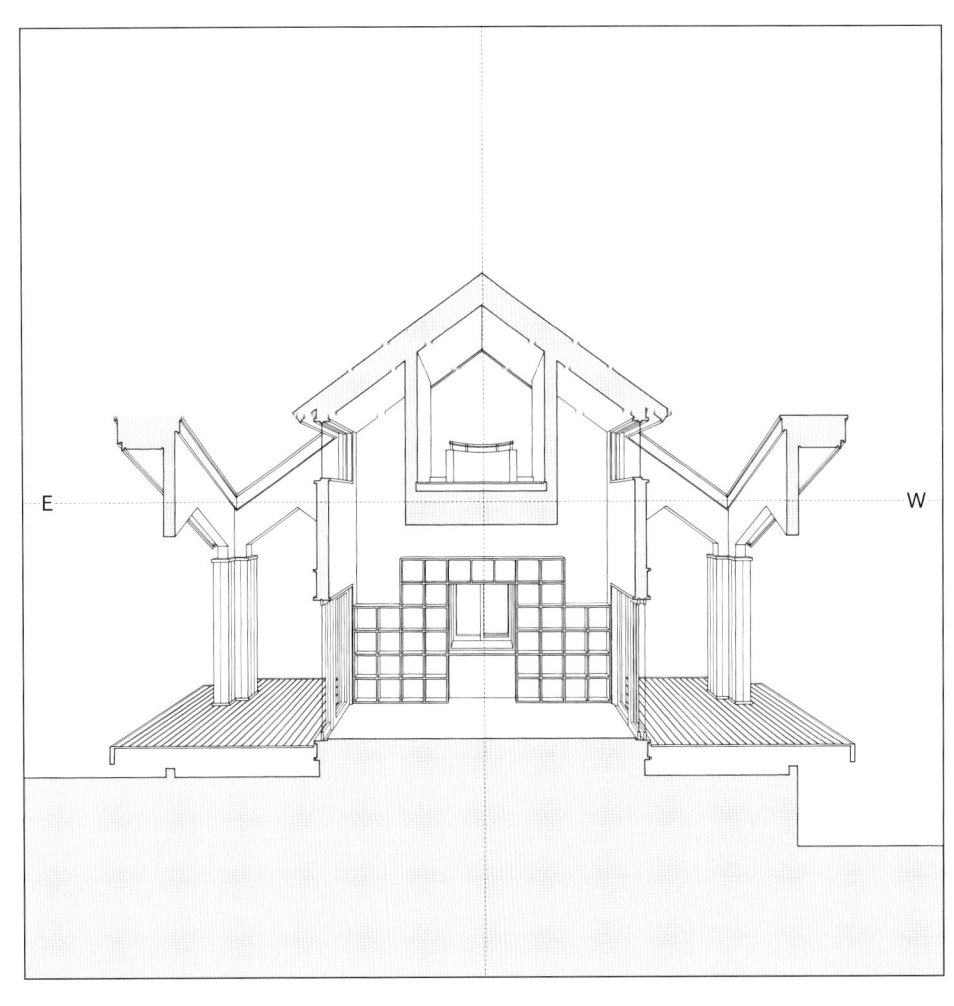

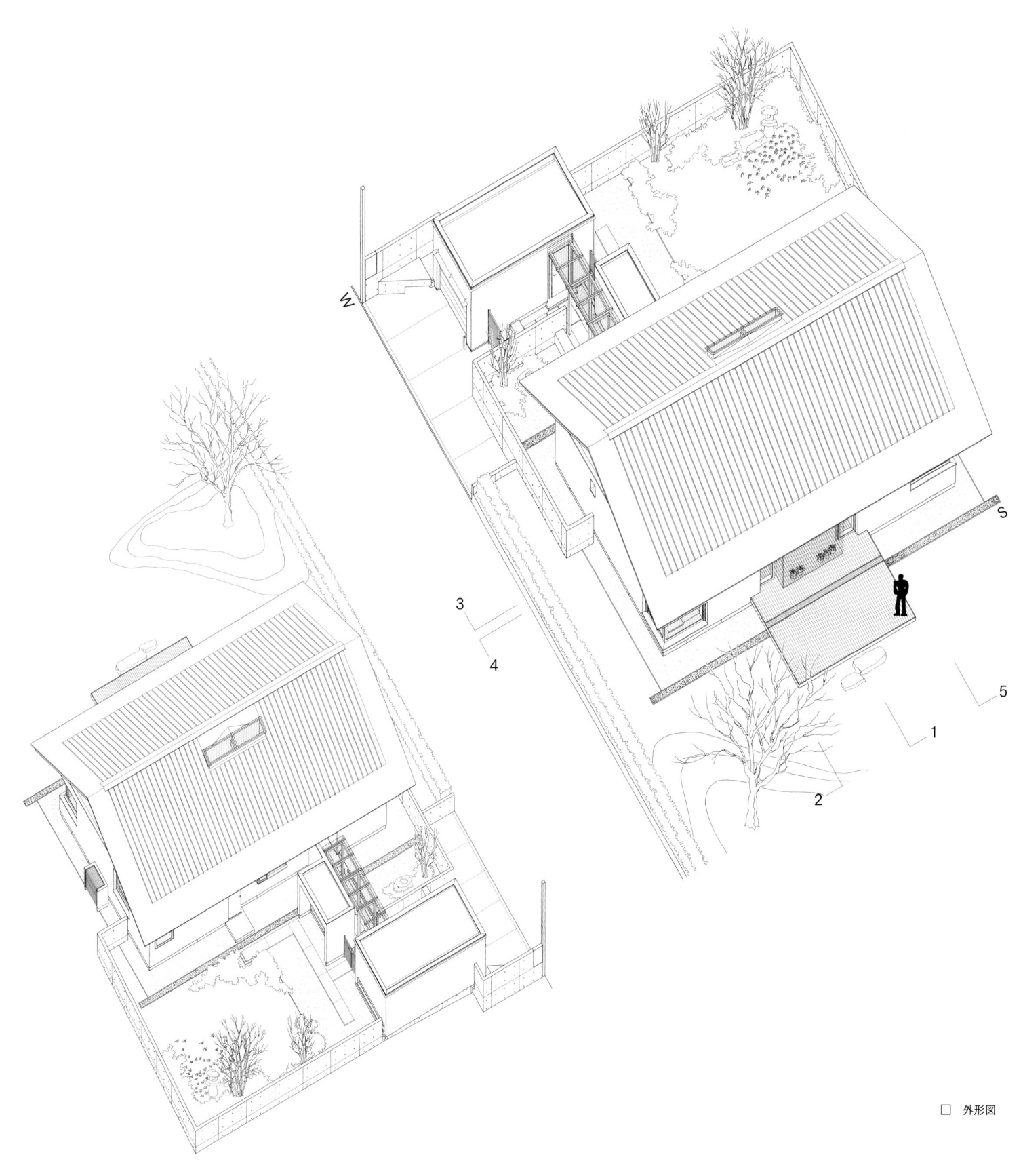

15	H-MRA	
		2000
W-1F		1,337.87m²
♀		134.39m²

記憶を布置した住居／記憶の部位の布置とともに、東西方向の可変的な連続性およびバリアフリーのディテールワークを、全域の仕組みに取り入れる。

立地

かつては、樹木が茂る広い敷地に平屋建ての家が建つ静かな住居地域だったこのあたりも、現在ではファミリーレストランなどの商業施設もみられる環境に変わりつつある。幹線道路から分かれて一区画入ると、まだかつての光景が保たれている敷地に建つこの住居が見えてくる。

配置・外形

- 南北に奥行のある広い敷地の北側中央に、全域を配置する。
- 全域を単層にする。
- 入口前に、外部化した溜りを設ける。
- 全域に、切妻の大屋根を架ける。
- 中央の領域の棟寄りに、採光装置（天窓）を取り付ける。
- 入口と車庫間の導入路を、キャノピーで繋ぐ。
- 中央の集域の南に、フレームレスガラスの出窓と簀子（すのこ）敷きのデッキを取り付ける。

□ 外形図

☐ 切断透視図（1）

- 全域の空間は、住み手の年齢条件に対応した単層の構えによる、3つの集域で構成されている。ただし、基本的な構成については特化せずに、汎用性のある仕組みにしてある。
- 屋根形をそのまま現した舟底天井の下にある中央の集域（CH2,434㎜〜4,150㎜）は、連続性を保ちながら棟から北寄りの位置にセットされている複合装置（空調・床暖房＋収納）によって、南の共用・食事の場と北の調理の場とに分節されている。
- 共有・食事の場（床：床暖仕様の芝栗フローリング貼り、壁・天井：漆喰塗り）の南側には、広い庭に向けて両側に片引き戸が付いたフレームレスのガラスボックスが組み込まれている。
- ワイドな視界を得るための装置であるガラスボックスまわりは、南の庭に向かって連続している簀子張りのデッキとともに、住み手が育成している蘭（らん）の鉢植えを置くスペースとしても利用される。
- 旧屋の広縁で使われていた杉丸太の軒桁が、棟と蟻壁の部分に記憶を紡ぐ部位として架け渡されている。
- 棟木を支えている360㎜角の柱も旧屋に大黒柱としてあったものだが、歳月を経た欅（けやき）材がもつ属性を捨象するために柄穴（ほぞあな）だけを残して、表面を白色全艶のポリウレタン塗装でコーティングしている。
- 南から入った風が、広いスペースを通り過ぎて北に抜けていく。

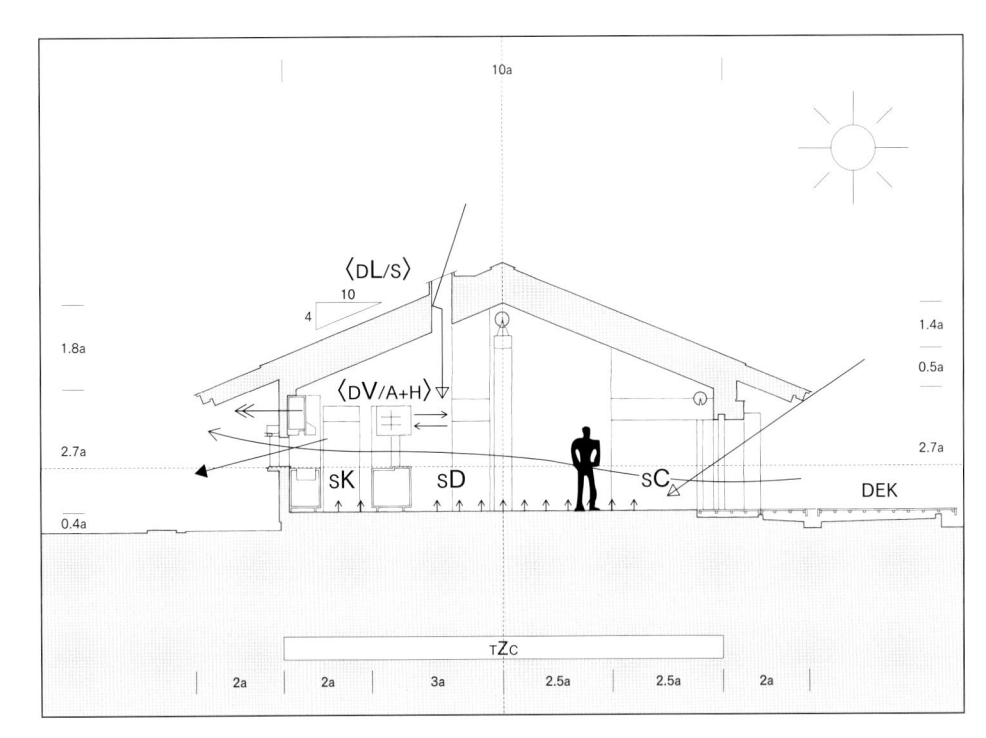

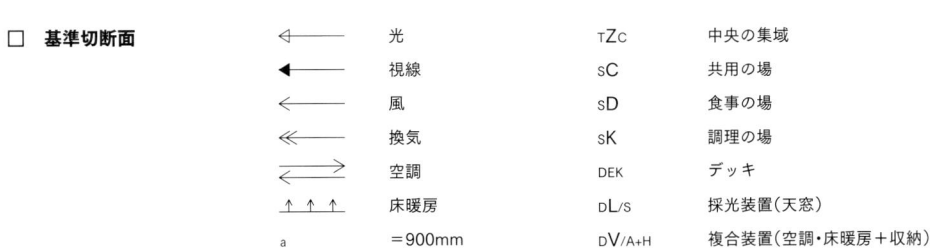

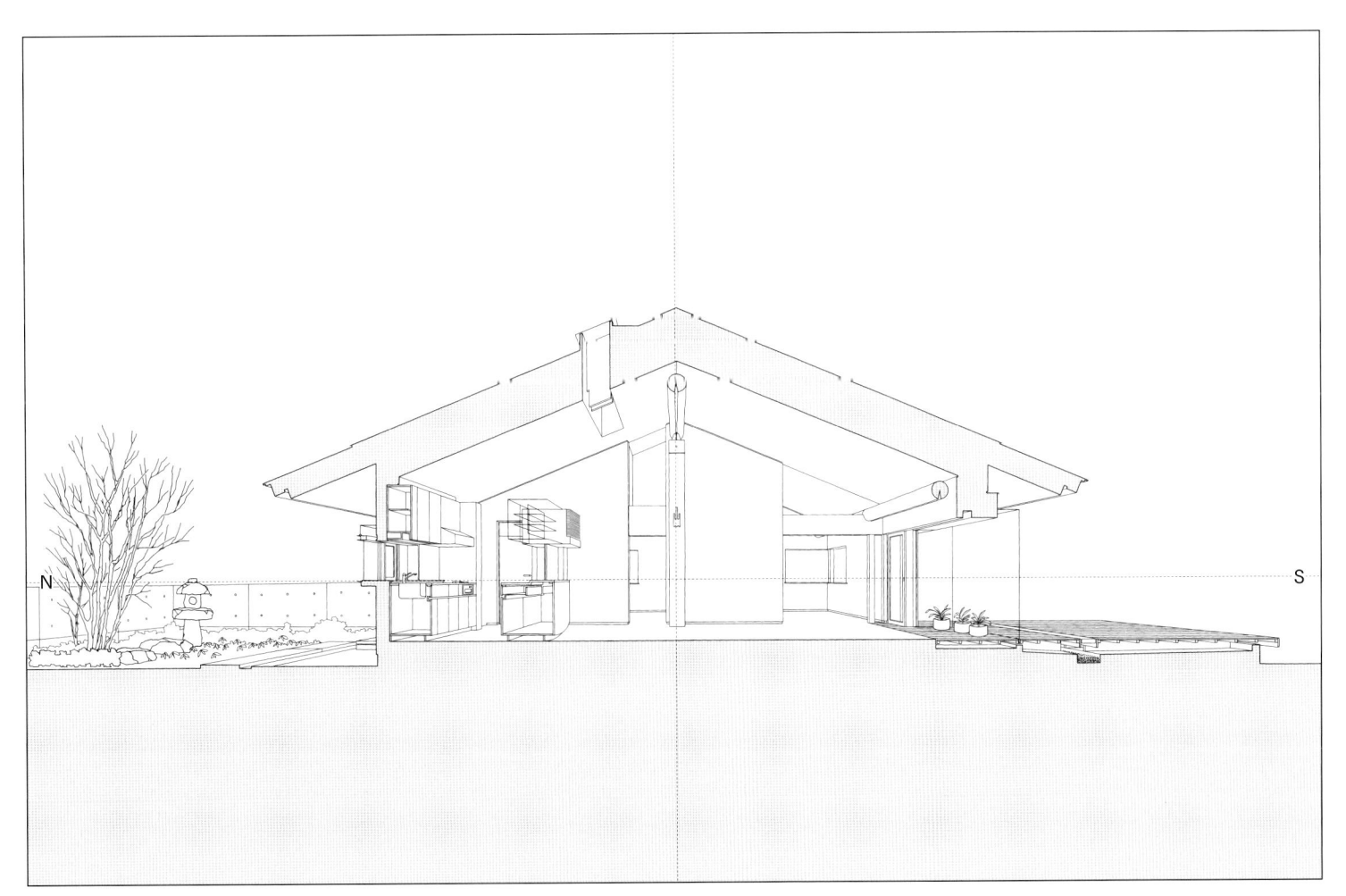

☐ 基準切断面

←	光	TZC 中央の集域
←	視線	sC 共用の場
←	風	sD 食事の場
⇐	換気	sK 調理の場
⇒	空調	DEK デッキ
↑↑↑	床暖房	DL/S 採光装置（天窓）
a	＝900㎜	DV/A+H 複合装置（空調・床暖房＋収納）

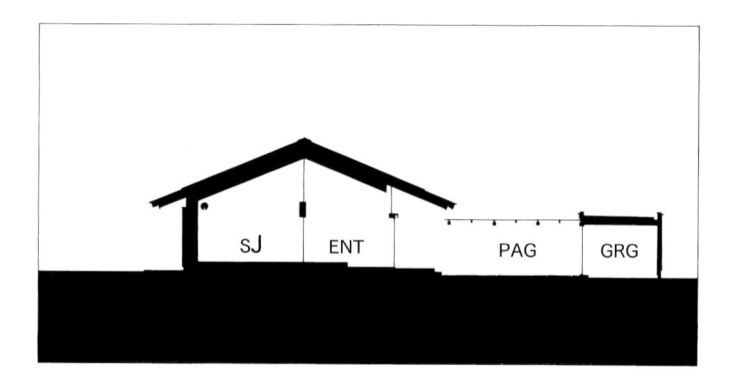

☐ 切断透視図（2）

- 車庫の脇を通る前面道路からの誘導路は、パーゴラの架かる位置でクランクして主屋（おもや）に向かう。
- 白砂を敷き詰めた坪庭と踏石を敷いた路地のような佇まいが、訪れる人の心を和ませる。
- 深い軒の出からリセスした位置にある入口扉は、三方ガラス嵌殺し（はめごろし）の内に、自立した形で建て込まれている。
- 入口を入ると、大きな欄間越しに見える南に下りていく天井が、和式の場の存在を予知させる。
- 勾配天井の下にある和式の場（CH2,434㎜～3,830㎜、床：半帖畳琉球表、壁・天井：漆喰塗り）は、古くからの友人たちとの語らいなどに使われるとともに、北に置かれた仏壇と中央の集域から連続している杉丸太によって象徴される、家族の記憶を紡ぐ場でもある。
- 座ったときの視線を意識して低い内法に抑えた矩折（かねおり）の地窓を開けると、南の庭に植えられた下草の緑を眺められる。
- 和式の場の畳敷きの床は、空間の連続性を得る目的とバリアフリーの原則に従って、中央の集域の床との取合いを面一（つらいち）に納めてある。

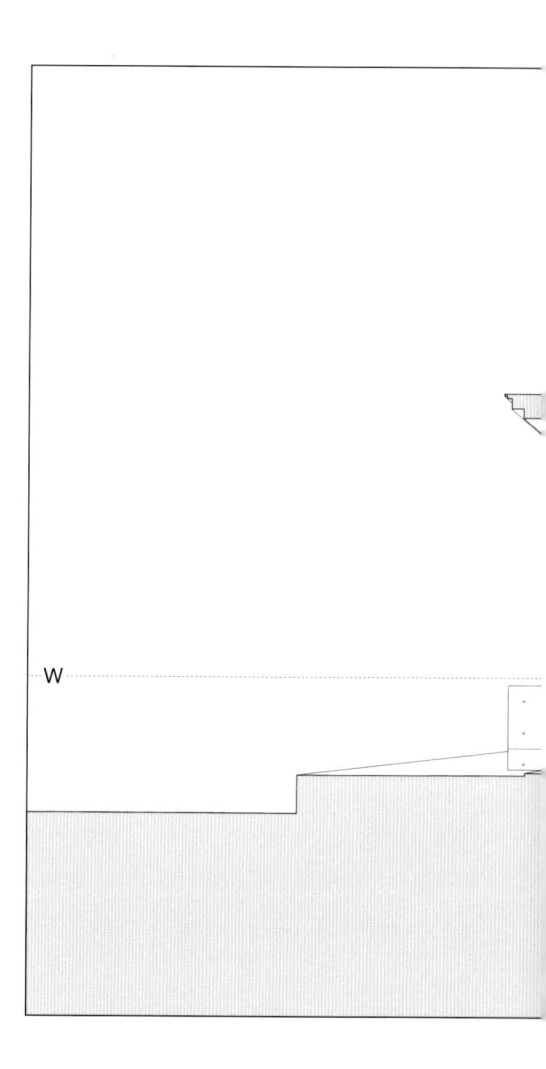

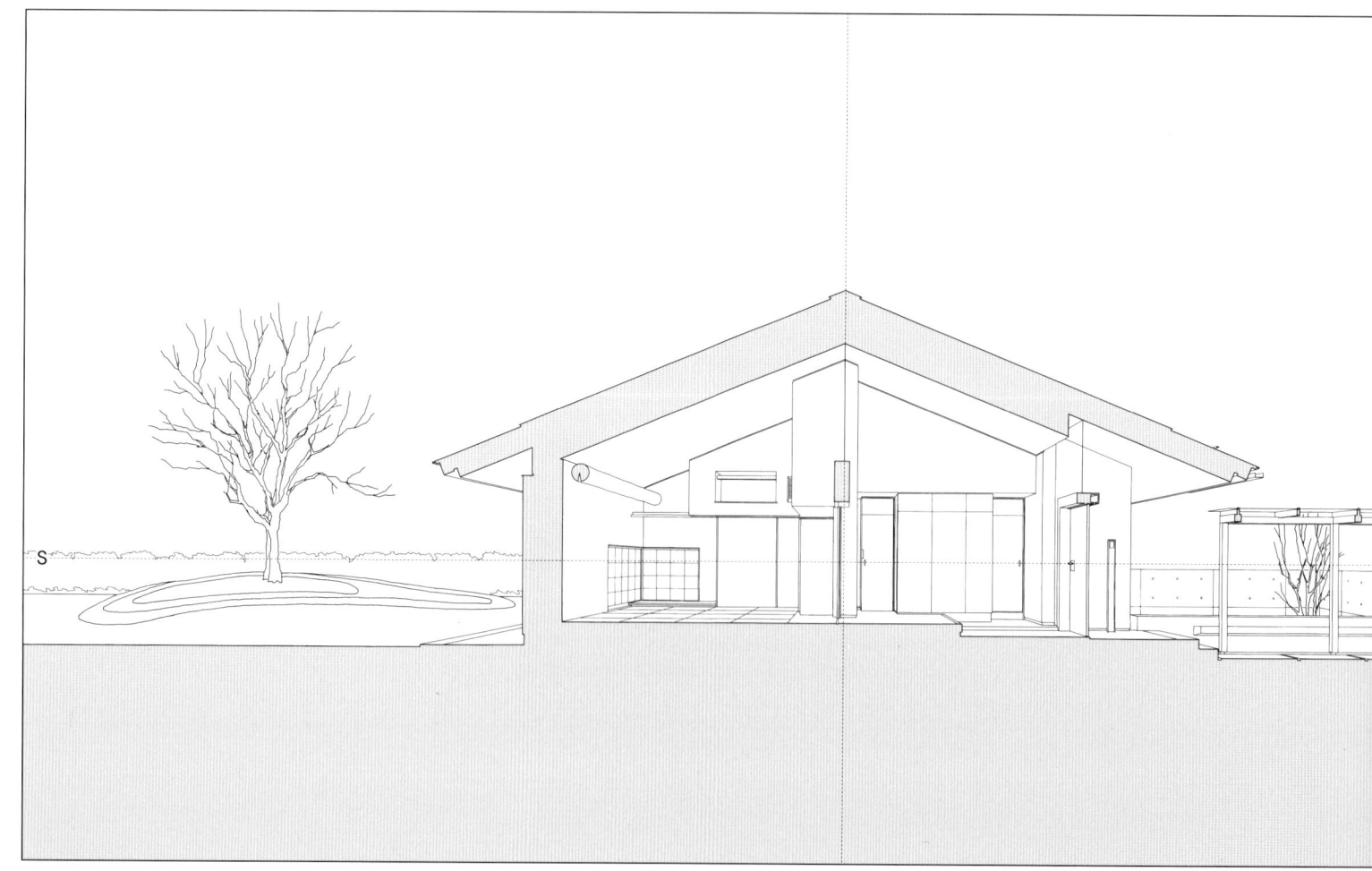

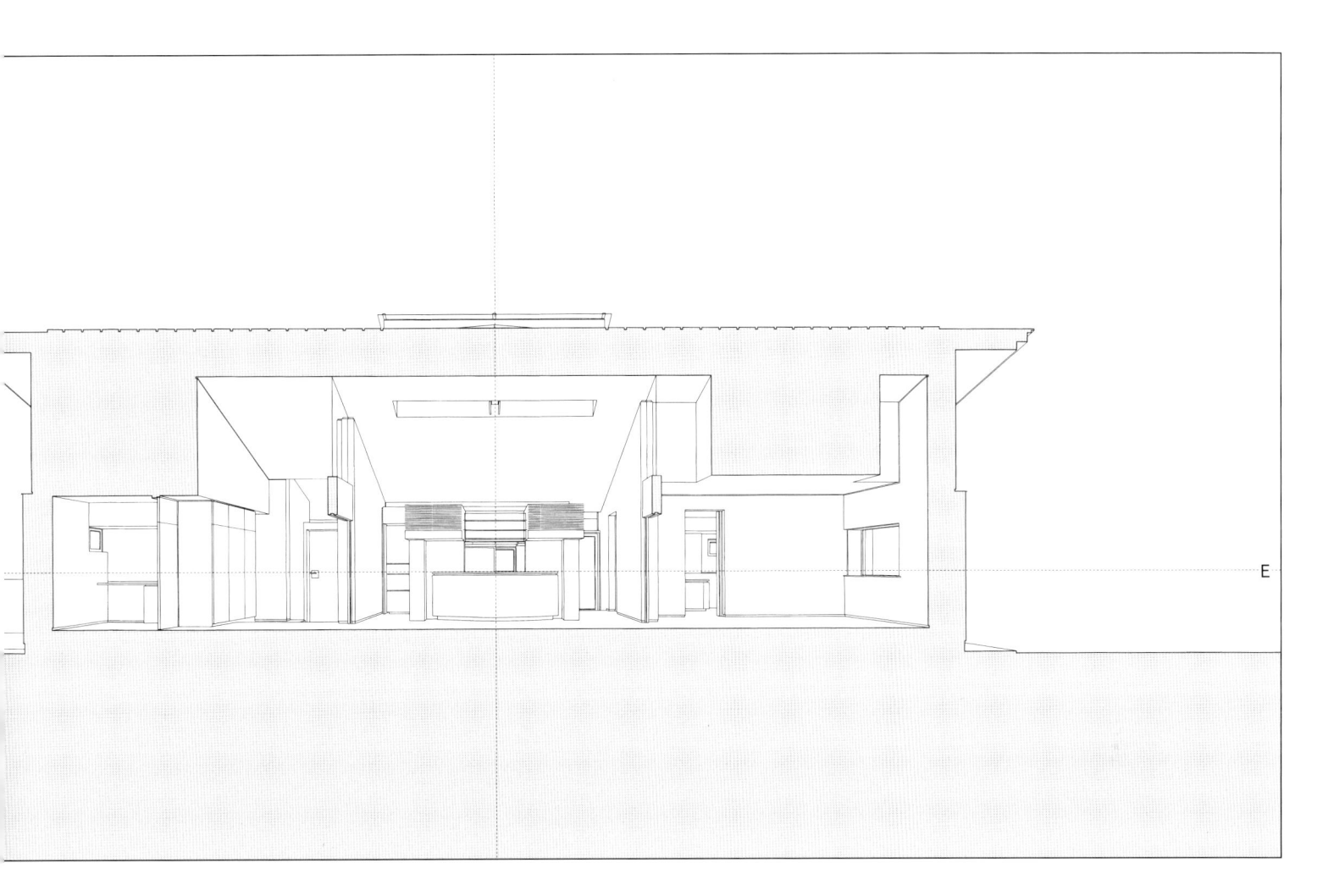

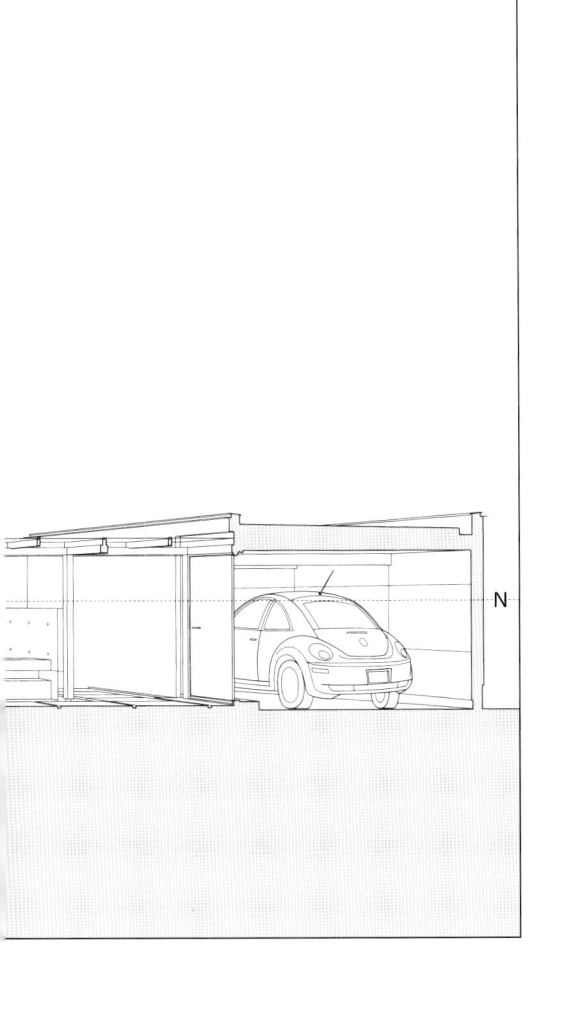

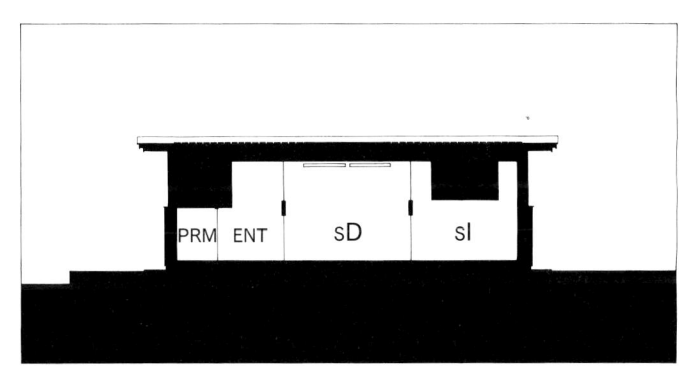

□ 切断透視図（3）

- 中央および西と東の集域は、均等のスパン（4,500㎜）で区分されている。
- 西の集域の入口脇には、客用のパウダールームが設けてある。
- 中央の集域の、採光用スリットを切った天井が、棟から北に向かって下りていく。
- 食事の場と調理の場とを分節する複合装置のハッチを通して、北の庭の緑が見える。
- 東の集域に置かれた個域（CH2,400㎜、床：床暖仕様の芝栗フローリング貼り、壁・天井：漆喰塗り）は、落着きを与えるために天井をフラットに納めているが、中央の集域とアトリエとの取合いでは連続性を損なわないようにするために、天井を折り上げている。

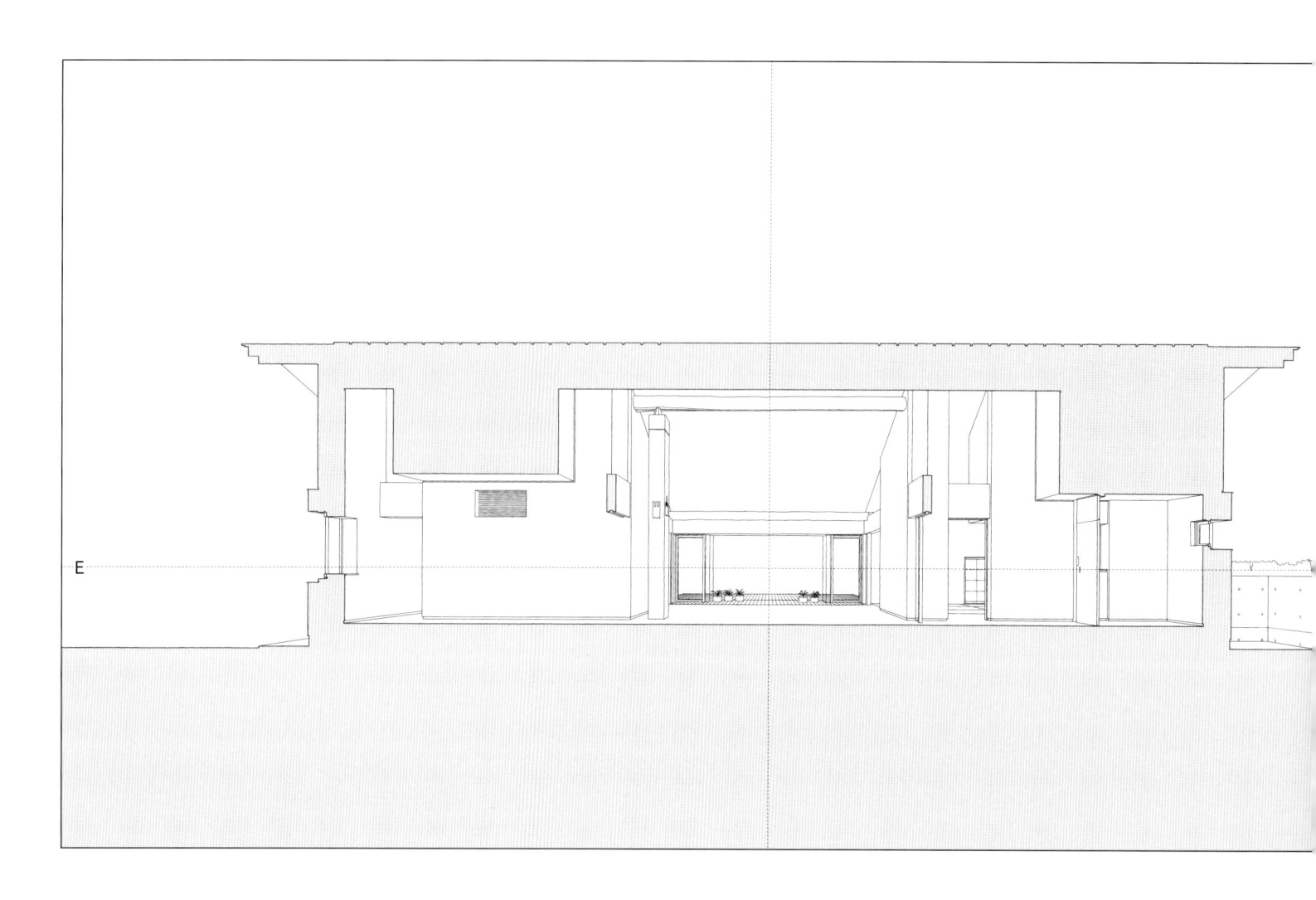

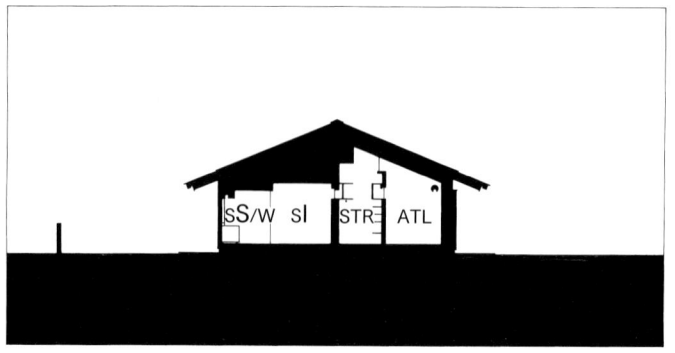

□　切断透視図（5）

- 東の領域の南側は、住み手のアトリエ（CH2,434㎜～3,330㎜、床：床暖仕様の芝栗フローリング貼り、壁・天井：漆喰塗り）になっている。矩折の窓の上の蟻壁には、中央の集域から続く杉丸太が架け渡してあるが、丸太下端をくり抜いた部分には照明器具がセットされている。
- アトリエの北側に接続しているウォークインクロゼット（CH3,330㎜～3,830㎜、床：芝栗フローリング貼り、壁：桐板貼り、天井：漆喰塗り）は、衣服やさまざまな生活用具を収納するために、大きくヴォリュームを取っている。
- 個域の北に付属している家事と洗面・排泄の場（CH2,100㎜、床：床暖仕様の芝栗フローリング貼り、壁：ガラス結晶板貼り、天井：防露材付きPL板貼り）は、拡がりを知覚させる目的とバリアフリーの納まりに従って床をフラットにし、入浴の場（CH2,100㎜、床：床暖仕様の陶磁器質ノンスリップタイル貼り、壁：陶磁器質タイル貼り、天井：防露材付きPL板貼り）との間仕切には、透明ガラスが入れてある。
- 入浴の場からは、スクエアな断熱窓を通して、北庭の光景を順光のかたちで眺めることができる。

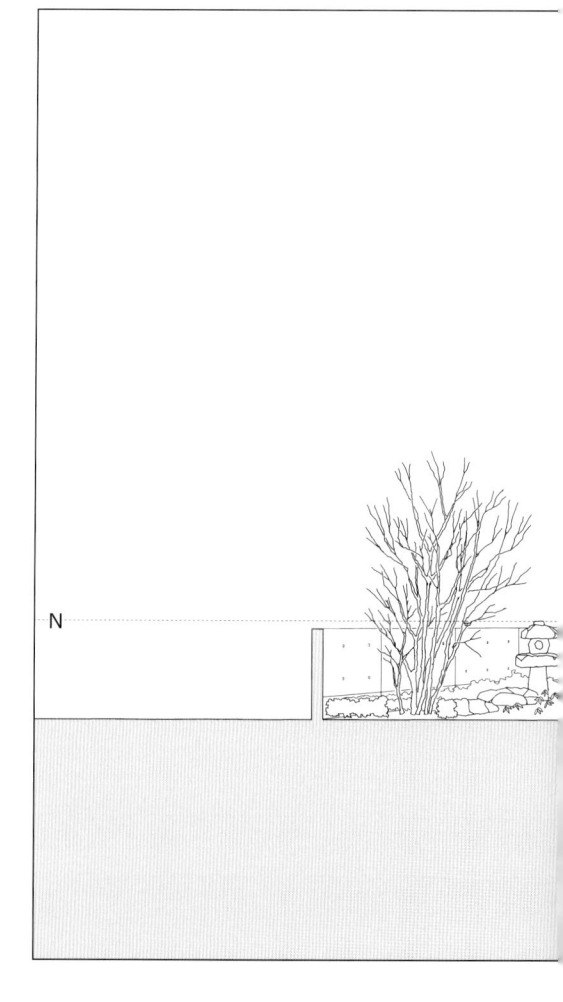

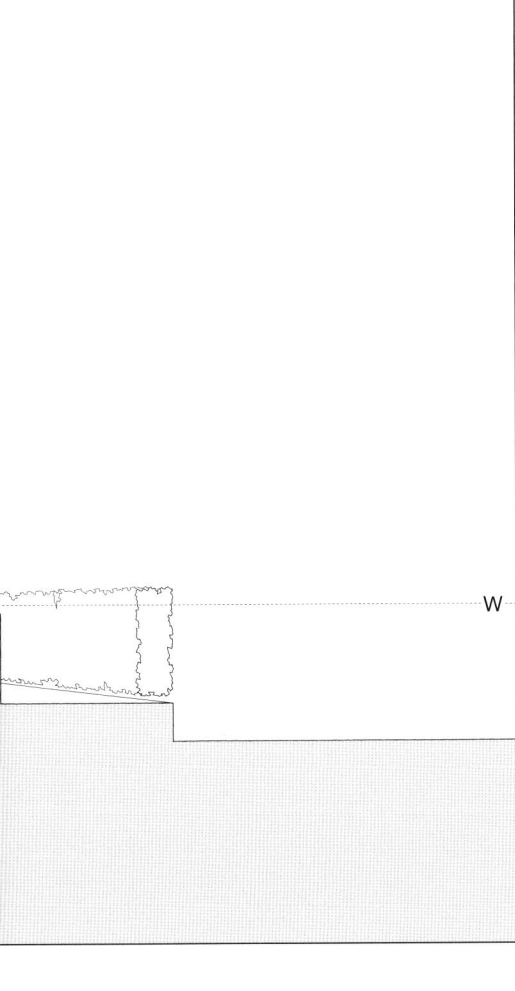

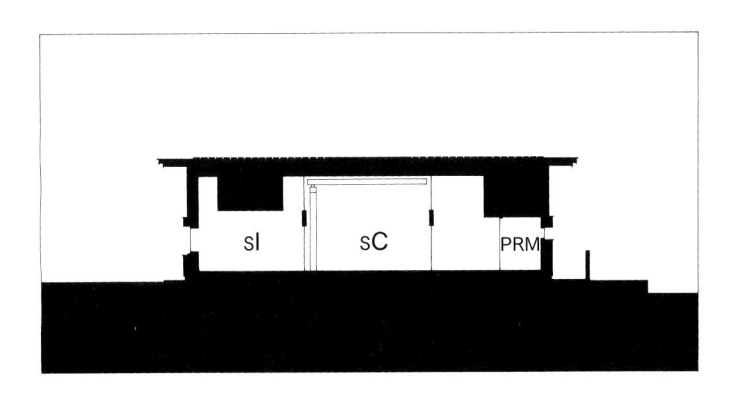

□　切断透視図（4）

- 訪れた人は、正面にある和式の場の入口上にある嵌殺しの欄間を通して、この住居の仕組みを予知する。
- 中央の集域の南に組み込まれたガラスボックスのワイドな視界が、緑の芝生が拡がる南庭の光景を切り取る。
- コーティングによって白い抽象体に異化された柱が、壁から離れた位置にセットされている。
- 天窓からの光が、抽象体の存在を示す影を、白い漆喰塗りの壁に落す。
- バリアフリーの原則に従って、境界に立て込んである建具は、一部を除き片引戸（ハンガーレール吊り・フラッターレール付き）になっている。

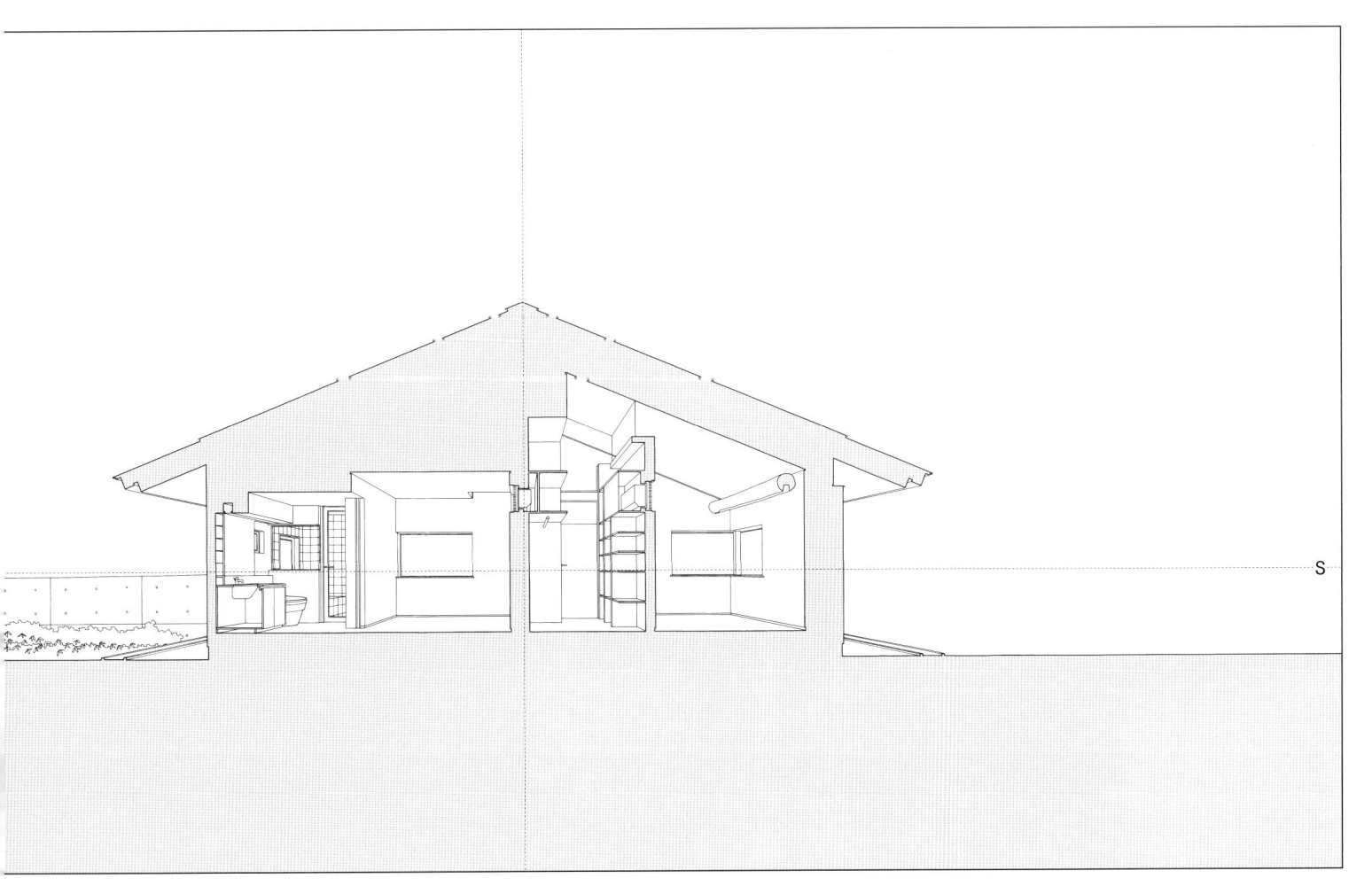

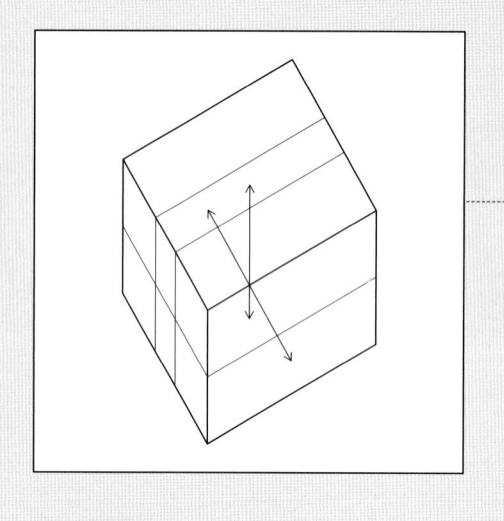

☐ **並接体** Leyered Form

3つの空間域が並列に接合している Form

南北方向に奥行を与え、光の操作によって全域の空間に光と陰のグラデーションを織り込んだ並接体は、日照を一義的な目的とする定型化された南面並列式の構成に替わる仕組みの Form である。

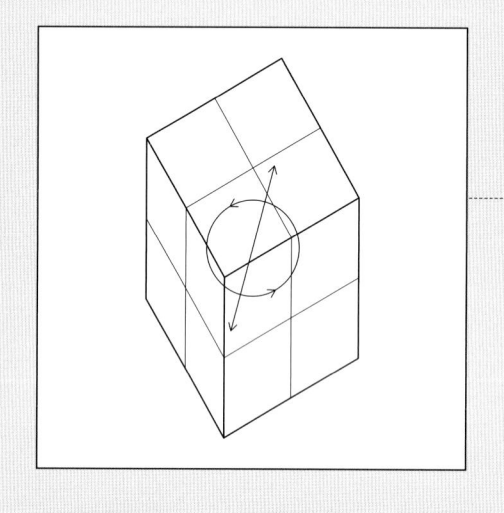

☐ **相接体** Point Symmetrical Form

8つの空間域が点対称の関係で接合している Form

農家の「田の字形平面」に着想を得た相接体は、相接する領域がそれぞれ2面を共有する8つの空間域の集合体で、中心を軸とする回転作用によって多様なヴァリエーションを構成する仕組みの Form である。

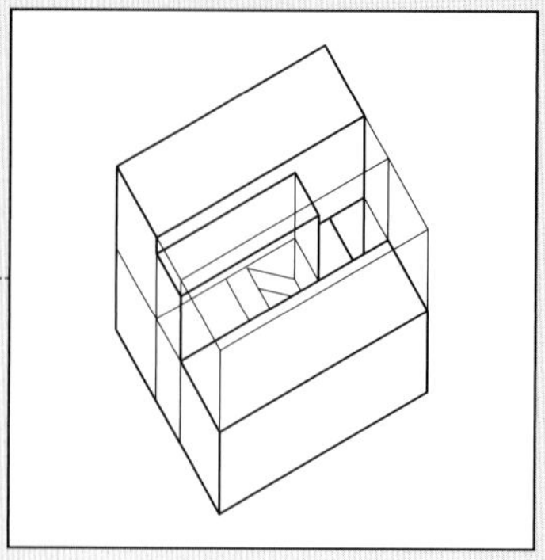

☐ **H-ONO**（p.14）
- 3つの集域が南北に並列した集合体は、奥行のある構造によって光と陰翳が織りなす仕組みに変換されている。
- 南・中央・北の集域は、それぞれの機能に対応するために単層・吹抜け・複層になっている。
- 中央の吹抜け上部に取り付けた採光装置（天窓＋高窓）からの光が空間にグラデーションを織り込み、東端に組み込んだ段路と吹抜けを横断する架路が、移動とともに住み手に変化のある視界を与える仕掛けとして働く。
- 住み手の行為とすべての作用は、この吹抜けた空間域：光域を介して展開していく。

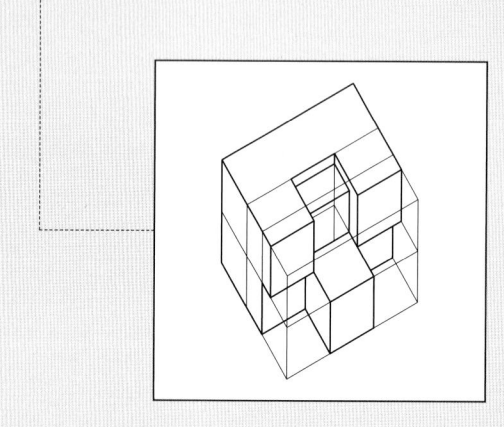

☐ **H-IKE**（p.26）
- 全域の仕組みは H-ONO と同じだが、中央の空間域は矩折（かねおり）にした北の集域に囲われた光井戸（Light Well）に変換されている。
- 光井戸の上部に取り付けた採光装置（天窓＋高窓）からの光が、壁面に時間の経過を映し出し、向い合う親・子世代の場は吹抜けを介して一体化される。

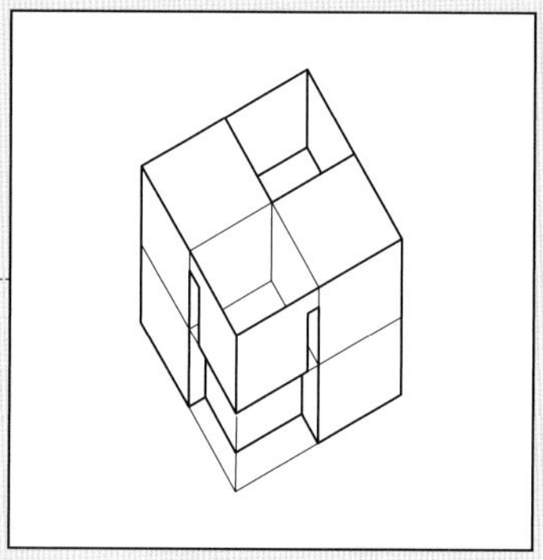

☐ **H-ISI**（p.22）
- 相接する8つの空間域のうち、外部化された北東の空間域は、街との緩衝域として機能する。
- 点対称の関係で相接された6つの空間域による空間は、矩折（かねおり）になった南西上部の展示装置と共に、吹抜けた空間域を軸とするエンドレスな回転作用によって一体化されている。
- 住み手の行為・作用は、すべてこの吹抜けた空間域を中心として全方向に展開していく。

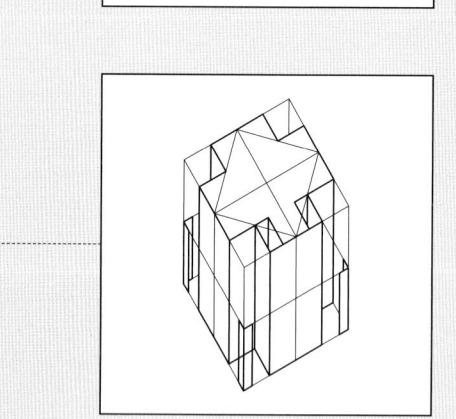

☐ **H-SSK**（p.70）
- 入れ子状に重ね合わせた相接体は、内接する正方形によって十字形の空間体に変換されている。
- 十字形の空間は、2面の相接から4辺の接合および図象的な軸から実体的な装置への変換によって、相接体とは対照的な仕組みに異化されている。

Formology

☐ **空間組成の分析**

最初の作品集を1984年に出版した際、それまでに設計した住居を類型化してみると「田の字形」「三層形」「路地形」の3パターンに集約される結果が得られた。その後25年を経た時点では作品数も50に増えたので、本書を出版する機会に同じような作業をしてみることにした。ただし、対象を"平面構成"においた以前の方法に対して、本書では視点を"三次元の場にある空間体の組成"にシフトした位相での類型化を試みている。

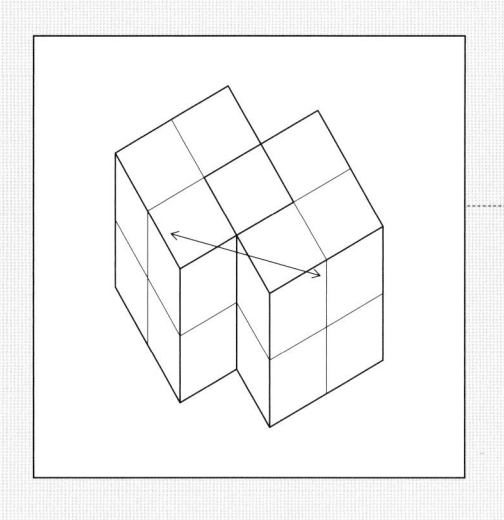

☐ **重接体** Interrocking Form

2つの集域が、部分を共有する仕組みで接合している Form

共域・個域および供給域によって構成される重接体は、8つの空間組成のなかで最もプライマリーな構成による仕組みの Form である。

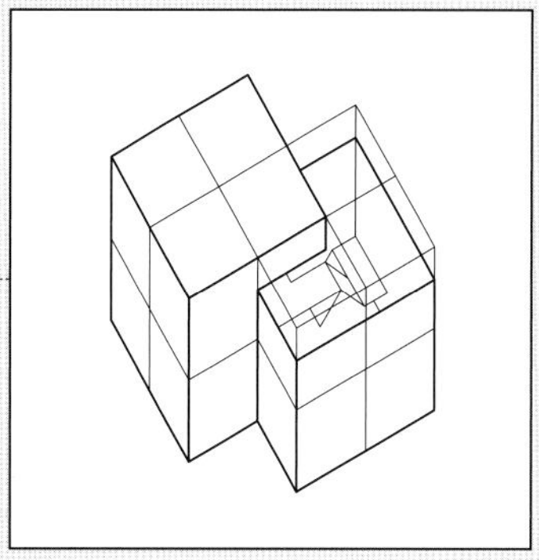

☐ **H-KOM（p.32）**
- 敷地を横断する高圧線による形態制限という特殊条件に対応した2つの集域は、吹抜けと複層の集域が重接したシンプルな仕組みで構成されている。
- 南と北の集域は、それぞれの機能に対応するために、吹抜けと複層になっている。
- 南の空間域の下層から段路を上がり、架路を渡って北の集域の上層に続く路は、全域を一体化するスパインとして機能している。

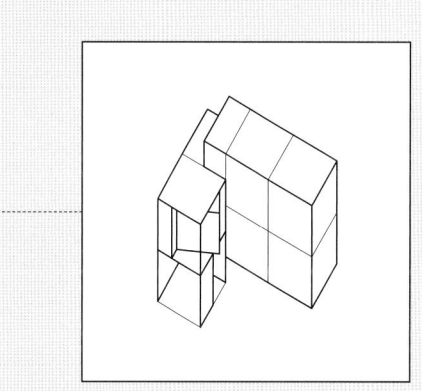

☐ **H-TNA（p.50）**
- 本来、単純な空間構成に対応するための仕組みである、この Form を、複合世代住居に応用した例である。
- 3世代に対する複層の集域と、共用・家族の場と供給域による集域が、土地の形状に重ね合わせたスキップフロアシステムで一体化されている。
- 中間レヴェルにある共用・家族の場は、高齢世代に対する配慮とともに、南に展開する風景に向けてずらした場として設定されている。

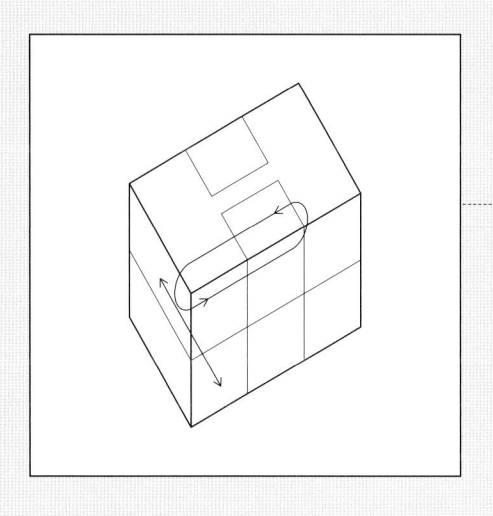

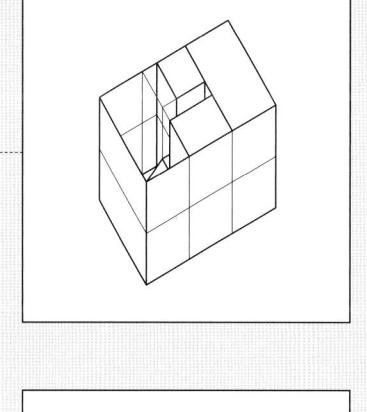

☐ **H-NAK（p.84）**
- 中央の空間域のあいだを通る経路は、全域の連続性を得るために端部の吹抜けに向かって開かれている。
- 開かれた上下層の経路は、吹抜けに面する壁面に組み込まれた段路によって繋がれ、連続する経路として一体化されている。
- 端部の空間域の経路と直交する南北方向の軸は、外→内→外の流動性を実体化する仕組みとして働く。

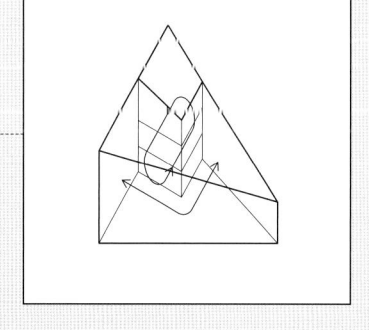

☐ **端接体** Oponond Form

端部の空間域をずらして、空域が接合している Form

端部の空間域をオープンエンドにして、全域の空間に連続性を与えた端接体は、定型化された中廊下式の構成に代わる仕組みの Form である。

☐ **H-SSD（p.44）**
- 林に囲まれた傾斜地に建つ特異な形態をもつこの空間体も、積層した集域と大屋根に覆われた空間域との組合せから、端接体に属する Form とみることができる。

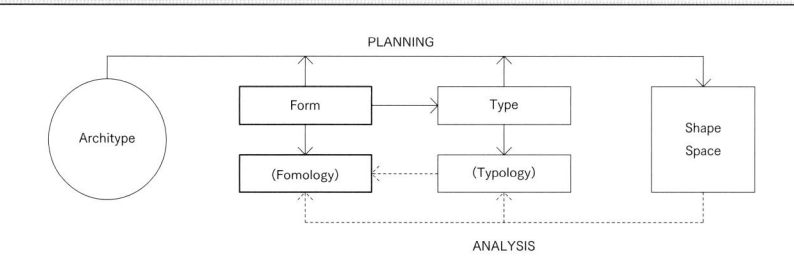

081

- 類型化の作業は、通常 Typology を対象にして行われるが、本書では思考をより拡げる目的から、左図のダイアグラムに示したように Typology のフェーズに先行する Formology のフェーズを導入して、これを類型化の対象としている。

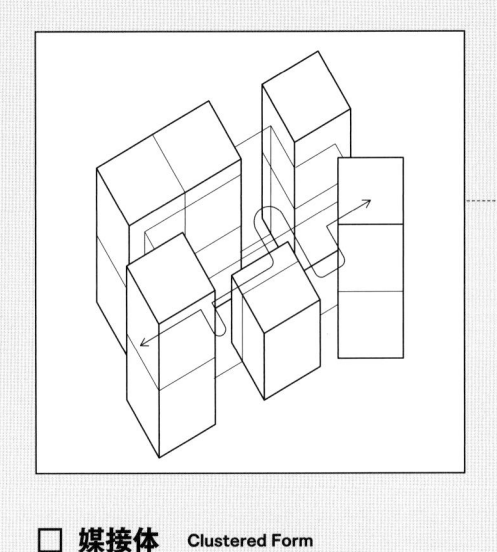

媒接体　Clustered Form

不規則に布置された空間域が、媒域によって接合しているForm

空間が見え隠れする路地的な風景に着想を得た媒接体は、散佚的（さんいつてき）に布置されたすべての場にアイデンティティーを与える構成による仕組みのFormである。

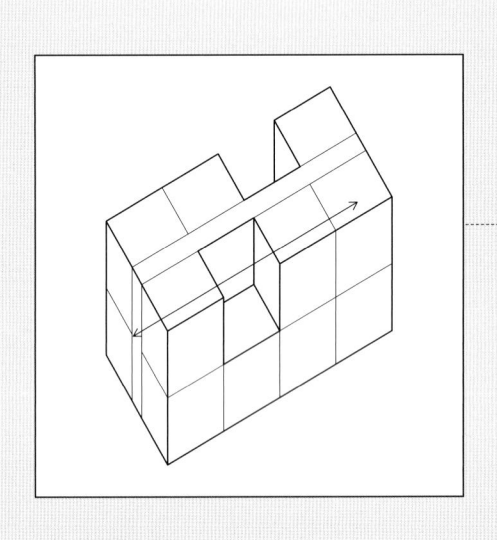

連接体　Linear Form

複数の空間域が、直列に接合しているForm

細長い敷地に対応して、長辺方向に通した経路にそれぞれの場が取り付いた連接体は、シヴィアな外的条件に順応するとともに、規模の大きな空間体にも伸長性によって対応する仕組みのFormである。

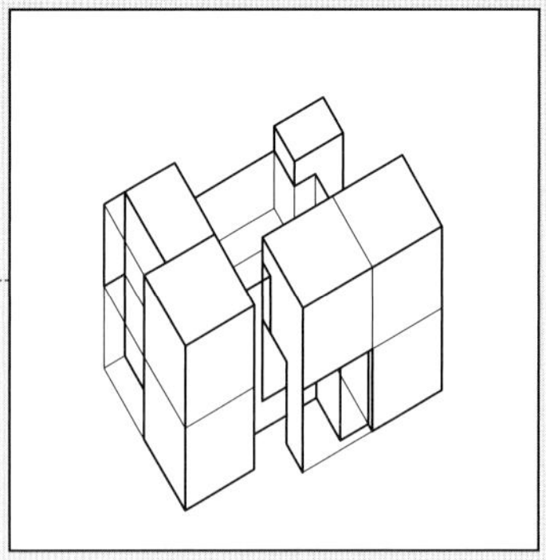

☐ H-HOS (p.40)

- 変型した巴形による3つの集域が、媒域によって一体化されている。
- 吹抜けによる媒域は、中央では複合装置（天窓＋換気窓）のサンルームに変換され、住み手の生活に潤いを与える場として機能している。
- 媒域の内を通る、入口から段路・架路を経て南の集域に続く路は、3つの集域を一体化する回路として働く。
- 移動とともに変化する視界は、住み手の生活に新たな体験を加える。

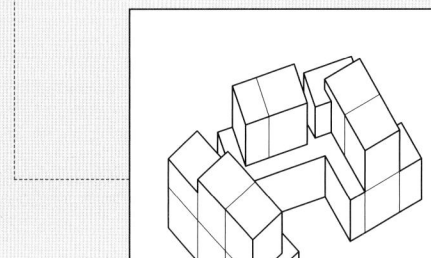

☐ H-OTU (p.54)

- 3世代の場を独立した集域として布置した全域は、中庭を囲う回路によって一体化されている。
- 上層のデッキは、外の経路として3つの集域を繋ぐとともに、共有の場である中庭の機能を補助する仕掛けとして働く。

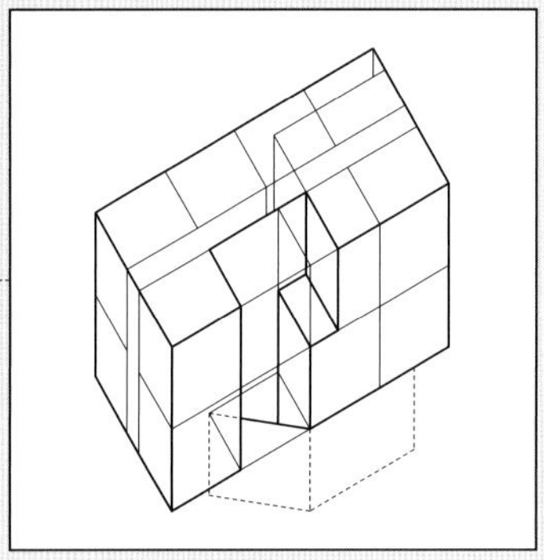

☐ H-FUM (p.60)

- 細長い敷地に直列に配置した3つの集域は、東西方向に設定された経路によって一体化されている。
- 経路は、東の集域では北側に寄り、中央で南にクランクして西の領域へと連続していく。
- 中央の、ダイアゴナルに区分された地下層に連続するヴォイドスペースは、3つの集域に対する視線の制御や採光・通風に対する複合装置として働く。

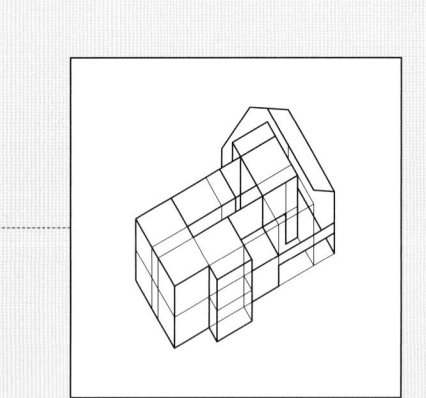

☐ H-FUJ (p.114)

- 直列に配置された東・中央・西の集域は、東西方向に設定された経路によって一体化されている。
- 表層（アーバンファサード）に囲われた前庭を経由する導入路と内部の経路とは入口で接続され、全体のスパインを形成する。

☐ Formology の機能

- Formology という造語による体系は、Typology と同じように、創作の枠組みをあらかじめ規制するようなものではなく、あくまでも後付け作業による分析結果であり、その役割は創作過程におけるチェックリスト的な機能、さらには新しい Form が生成される契機を与えることにある。
- また、創作過程における Form から Type へ移行していく段階での形態操作は、単なる"形の組替えゲーム"ではなく、そこには"生成された空間"が形態言語作用を介して住み手とのあいだに能動的な関係を紡ぎ出していく意思が託されている。

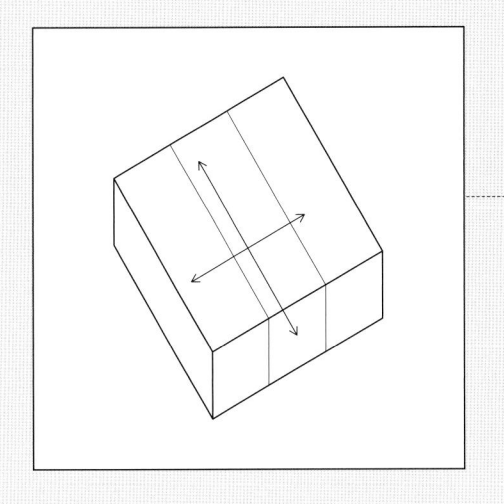

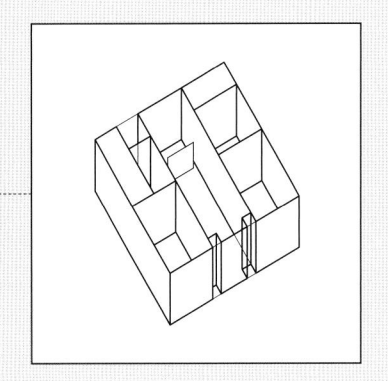

☐ **H-MRA（p.74）**
- 隣接した3つの集域は、建具の操作によって、さまざまな空間の組合せが可能な仕組みになっている。
- 3つの集域の北側には、それぞれの場のための供給域が配されている。
- 中央に取り付けたデッキは、フレームレスの出窓を介して内・外の空間を繋ぐ仕組みとして働く。

☐ **隣接体**　Adjoining Form

3つの空間域が隣合せに接合している Form

東西方向に並置した3つの場の北側にそれぞれに付属する場を置いた隣接体は、おもに平屋建てを対象とした構成による仕組みの Form である。

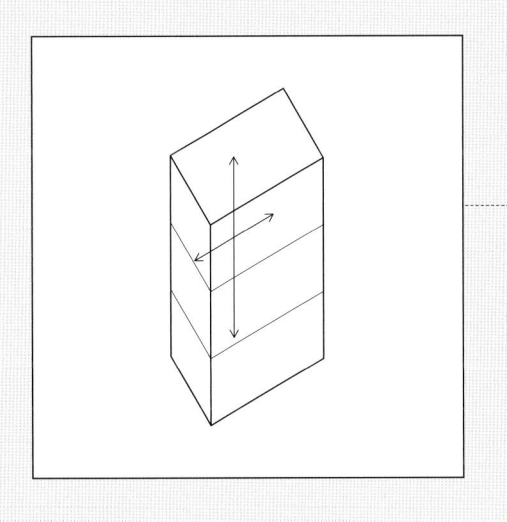

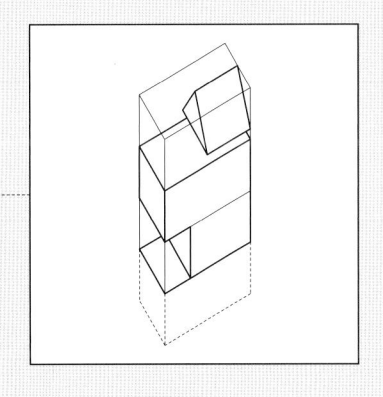

☐ **H-YAM（p.88）**
- 制約の多い敷地に対し、4つの集域が積層して一体化されている。
- 各層の機能と外的条件に対応した多様な空間によって構成された全域は、変化のある集合体として形態化されている。

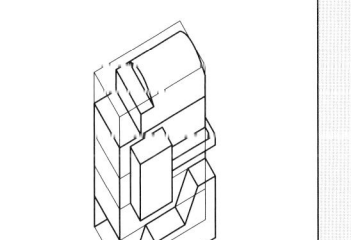

☐ **H-NAG（p.92）**
- 狭小の敷地に対応して、5つの集域が積層して一体化されている。
- スペースの効率を高めるため、調理の場を除く導入路と供給域は、すべて集域の西側外部に集約して付加されている。

☐ **層接体**　Stacked Form

複数の空間域が積層して接合する Form

空間域を垂直方向に積層して経路を省いた層接体は、高密度の環境にある狭小の敷地に対応するための構成による仕組みの Form である。

☐ **Formology の水平切断 パターンダイアグラム**

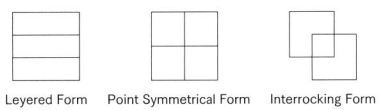

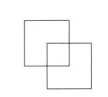

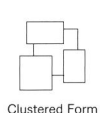

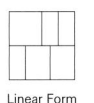

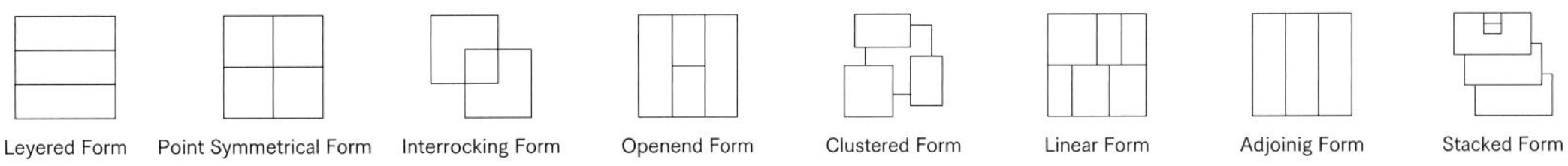

Leyered Form　Point Symmetrical Form　Interrocking Form　Openend Form　Clustered Form　Linear Form　Adjoinig Form　Stacked Form

序説の「表記」のところで記した、L.I.Kahn の語録にある「Form」は、Formology における作業過程のフェーズである "Form" とは次元の異なる哲学の世界に属する上位概念であると考えられる。

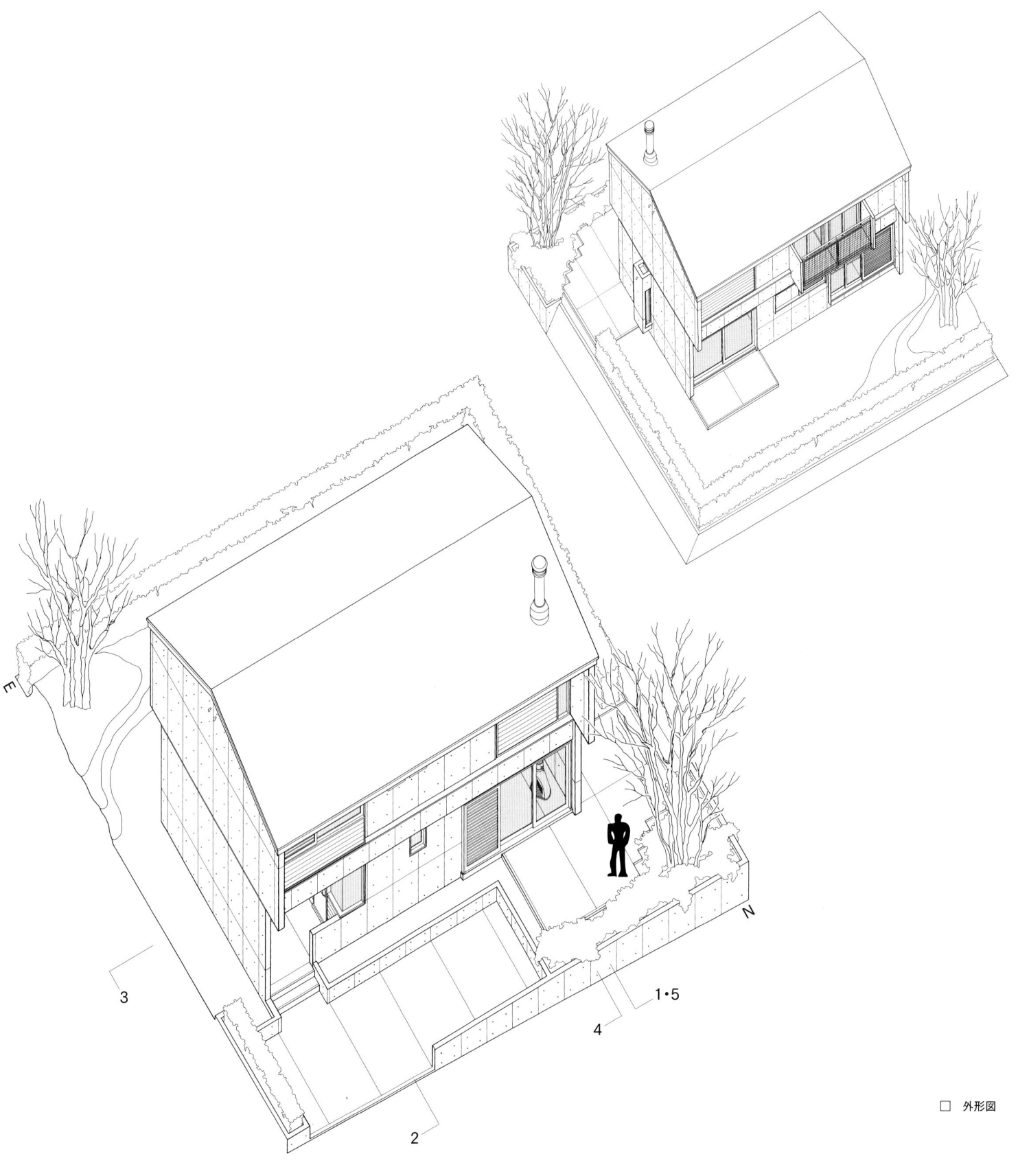

□ 外形図

16	H-NAK		
			1979
RC-2F		251.03m²	
♂♀+♂♂		97.56m²	

抜けのある住居／端部の空間域のターニング機能に加え、外・内・外へと抜けていく南から北への連続性を視覚化する。

立地
鎌倉からの緑が続く丘陵に造成された住居地域の、小さな児童公園の脇から始まる緩やかな坂道を登って行くと、木立が茂る丘の頂き近くに建つこの住居が見えてくる。

配置・外形
・地域協定による敷地の保有距離線に接した、北側東寄りに全域を配置する。
・西の空間域を吹抜けに、中央と東の領域を複層にする。
・北東部の下層を、外部化する。
・西の空間域の南と北に、内部空間と連続するテラスを設ける。
・全域に、螻羽（けらば）を落した切妻屋根を架ける。
・西面に、出窓を付加する。
・東の集域の南面に、バルコニーを取り付ける。

□ 基準切断面

記号	凡例
◁———	光
◀———	視線
⇐———	風

TF	空間域
SC	共用の場
TER	テラス
FPL	暖炉

a　　　＝900mm

□ 切断透視図（1）

・全域の空間は、東西方向の軸となる経路に接合したオープンエンドな空間域を含む、4つの集域で構成されている。
・切妻屋根の形をそのまま現した舟底天井の下にあるダブルハイトの空間は、この住居の西側の端部にあって、上下層を繋ぐノードとして機能している。
・この空間域には暖炉のある共用・家族の場が置かれているが、床の仕組みが示すように、場は垂直方向の動きに対応するとともに、南の庭からテラスを経てレヴェルの異なる内部空間を通り抜けて欅（けやき）の株立ちが植えられた北の庭へと抜けていく外・内・外の水平方向の動きにも対応するスペースとして設定されている。
・共用・家族の場（CH4,620㎜〜5,430㎜）は、ソフトな感触をもつタイルカーペット敷きの場と暖炉前のハードなテクスチュアをもつ舗石ブロック敷きの場によって構成されているが、西側に開けたスリットから延びた造り付けのベンチが、雰囲気の異なる2つの場を区分している。
・将来のリノヴェーションなどに対応するため、構造体であるRC造の架構と椴（しな）合板貼りの張り壁の部位とは、ディテールワークによって明確に分節されている。

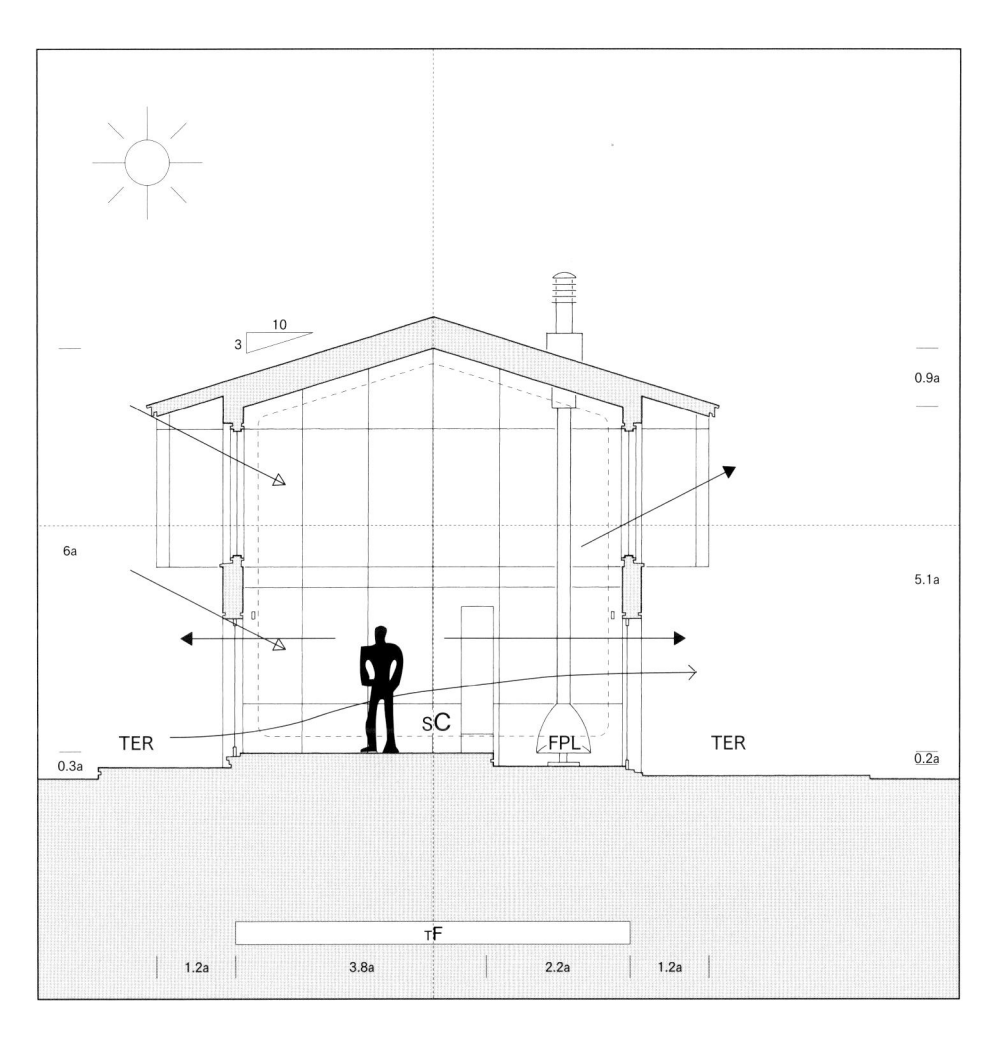

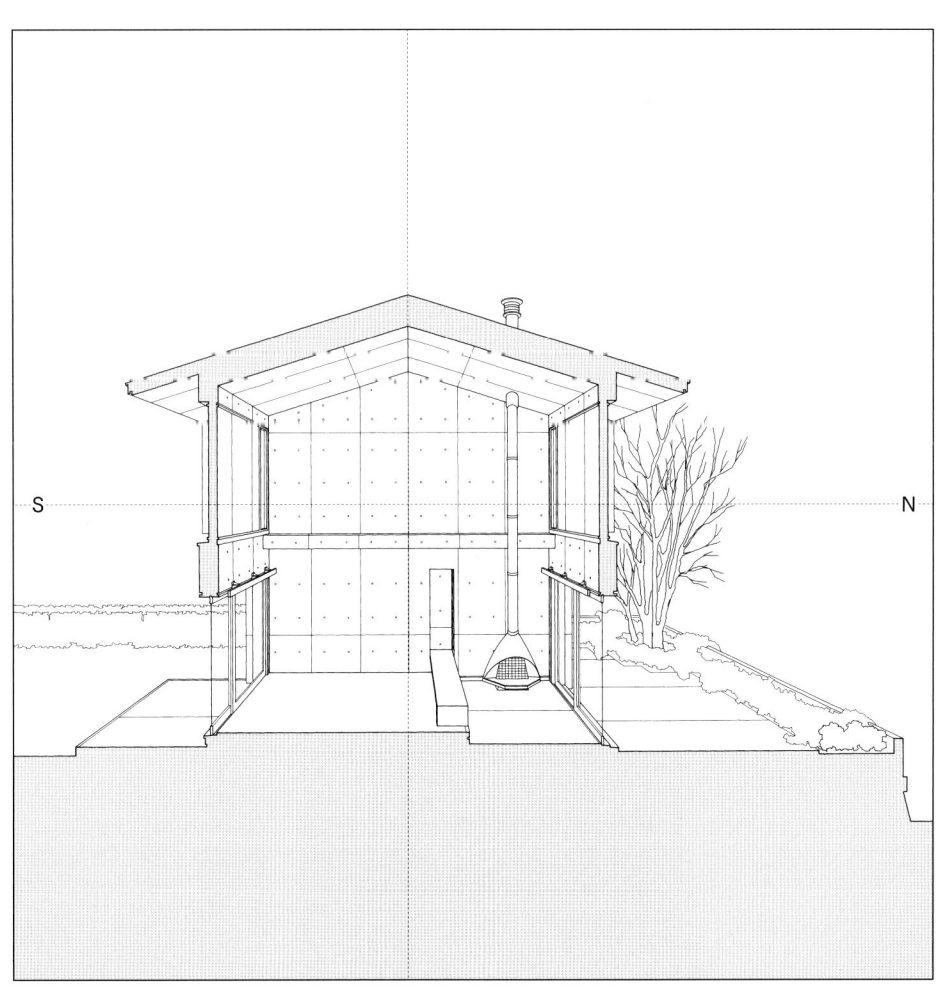

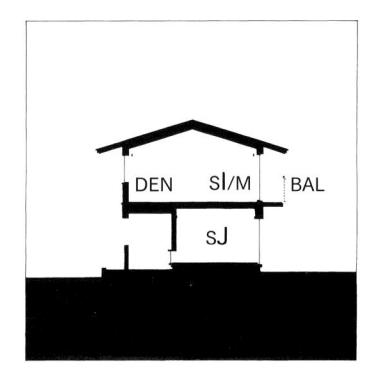

□　切断透視図（2）

・東の集域の北側にある入口まわりは、家型の内に取り込まれたかたちになっている。
・南側にある和式の場（CH2,200㎜）は客間として使われるが、建て込んである障子を開けると、庭から入った風が入口まわりに面した地窓を通って北に抜けていく。
・バルコニーが付いた上層の壮年世代の場（CH2,100㎜～2,910㎜）の間仕切家具によって区分された北側のスペースは、読書・音楽鑑賞など住み手のプライヴェートな生活に対応するスペースとしてしつらえられている。
・ヘッドボードが造り付けてある東側の壁は、原則的にはRC打放し仕上げとなる部位だが、断熱性および機能との関係から、天井と同じ断熱材を充填した楢合板目透し貼りで仕上げている。
・リノヴェーションの可能性に対して、外部建具は枠まわりとともに、すべて取り外しが容易な木製にしてある。

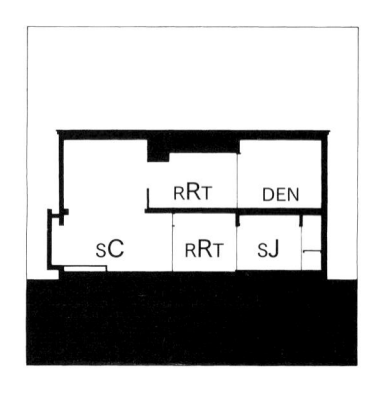

□　切断透視図（3）

・3つの集域の桁行方向は、3,600㎜の単位で均等に区分されている。
・屋根架構の形をそのまま現した両端の空間域に対して、調理の場、供給域、経路などの天井は、フラットな形に納めてある。
・端部のノードとしての機能をもつ空間域の仕組みは、ダブルハイトの吹抜け、架構の形をそのまま現した楢合板目透し貼りの舟底天井、2つのスペースを区切るスリットと複合したベンチ、北の庭に連続する場に置かれた暖炉、壁面に組み込まれた上下層を繋ぐ木造の折返し段路、RC打放しの架構と楢合板目透し貼りで仕上げた張り壁による納まり、などによって示されている。
・北の集域の下層には洗面・排泄の場、上層には洗面・入浴・排泄の場が納められている。

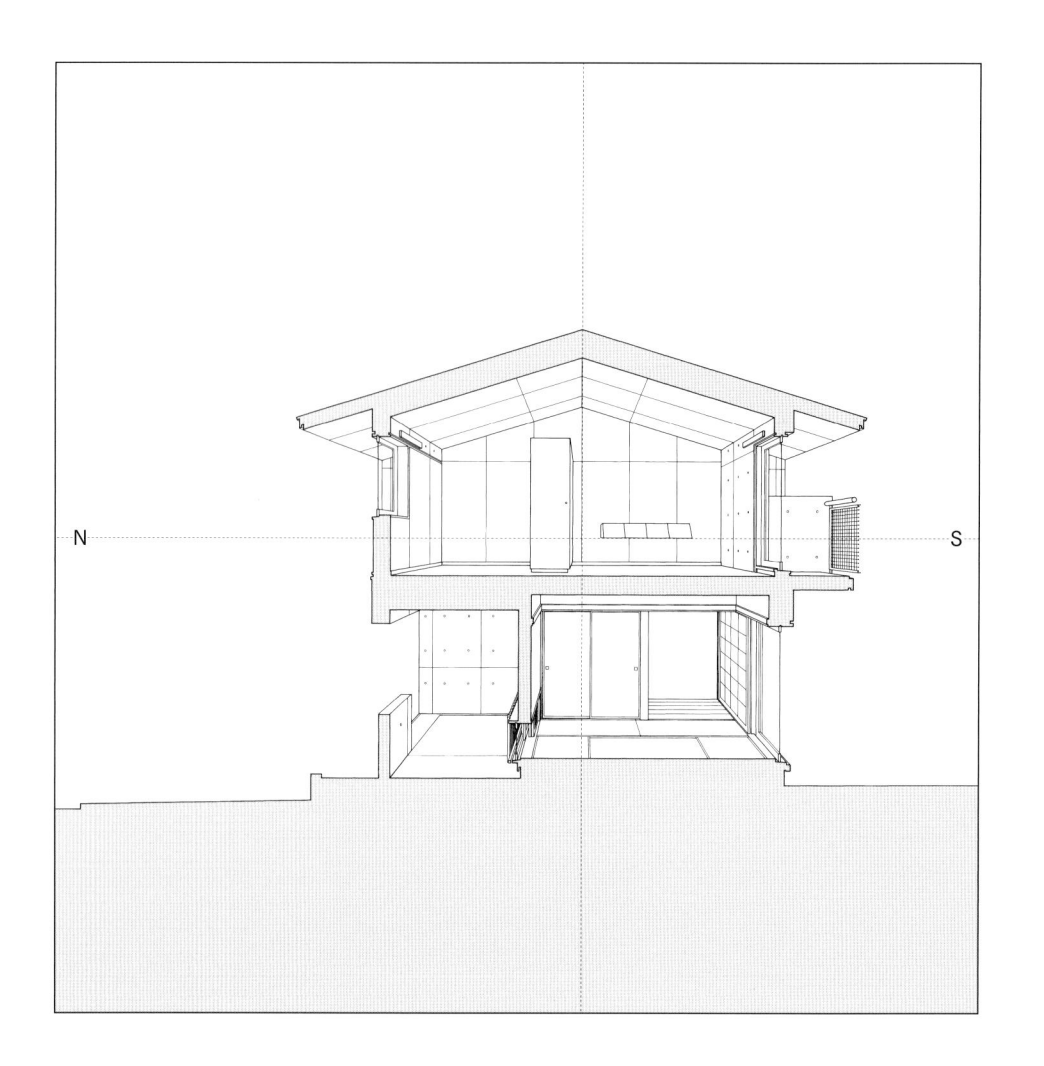

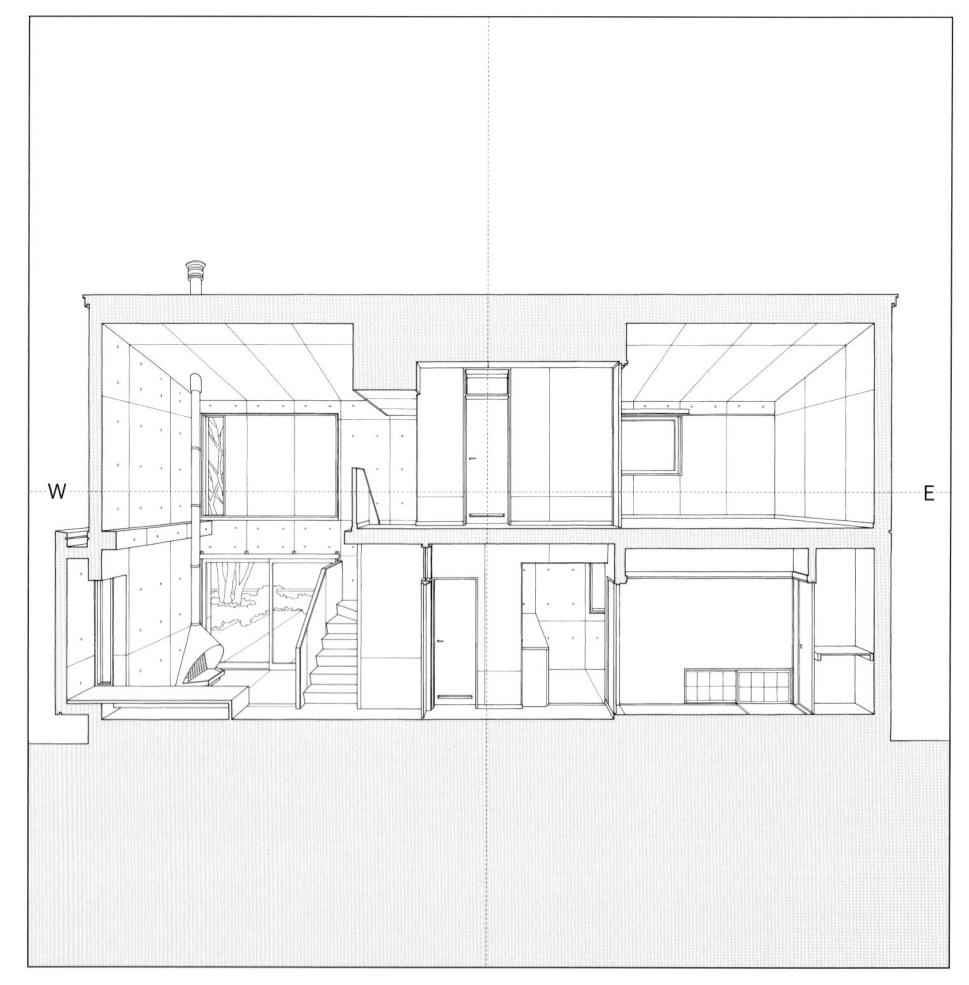

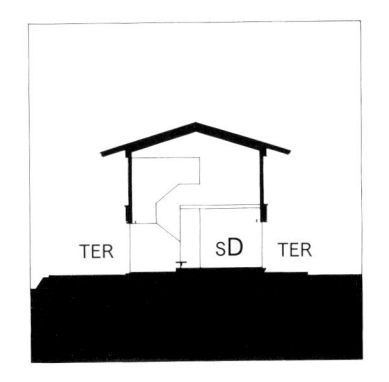

□ 切断透視図（4）

- 西側端部の空間域の東側は、架構の形をそのまま現した楢合板目透し貼りの舟底天井および木造間仕切、小口を現したRC打放しの床スラブ、間仕切の内に組み込まれた上下層を繋ぐ木造の折返し段路、レヴェルの異なるスペースを区分するベンチ、などの部位によって構成されている。
- 食事の場（CH2,320㎜）からリセスして置かれた複合家具で仕切られた奥には、調理の場（CH2,320㎜）が配されている。

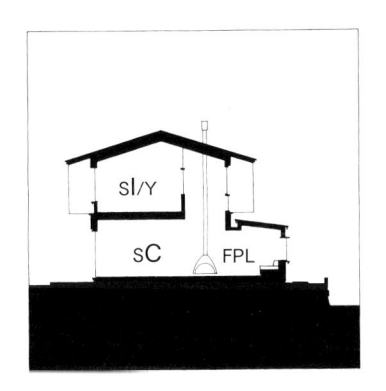

□ 切断透視図（5）

- 竣工後15年を経過した時点で、家族構成の変化に対応するために西の空間域に対するリノヴェーションが行われたが、架構とその他の部位との分節した納まりによって、工事はスムーズに行われた。
- 吹抜けの内にしつらえられた木造の若年世代の場、フラットな床に切り換えられた共用・家族の場、北庭の一部に増築された造り付けのベンチがあるアルコーヴのようなスペースなどに、その結果を見ることができる。

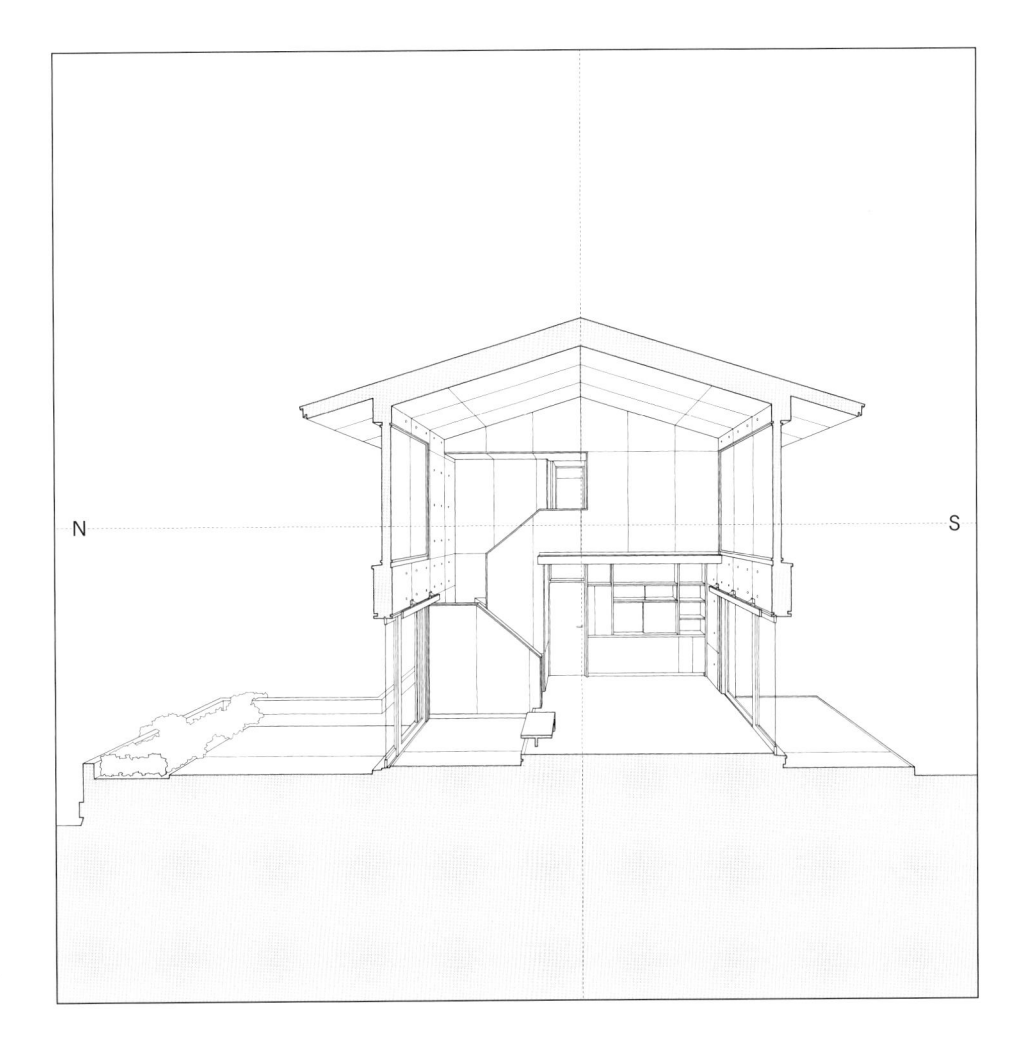

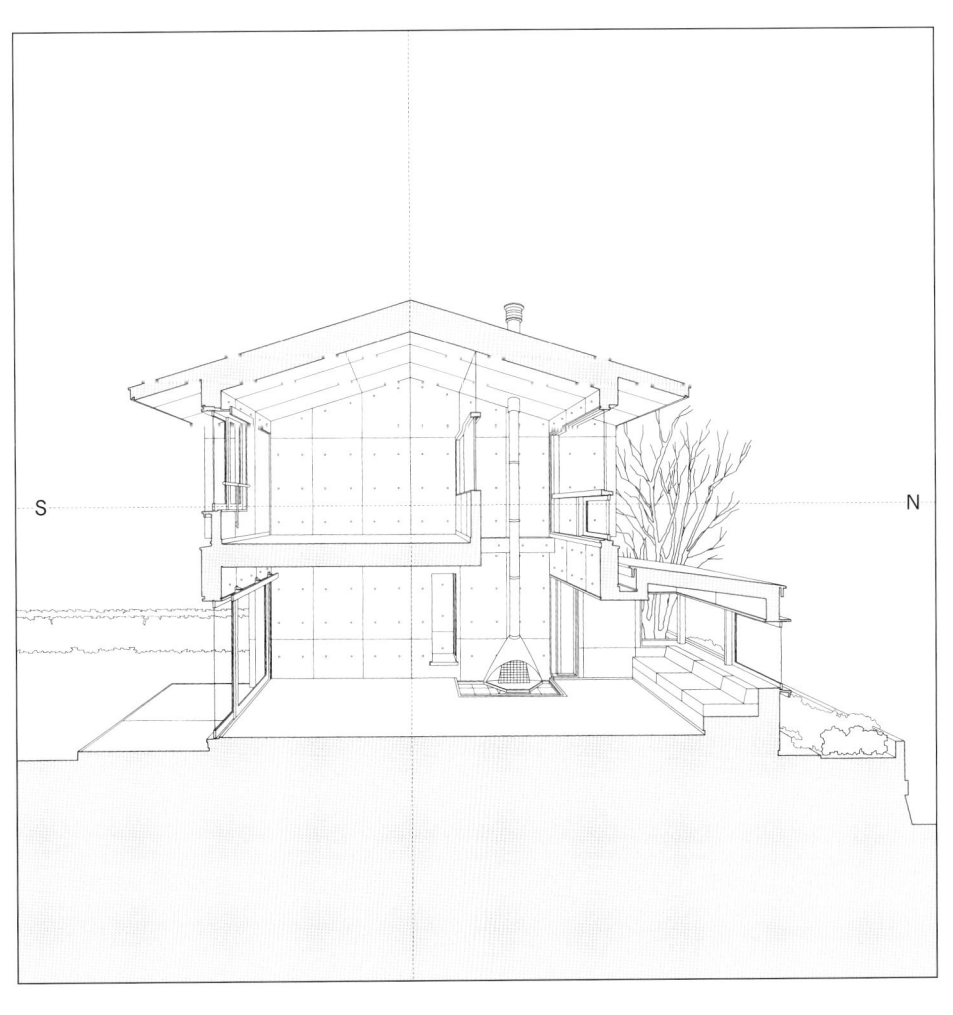

□ 外形図

17	H-YAM
	1996
RC+S-B1F, 3F	71.20m²
♀+♂♀	154.37m²

全方位からの規制に対処した住居／狭小敷地や法規制などの制約条件と各集域がもつ必要条件との関係を、積層の仕組みと架構によって調整する

立地
都心に近いかつての閑静な住居地域も、現在では表通りにはアパレル関連の店が立ち並び、後背地にはデザインオフィスなどが入る雑居ビルが建つ環境に変わりつつある。新興の区域を抜けて、まだ古い住居が残っている北下がりの路地を行くと、突当りの角地に建つこの住居が見えてくる。

配置・外形
・南西の隅切り角に接する敷地の東側に、全域を配置する。
・全域を、地下層と3層+ロフトで構成する。
・西北の集域の地上層と最上層を、外部化する。
・最上層に、急勾配の切妻屋根を架ける。
・外部化した西北の集域の地上層に、地下層のための複合装置（採光窓+換気窓）を付加する。
・切妻屋根の北側に、複合装置（天窓+換気窓）を取り付ける。
・西北の集域の屋上を、ルーフガーデンにする。

□ 基準切断面

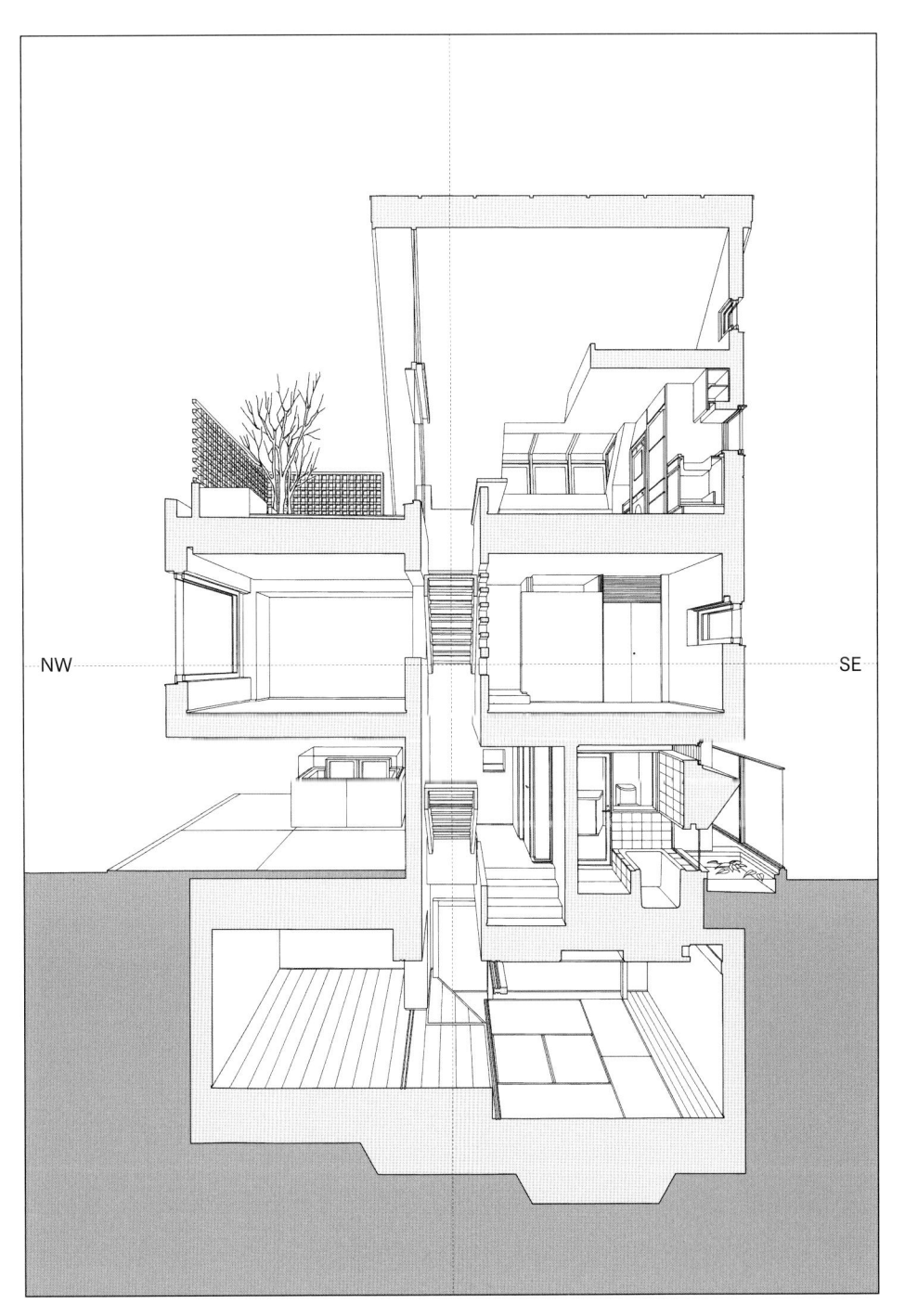

記号	意味
⇐	光
←	視線
⇐	風
⇐⇐	換気

記号	意味
TZES	東南の集域
TZWN	西北の集域
sCD	共用・食事の場
sK	調理の場
sF	家族の場
sI/Y	若年世代の場
sJ	和式の場
sS/B	入浴
RST	段路
STD	スタジオ
RGD	ルーフガーデン
DV/S+V	複合装置（天窓＋換気窓）

a ＝900mm

□ 切断透視図（1）

- 全域の空間は、中央を貫通する段路で分節した2つの集域を単位として積層した、地下層を含む4層によって構成されている。
- 約71㎡の敷地は、方位が南西に45度振れ、形態規制として南・西側からの道路斜線および北側斜線制限がかかる。
- 地下層：東南の集域に置かれた和式の場は、就寝のスペースとして使われる。西北の集域は、音楽鑑賞、稽古ごと、友人たちとの集いなど、多目的なスペースとして利用される。
- 1層：東南の集域には、外部に小さな泉水が付いた入浴と洗面・排泄設備が配されている。大理石貼りの段床に続く段路が、上層に向かって上がっていく。3,550mm張り出した2層部分の下にある駐車スペースには、地下層のための複合装置（天窓＋換気窓）が立ち上がっている。
- 2層：キャンティレヴァーで張り出した西北の集域は、道路に面して大きな開口をもつ若年世代の場になっている。東南の集域は、西北の集域を補う多目的なスペースとして使われる。中央には、3層に続く段路が架けられている。
- 3層：急勾配の切妻屋根の下にある共用・食事・調理の場（CH1,206〜4,125mm）の上部には、ロフトが設けてある。西北の外部は、泉水と植栽で構成されたタイル貼りのルーフガーデンになっている。

□ 切断透視図（2）

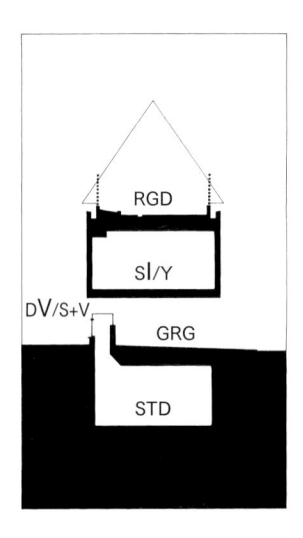

西北の集域

- 地下層：床が檜（ひのき）フローリング貼りのスペース（CH2,450㎜）は、コミューナルな場として多目的に使われる。
- 1層：キャンティレヴァーの下にある駐車スペースの北側には、地下層のシャフトに連続した複合装置（天窓＋換気窓）が立ち上がっている。
- 2層：段路と腰付き壁で区切られた若年世代の場（CH2,050、2,298㎜）は、東南の集域と一体になって使用される。
- 3層：木製の格子で囲われた床がタイル貼りのルーフガーデンは、泉水と流水路および山法師の植栽とで構成され、天気のよい季節にはアウタールームとして、屋内と一体にして利用される。

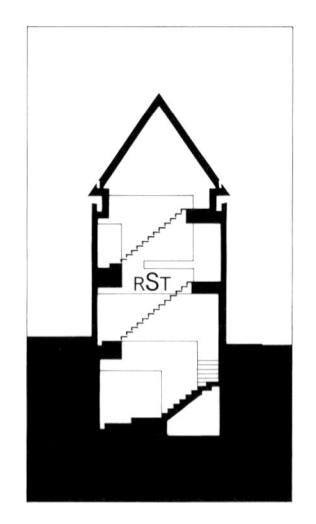

□ 切断透視図（3）

東南の集域

- 地下層：大理石貼りの段路が、1層部ホールから下りてくる。和式の場と段路とは、フレームに建て込まれた引込み障子によってセパレートすることができる。
- 1層：上層に上がる樺桜（かばざくら）の集成材で構成した段路は、透過性のある納まりにするために、踏込み板の下にスリットが切ってある。南側に付属している入口の鋼板製の庇上には、明り取りが付いている。
- 2層：3層に上がる段路と東南の集域とは、格子状のスタッコ壁で区切られている。
- 3層：段路側の壁には、マホガニー材のベンチが取り付けてある。急勾配の天井下に設けたロフトは、移動式のタラップで利用される。

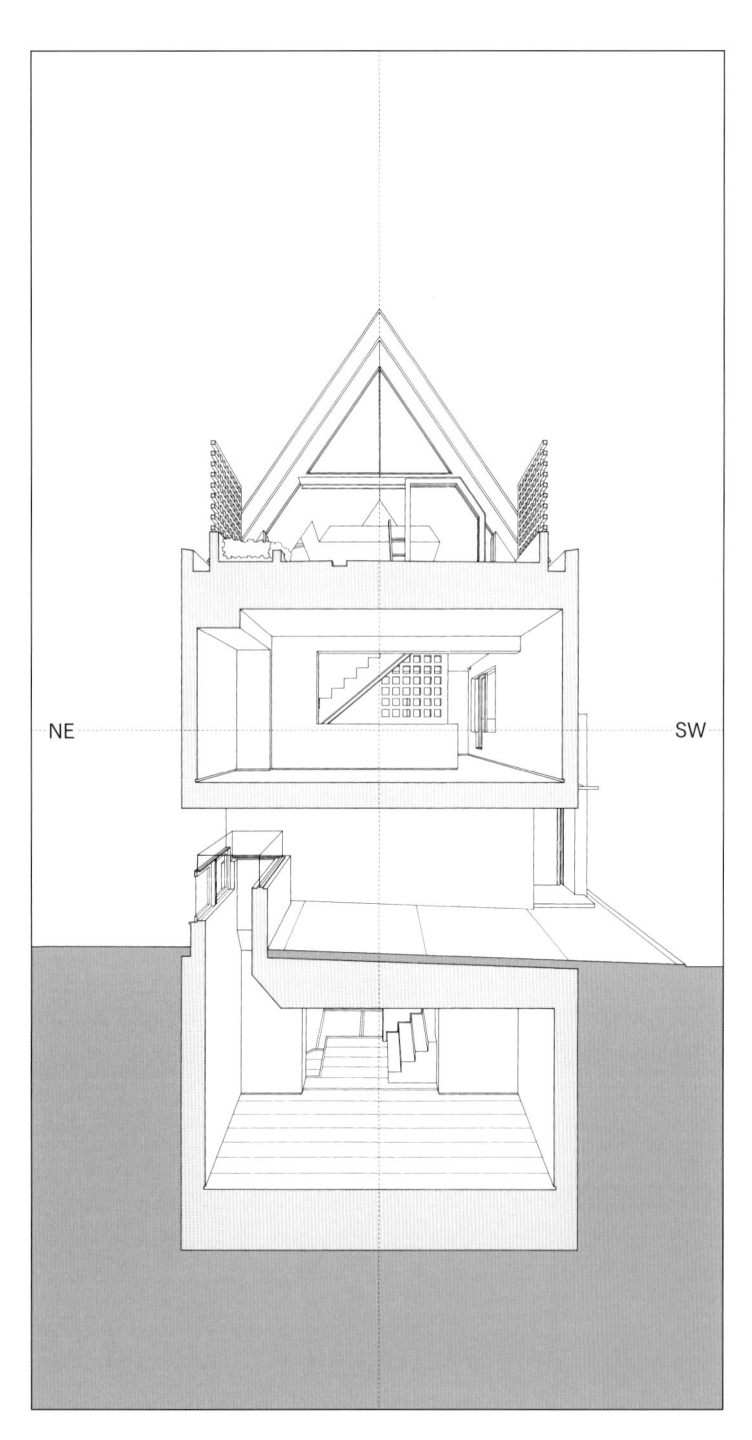

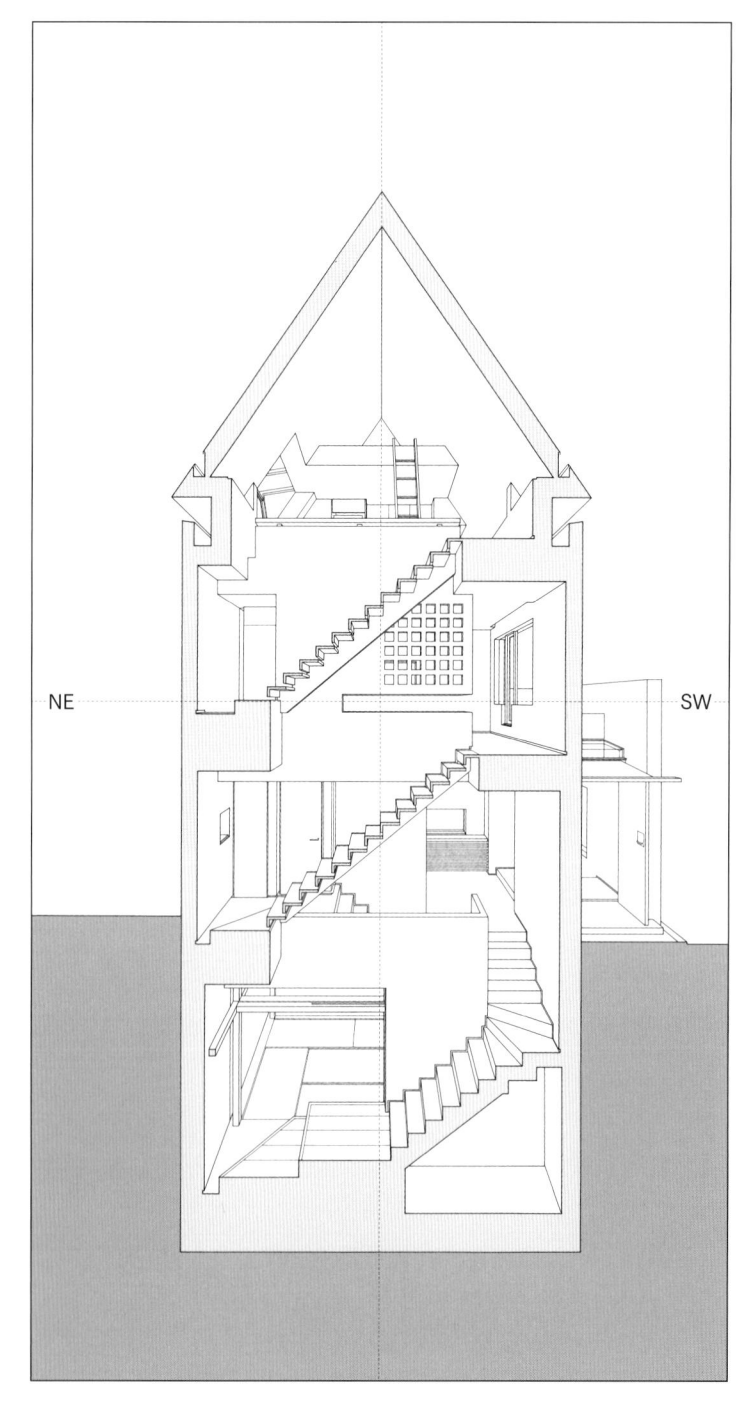

切断透視図（4）

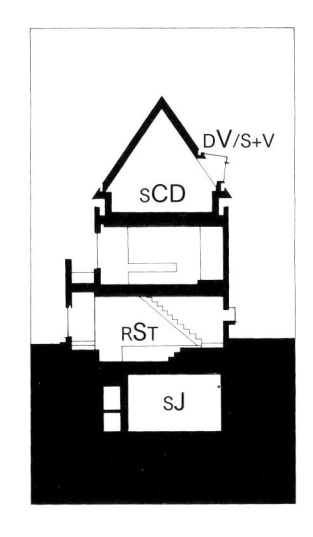

東南の集域

- 地下層：障子を建て込んだフレームが鉤（かぎ）の手に回されている和式の場（CH1,800〜2,260mm）は、おもに就寝を目的としているが、コミューナルな集いの際には、西北の集域と一体にして利用される。
- 1層：入口から下がったレヴェルは、床が大理石貼りのホール（CH2,540、2,050、1,940mm）になっている。地下層に下りる段路と上層に上がる段路が、ノードとしてのホールから枝分かれしていく。北側には、夜になると照明によって宝石のように輝く、フレームレスガラスで構成した小さな出窓が付いている。
- 2層：若年世代の場（CH2,298、2,050mm）の外部には、入口の上部を利用したバルコニーが設けてある。

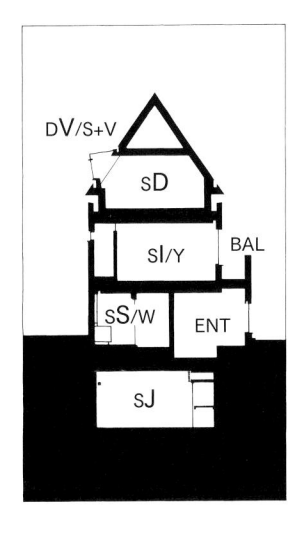

切断透視図（5）

東南の集域

- 地下層：和式の場の東と南側には、地板とフレームによる床の間が鉤の手に回してある。押入の上部には空調機が収められている。
- 1層：ホールは入口から下がったレヴェルにあり、東側の飾り棚の下には空調機が収めてある。透明ガラスの間仕切でセパレートされた入浴（CH2,160mm）と洗面・排泄設備（CH2,060mm）のスペースは、視覚的に一体化されている。入浴の場の外にある泉水に湛えられたコバルトブルーの水は、夜になると、照明によってエメラルドグリーン色に輝く。
- 2層：急勾配の屋根の北側には、変形の複合装置（天窓＋換気窓）が取り付けてある。

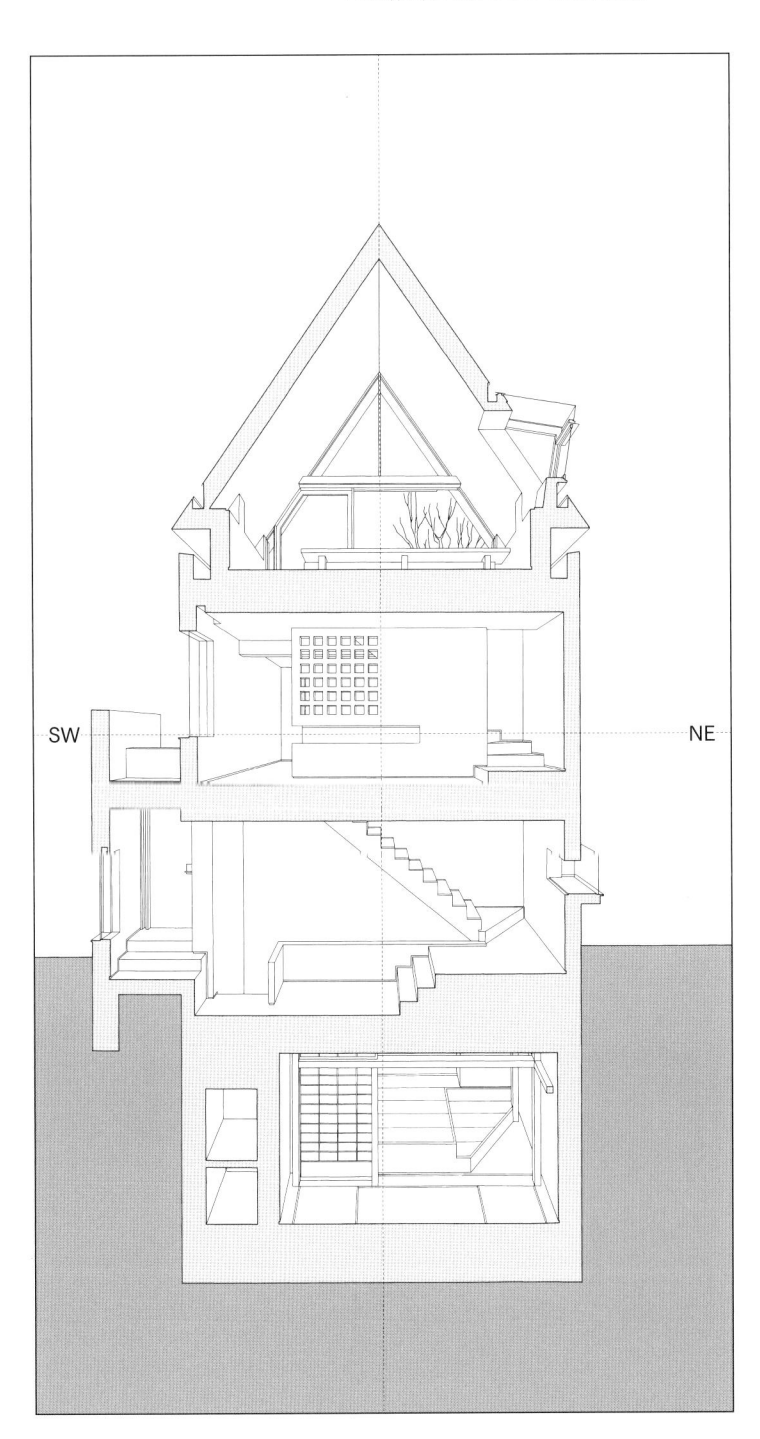

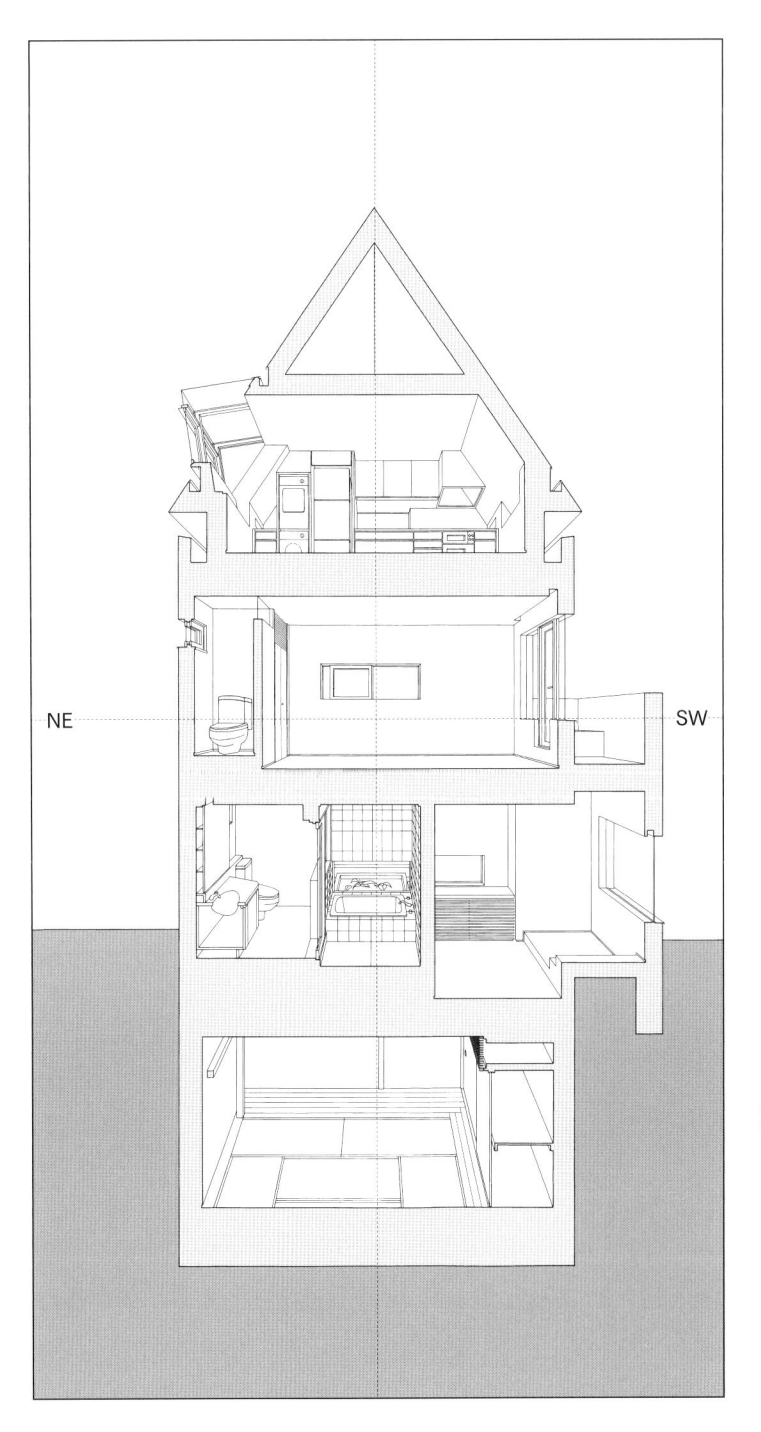

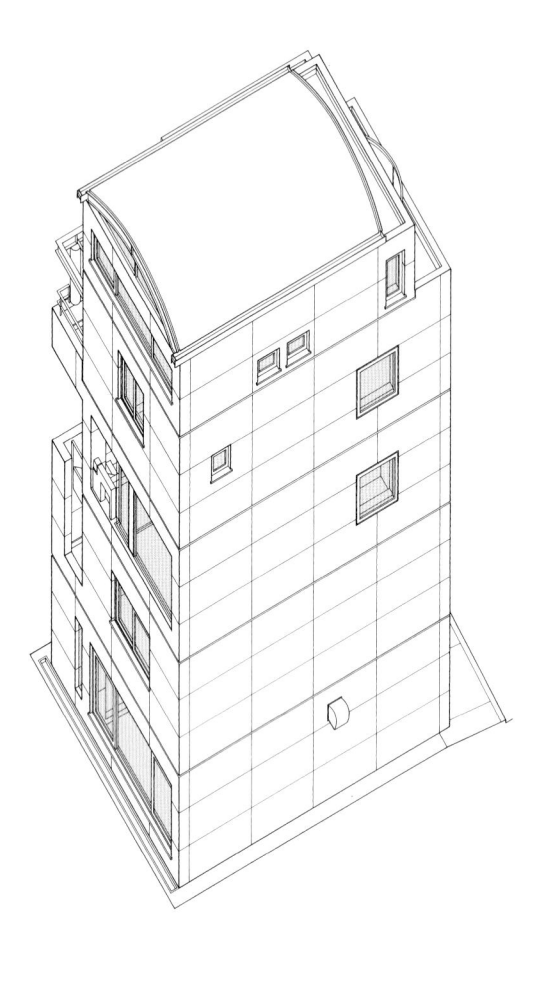

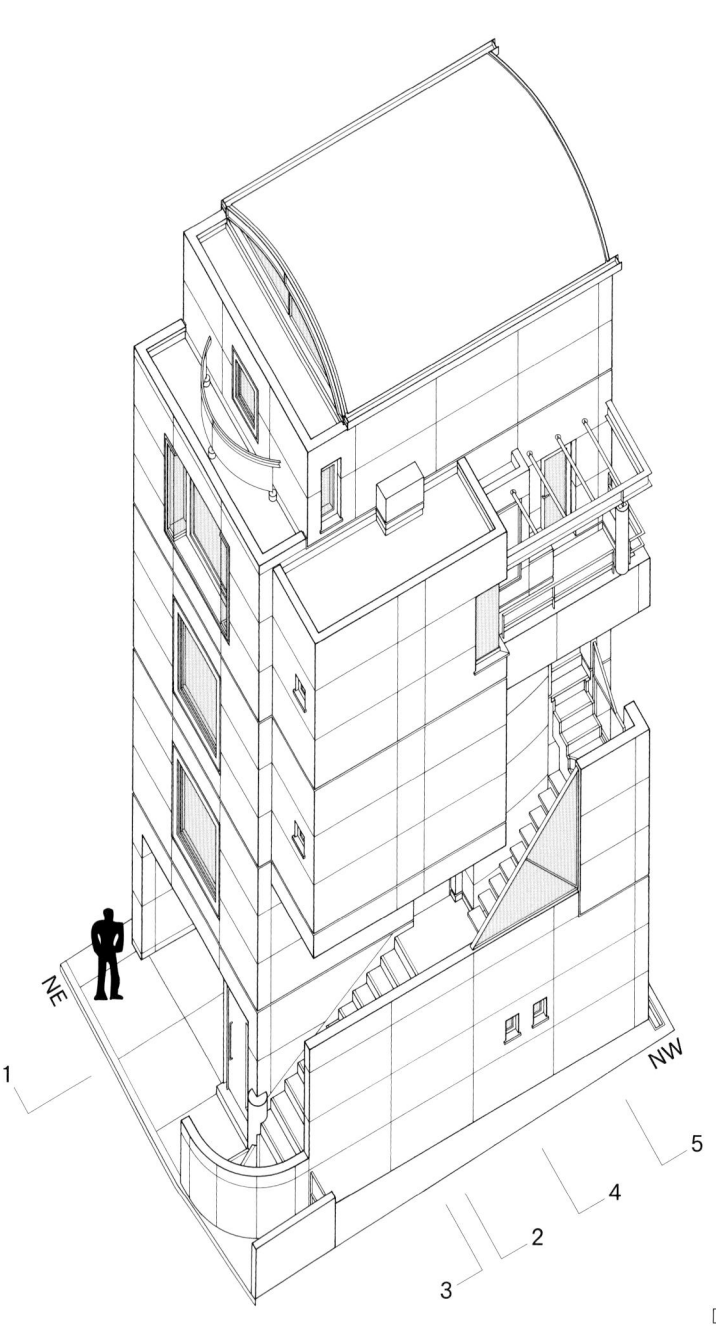

□ 外形図

| 18 | H-NAG | 駅前商店街に建つ住居／狭小敷地と必要床面積とのシヴィアな関係を、積層の仕組みによって調整する。 |

1991

RC-5F　　　　69.45m²
♂♀+♀♀　　200.91m²

立地
都心と郊外を結ぶ私鉄の中間にある駅周辺は、北に大規模な大学のキャンパスを控え、南側には線路沿いに小さな店が軒を連ねる駅前商店街が続いている。商店街を東に向かってしばらく行くと、狭い通りに面して建つこの住居が見えてくる。

配置・外形
・敷地の中央に、全域を配置する。
・全域を5層で構成する。
・北の集域の地上層を、外部化する。
・セットバックしたスペースに、ヴォールト屋根を架ける。
・西面に、段路と供給域（洗面＋入浴＋排泄）とルーフテラスを付加する。

□ 基準切断面

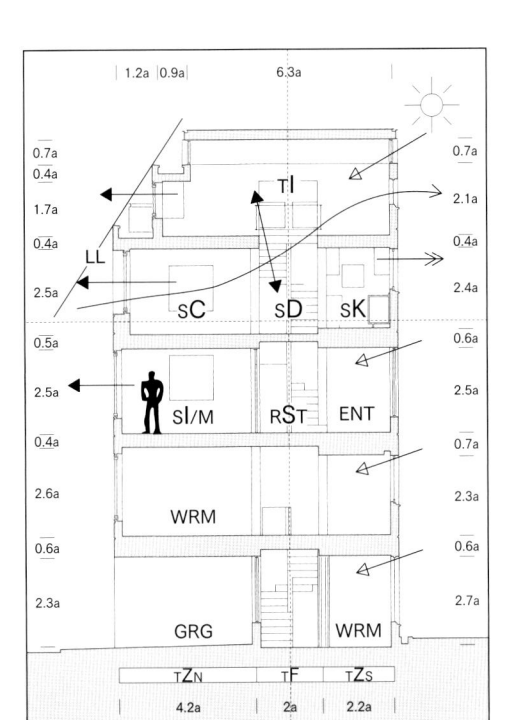

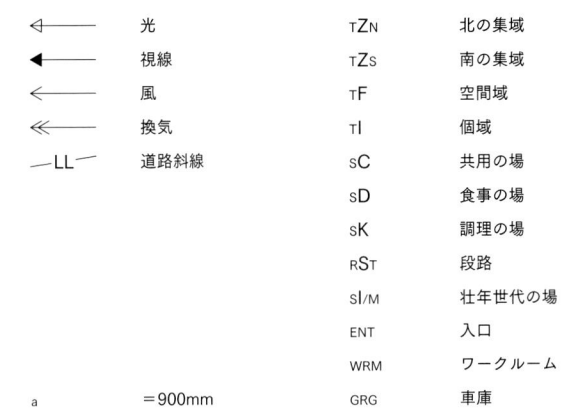

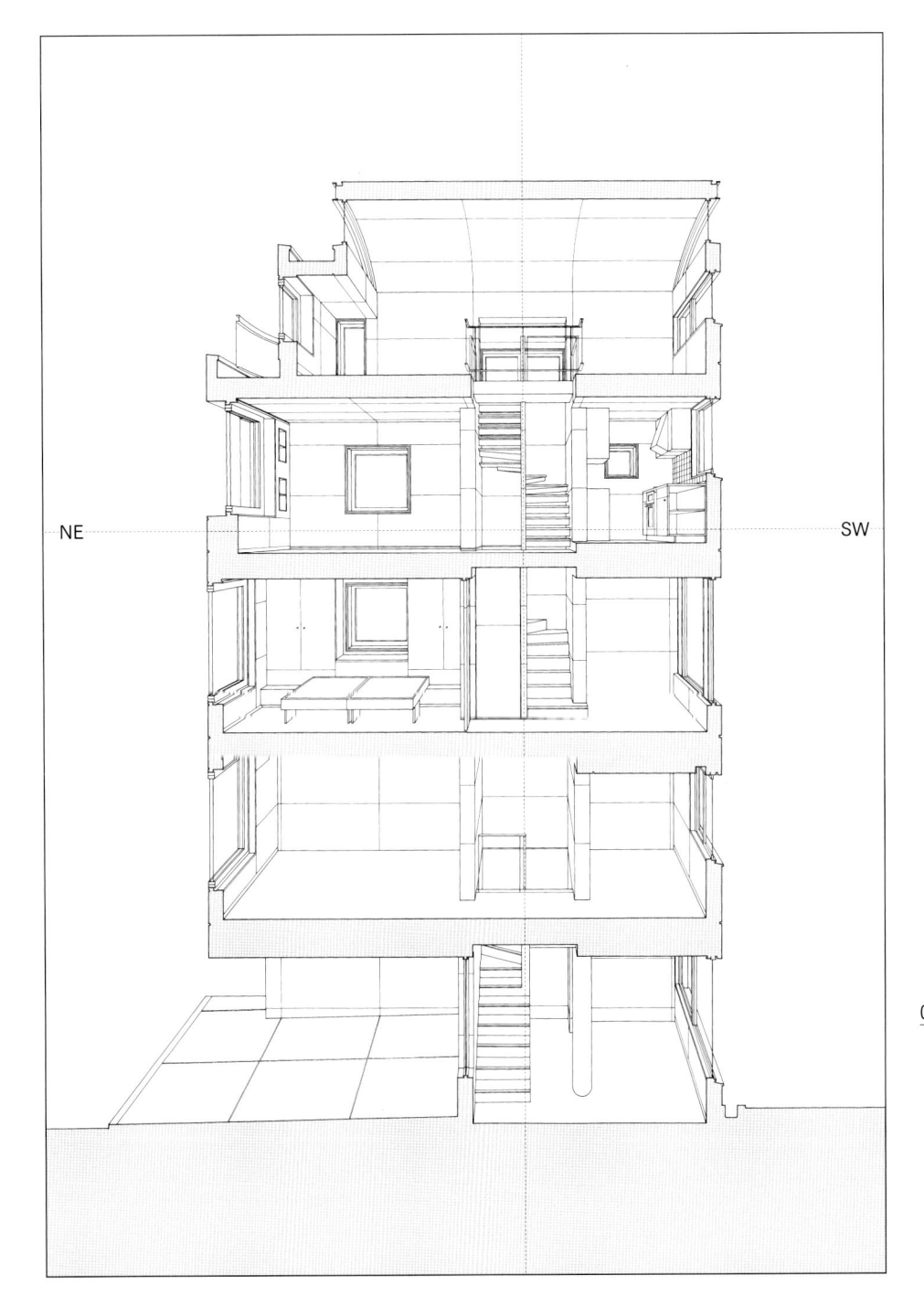

⇐	光	TZN	北の集域
◂	視線	TZS	南の集域
←	風	TF	空間域
⇐	換気	TI	個域
—LL—	道路斜線	SC	共用の場
		SD	食事の場
		SK	調理の場
		RST	段路
		SI/M	壮年世代の場
		ENT	入口
		WRM	ワークルーム
a	=900mm	GRG	車庫

□ 切断透視図（1）

- 駅前商店街の雑踏の中に、最上層をセットバックした空間体が建ち上がっている。
- 1・2層を住み手のワークルームとして使い、上の3層が住まいになっているこの併用住居は、中央に組み込んだ折返し段路の南と北に配置した2つの集域を単位として積層した、5層の集合域によって構成されている。
- 各集域には、広さの関係から単一の機能が与えられ、5層を貫く段路が集合域を水平・垂直方向に繋いでいる。
- 内部空間の仕上げは、壁・天井共にRC打放しを基本にしているが、水平・垂直に連続する仕組みがそのテクスチュアを生かしながら空間に拡がりを与える。
- 外壁に取り付けてある建具は、北の集域ではブラインドを内蔵したスクエアな複合開閉式のエアタイトサッシ、南の集域では形鋼のフラットバーで構成したサッシになっている。
- 段路は、下層ではRC造だが、上層の住居部分では昇り降りする際に人に与えるリアクションや複雑な型枠作業を省くための施工性、荷重条件の軽減、透過性のある納まりなどを得るために、下地・仕上げ共に木造にしてある。

☐ 切断透視図（2）

北の集域

- 1層では、街とワークルーム（CH2,400㎜〜2,560㎜）を直接結ぶ経路がガラススクリーンで仕切られ、車庫の西側を通っている。
- 2層は、ワークルーム（CH2,350㎜）に充てられている。上層の住居へ向かう経路の途中に、2層への入口が設けてある。
- 3層は壮年世代の場（CH2,220㎜）で、西側にキャンティレヴァーで張り出した部分には、排泄・シャワー設備（CH2,000〜2,100㎜）が収めてある。
- 4層には共用の場が置かれ、付属した西側部分には生理の場（洗面・入浴・排泄設備、CH2,100㎜）が、コンパクトに収められている。
- 5層の若年世代の場は、北側の道路斜線によって高さが抑えられているため、セットバックした部分から南にヴォールト屋根が架けられている。

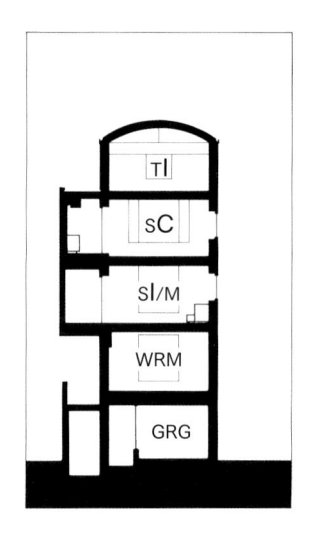

☐ 切断透視図（3）

北の集域

- 1層の入口からの経路は、南の集域にあるワークルームの前で、1段レヴェルを下げてある。
- 2層のワークルームには、街に面してブラインドを内蔵した、大きなスクエアの複合サッシが付いている。
- 3層の壮年世代の場に造り付けた、スライドするベッドとヘッドボードは、壁仕上げと同じ楢（なら）材で造られている。東側の腰付き窓から、朝の光が入ってくる。
- 4層の共用の場の北壁に開けたスクエアな窓からは、線路の反対側にある広いキャンパスの緑が眺められる。開口に合わせたスクエアな棚が壁に穿たれている。
- 5層にある若年世代の場の開口からは、北にあるルーフテラスの緑が見える。ヴォールト天井の欄間から、柔らかい北の光が入ってくる。

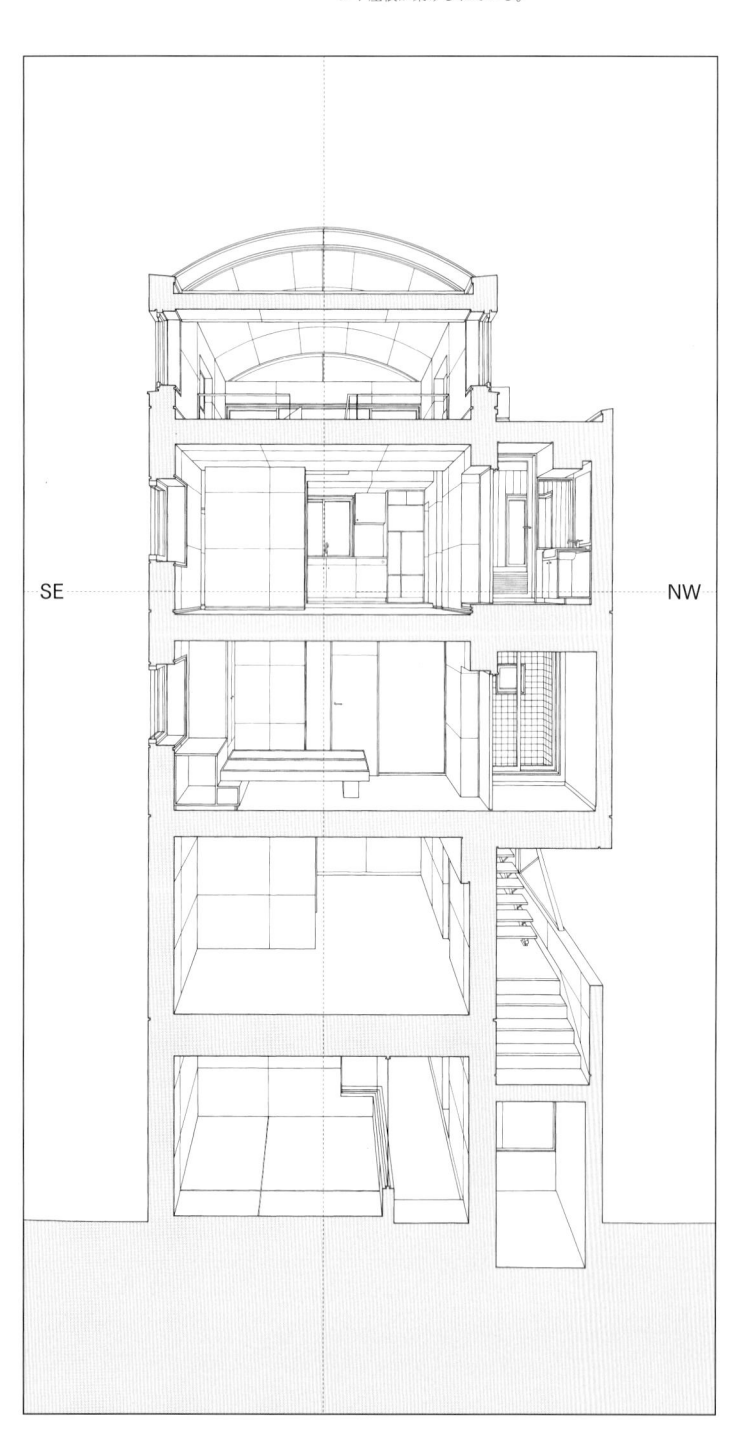

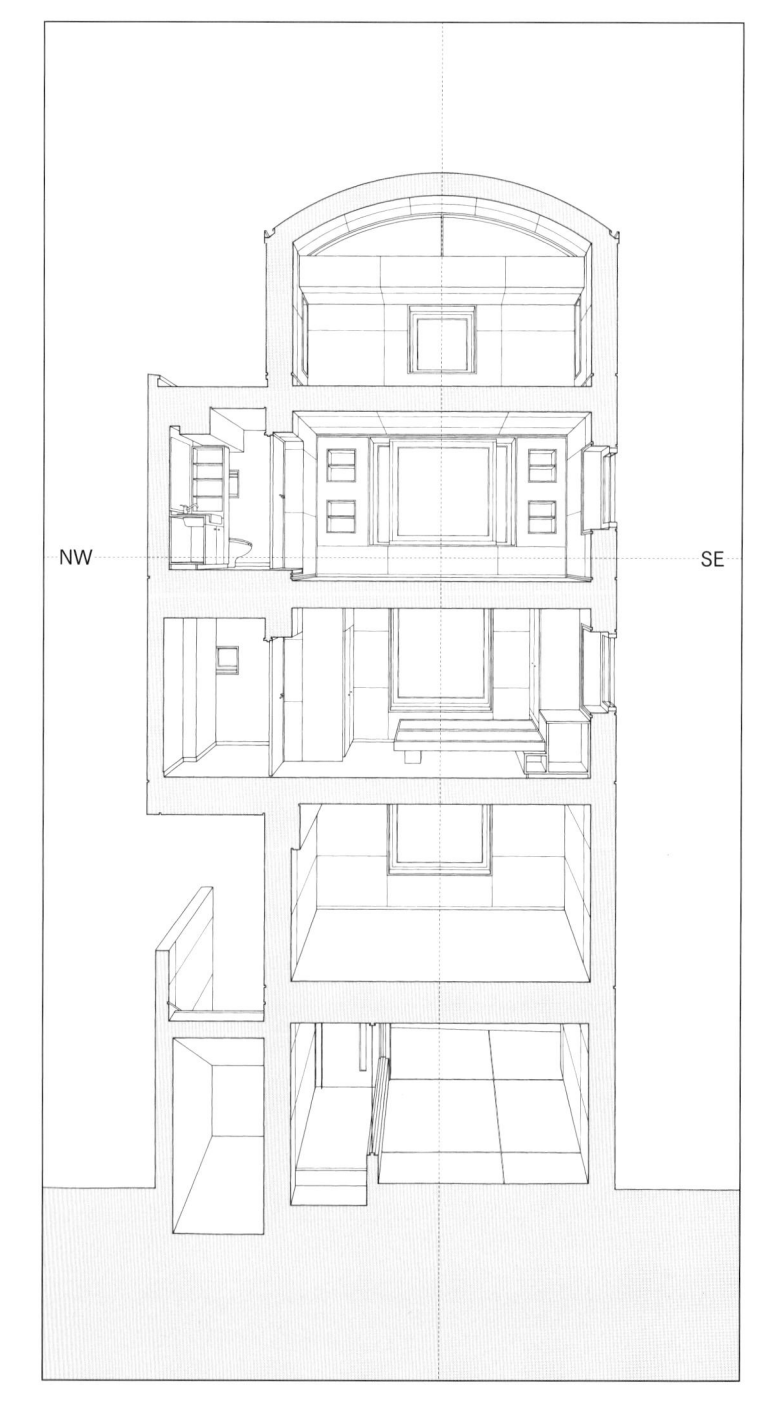

切断透視図（4）

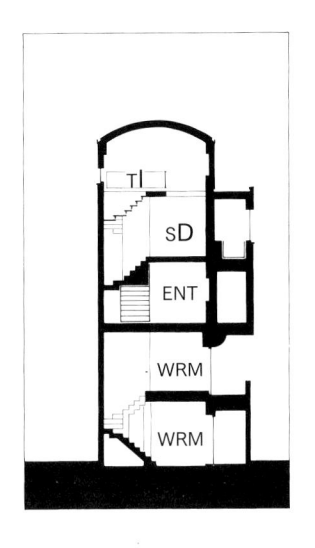

間域

- 1層の東側には、ワークルームの上下層を連絡するRC造の段路が設置されている。西側の付属する部分は、湯沸しのスペースになっている。
- 2層の上下層を繋ぐ段路は、スペースを有効に利用するため、踊場のない折返し段路にしてある。西側外部の住居に向かう経路は、この層から鉄骨の段路に切り換えられている。
- 3層は住居の入口（CH2,370㎜）で、段路下にはスライド式下足棚が造り付けてある。
- 4層の集域のあいだに立ち上がっている吹抜けの下は、食事の場（CH4,480～5,115㎜）になっている。
- 5層の段路を上がったところに架かる架路が、北と南の集域を繋いでいる。吹抜けを介して、食事・共用の場と個の場とが立体的に一体化されている。

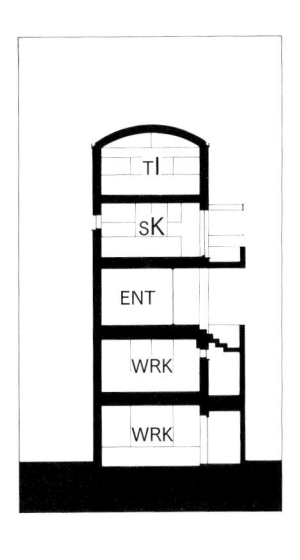

切断透視図（5）

南の集域

- 1層のワークルームの付属部分には、洗面・排泄設備（CH2,040㎜）が収めてある。
- 3層の西側の導入路は、鉄骨造の段路からRC造の段路に切り換えられて、住居の入口に続いている。ゲストコーナーは、来客が下足のまま入れるように、床は大理石貼りにしてある。
- 4層の南に設けたサニーな調理の場からは、商店街とは対照的な住居地の風景が見える。西側の張り出した部分は、鉄骨のパーゴラを架けた屋外の家事の場と屋外機置場になっている。

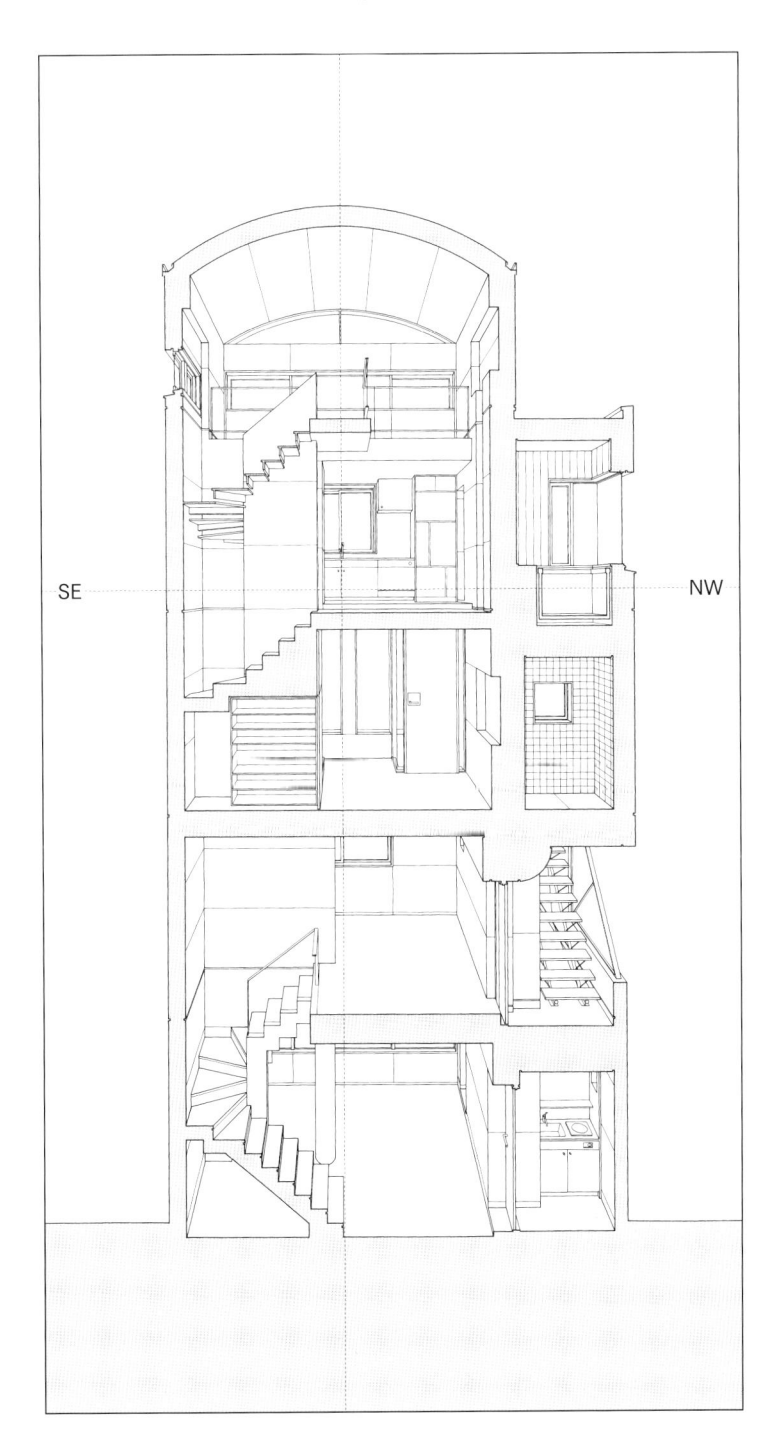

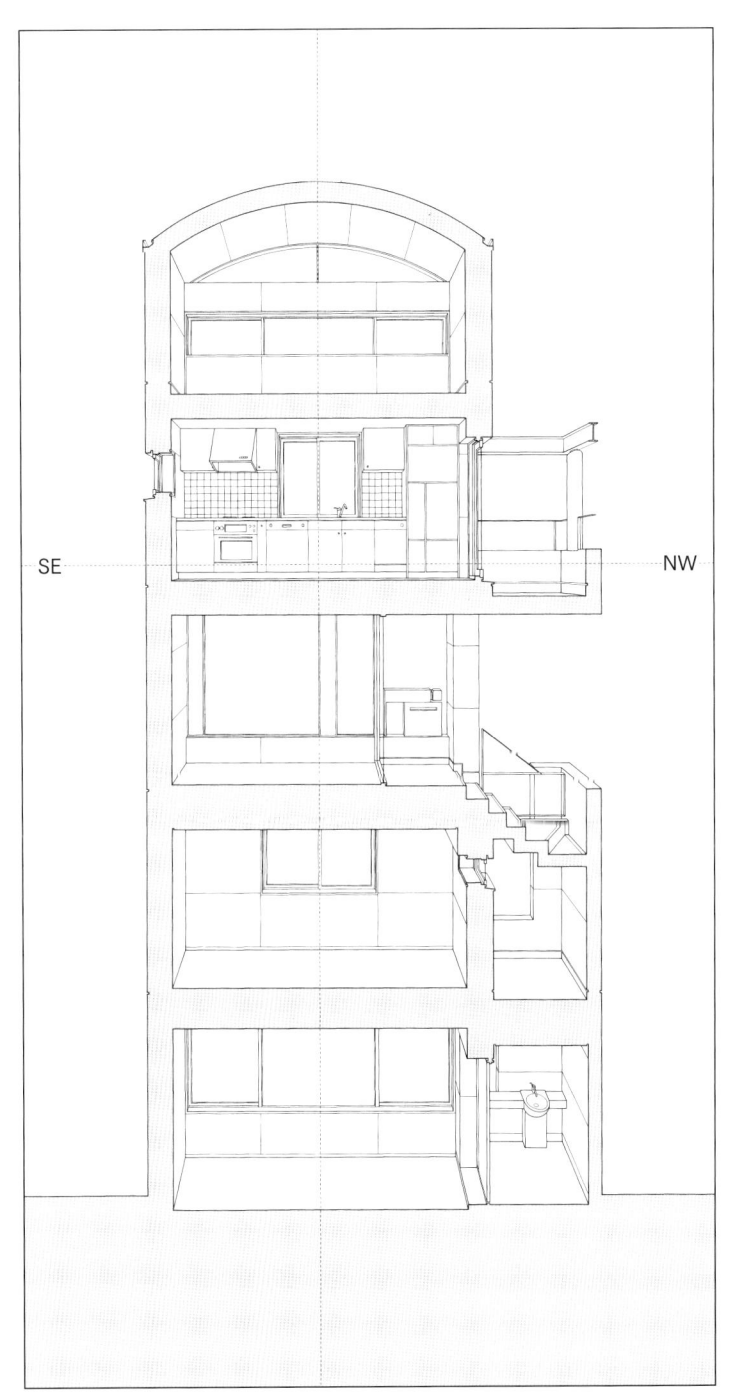

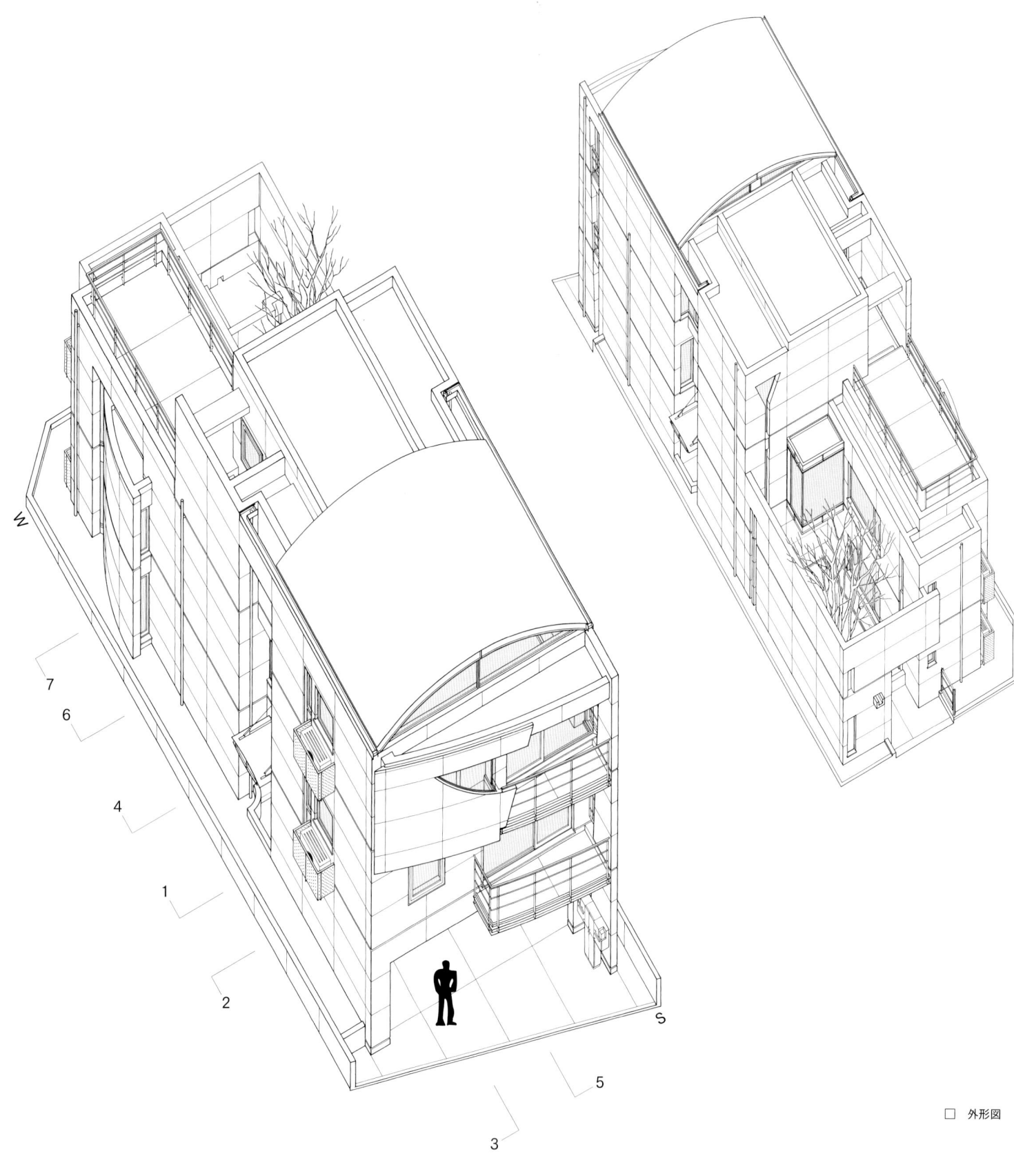

□ 外形図

| 19 | D-KOM | 相乗した複合住居／導入路が制約されている奥行ある敷地に対して、相乗の仕組みによって2戸の住居を併置させる。 |

1992

RC-3F　179.06m²
♂/♂♀　255.20m²

立地
多摩川に近い総合スポーツ施設の中を通り抜けると、古くからの住居地域に出る。かつては戸建住居が建っていたこの地域も、現在では中層の集合住居や木賃アパートが混在する環境に変わりつつある。両側に櫻並木が続く通りを行くと、道の南側に建つこの複合住居が見えてくる。

配置・外形
・奥行のある敷地の南北軸に沿って、全域を配置する。
・南と中間の集域を3層、北の集域を複層にする。
・南の集域の地上層を、外部化する。
・北の集域の東側を、外郭を残して外部化する。
・南の集域の南面に、バルコニーを取り付ける。
・北の集域の西面に、曲面のアルコーヴを挿入する。
・北の集域の屋上を、ルーフテラスにする。

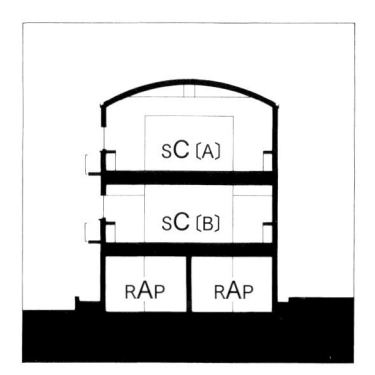

□ 切断透視図（1）

南の集域
・1層：壁で区切った駐車スペース（CH2,200㎜）は、住戸（A・B）への導入路をも兼ねている。
・2層：住戸（B）の共有・食事の場（CH2,300㎜）になっている。中央RC打放しの曲面壁の奥には、調理の場が置かれている。
・3層：ヴォールト天井に覆われたスペースは、住戸（A）の共用・食事の場（CH2,500〜3,400㎜、R6,785㎜）になっている。エッジにアルミパネルが付いた曲面壁の奥は、調理の場になっている。
・調理の場（CH2,300㎜）は、段路との関係で中央に配置されているため、欄間からの光が入るように南の集域とのあいだにある曲面壁を内法の高さに抑えてある。

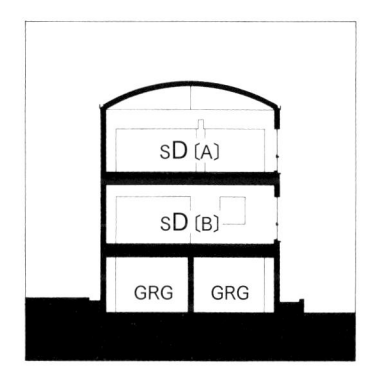

□ 切断透視図（2）

南の集域
・1層：南側前面道路からの導入路と駐車スペースは、中央の壁でセパレートされている。
・2層：フラットな天井の下にある住戸（B）の共用・食事の場の南側には、バルコニーが取り付けてある。壁に開けたスクエアな開口からは、通りの桜並木が眺められる。
・3層：ヴォールト天井の下にある住戸（A）の共用・食事の場からは、半月形の欄間を通して南に拡がる空が見える。バルコニーへ出る開口の東側にある丸柱で分節されたスペースは、半月形の開口が付いた曲面壁で囲われたアルコーヴになっている。

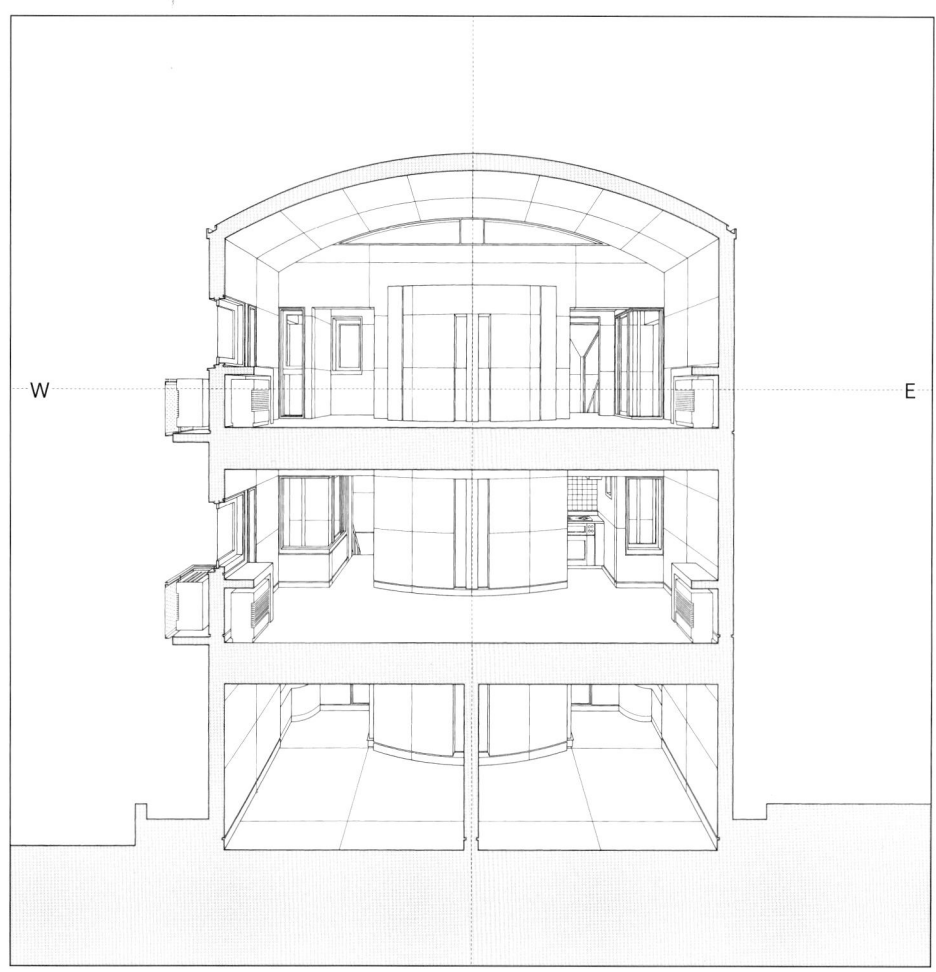

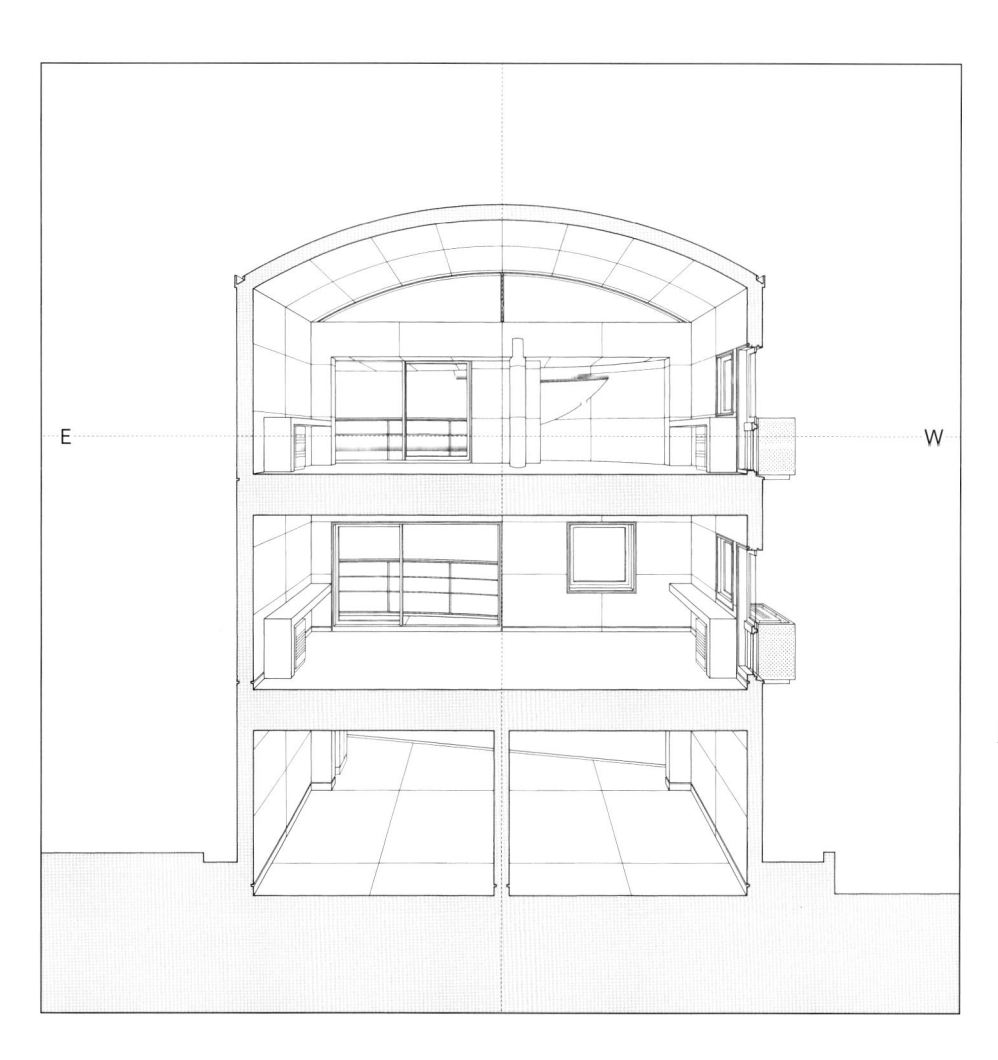

◻ 基準切断面	
⟵	光
⬅	視線
⟵	風
⇐	換気
⇒	空調

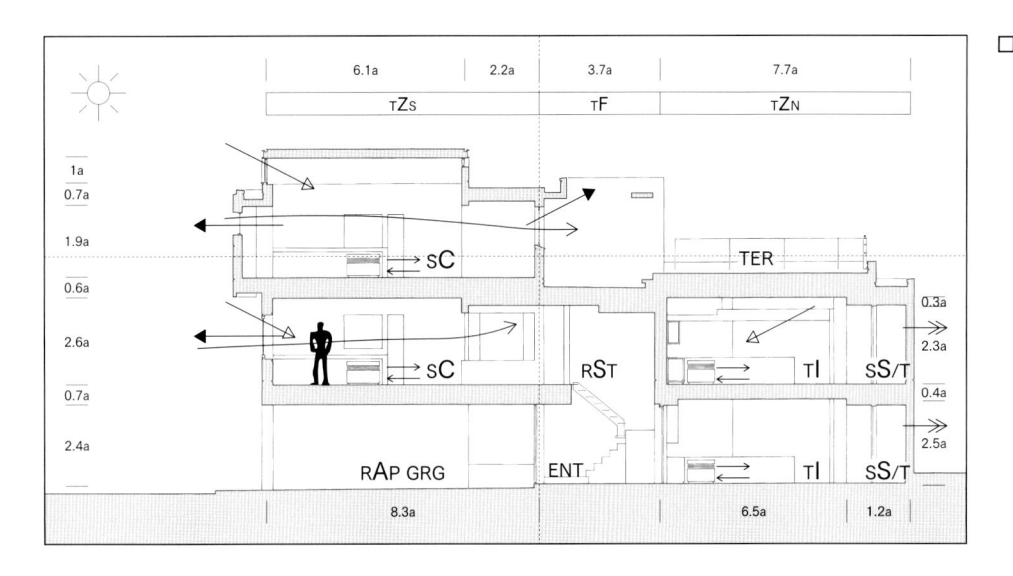

ᴛZs	南の集域
ᴛZn	北の集域
ᴛF	空間域
ᴛI	個域
sC	共用の場
sS/T	排泄
ʀAp	導入路
ʀSt	段路
ENT	入口
GRG	車庫
TER	テラス
a	＝900mm

◻ 切断透視図（3）

- 2つの住戸による全域の空間は、相乗の仕組みとスキップフロアシステムとの組合せによるトポロジカルな手法で積層した3つの集域と、共有する光庭で構成されている。
- 敷地へのアプローチが南入りに限定されているため、区分された導入路以外は南と北の集域をスキップさせて繋ぎ、各集合域をそれぞれの住戸専用スペースに充てている。
- 1層：南は各住戸専用の駐車スペースの両側を導入路が通り、中央の間域には入口と段路が置かれており、北の集域は住戸（B）の個の場に充てられている。
- 2層：南の集域には、住戸（B）の共有・食事の場が置かれている。北の集域には、住戸（A）の個の場が配置されている。
- 3層：ヴォールト天井の下にある南の集域には、住戸（A）の共用・食事の場が置かれている。北の集域の屋上は、住戸（A）専用のルーフテラスになっている。

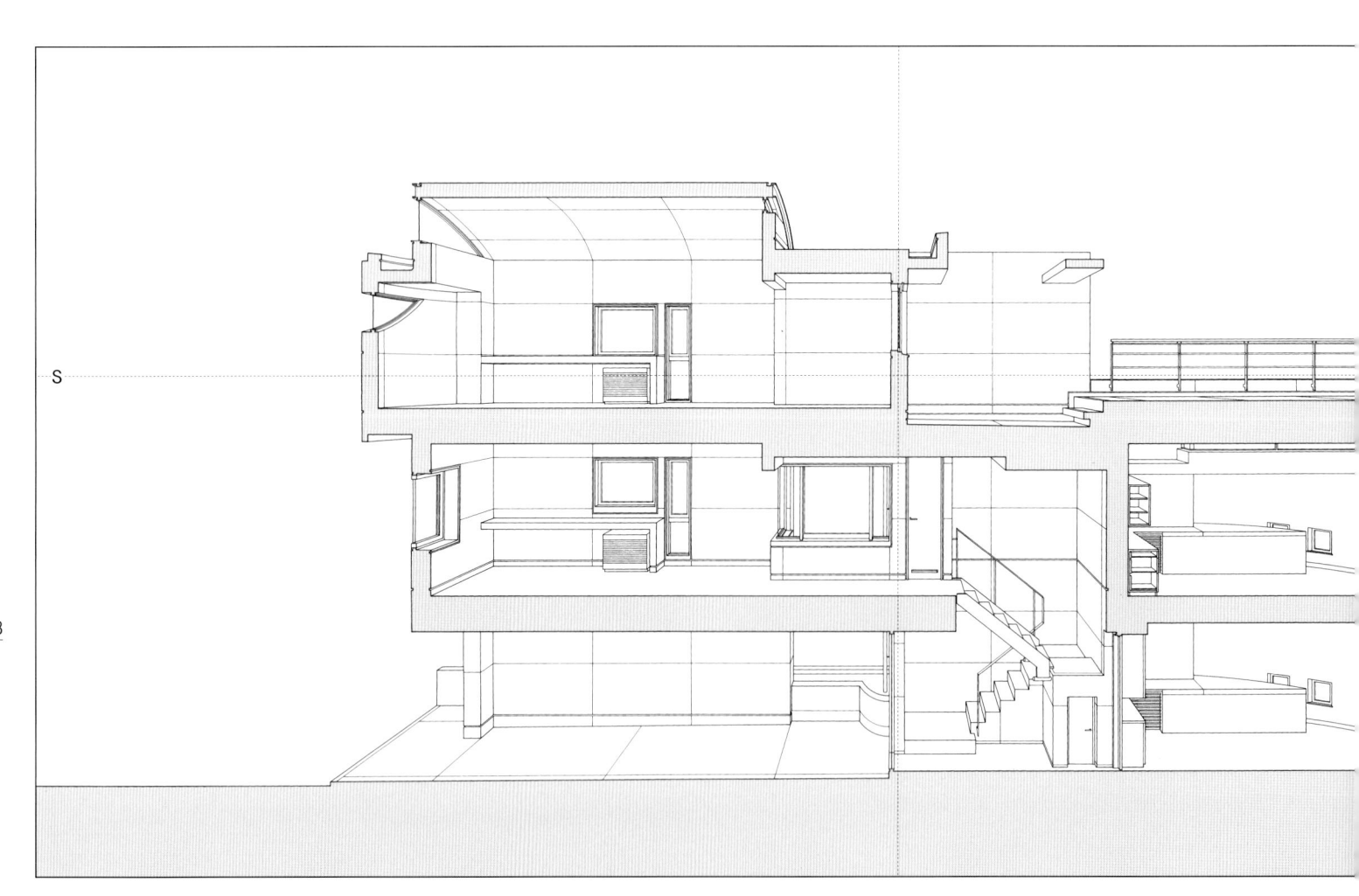

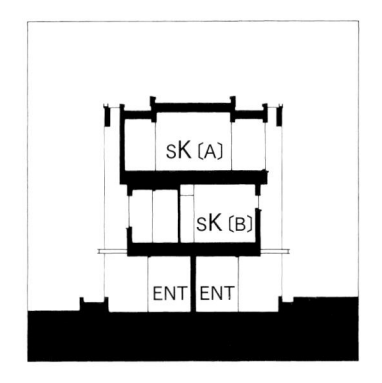

□ 切断透視図（4）

空間域
・1層：住戸（A）（B）の入口（CH2,200㎜）は、同じ構成で対称の位置に置かれている。
・2層：住戸（B）の調理の場（CH2,300㎜）は、外部に面する東側に寄せて配置されている。
・住戸（A）の段路の3層吹抜けた踊場の壁に切り込まれた三角とスリットを組み合わせた開口からは、光庭の緑と空が見える。

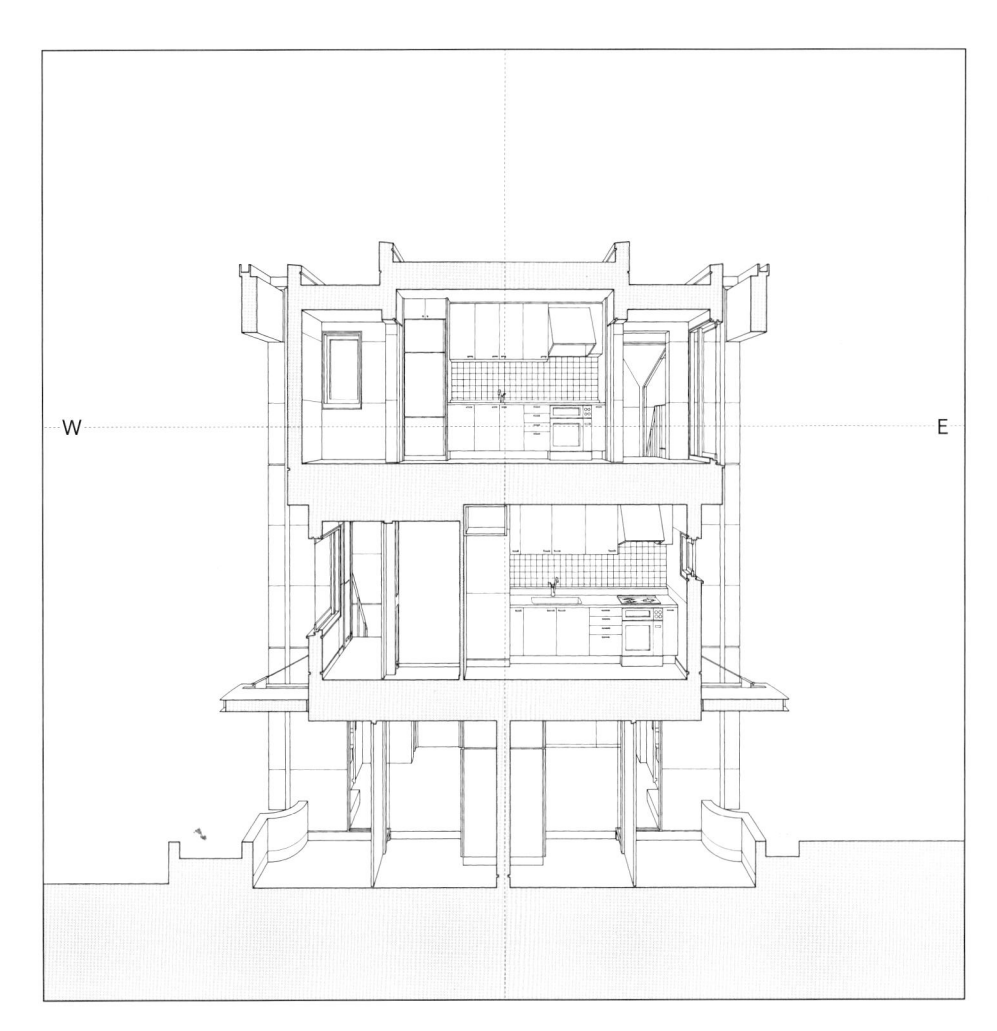

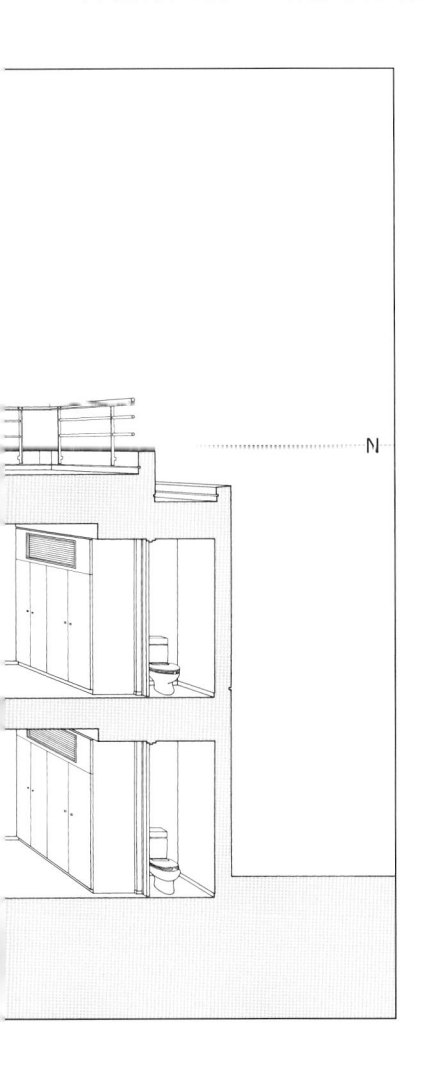

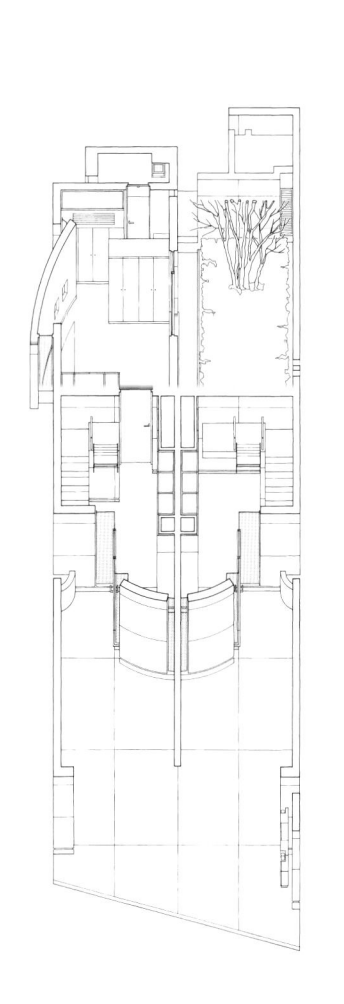

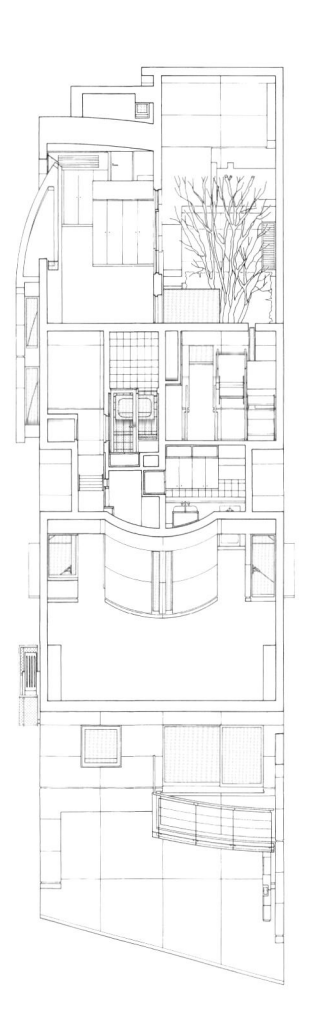

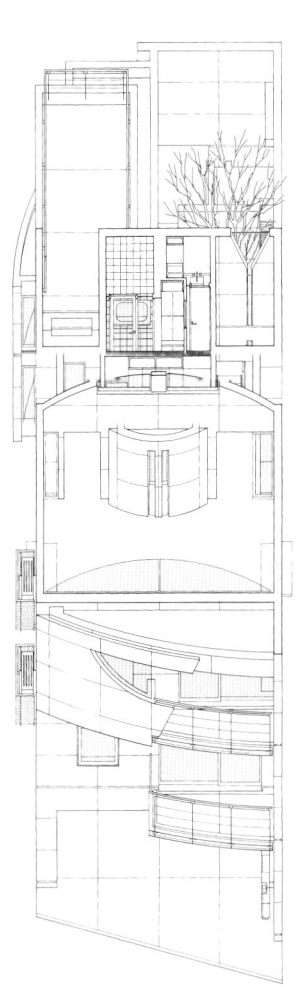

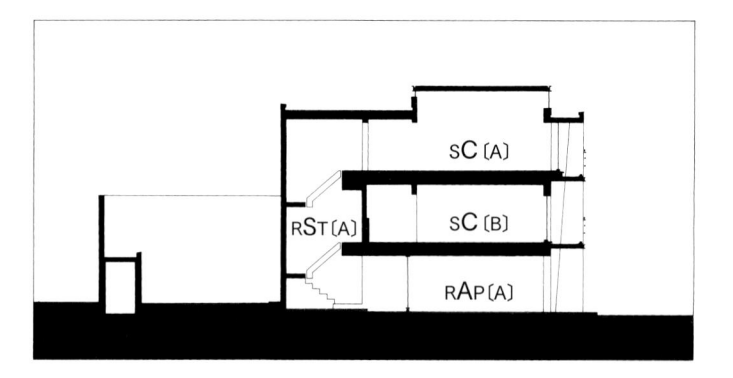

□ 切断透視図（5）

- 1層：駐車スペースの奥にある入口は、外壁の分節部に開けたスリットを通して外に面している。住戸（A）の段路が個の場のある2層を経て3層の南の集域に向かって上がっていく。
- 2層：住戸（B）の共用・食事の場には、RC造の置台と空調機が設置されている。
- 3層：住戸（A）の共用・食事の場を覆っているRC打放しのヴォールト天井は、できるだけ軽やかな形態にするために半月形の欄間を設けて下部と分節してある。北東の外部化された場に設けた光庭には、玉龍（たまりゅう）や馬酔木（あせぼ）の下草の中に株立ちの山法師が植え込まれている。

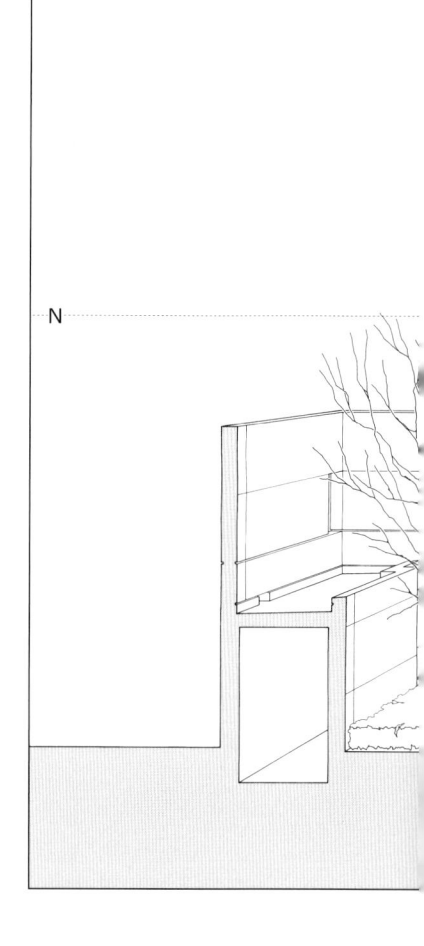

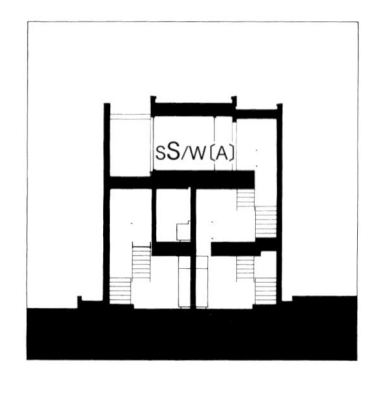

□ 切断透視図（6）

間域
- 1層：西側は、住戸（B）の入口（CH2,100mm）と段路（CH4,750mm）になっている。踊場までRC造大理石貼りの段路は、鉄骨造の段路に切り換えられて2層の集域に続いている。東側には、住戸（A）の入口（CH2,100mm）が置かれている。踊場の下にある小さな開口からは、光庭の緑が垣間見える。
- 2層：住戸（B）の洗面設備（CH2,100mm）の奥には、入浴設備（CH2,100mm）が置かれている。
住戸（A）の段路から分岐した経路（CH2,100mm）のタペストリーガラスに映る緑の影が、光庭の存在を予知させる。架路は、浮遊性を表現するために壁からは切り離されている。
- 3層：住戸（A）の洗面設備（CH2,130mm）の奥には、入浴設備（CH2,200mm）が置かれている。家事の場は、外にある繋ぎ梁を介してルーフテラスと結ばれている。

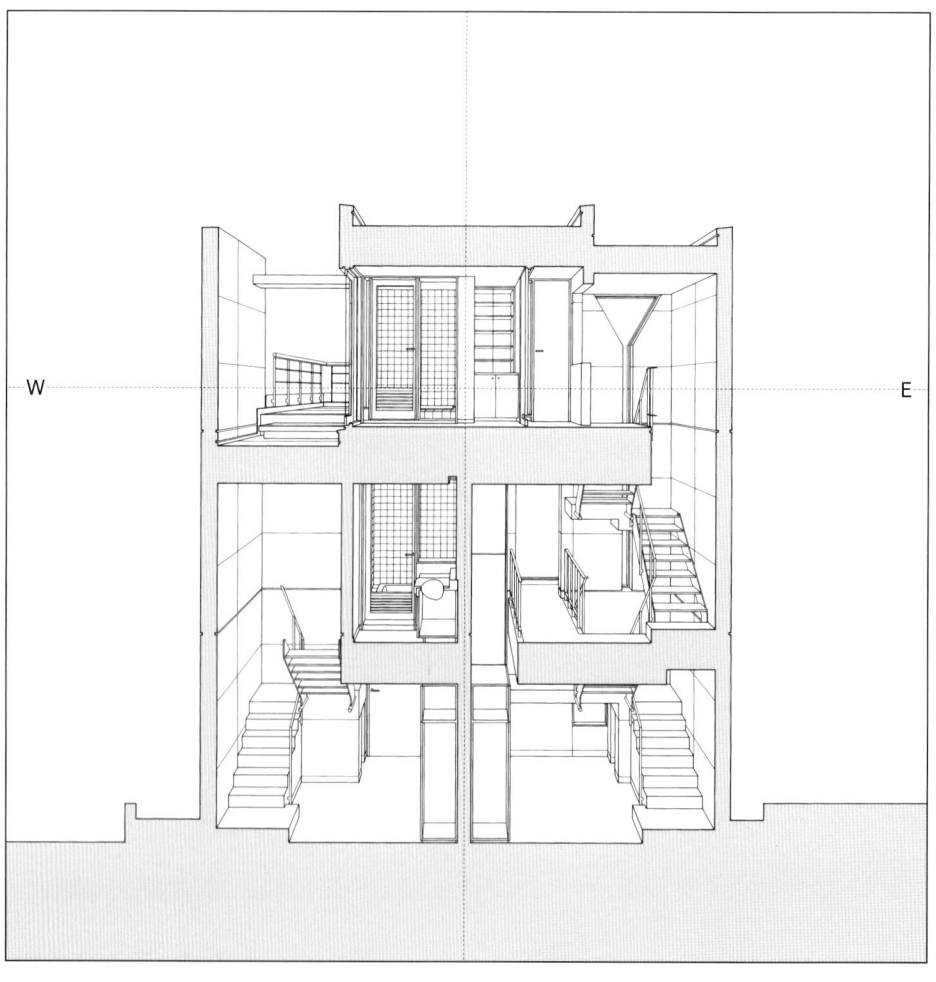

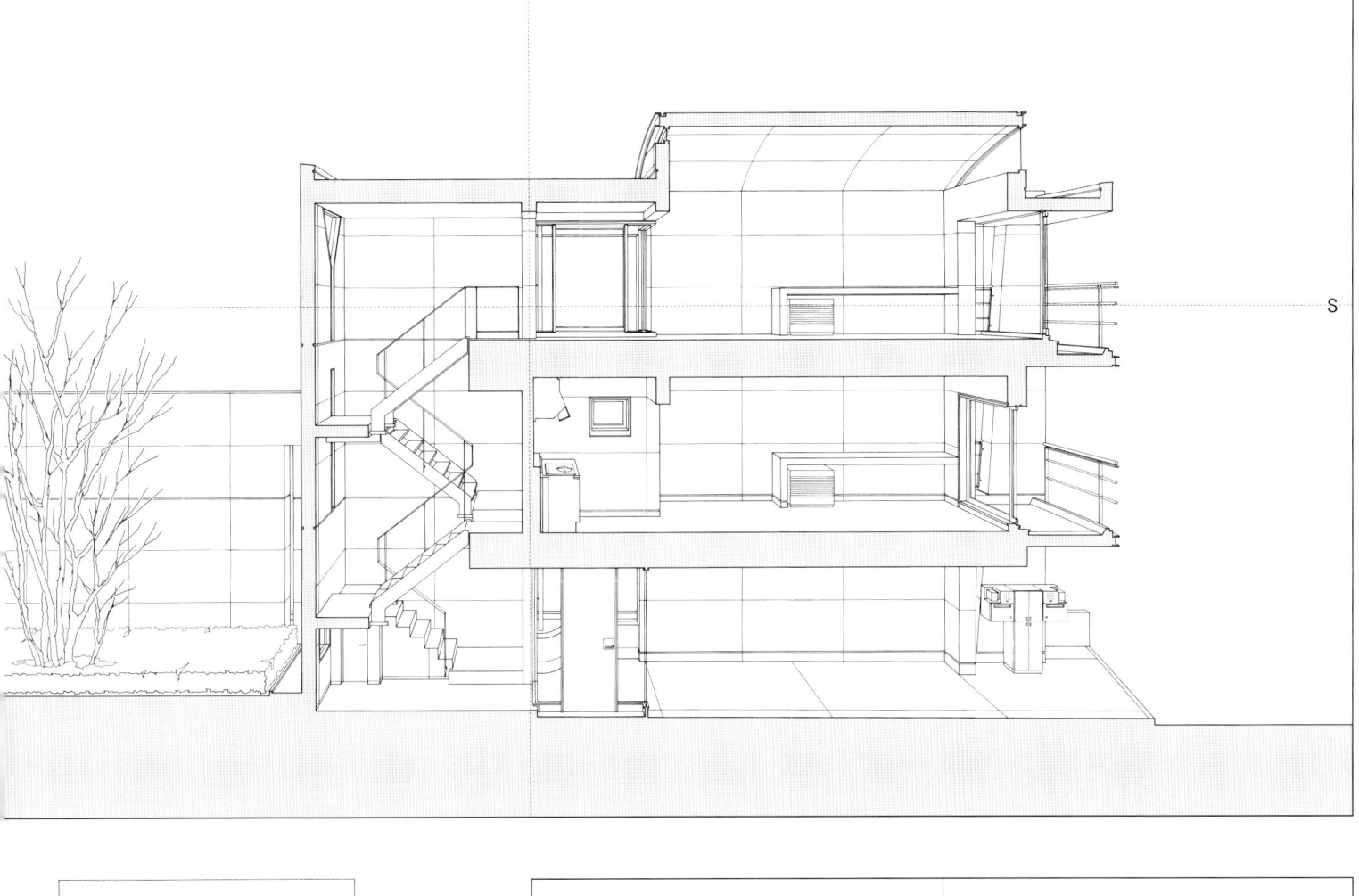

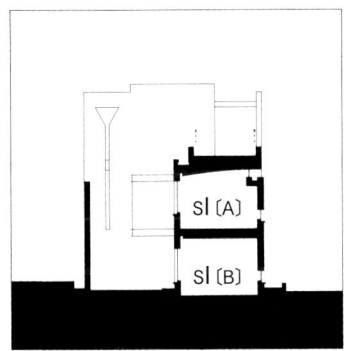

☐ 切断透視図（7）

北の集域
- 1層：高さ5,100mmのRC造の壁に囲まれた光庭は、住戸（A）（B）の個の場に光と緑の眺めを導く。西側には、住戸（B）の個の場（CH2,250mm）が置かれている。
- 2層：外壁に取り付けた住戸（A）の経路は、住戸（B）の個の場に対する視線の関係から、フレームレスのタペストリーガラスで構成している。
- 3層：住戸（A）の個の場（CH2,100〜2,350mm、R5,800mm）に充てられている。曲面壁のスクエアな地窓から入った風が、個の場を通って光庭に抜けていく。
- 屋上に設けた住戸（A）のルーフテラスは、気候のよい季節には山法師の緑を眺めながら外の生活を楽しむスペースとして使われる。

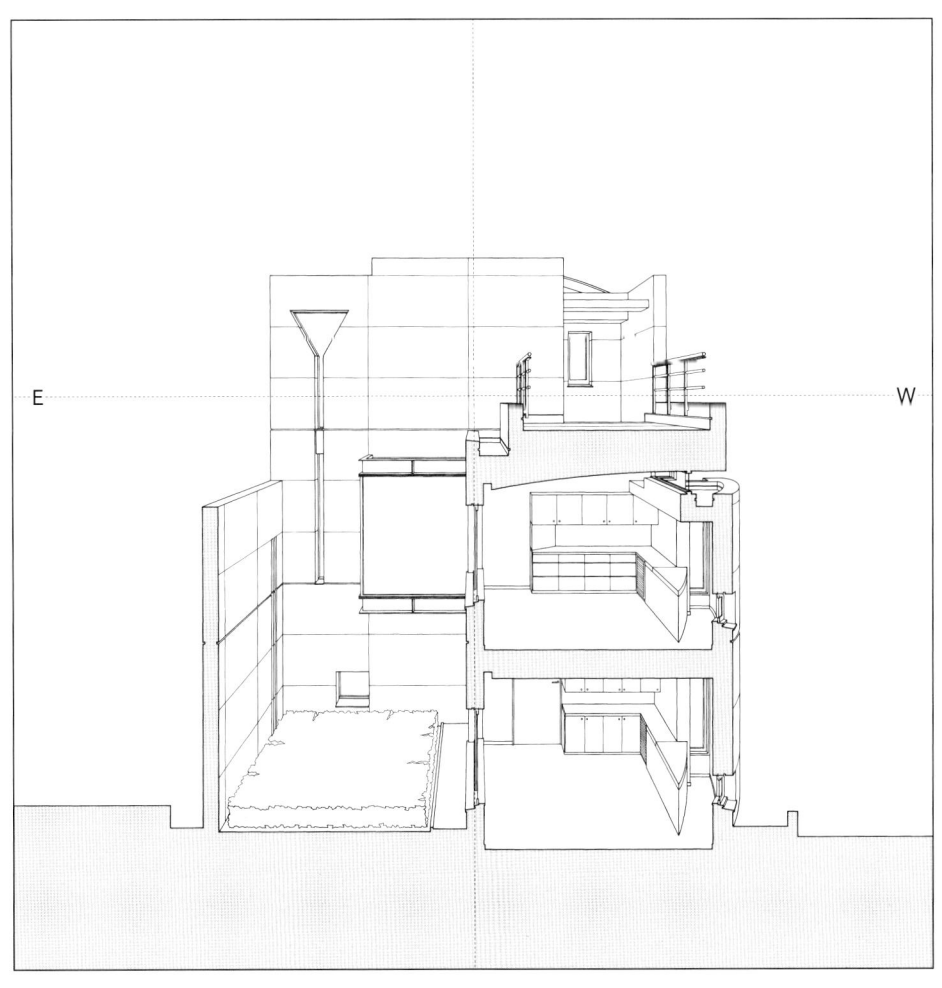

20	H-OHA
	1971
RC-2F	452.60m²
♂♀+♂	220.83m²

□ 外形図

3つの採光装置がある住居／3つの複合採光装置に、光と風の作用に対する制御機能に加えて、全域の仕組みを表現する象徴性を与える。

立地

都心から西に向かう街道を離れて北に入り、梨畑や葡萄（ぶどう）畑と住居地区が混在する地域を通り抜けると、住み手が経営する医院と道路を隔てた反対側にある駐車スペースの南側に建つ、この住居が見えてくる。

配置・外形

・北側の駐車スペースに接する敷地中央に、全域を配置する。
・南と北の集域を複層、中央の空間域を吹抜けにする。
・北の集域の両端と南の集域の上層中央を、外部化する。
・外部化した北の空間域の両端に、矩折（かねおり）の飛び壁を付加する。
・外部化した上層中央を、芝貼りのルーフテラスにする。
・北の集域と吹抜けの上部に、複合装置（天窓＋高窓）と採光装置（高窓）を取り付ける。
・東・西・北面に、出窓を付加する。

☐ 切断透視図（1）

- 全域の空間は、広い敷地の南北方向の奥行に沿って配列した、3つの集域で構成されている。
- 南の集域にある共用の場（CH2,400mm）の空間は、南側では大きな開口からテラスを介して庭に繋がり、北側では下部に収納棚を設けたフレームレスガラスの引戸を通して、天窓からの光の下にあるダブルハイトの空間域に連続している。
- 中間の空間域の西側には、上部に複合装置（天窓＋高窓）が付いた折返しの段路が組み入れてあり、吹抜けの中央には南と北の集域を繋ぐ架路が架け渡されている。
- 中間の空間域は、光の作用によって、各領域を繋ぐノードとして機能している。
- 南の集域の上層には、芝貼りのルーフテラスと家族の場（CH2,250mm）が置かれている。
- 高窓からの光が斜めのスラブにリフレクトし、吹抜けに面した開口を通って家族の場に入ってくる。
- 開口に建て込んだフレームレスガラスの引戸を介して、家族の場と吹抜けが一体化されている。
- 北の集域の下層には、上部にガラスを入れた出窓が付いた洗面の場（CH2,250mm）が置かれ、上層には静謐な雰囲気をもった和式の場（CH2,250mm）が、他の領域とは隔離されたかたちで配されている。

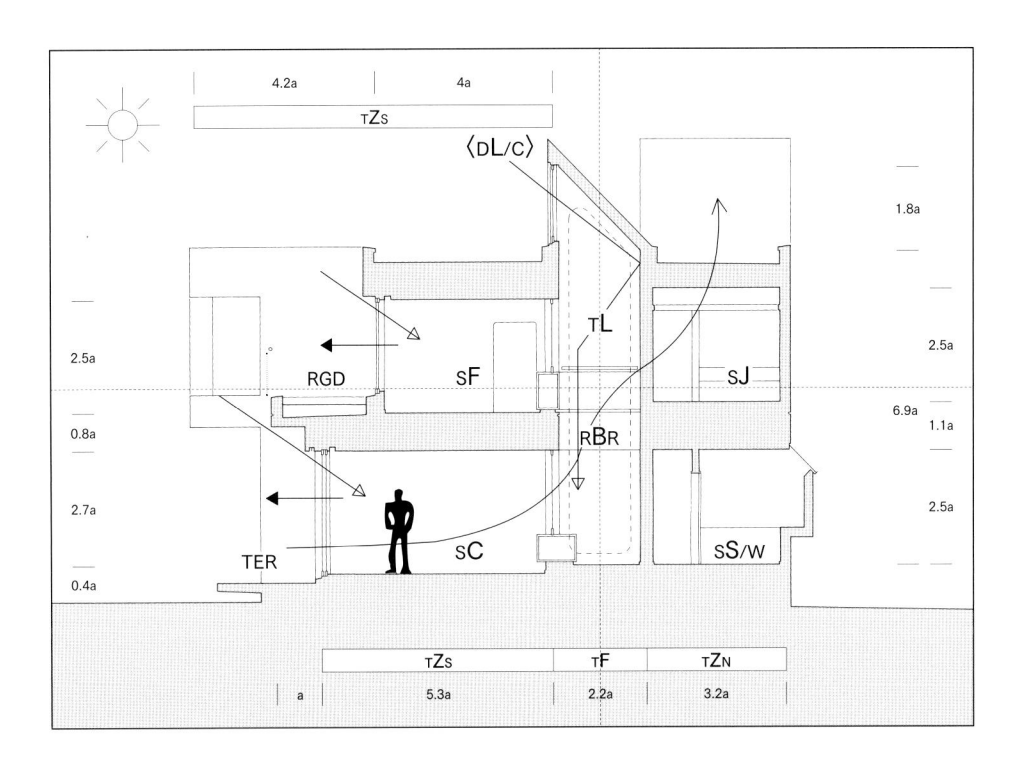

☐ 基準切断面

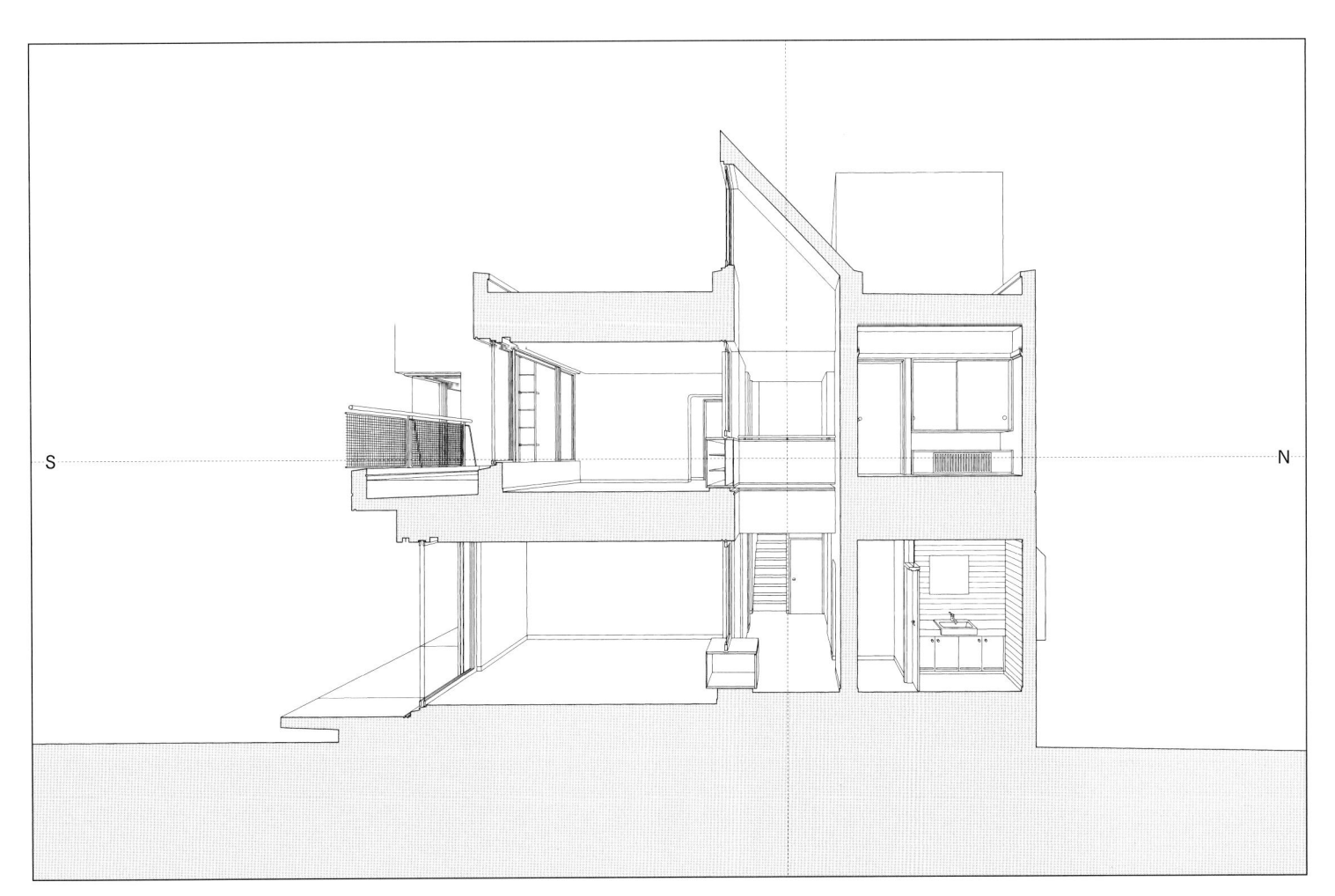

⇐	光	TZS 南の集域	SJ 和式の場
←	視線	TZN 北の集域	RBR 架路
←	風	TF 空間域	SS/W 洗面
		TL 光域	TER テラス
		SC 共用の場	RGD ルーフガーデン
a	=900mm	SF 家族の場	DL/C 採光装置（高窓）

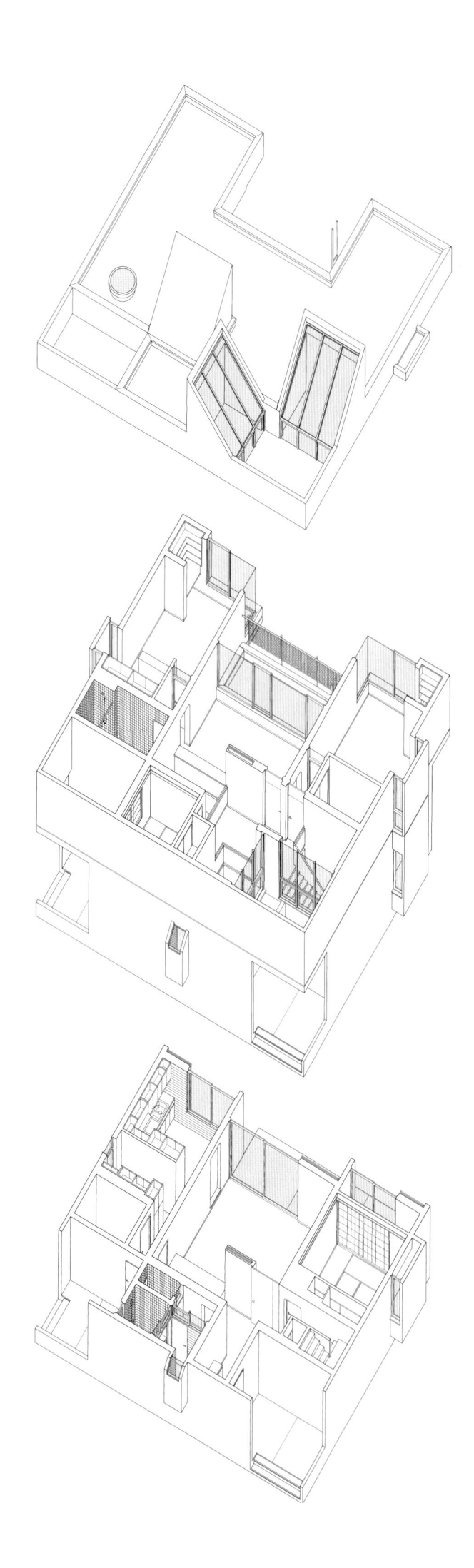

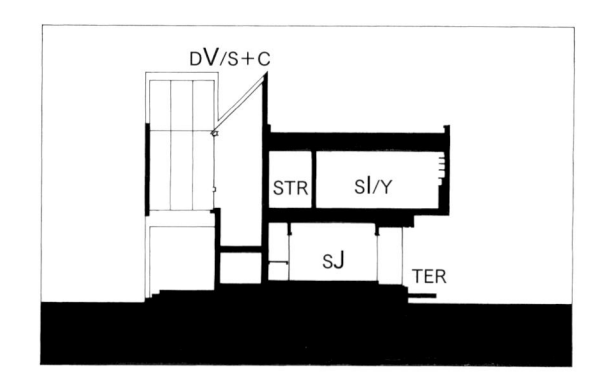

☐ **切断透視図（2）**

- 北西コーナーの外部化されたスペースの上部に架け渡した矩折の飛び壁は、街との緩衝装置であるとともに、訪れる人を迎え入れるゲートとしても機能する。
- 入口と段路の上にある直交した複合装置（天窓＋高窓）が、通りを行く人にこの住居の特性を印象づける。
- 2つの複合装置から入る光は、時間の経過とともに変化し、それぞれのスペースにさまざまな情景を現前する。
- 入口からの経路は2つに分岐し、ひとつは架路の下を通り抜けて共用の場に向かい、他は折返しの段路を経て上層の各領域に連続していく。
- 西側の南の集域は、下層が和式の場（CH2,300㎜）、上層は若年世代の場（CH2,250㎜）になっている。
- 広縁を介して南の庭に面する和式の場は、客間として使われるほか、医師である住み手と患者とのプライヴェートな会話をもつ場としても利用される。
- 上層の若年世代の場は、対称の位置にある壮年世代の場（CH2,250㎜）とともに、南の部分を庭に向かってキャンティレヴァーで張り出している。コーナーに設けた矩折の開口からは、庭の景色と芝貼りのルーフテラスが見える。

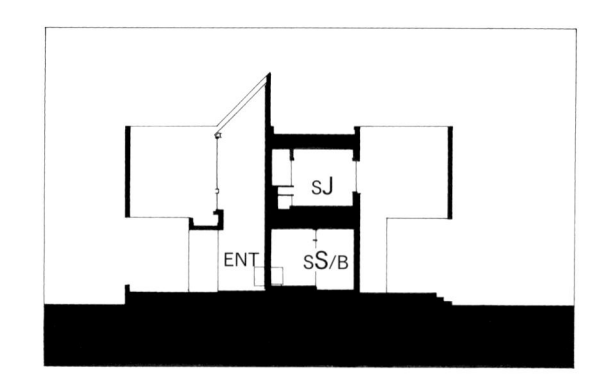

☐ **切断透視図（3）**

- 北の集域の両側にある飛び壁は、外部化されたスペースの領域性を視覚化するとともに、外からの視線を制御するバッファーとしても働く。
- 半外部的な導入の場を経て入口から入ると、複合装置から入る光が、ダブルハイトの空間がもつ特性をさらに高めている効果が見て取れる。
- 北の集域の下層にある洗面と入浴の場は、透明ガラス入りの仕切りを介して一体化されている。
- 上層にある和室は、茶室として使われるために他のスペースとは隔離された静謐な空間となるよう、開口は半外部的な場に向けて開けてある。

N · · · S

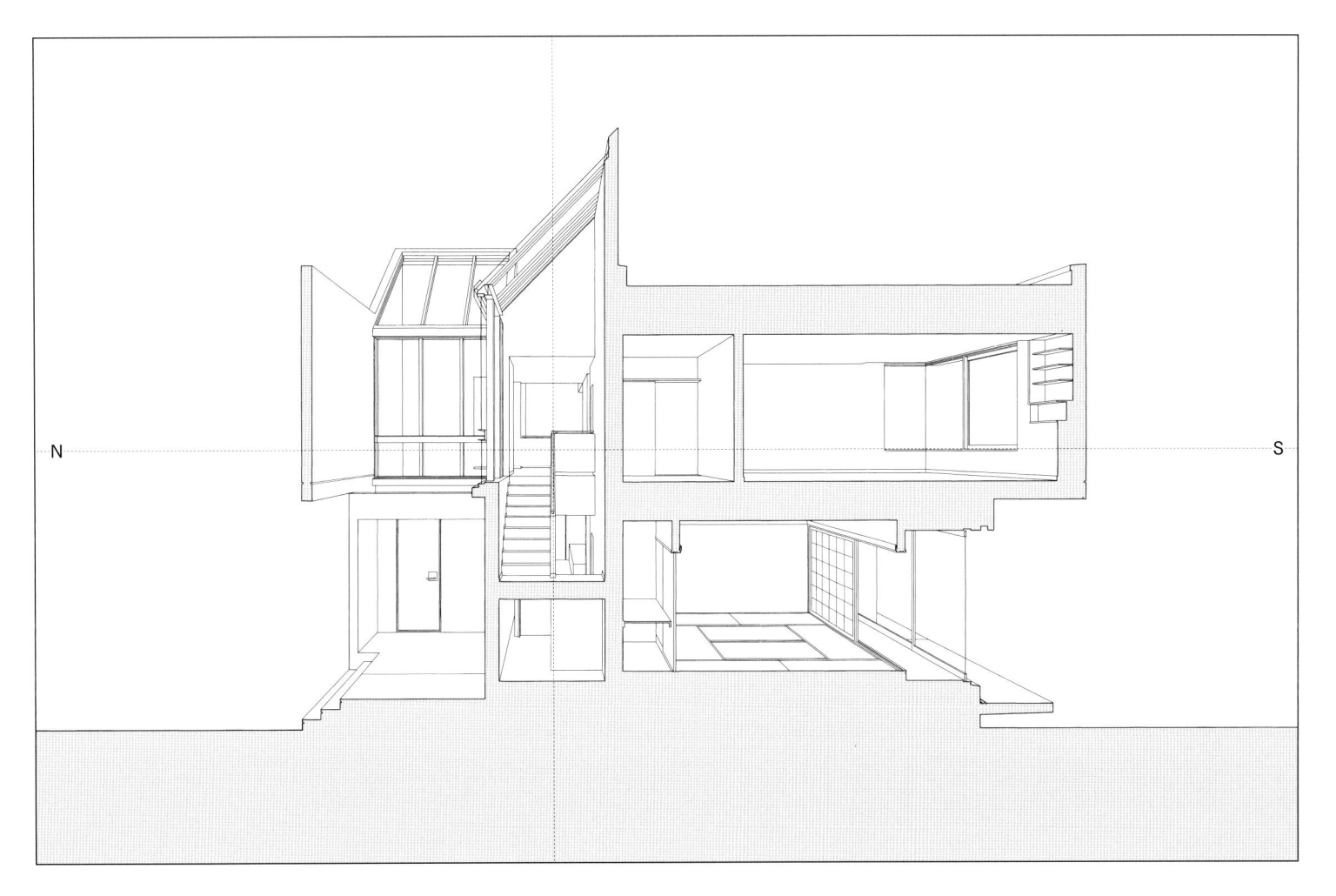

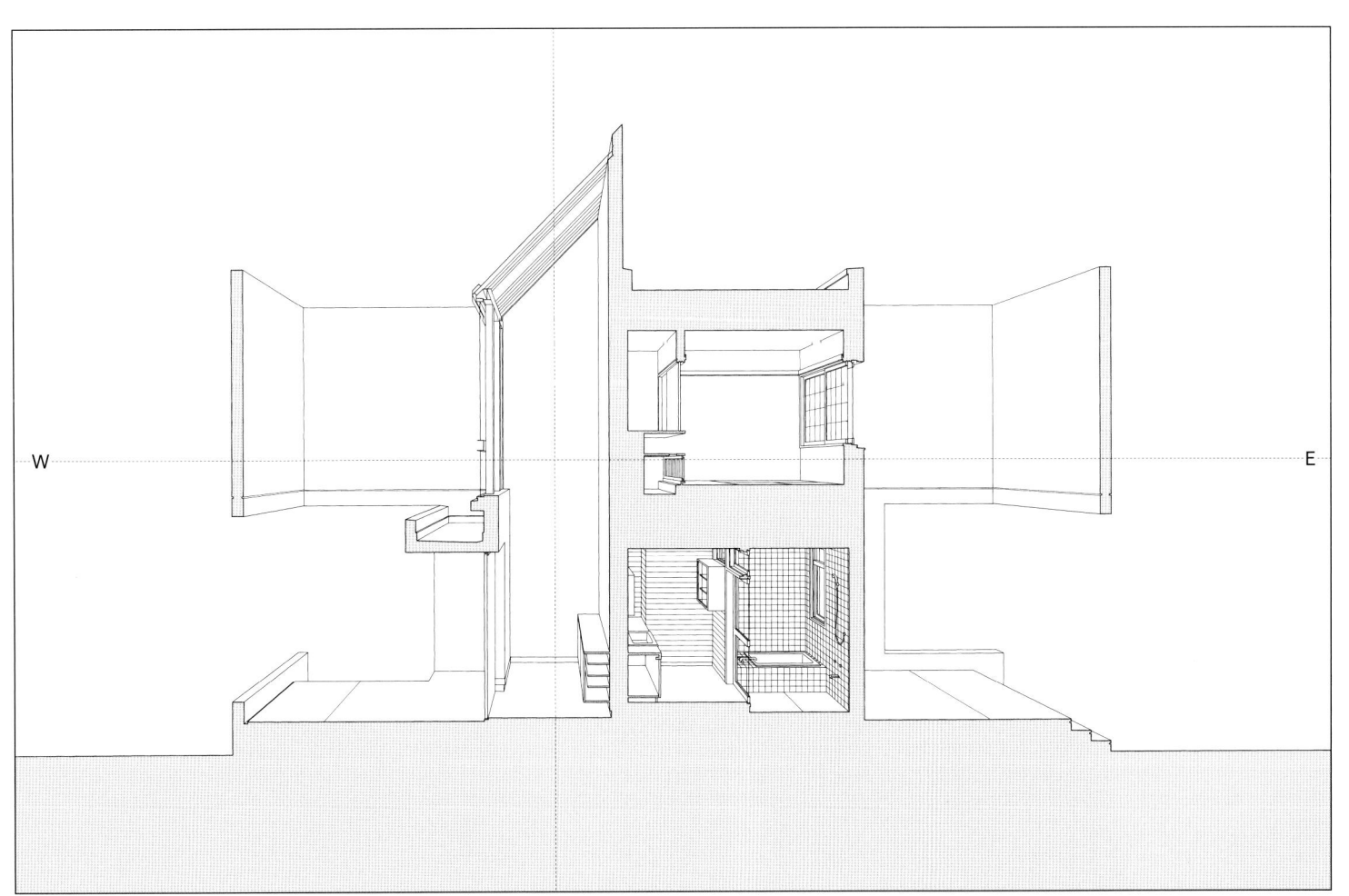

W · · · E

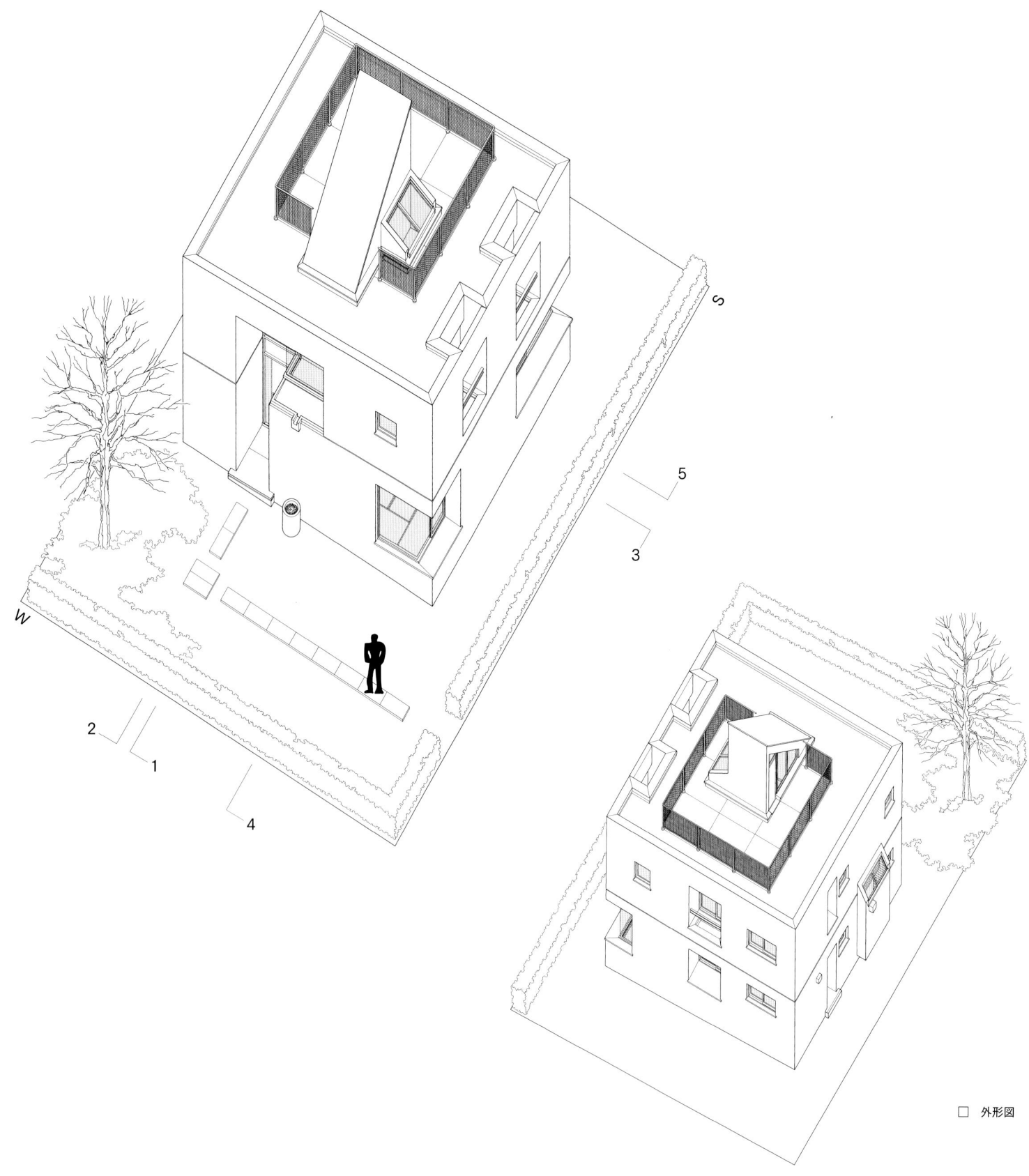

| 21 | H-SUZ | 穿孔した立方体の住居／穿孔や欠込みの手法で開口まわりを処理した立方体に、4つの集域を組み入れる。 |

1978
RC-2F　449.03m²
♂♀+♀♂　156.95m²

□ 外形図

立地
地方都市の郊外にある人影も疎らな駅を降り、畑と住居地区が混在する地域を抜けると、樹齢を重ねた杉並木が続く街道に出る。街道を北にしばらく行くと、並木の木の間越しに境界から少し離れて建つこの住居が見えてくる。

配置・外形
- 敷地と街道とのあいだに設けた緩衝スペースに接する東側に、全域を配置する。
- 全域を複層にする。
- 北の集域の西面を、逆L字形に穿孔する。
- 南と西の集域の上層2ヵ所を、欠込みによって外部化し、ルーフテラスにする。
- 屋上をルーフテラスにし、塔屋に採光装置（天窓付き）を付加する。

☐ 基準切断面

→ 光
➡ 視線
⇐ 風
⇐ 換気

TZNE　北東の集域
TZWN　西北の集域
SL/M　壮年世代の場
DL/C　複合装置（高窓）
SK　調理の場
ENT　入口
RST　段路
RTE　ルーフテラス

a　＝900mm

☐ 切断透視図（1）

・全域の空間は、点対称の関係で接合した、4つの集域で構成されている。
・西側の外壁に逆L字形に穿たれた開口が、訪れる人に入口の位置を示唆するとともに、この住居の特性を印象づける。
・入口から内に入ると、ダブルハイトの吹抜け（CH4,770㎜）の内に組み込まれた、下層から塔屋までを続く折返しの段路が視野に入る。
・段路は全域の中心にあって、垂直・水平方向の動きを制御するピヴォット的な仕掛けとして働く。
・入口からの経路は3つに枝分かれし、下層では共用の場と供給域に接続し、他は段路によって上層から塔屋へと連続している。
・北東の集域にある調理の場（CH2,250㎜）からは、作業をしながら東に拡がる庭の緑を眺めることができる。
・上層の、壮年の場と書斎が一続きになった領域（CH2,250㎜）は、就寝の場に落着きを与えるため、東側の大きな開口は書斎の背後にずらして設けている。

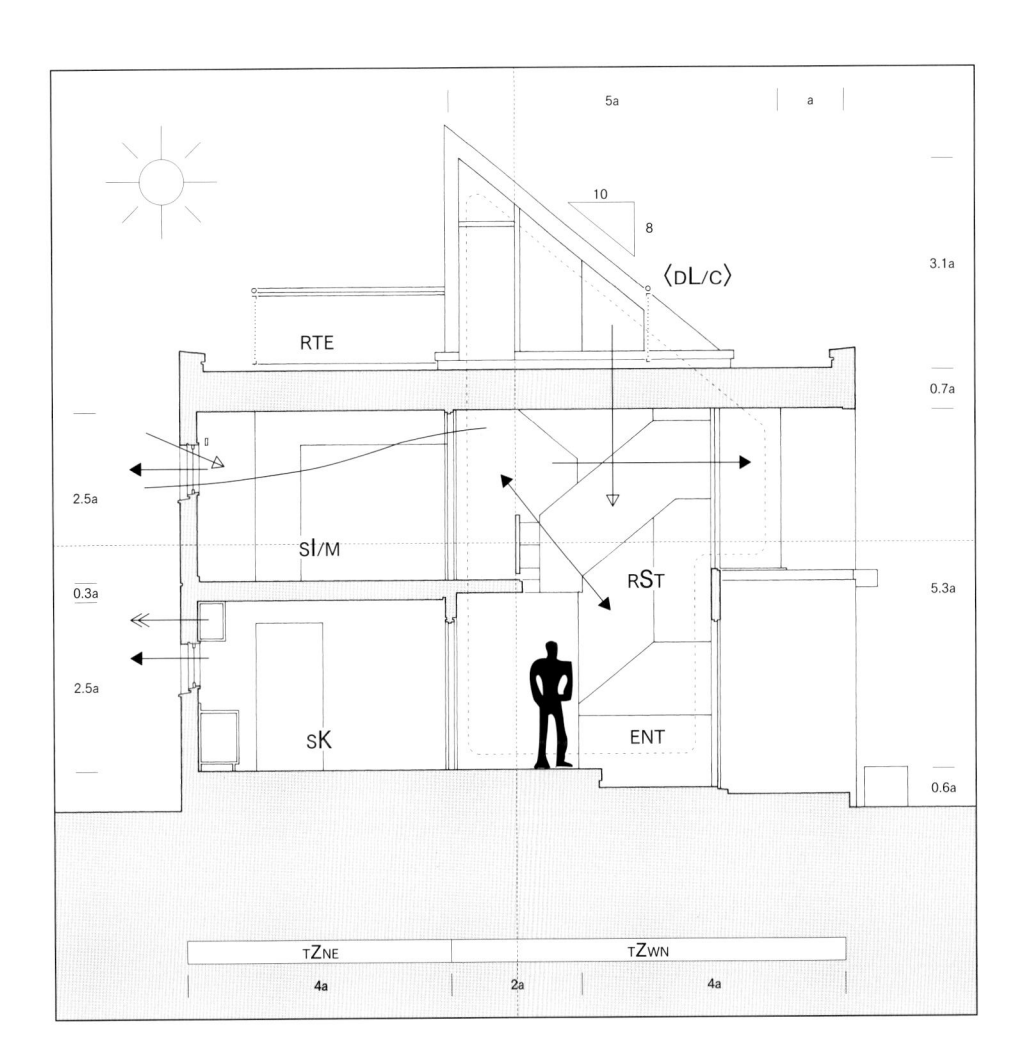

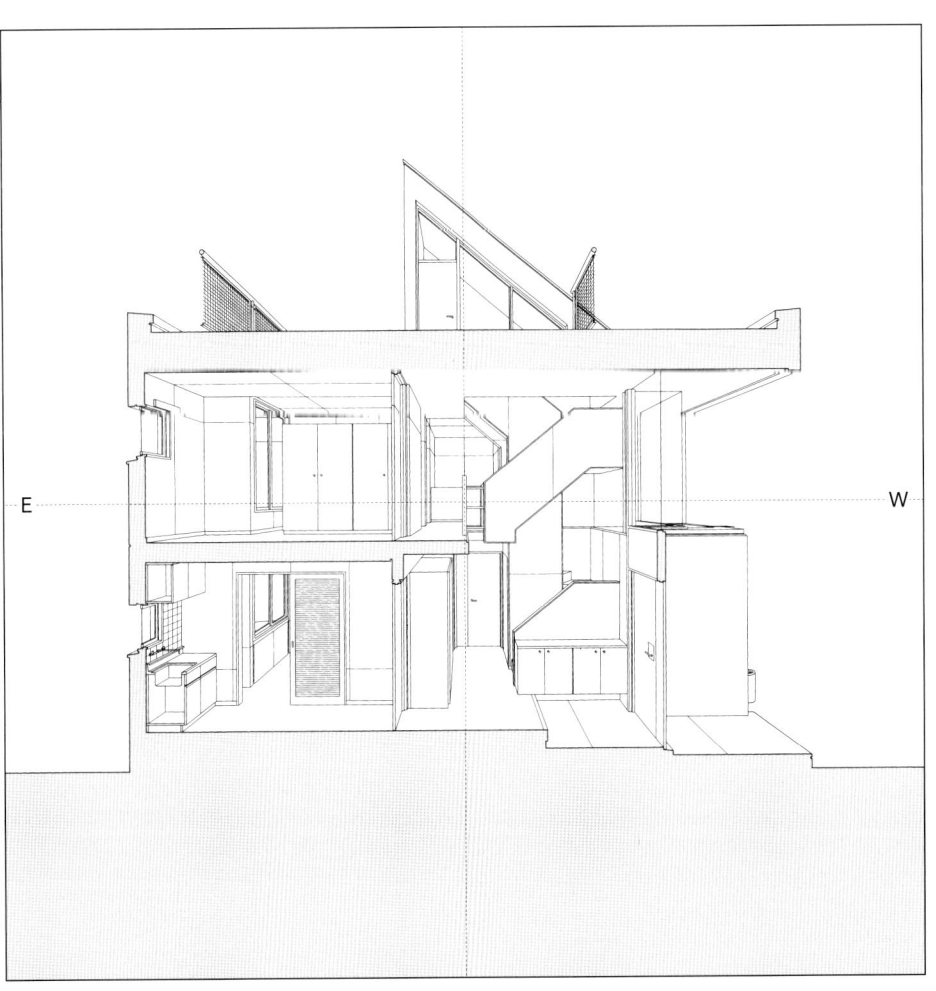

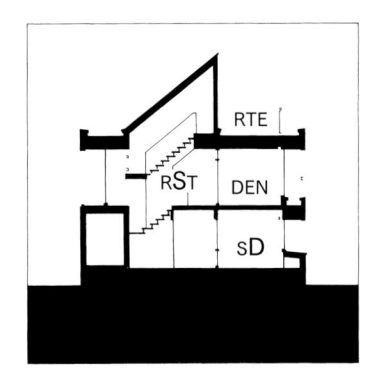

□ 切断透視図（2）

- 2層の空間を貫通している段路の踊場にある大きな嵌殺し（はめごろし）の開口からは、敷地の西側を通る街道沿いに続く杉並木の光景が見える。
- 躯体から切り離されて折り返しながら上がっていく段路は、住み手が昇り降りする際の感触、型枠作業の施工性、荷重の軽減およびスレンダーな形態による透過性を得るなどのために、段板・手摺共に木造にしてある。
- 塔屋は、段路の勾配に合わせて形作られているが、三角形の幾何学的な形態は、塔屋を単なる付加的な部位としてではなく、住居の特性を象徴するオブジェとして知覚させる。
- 北東の領域の東に拡がる庭に面した上・下層の窓は、いずれもワイドな視界を得るために大きな開口にしてあるが、キュービックな外形を崩さないようにするため、サッシは外壁から抱きを取った位置に納めている。

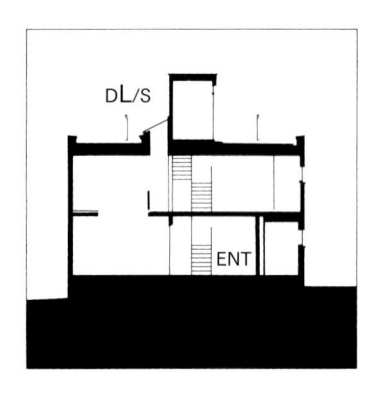

□ 切断透視図（3）

- 入口からの経路は、共用の場と供給域および段路に向かう3つに分岐している。
- 上層の段路から南に向かう経路は、集域の接合点を抜けて東西と南西の集域の上層にある若年世代の場を繋ぐ吹抜けに面した架路に出る。
- 塔屋の外壁に付加された天窓からの光が、架路を経て下層にある共用の場に降りてくる。

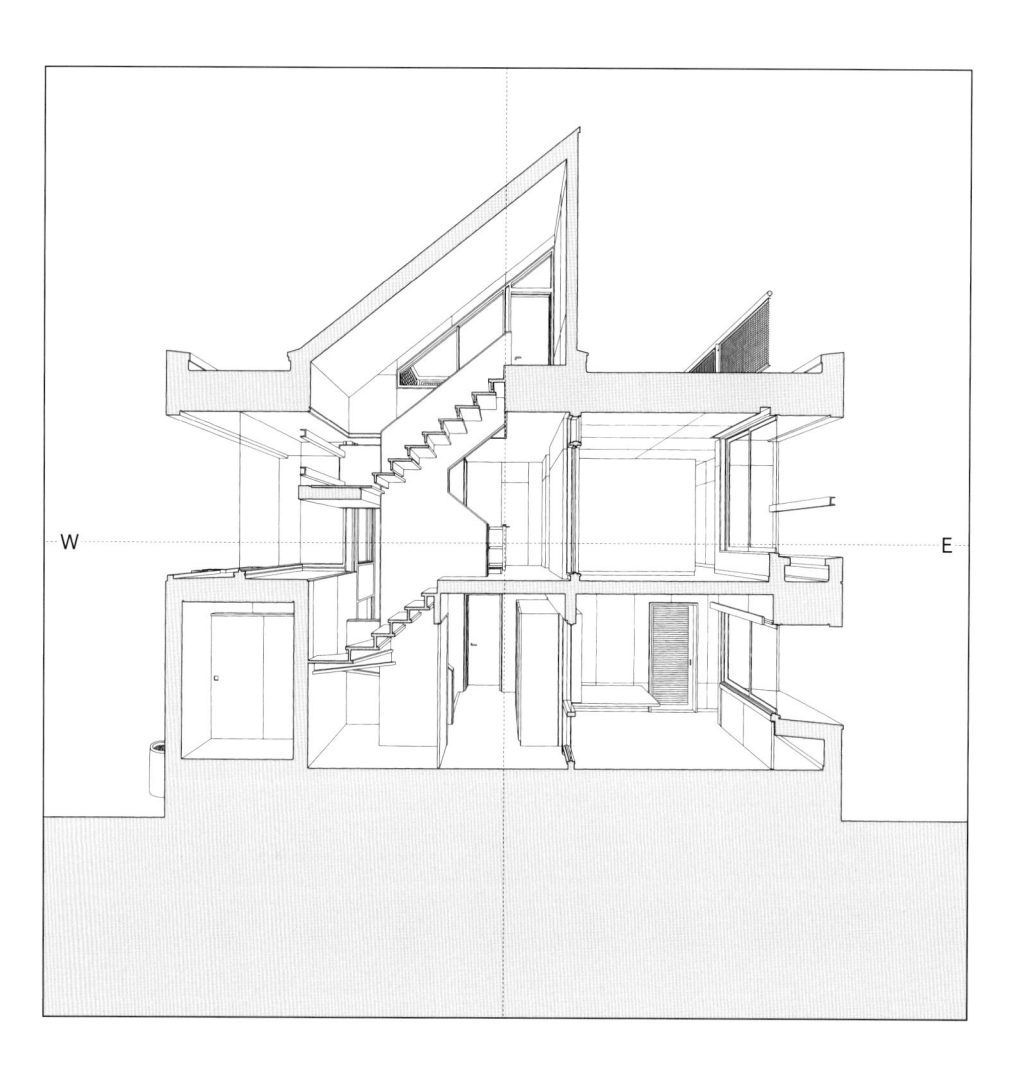

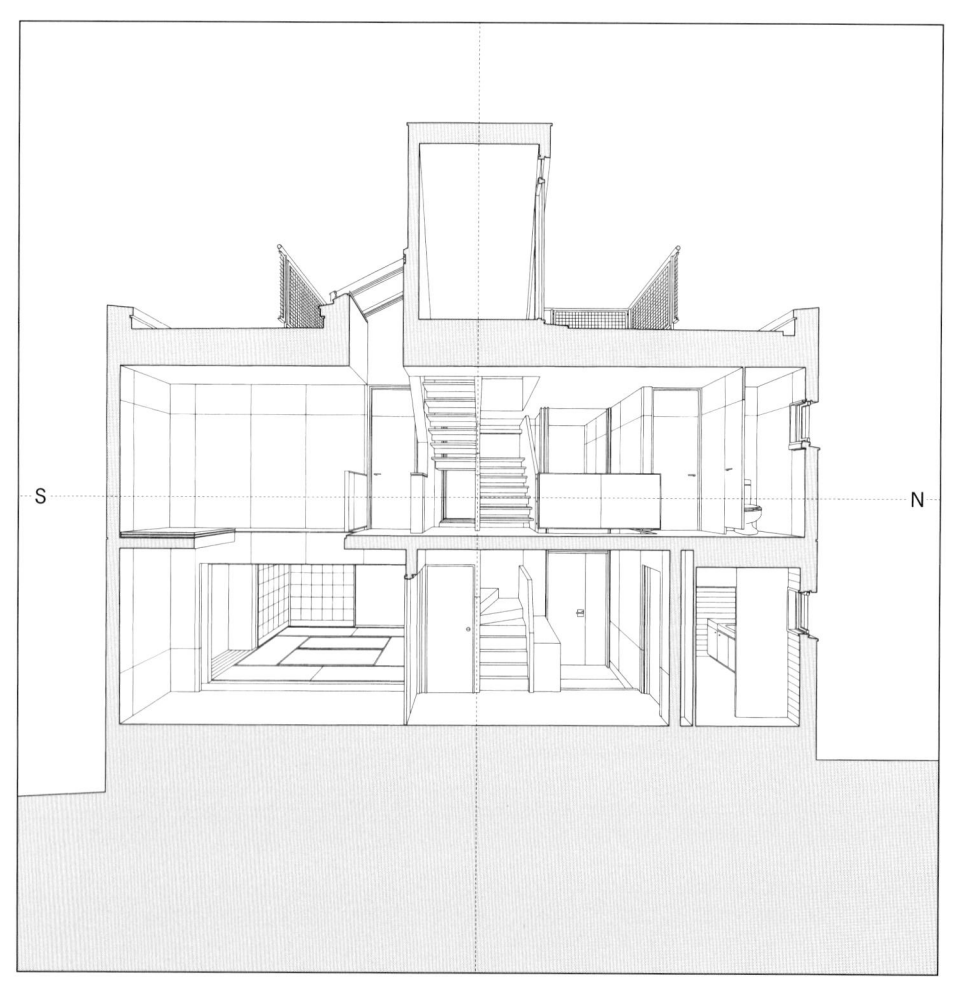

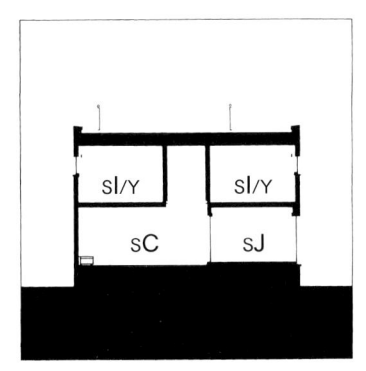

□ 切断透視図（4）

・東南の集域にある共用の場（CH2,340mm）と南西の集域にある和式の場（CH2,195mm）は、日常生活では一体のスペースとして利用されるが、必要なときには障子によって区分することができる。
・共用の場と和式の場とのあいだには、上層の狭間に向かってクレヴァスのような吹抜け（CH4,770mm）が立ち上がっている。
・上層の床レヴェルに取り付けてある水平にスライドする可動パネルは、暖房、通風、遮音とともに、上下の空間の連続性を制御する装置として働く。
・2つの若年世代の場（CH2,250mm）は、個別性を得るために、吹抜けとは遮断されたかたちに配置してある。
・上層の外部にあるルーフテラスは、キューブな外形を崩さないようにするために、外壁の内側に引き込んだかたちにしてあるが、アルコーヴとの内外の対比が空間に変化を与えている。

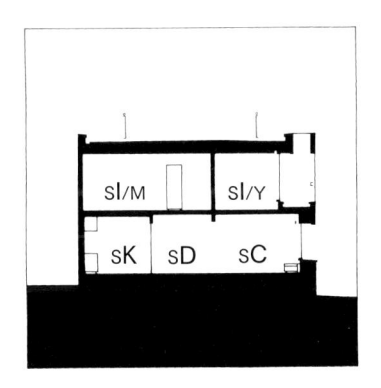

□ 切断透視図（5）

・東側の下層にある家族・食事の場と共用の場は、一体に結合されているが、空間はさらにクランクして南西の集域にある和式の場へと連続している。
・連続する3つのスペースは、境に建て込んである建具の操作によって、さまざまな組合せが可能な仕組みになっている。
・共用の場の東南コーナーに設けた矩折（かねおり）の開口下には、家族・食事の場と和式の場に向けたL字形のベンチが造り付けてある。広い視野をもつ開口からは、東から南に展開する庭の景色が眺められる。
・壮年世代の場は、収納によって2つのスペースに区分されているが、領域としては一体の空間として扱われている。
・若年世代の場は、ルーフテラスとの組合せによって、内外が一体化されたサニーな空間として形作られている。

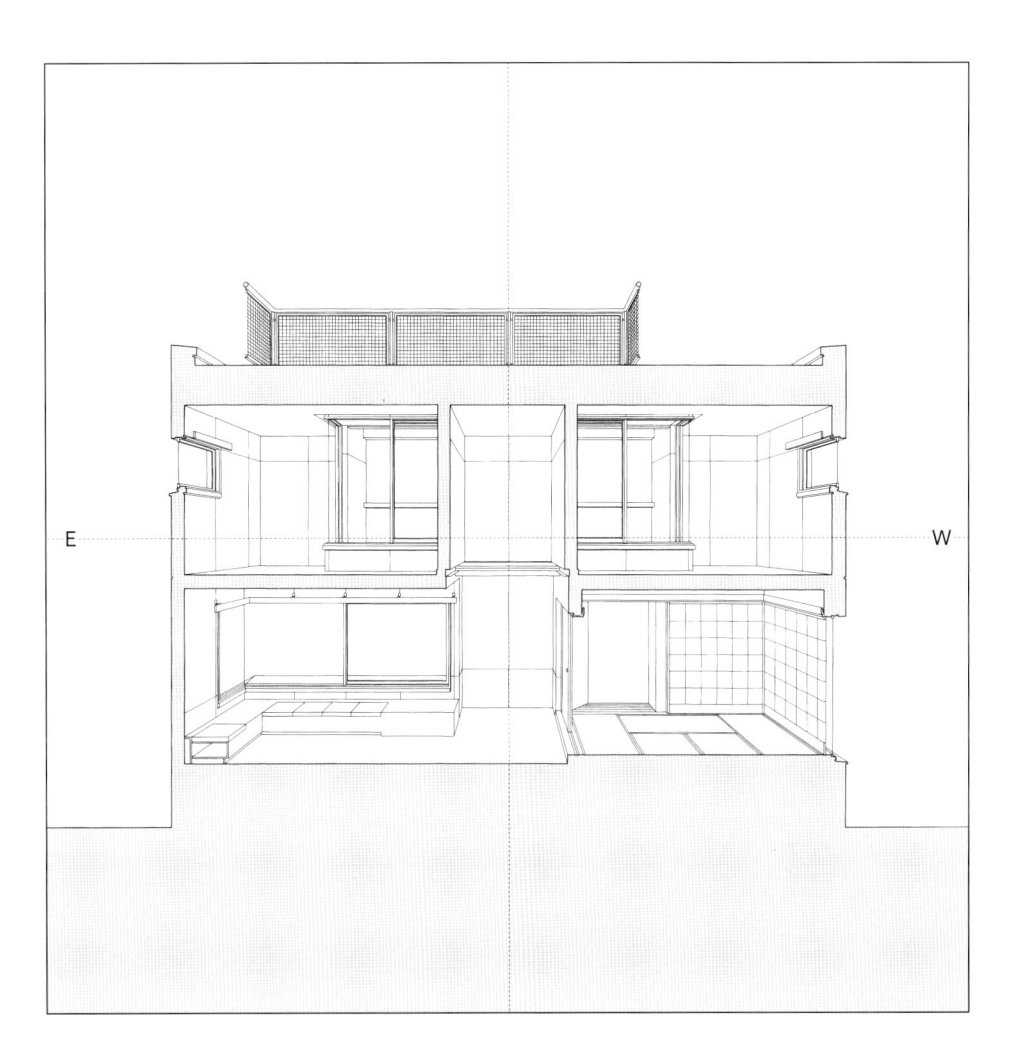

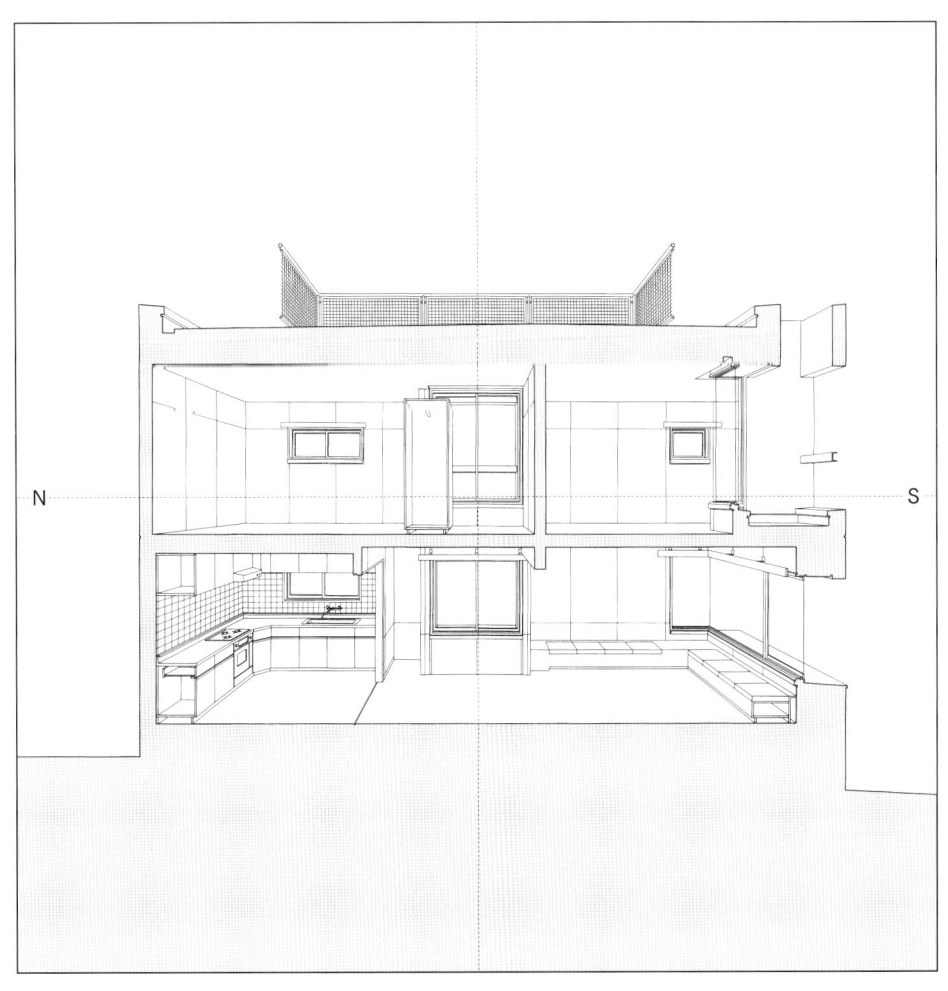

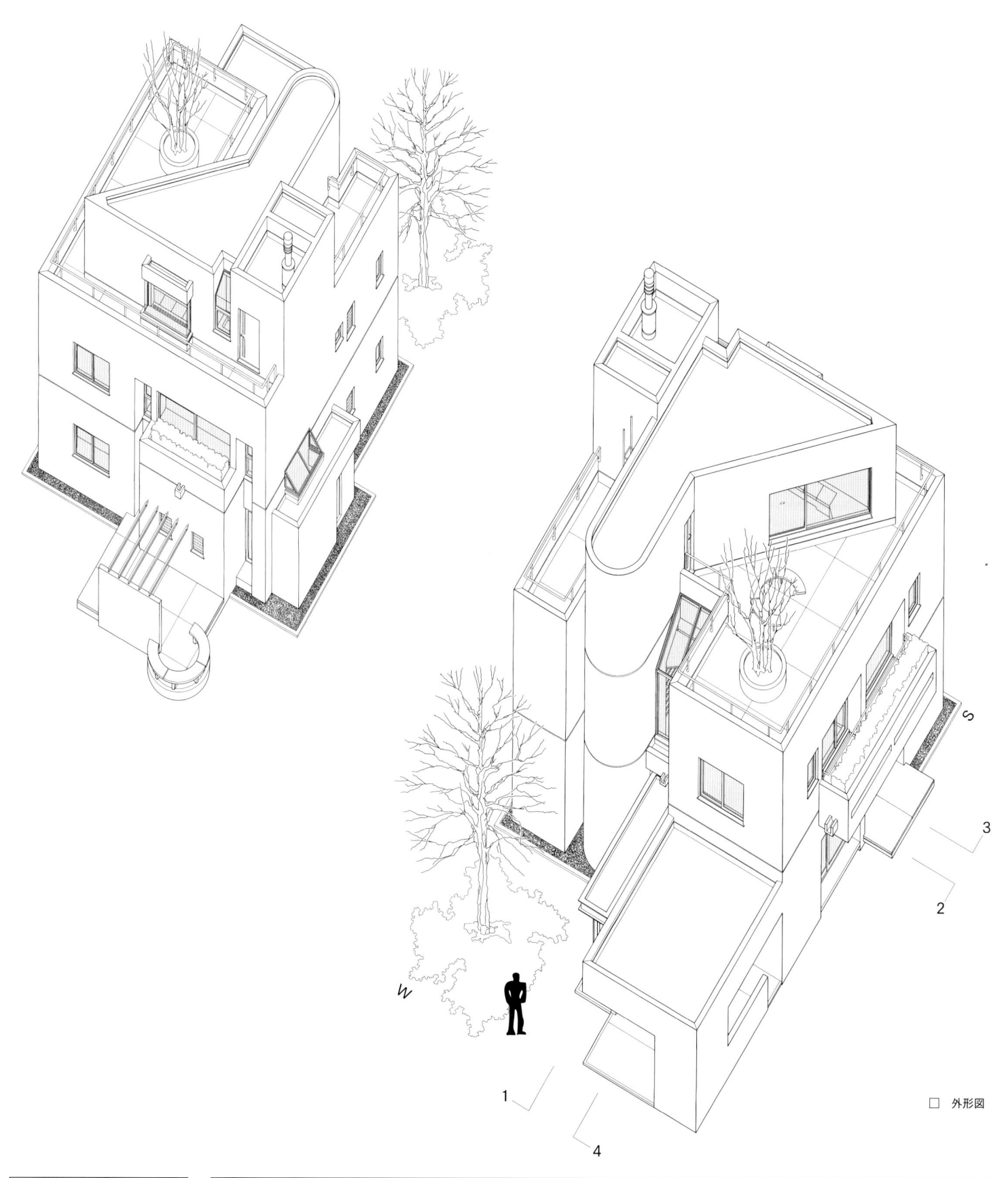

22	H-OGI		
			1978
RC-3F			463.40m²
♂♀+♂♀			221.72m²

風景に向けた住居／分節・付加の手法で外郭を構成した立方体に4つの集域を組み入れ、屋上には風景に向けた斜辺体を置く。

立地
都心と隣県の都市とを結ぶ電車が山間を抜け終着駅の手前にあるトンネルを出ると、緑の田園が遠くまで続く風景が現れる。車窓越しに景色を眺めていると、田畑を縫うようにして市街地に向かう幹線道路沿いにある医療施設に隣接して建つこの住居が見えてくる。

配置・外形
- 既存の医療施設に接する敷地の東端に、全域を配置する。
- 全域を複層にする。
- 北の集域の段路を包むシャフトを分節し、シリンダー状に変形する。
- 南と西の集域の上層2ヵ所を外部化して、ルーフテラスにする。
- 屋上に、西の風景に向けた斜辺体と機械室を置き、外まわりをルーフテラスにする。
- 東の集域にバーベキューコーナー付きのテラス、西の集域にキャノピーを取り付ける。
- 南の集域に車庫、北の集域に機械室を付加する。

□ 外形図

□ 切断透視図（1）

- 全域の空間は、点対称の関係で接合した4つの集域と、屋上に付加した変形の場とで構成されている。
- 複合装置（天窓＋高窓）が付いた吹抜けの下にある、入口と曲面の壁で構成された段路シャフトを組み合わせた西北の集域が、キュービックなヴォリュームに組み込まれている。
- キャノピーの下を通って入口から内に入ると、ダブルハイトの吹抜け（CH5,378mm）に取り付けた複合装置からの光を受けた上層の架路や、シャフト内に収められて屋上まで続く鉄骨段路の構成が視野に入る。
- 入口からの経路は、東側の連続する2つの集域に置かれた共用・食事の場に直結する経路、南西の集域にある和式の場と西北の供給域に向かう2つの経路、段路によって上層に連続する経路、の4つに分岐している。
- 東側下層の連続している集域は、外部に設けたパーゴラを架けたバーベキューコーナーに通じている。
- 上層東北の集域には、ウォークインクロゼットが付いた壮年世代の場（CH2,300mm）を配してあるが、東に開けた大きな開口からは遠くまで続く緑の田園風景が眺められる。
- 家族の場として使われる最上層は、風景に対する視線の関係から三角形の形態によるヴォリュームとして、ルーフテラスの中央に置かれている。

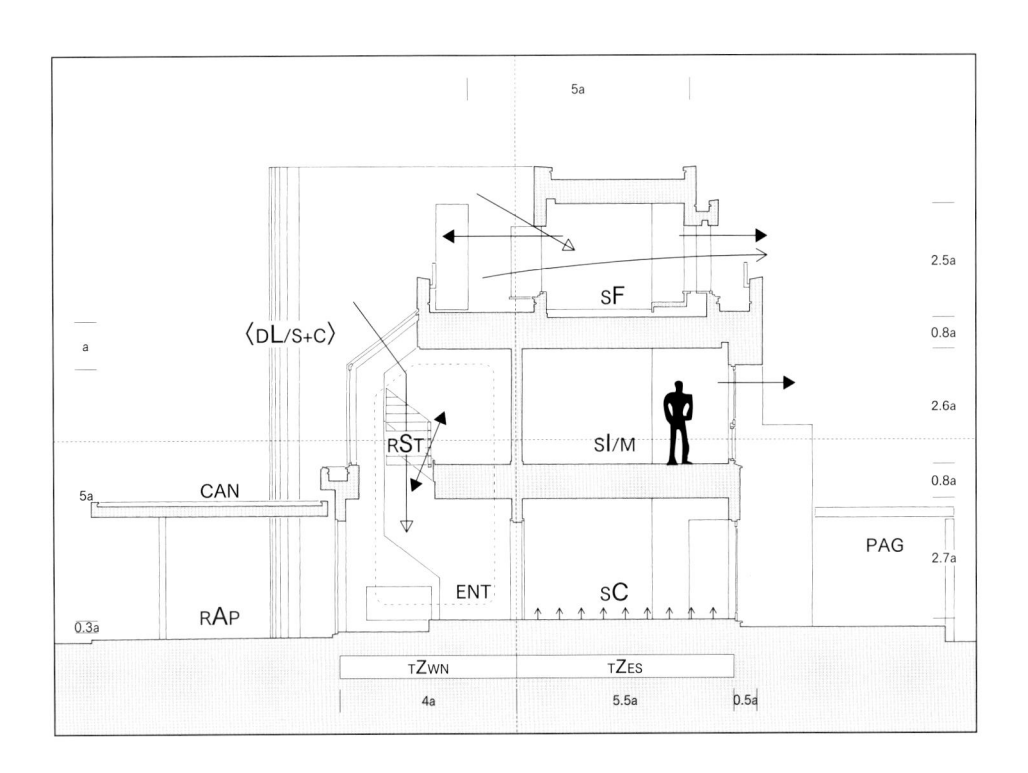

□ 基準切断面

⇐	光	TZES	東南の集域	RAP	導入路
⬅	視線	TZWN	西北の集域	RST	段路
⇐	風	sC	共用の場	CAN	キャノピー
↑↑↑	床暖房	sF	家族の場	PAG	パーゴラ
a	＝900mm	sI/M	壮年世代の場	DL/S+C	複合装置（天窓＋高窓）

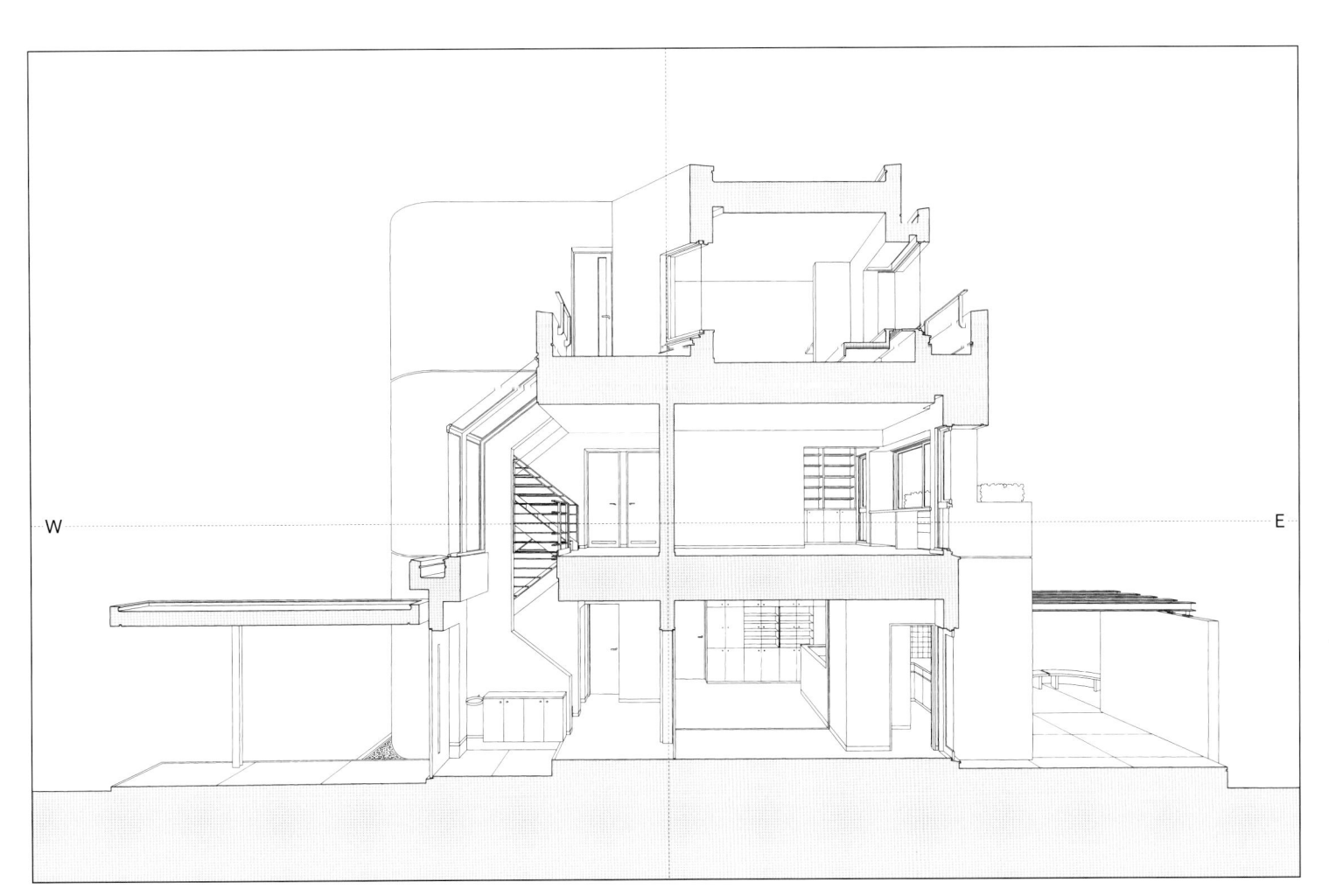

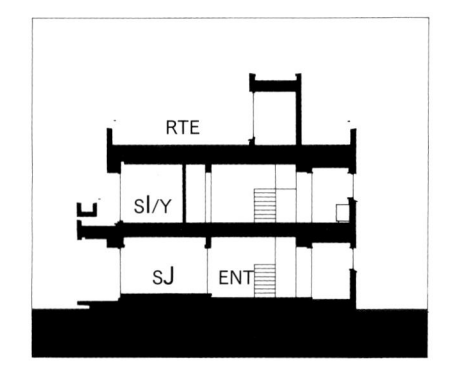

□ 切断透視図（2）

・複合装置が付いた吹抜けの下にある入口と一体化した段路は、住居の中心にあって全体に回転作用を与えるノードとして機能すると同時に、3層の場を貫く垂直の動きに対する移層装置となる。
・折返しの段路の踊場部分は、反転する動作に合わせて半円形に形作られている。
・南西の集域の下層に置かれた和式の場（CH2,300㎜）は、入口から直接アプローチできる客間として使用されるが、親族が集う法事などの際に使われる家族の記憶を紡ぐ場としての仏間でもある。
・東南と南西の集域の上層に置かれた若年世代の場（CH2,300㎜）には、南面する大きな開口の外部にプラントボックス付きのバルコニーが設けてある。2つ並んだ場は、バルコニーを通して互いに結ばれている。

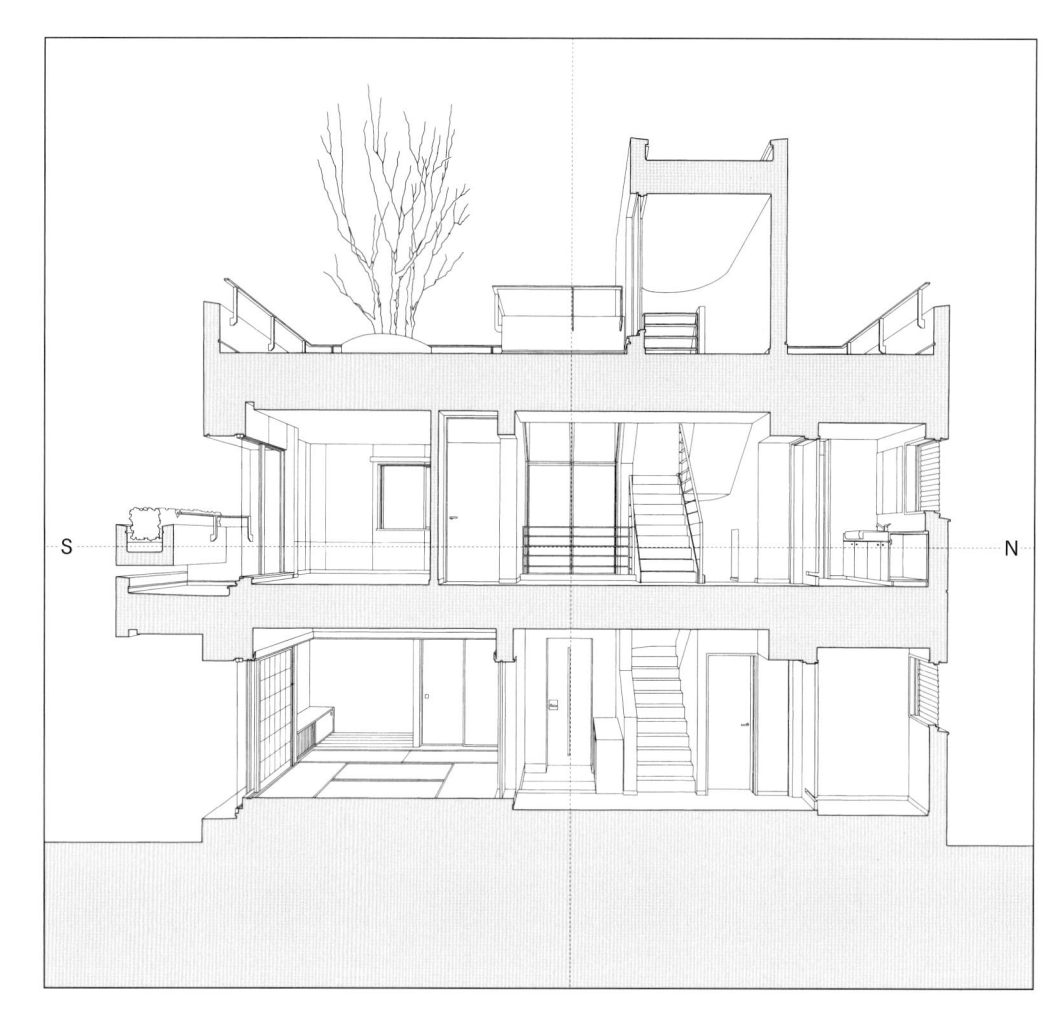

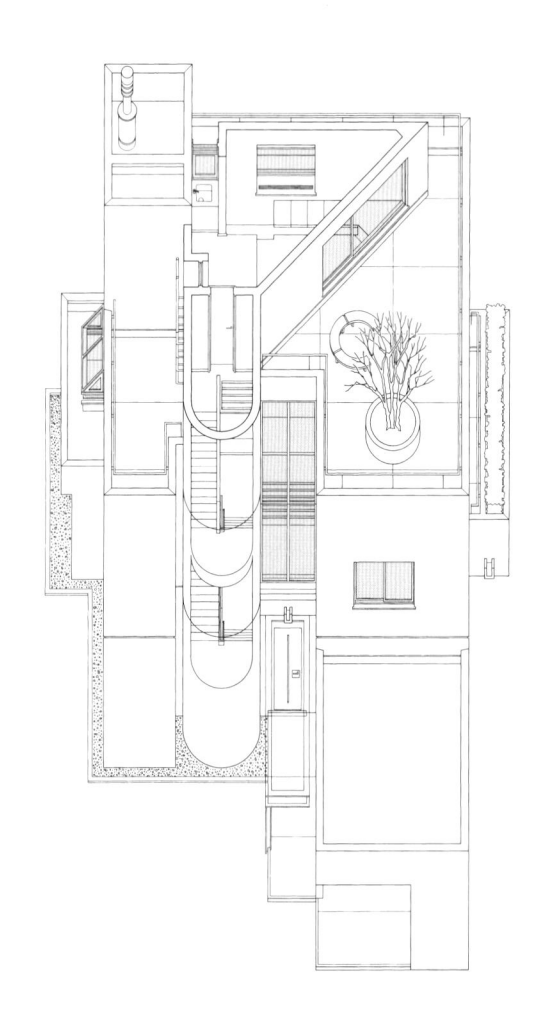

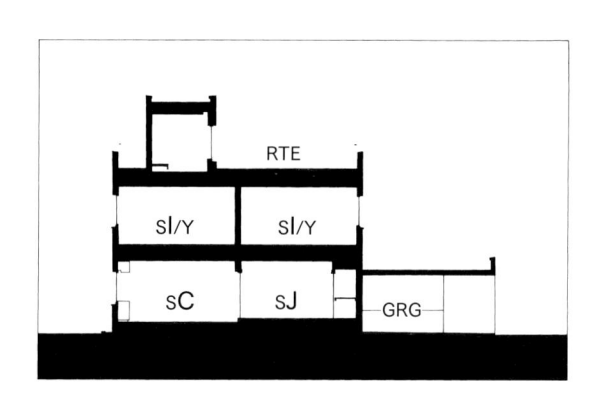

□ 切断透視図（4）

・北東の食事の場から続く空間は、共用の場でクランクして、さらに南西の集域にある和式の場へと連続し、このフォームのもつ回転作用の特性を実体化している。
・南に向かって並ぶ2つの集域は、境界に建て込んである障子の操作によって、繋がり方を調整することができる。
・南面する上層に並ぶ2つの若年世代の場は、対称の関係にあって、お互いはバルコニーによって結ばれている。
・連続したプラントボックスに植えた植栽の緑が、住み手に潤いを与える。
・屋上層の家族の場の斜壁に穿たれた大きな開口からの視線は、ルーフテラスを介して遠く西の武甲山へと向かう。
・ルーフテラスと家族の場は、気候のよい季節には、内外が一体のスペースとして利用される。

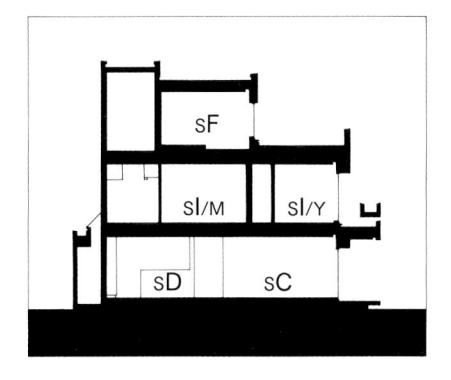

□ 切断透視図（3）

- 下層の東南と北東の連続する集域には、共用の場と食事の場（CH2,300㎜）および調理の場（CH2,300㎜）が配置され、タイル貼りの床には全面床暖房が設置されている。
- フラットな天井の下に連続しているスペースは、調理の場の脇に収納されている引戸によって適宜セパレートすることができる。
- 調理の場は、北東の集域に入れ子に挿入されたようなかたちになっており、南側には家事コーナーが付属している。脇にある片開き戸は、外部に設けたバーベキューサークルに通じている。
- 最上層のミニキッチンを備えた家族の場（CH2,100、2,250㎜）は、斜壁に設けた大きな開口によって内と外との空間が一体化されている。東側のフレームレスガラスで構成した出窓の下には、西に向かう視線に合わせて矩折のベンチが造り付けてある。

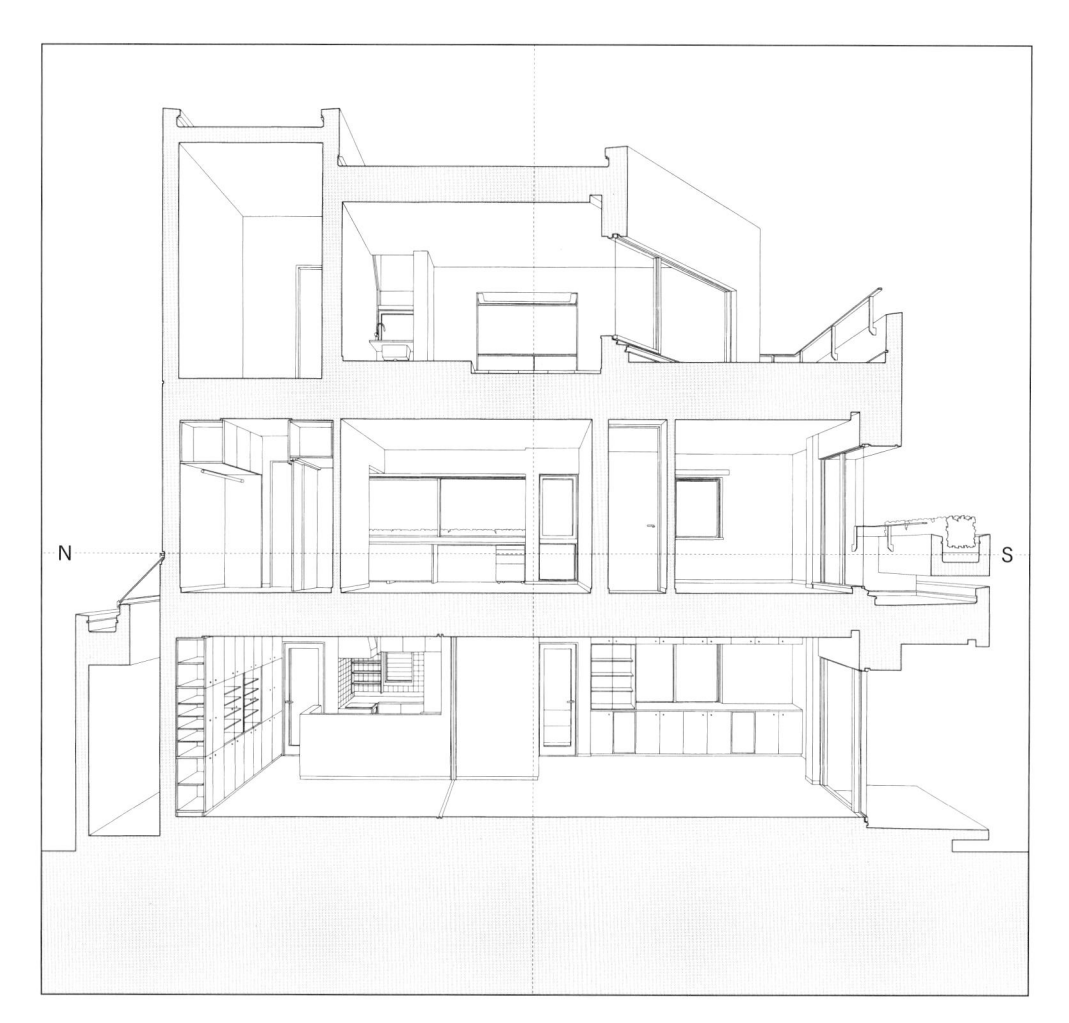

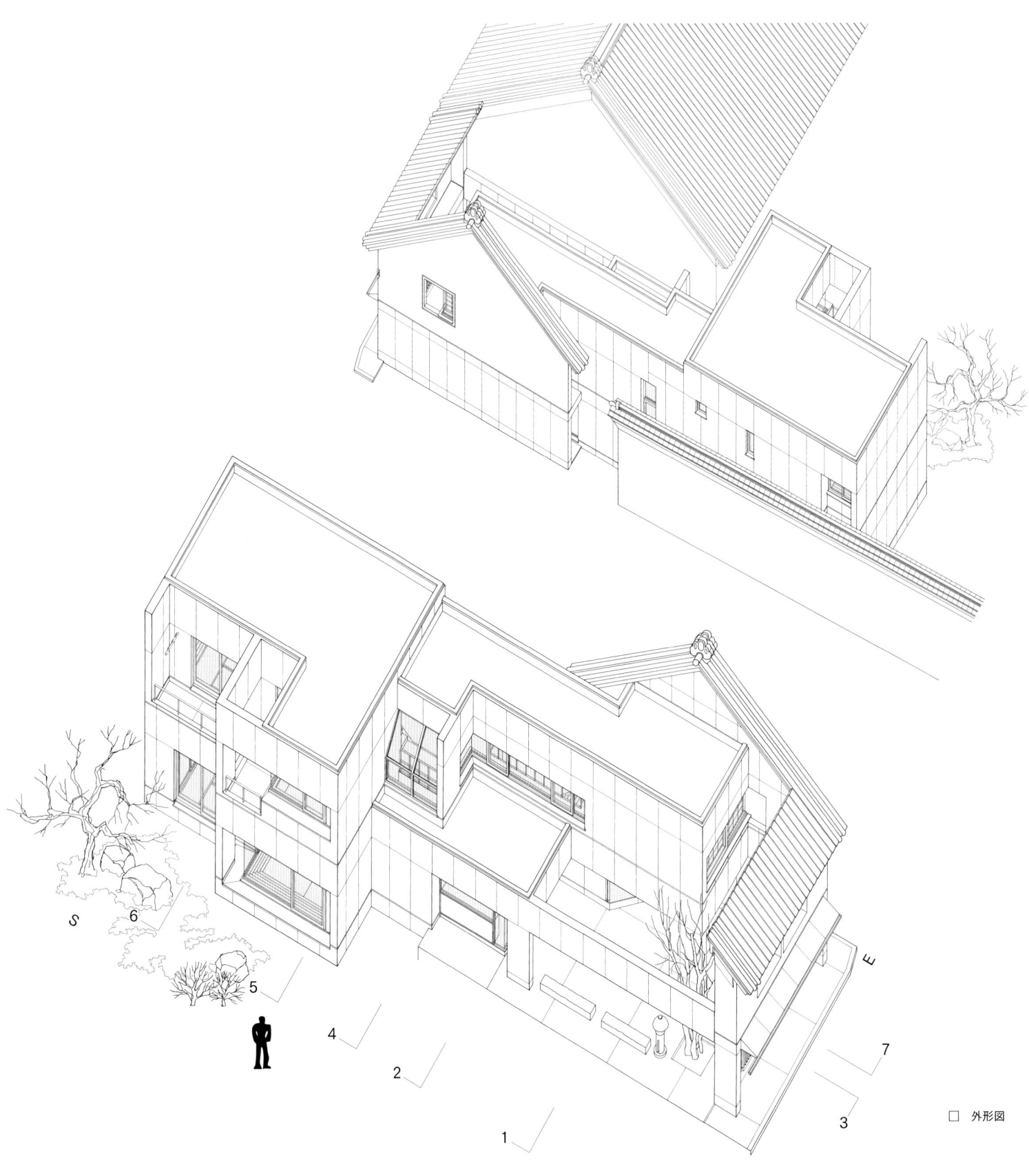

23	H-FUJ
	1982
RC-2F	756.69m²
♂♀+♂	160.52m²

歴史と共生する住居／街並の修景保存に対する手法として、歴史を象徴する部位と現在の住居との複合化を試みる。

立地
JR長野駅を降りて北に向かう中央通りを行くと、道路は途中から登り坂になる。坂を登りつめたところから始まる善光寺への参道の手前を西に折れると、蔵造りの家並が残る区域の角地に建つこの住居が見えてくる。

配置・外形
・旧屋を解体した跡地の、街路から少し引きを取った位置から東西軸に沿って、全域を配置する。
・出入口以外の全域を、複層にする。
・街並の修景保存のために復元した旧屋の表層（アーバンファサード）と、東の集域を複合する。
・導入路の南側に、表層と住居を繋ぐ飛び梁を架ける。
・東の集域の下層を外部化し、導入路と一体化する。
・西と中央の集域の上層を外部化して、ルーフテラスにする。
・中央の集域のクランクする上部に、複合装置（天窓＋高窓）を取り付ける。

□ 外形図

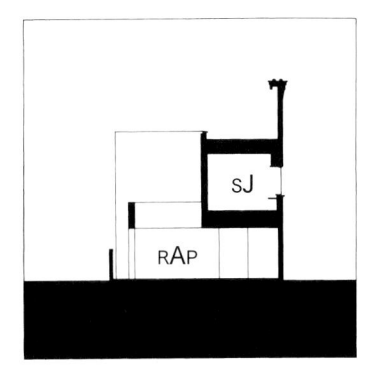

☐ 切断透視図（1）

- 旧屋のファサードを復元した門構えの中に組み込まれた格子戸を開けると、奥にある入口に向かっていく路地のような導入路が視野に入る。
- 誘導路の北側のピロティーの上には、ステンレス鏡面加工のパネルを張った斜壁と門構えから矩折（かねおり）に回した屋根形の壁に支えられた和式の場である客間（CH2,250㎜）が、街に面する東に向かって大きく張り出している。
- 導入路を囲うRC打放しのフレームの先には、入口まわりと、さらにその先に続くRC打放しによる南の集域の外形が見える。

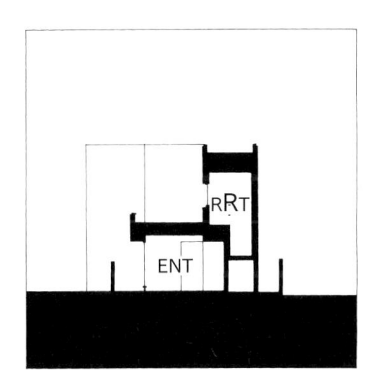

☐ 切断透視図（2）

- 入口（CH2,050㎜）からの経路は、南と西の集域に向かう経路と、折返し段路を上がって客間前を迂回しながら上層の集域へと進む経路（CH2,050㎜）とに分岐している。
- 下層の中央を西に向かう経路は、共用・食事の場を経て、最奥にある和式の場に接続している。
- 客間から折り返して西に向かう経路は、途中でクランクして、若年世代と壮年世代の場に向かう。
- 経路の途中には、この住居のもつハードなテクスチュアに合わせてシルヴァーメタリック色に仕上げた履物入、段路と経路とのあいだに設けたステンレスフラットバーの手摺、段路の上に架かる同じ素材で構成した冬季の物干用の仕掛け、などが取り付けてある。

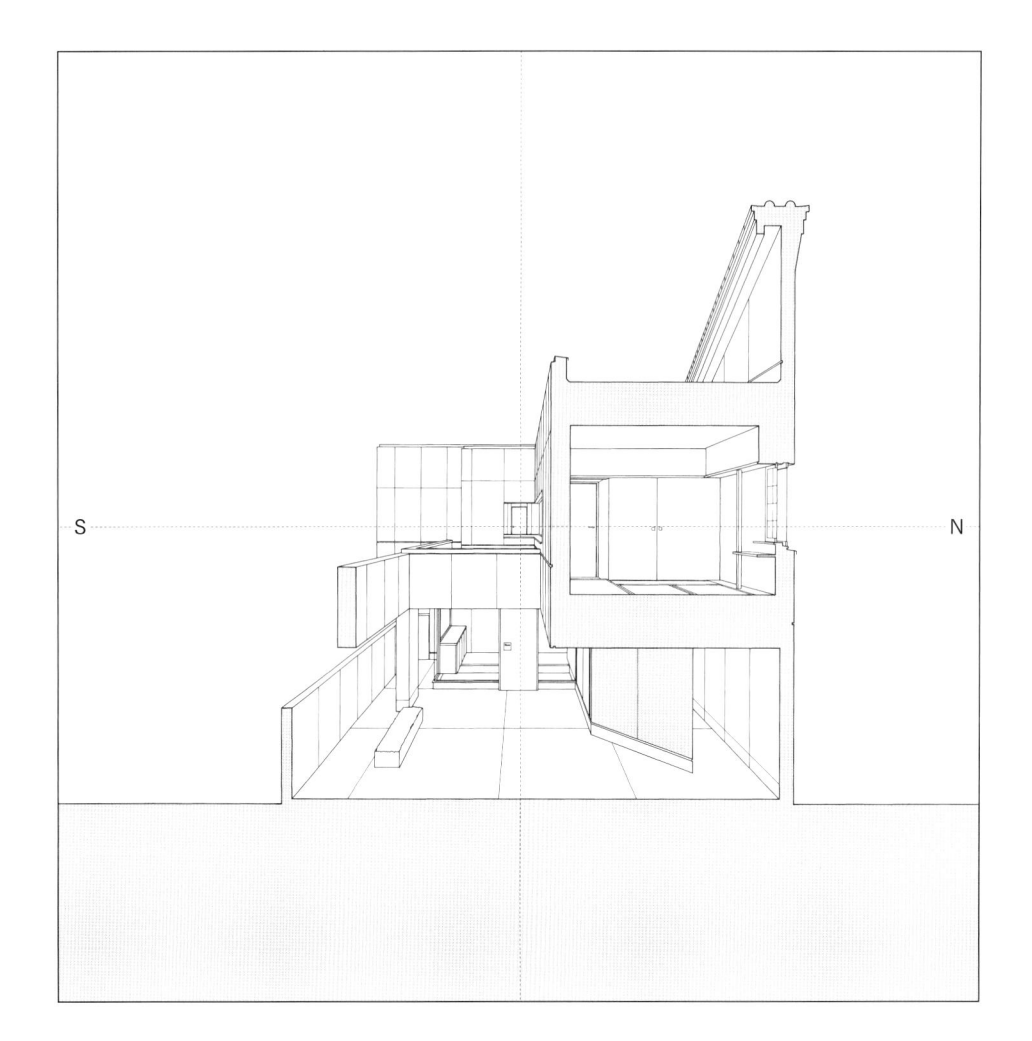

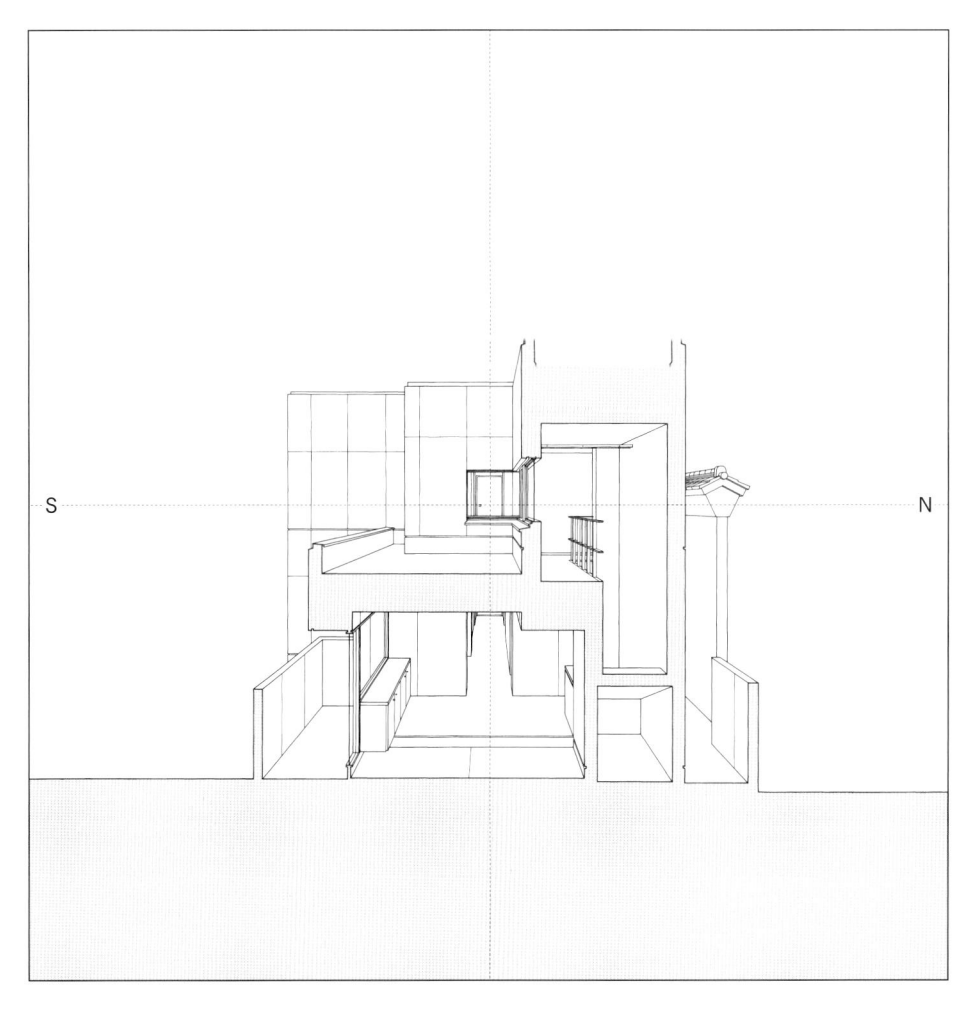

□ 基準切断面	◁───	光
	◀───	視線
	⇐───	風

TZS	南の集域
TZW	西の集域
TF	空間域
SC	共用の場
SJ	和式の場
SI/M	壮年世代の場
SI/Y	若年世代の場
RAP	導入路
ENT	入口
GAT	門
DL/S+C	複合装置（天窓＋高窓）
a	＝900mm

□ 切断透視図（3）

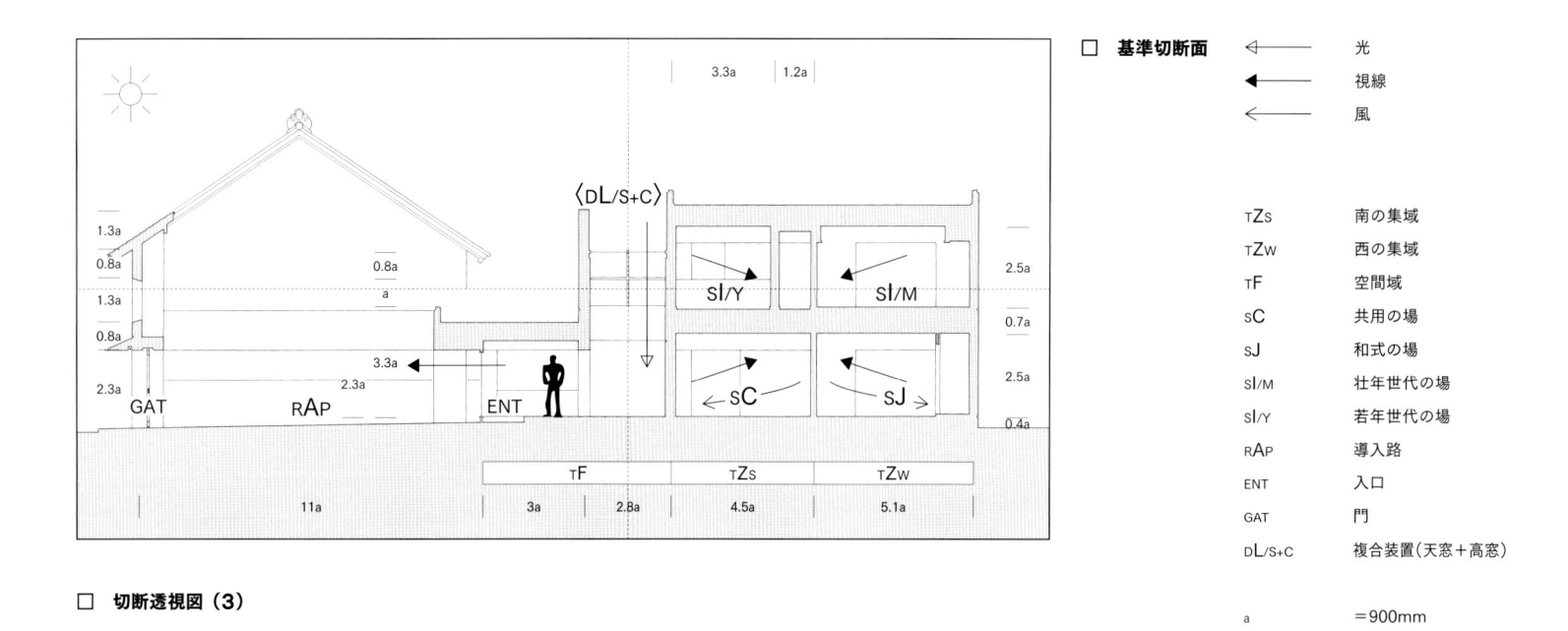

- 全域の空間は、東西方向の軸となる経路に取り付いた4つの集域と、街との境界に矩折の形で復元されたアーバンファサードである表層との複合によって構成されている。
- 街並の修景保存のために旧屋のファサードを復原した門構えの内にある格子戸を開けると、株立ちの姫娑羅（ひめしゃら）の下に置かれた灯籠や沓脱石（くつぬぎいし）など記憶を紡ぐ部位と、現代の素材であるRC打放しのフレームとが併置された導入路と、その先にあるハードな外形の南と西の集域が視野に入る。
- 入口を上がって南の集域に入ったところにある溜りのスペースには、上部の狭間に取り付けた複合装置（天窓＋高窓）からの光が静かに降りてくる。
- 下層の共用・食事の場（CH2,250㎜）は、旧家の慣習に従って畳敷きにしてある。南の矩折の開口からは、樹齢を経た植栽が茂る南庭の光景が眺められる。
- 上層の若年世代の場（CH2,250㎜）は、この住居で唯一床をフローリング貼りにしてあるスペースで、壮年世代の場とのあいだにある書庫を通って南に設けたバルコニーに出ることができる。
- 西の集域の下層にある和式の場（CH2,250㎜）は、客間として使用されるほか、親族が集って家族の記憶を紡ぐ場としての仏間でもある。
- 上層の和式の場（CH2,250㎜）は、住み手の就寝スペースで、バルコニーが付いた南側には古くからの庭園、北側の腰付き窓の外部に建つ築地塀（ついじべい）越しには蔵造りの家が建ち並ぶ周囲の風景が眺められる。

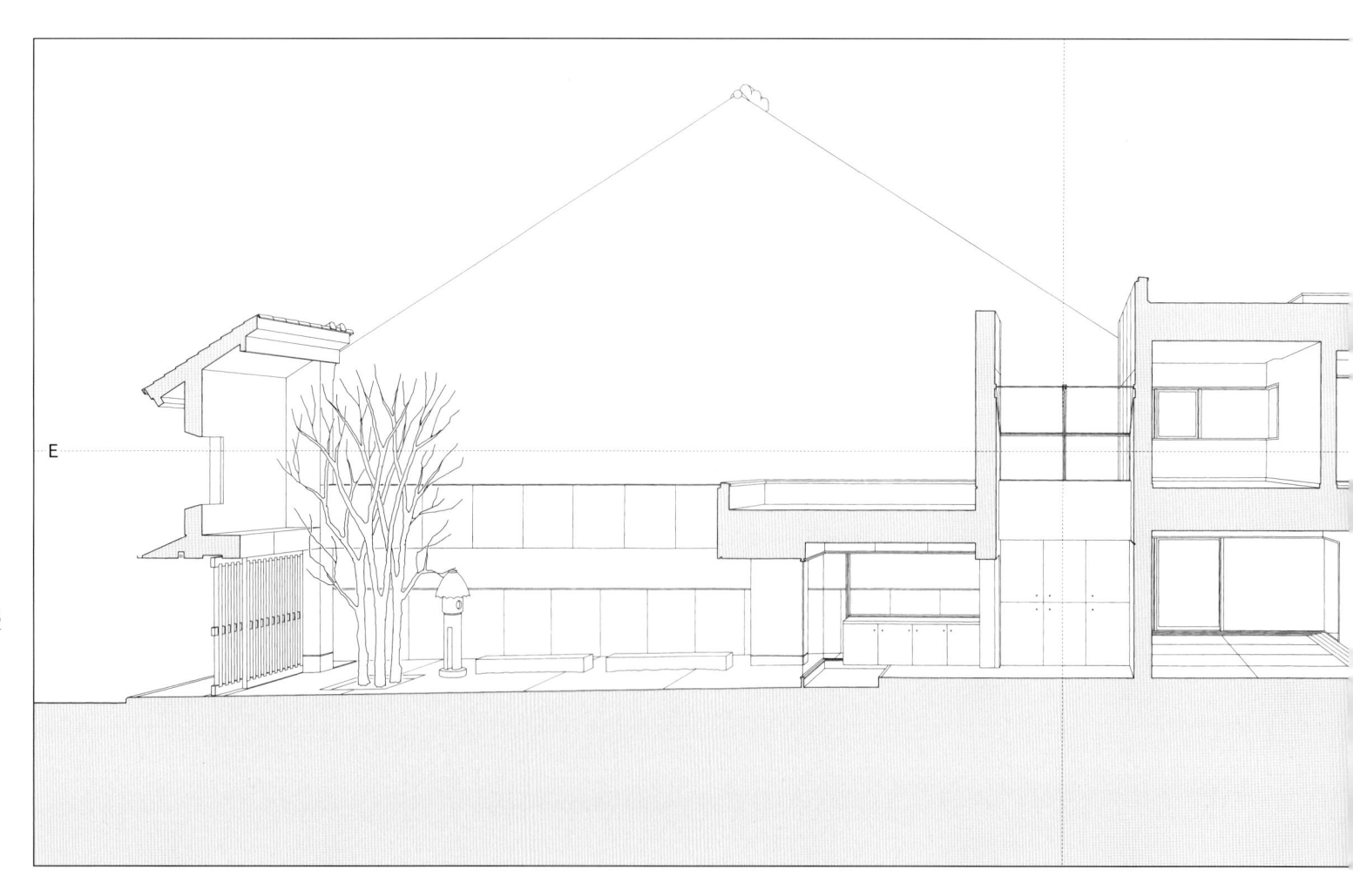

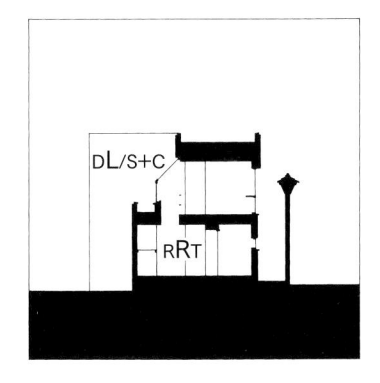

□ 切断透視図（4）

- 南の集域の吹抜けの下にある溜りのスペース（CH4,150mm）の上部には、東の集域からの経路が通っている。
- 複合装置から入った光は、経路の南にある狭間を抜けて溜りのスペースまで降りてくる。
- 溜りのスペースを通り過ぎた下層の経路は、南の集域にある共用・食事の場へと向かう。
- 東の集域の上層からの経路は、正面にある納戸の壁によって南に誘導されてクランクし、複合装置が付いた吹抜けを通り抜けて南と西の集域とを繋ぐ段床に向かって延びていく。
- 経路を進むにつれて変化する光と形態による演出が、住み手に豊かな空間体験を与える。

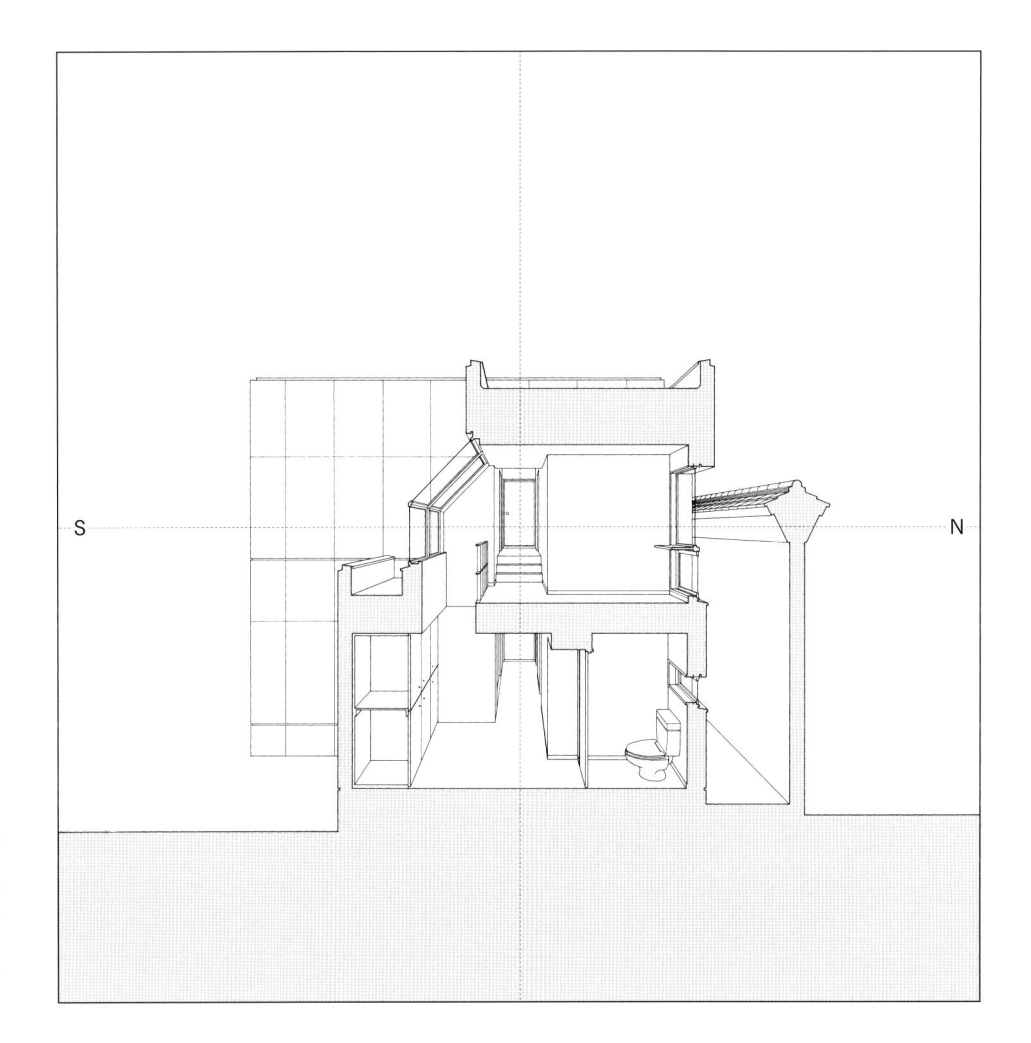

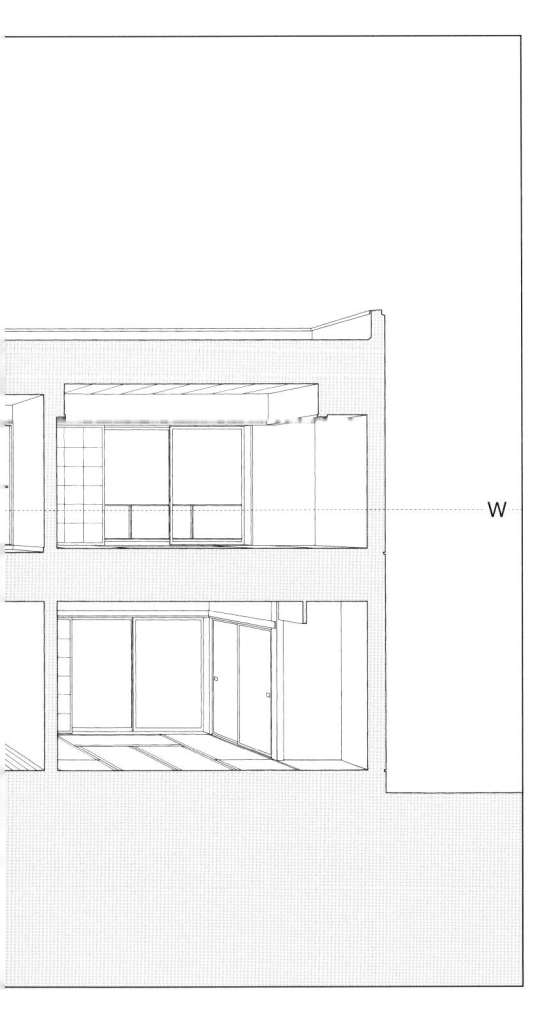

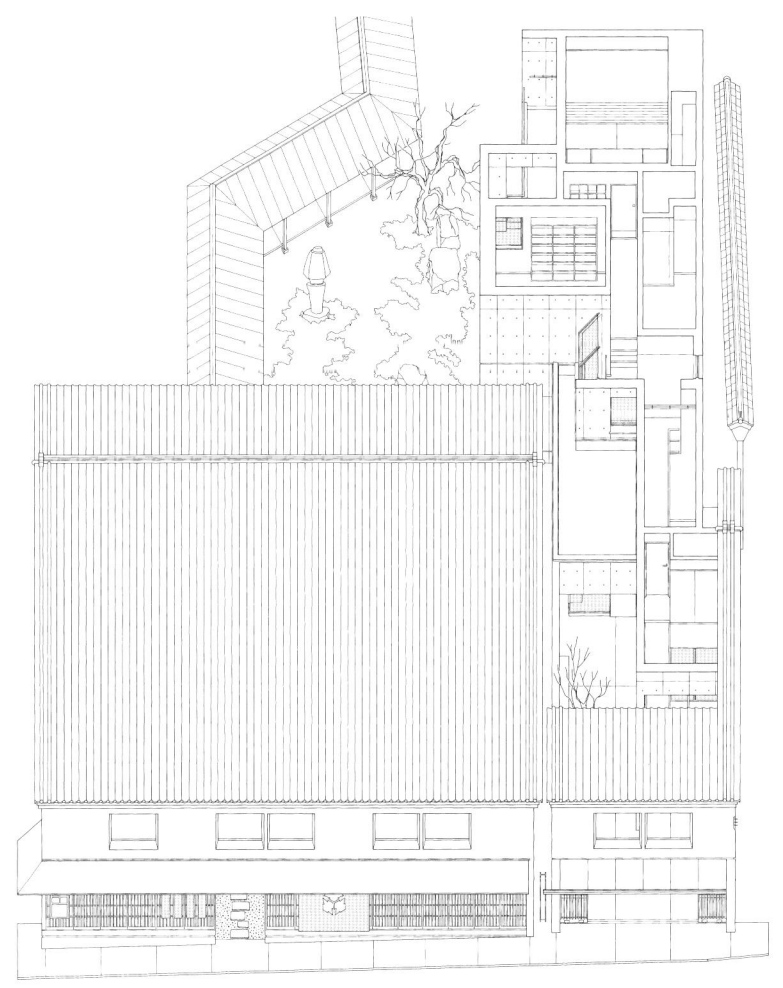

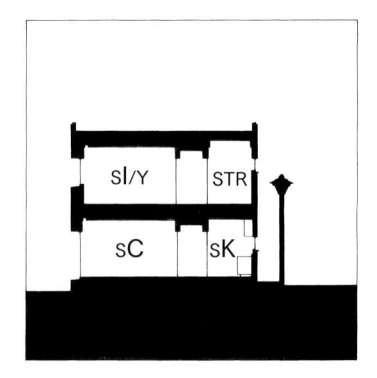

□ 切断透視図（5）

- 下層の中央を通る経路には、南の集域の共用・食事の場と北の集域の調理の場（CH2,300㎜）が取り付き、上層では同じように若年世代の場（CH2,250㎜）と納戸（CH2,500㎜）が配置されている。
- 経路が閉鎖的な空間にならないようにするため、途中に抜けを設けたり、端部をクランクさせて光を取り入れたりするなどの手法が試みられている。
- 経路を介してのドラフト効果による通風を利用するため、共用・食事の場の北側に建て込んだ引違い戸には、換気を調節するための無双窓が組み入れてある。

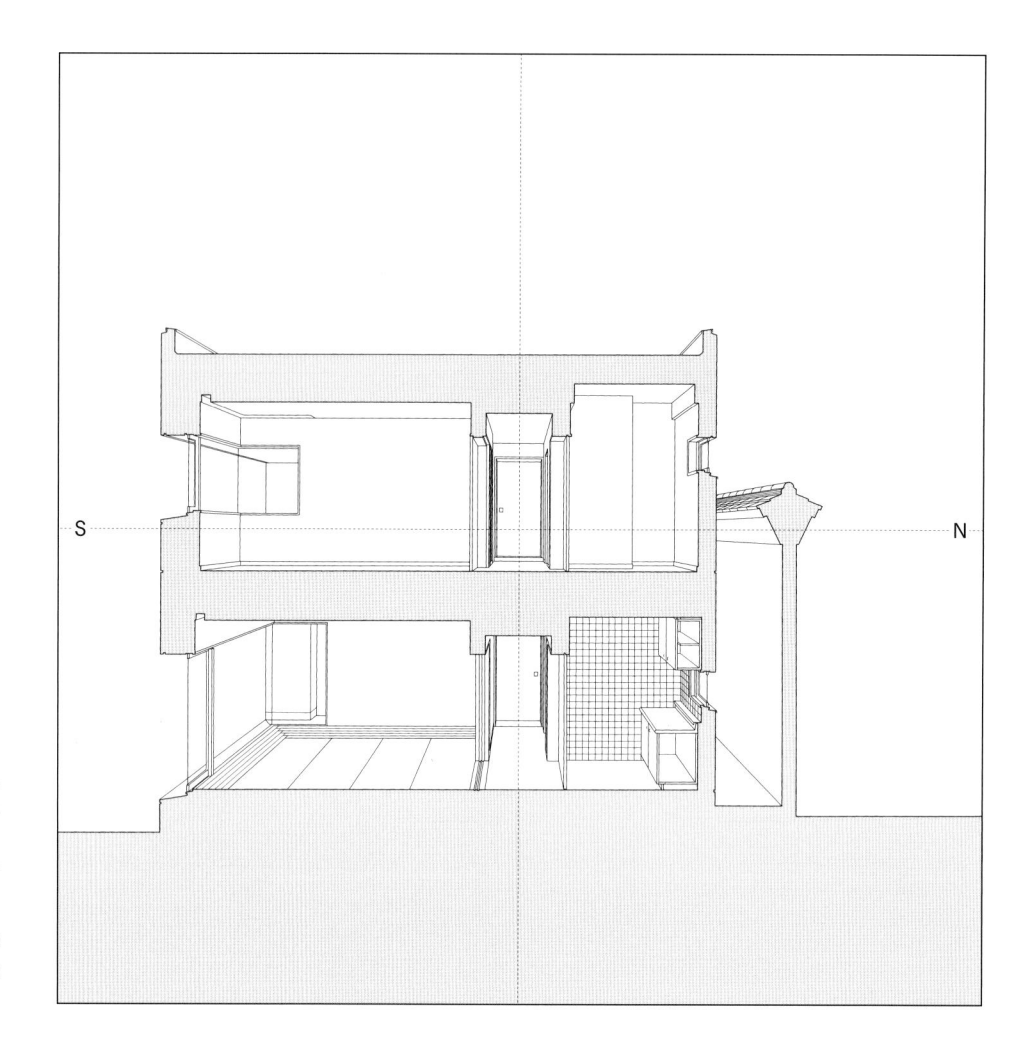

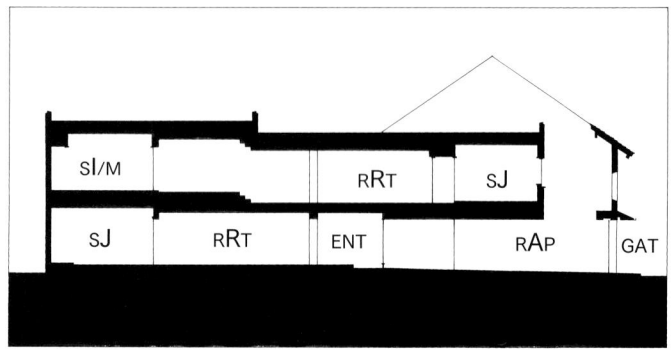

□ 切断透視図（7）

- 東の集域の街に面するアーバンファサードは、旧屋の表層を復元した矩折の門扉とハンガーレール吊りの格子戸との組合せで構成されているが、上部の漆喰塗りの壁に穿たれた過去のフレームを通して、RC打放しの外形をもつ現在の住まいが垣間見える。
- 上層部に浮遊性を与えるため、ピロティーを支える鋭角の斜壁は、表面に取り付けた鏡面加工のステンレスパネルに周りの光景を映し出して、自身の存在を消す。
- ピロティーの上にある客間の鉤（かぎ）の手に回した開口は、アーバンファサードの内に組み込まれている。開口脇に設けた床の間は、他の領域に布置されている部位と同じくこの住居のハードなテクスチュアに合わせて、ステンレスの角柱と厚板とで構成されている。
- 下層の入口から西に向かって直進する経路と、それに取り付く各集域による構成が、リニアな土地に計画された住居の特性を示している。
- 上層の客間前から西端にある壮年世代の場に至る長い経路は、途中に設置された段床装置や仕掛けなどによる作用とともに、距離による効果によって、経路を単なる繋ぎの部位から住み手に変化のある空間体験を与えるスペースに変換されている。

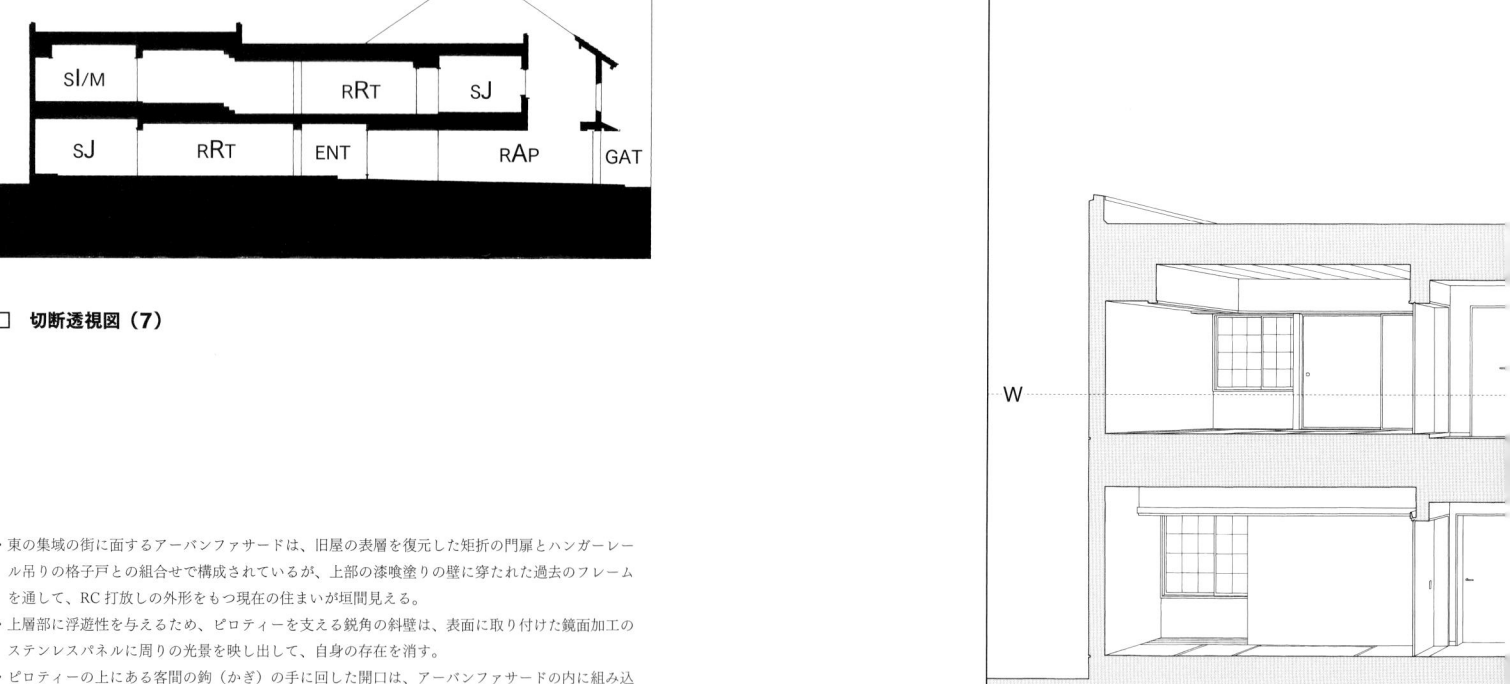

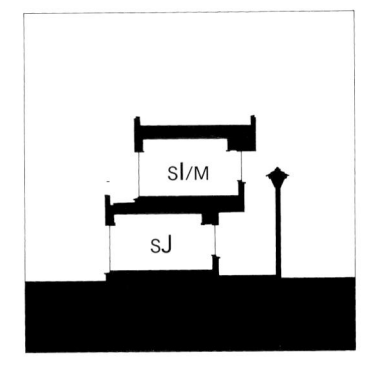

□ 切断透視図（6）

- 西の集域には、下層では矩折の地板と押入が付いた和式の場、上層には畳敷きの壮年世代の場が置かれているが、いずれもリニアな空間構成の端部がデッドエンドのスペースにならないようにするため、下層では北側に築地塀を背景とした坪庭を設け、上層では南の庭からバルコニーを経て内部を通過し北に抜け、さらに築地塀を越えて周りの街並に連鎖していく連続性の仕組みを導入している。
- 東西方向の移行に対するフィジカルな連続性と、南北方向のメンタルな仕組みとの複合は、相乗された作用を住み手に与える。

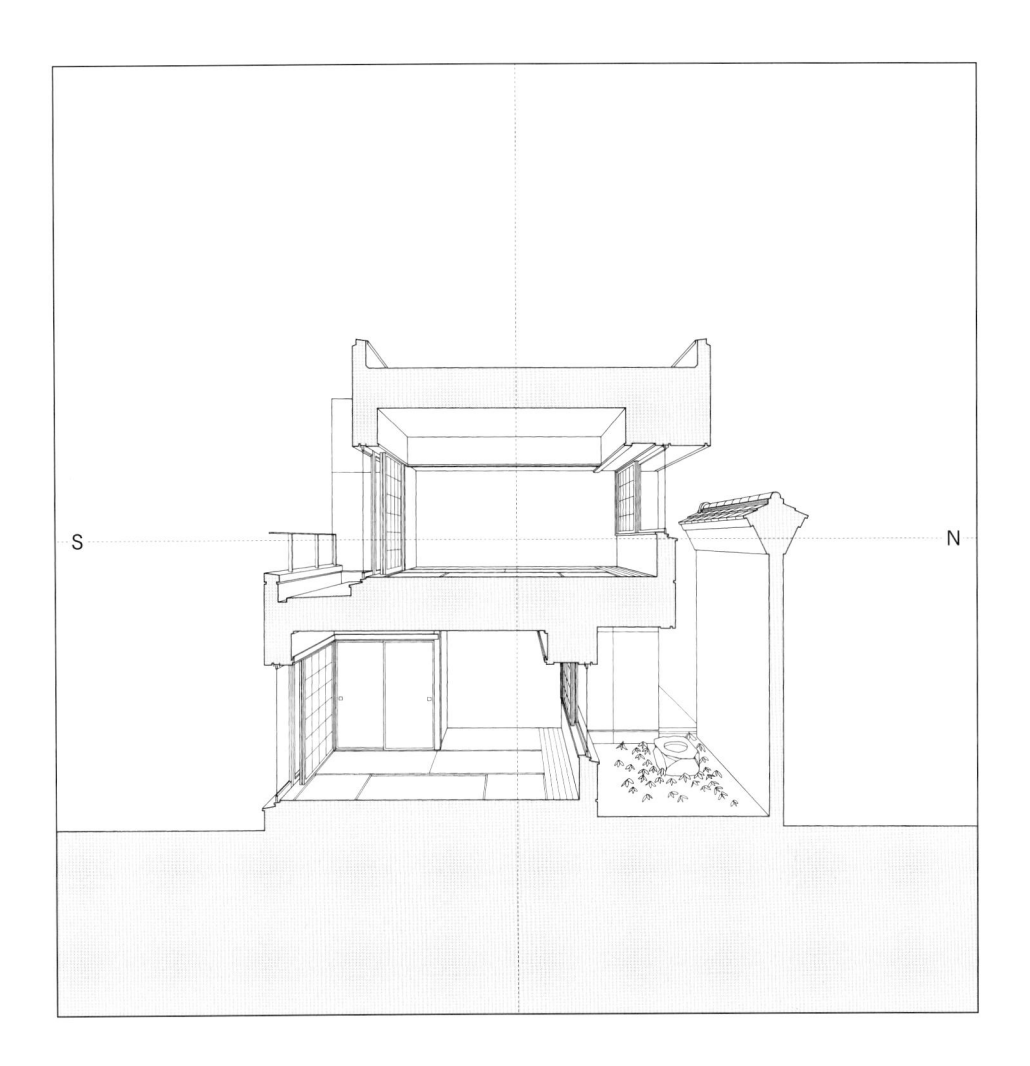

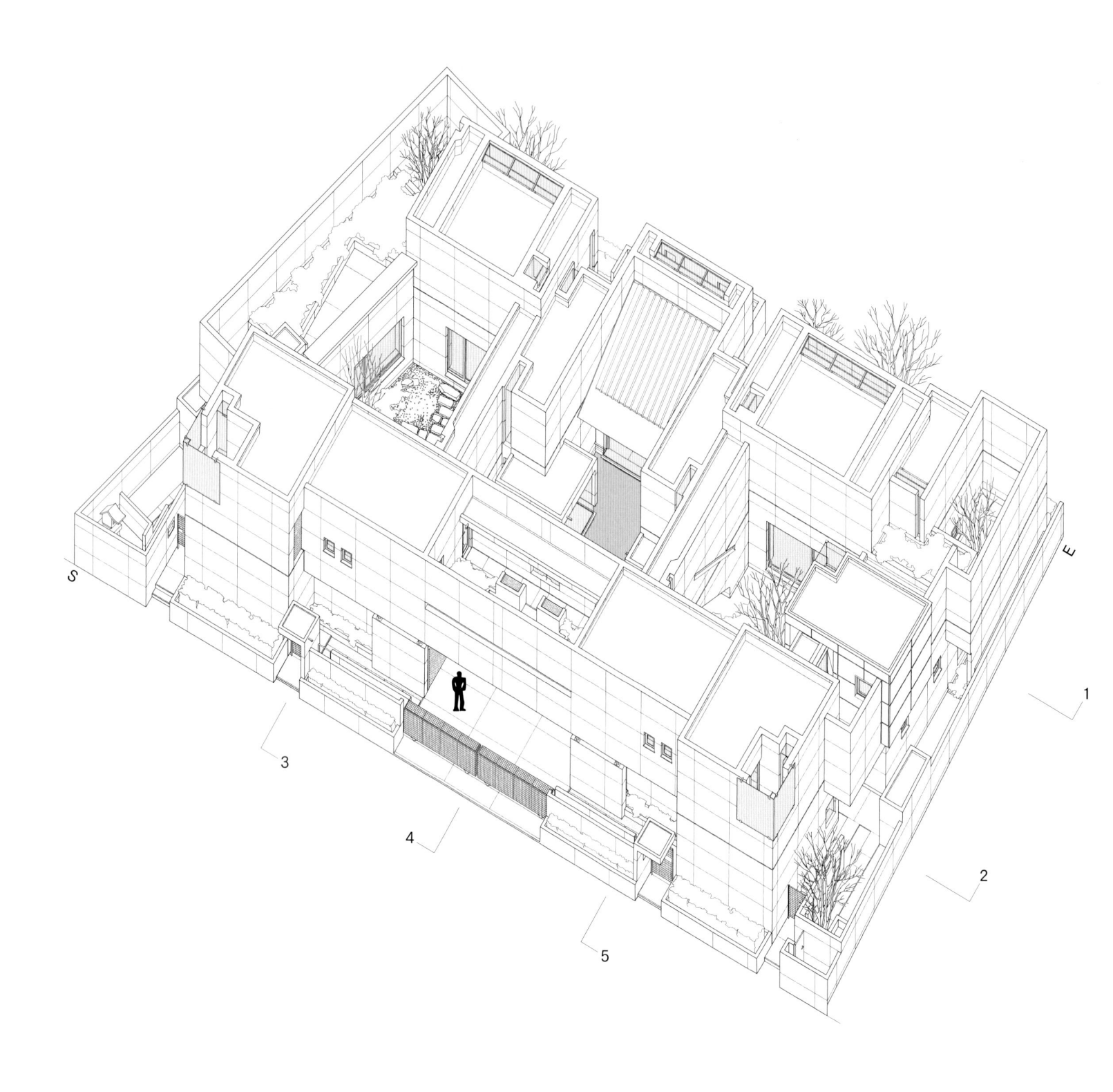

24	H-MIT
	2002
RC-2F	808.08m²
♂♀／♂♀+♂	444.88m²

対になった複合世代住居／複合世代住居としての条件と環境の変化に対応して、囲繞(いぎょう)した全域の内に外空間を内包するコートハウスの仕組みを適用する。

立地
多摩川に近い総合スポーツ施設周辺には、広い敷地の中に平屋建ての住居が建つ区域がまだ残っているが、樹齢を経た欅(けやき)などの植生が所々に残されている閑静な環境も、交通量の増加と周辺に建つ高層集合住居の影響を受けて変わりつつある。バス通りと交叉する道路を西に行くと、街路樹の木の間越しにこの住居が見えてくる。

配置・外形
・敷地の西側に高齢世代の住域、中央に共用域、東側に壮年・若年世代の住域を配置する。
・高齢世代の住域の北と東の空間域を吹抜けにし、西の集域を単層、南の集域を複層にする。
・壮年・若年世代の住域の北と西の空間域を吹抜けにし、西の集域を単層、南の集域を複層にする。
・東の住域の屋上に、若年世代のためのユニットを置く。

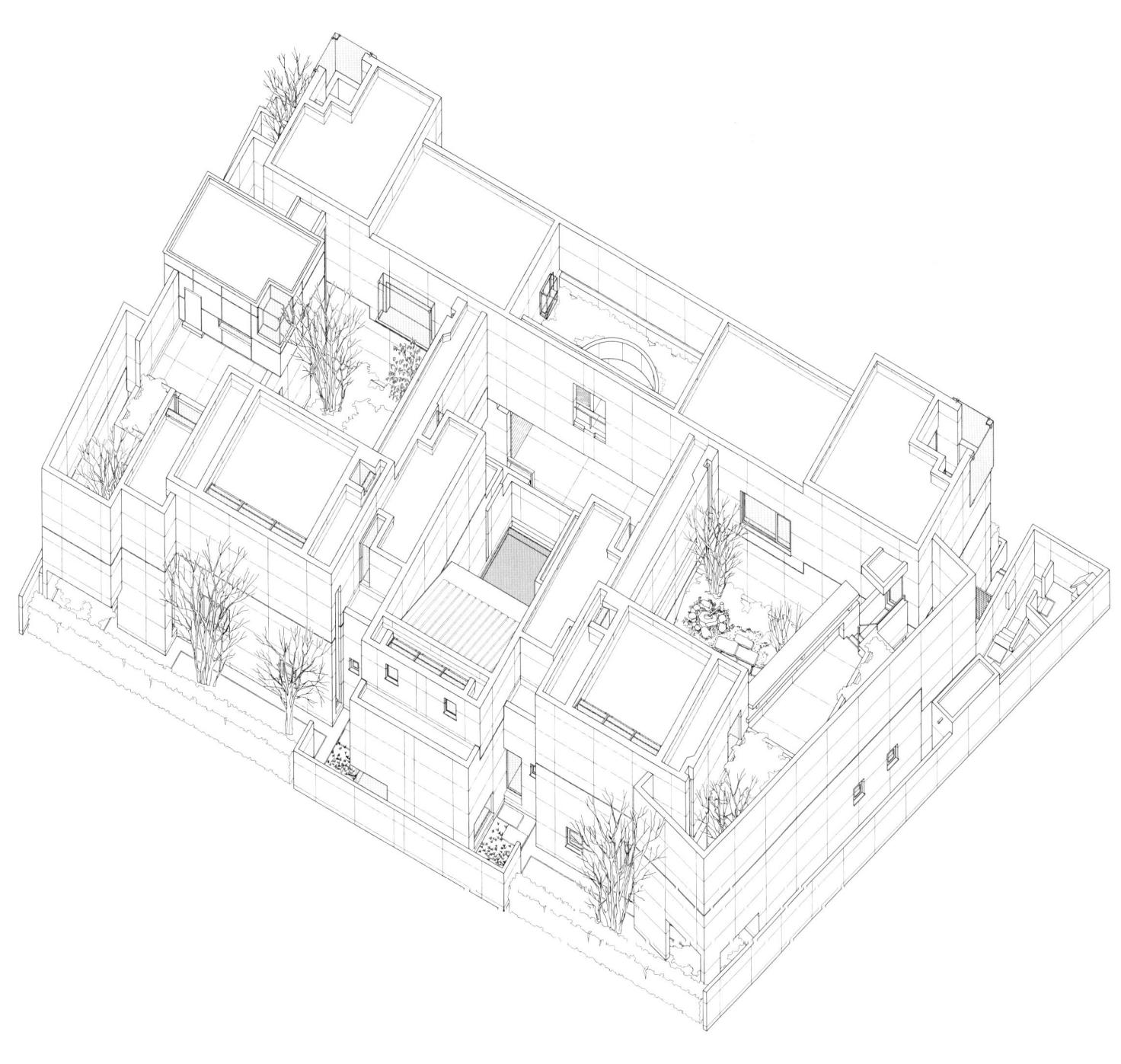

□ 外形図

- 東と西の住居の狭間に舗設された共有域の北側に記憶の場を置き南側に壁で囲繞した池を設ける。
- 共用域を単層にして片流れ屋根を架ける。
- 住域の中央を外部化し、内部空間と一体化した外の場として機能させる。
- 東と西の住域の単層上部をルーフテラスにする。
- 東と西の住域を繋ぐ中央の屋上を三世代が共有するルーフガーデンとして機能させる。

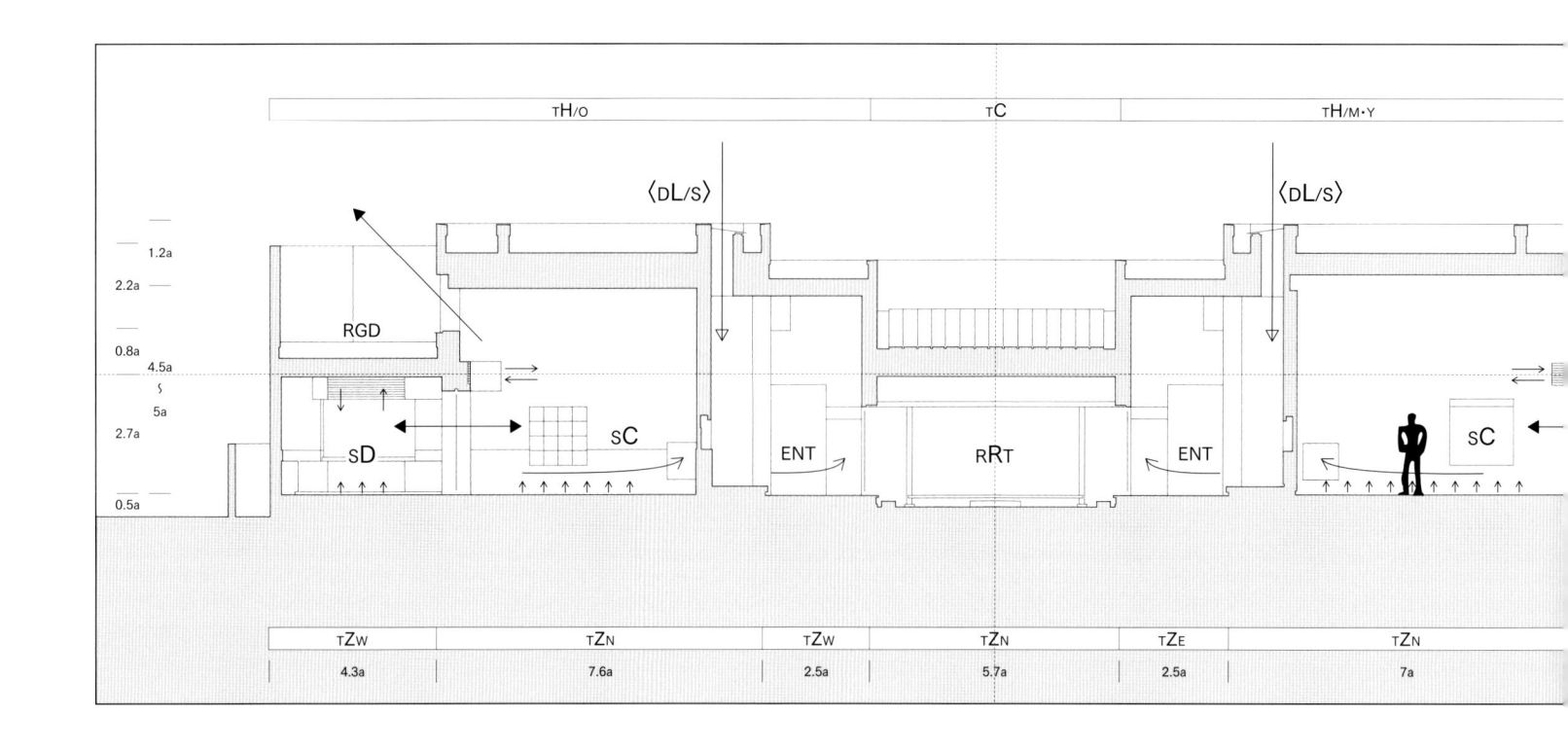

| TH/O | TC | TH/M·Y |

1.2a
2.2a
0.8a
4.5a
5a
2.7a
0.5a

RGD ⟨DL/S⟩ ⟨DL/S⟩
sD sC ENT RRt ENT sC

| TZW | TZN | TZW | TZN | TZE | TZN |
| 4.3a | 7.6a | 2.5a | 5.7a | 2.5a | 7a |

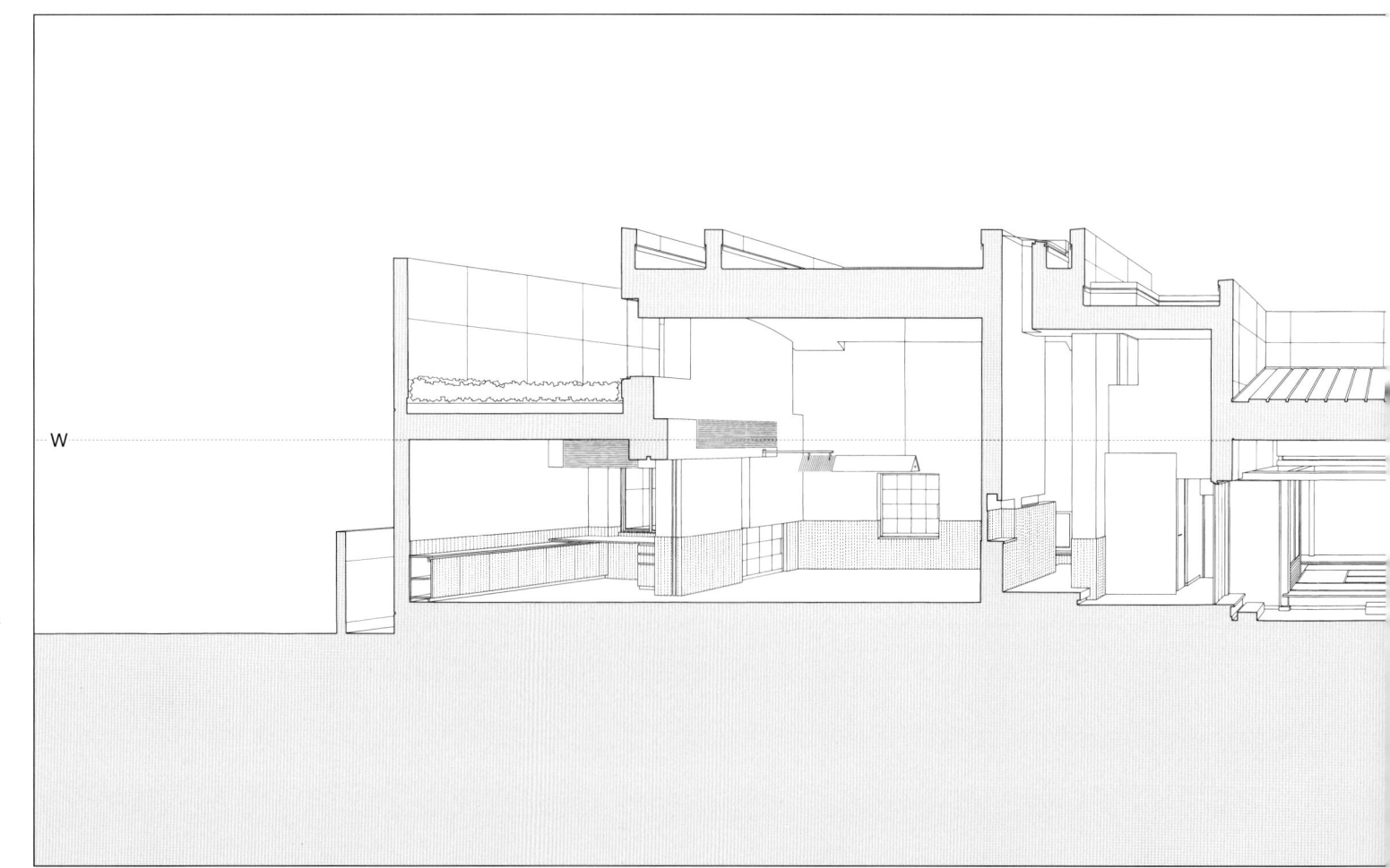

W

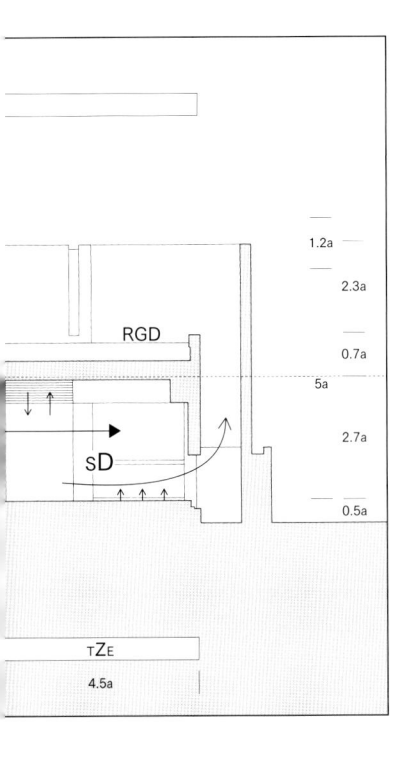

□　基準切断面

◁──	光
◀──	視線
⟵──	風
⇄	空調
↑↑↑	床暖房

TH/O	高齢世代の住域
TH/M・Y	壮・若年世代の住域
TC	共用域
TZE	東の集域
TZW	西の集域
TZN	北の集域
SC	共用の場
SD	食事の場
RRT	経路
ENT	入口
RGD	ルーフガーデン
DL/S	採光装置（天窓）
a	＝900mm

□　切断透視図（1）

・全域の空間は、中央に舗設された共用域を挟んで東西に配置した、2つの住域によって構成されている。
・中央に舗設された共用域の西側に高齢世代の住域：TH/O、東側に壮年・若年世代の住戸：TH/M・Yが、対称の位置に配置されている。

共用域：TC
・共用域は、2つの住域の狭間に舗設された場として扱われている。
・池に向かって葺き下ろした片流れ屋根の下にある和式の場は、躯体から離して組んだフレームによって、舗設された場の仕組みを視覚化している。
・池とのあいだには、この場をノードとして両側の住域を結ぶ経路が通っている。

住域：TH/O
・入口を上がったホール（CH4,080㎜、壁：漆喰塗り、腰：楢柾板貼り、天井：漆喰塗り）には、タペストリーガラスのスクリーンで仕切られたパウダールーム（CH2,100㎜、壁：漆喰塗り、腰：檜柾板貼り、天井：漆喰塗り）が付属している。
・共用の場への入口には、大きな軸吊り扉（W960×H3,975㎜、楢柾板貼り）が建て込まれ、腰には住み手によって彫られた仏像を置くニッチが穿たれている。上に設けたスリット状の天窓からの光が、この場に柔らかく降りてくる。
・ダブルハイトの北の集域には、曲面天井の下に共用の場が置かれている。
・敷地境界に沿って配置された西の集域が、共用の場に斜めに入り込んでいる。
・西の集域にある食事の場（CH2,400㎜、壁：漆喰塗り、腰：楢柾板貼り、天井／漆喰塗り）からは、北と東の庭が見える。

住域：TH/M・Y
・ダブルハイトの北の集域には共用の場が置かれ、中庭への視線を考慮した矩折（かねおり）の家具が造り付けてある。
・共用の場に連続している東の集域に配された食事の場（CH2,400㎜、壁・天井：漆喰塗り）からは、北庭の緑と芝貼りの中庭が見える。

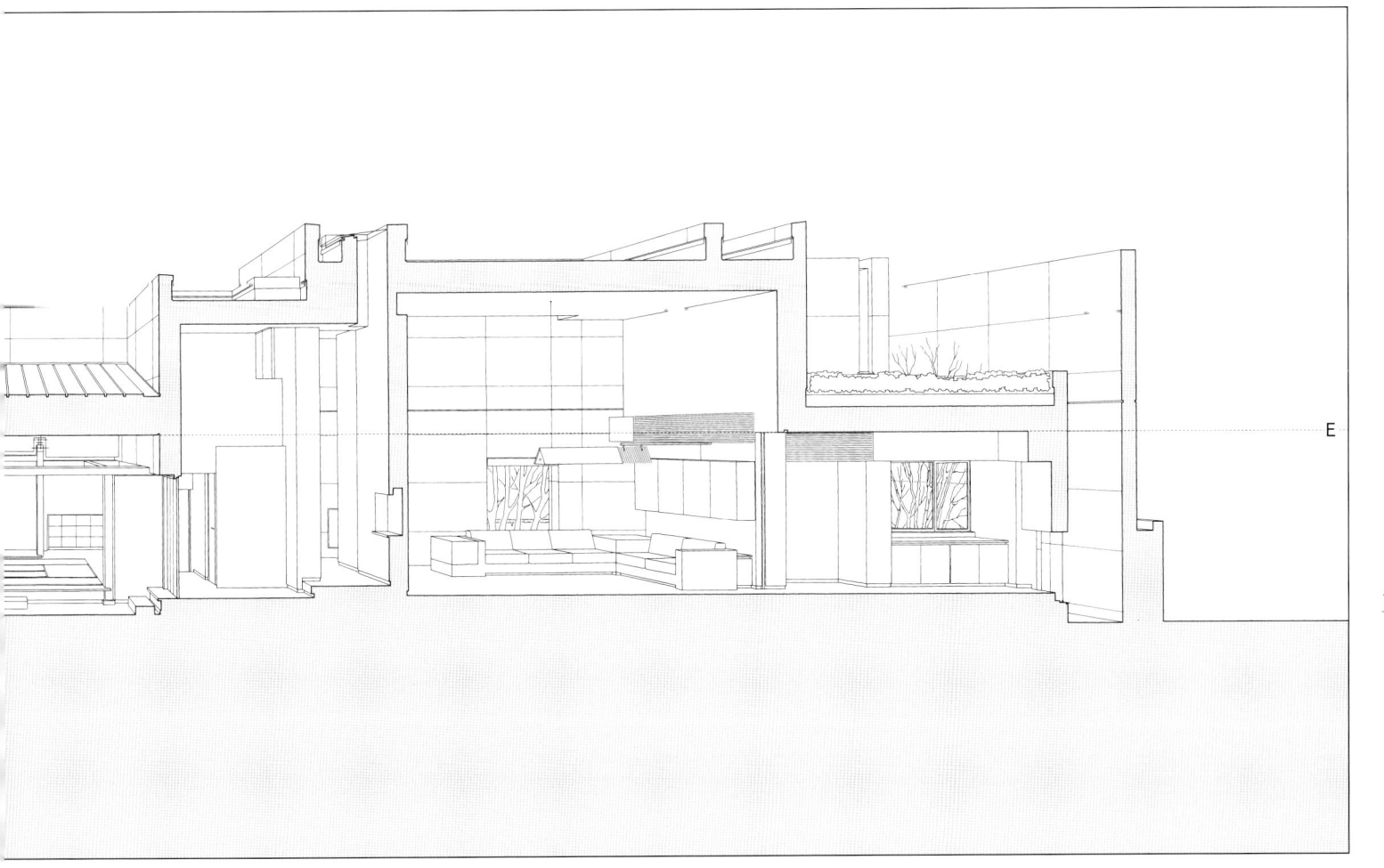

RRt GRD RRt RAp RRt ORM RRt

W

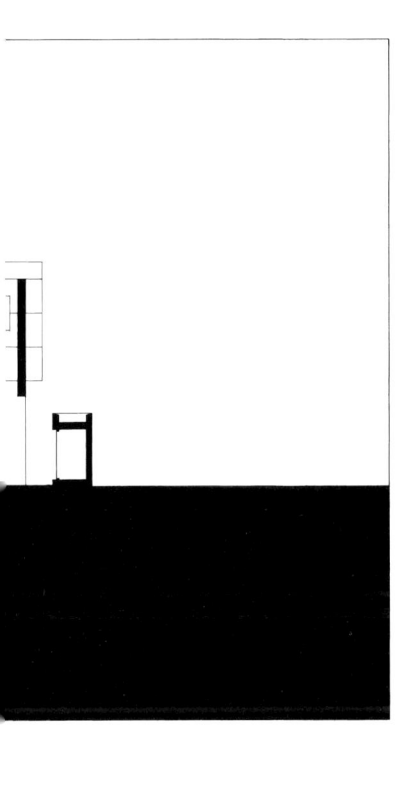

□　切断透視図（2）

- 南側前面道路に面した中央の電動引分け扉は、おもに車の出入りを対象としている。
- 訪れた人は、東および西寄りに設けた招く形を表徴する逆L形のゲートから入り、南の集域に沿った導入路を通って中央に向かう。
- 中央の車回しのためのピロティーは、東と西に置かれた2つの住域にアプローチするポーチとしても機能する。
- 中央にセットされた、視線より少し高めに造られたバッファー兼用のコの字形の囲い壁が、訪れた人を住域の入口前にある段床へと誘導する。
- 大きな庇の付いた入口には、壁との取合いにスリットを入れて分節した部分に、住み手の年代に対応した仕様の親子扉（TH/O：楢柾目板練付け仕上げ、TH/M・Y：AL-T3㎜電解発色仕上げ）が建て込んである。
- 段床の手前にあるダブルハイトの囲い壁の足元に設けたメンテナンス用開口には、内包された中庭の存在を予知させるために、緑を映し出すタペストリーガラスが嵌め込んである
- 共用域の西と東に配されている高齢世代および壮年・若年世代のための2つの領域は、中庭を中心として周囲に4つの集域が連続するコートハウスシステムを基本に構成されている。
- 土地の形状に従って斜めに配置したTH/Oの西の集域の躑躅を密植したルーフガーデンが、パラペット上に設けた花台に並ぶ鉢植えとともに、住み手の生活に潤いを与える。
- TH/M・Yの東側の集域には、若年世代の個域である外壁をアルミパネルで仕上げたコンテナのようなユニットがセットされている。
- ダブルハイトのカーテンウォールで囲われた2層の経路が、東と南の集域を繋いでいる。

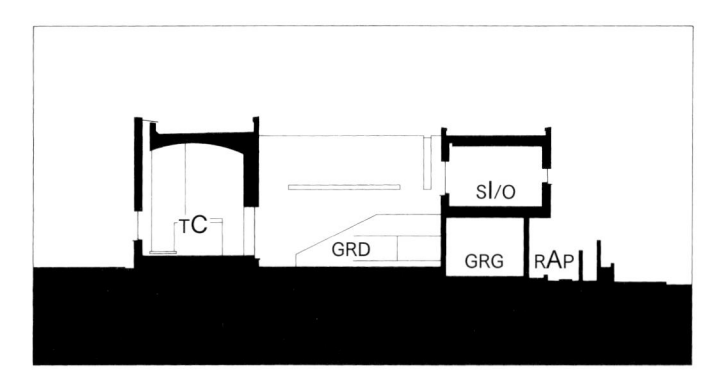

□ 切断透視図（3）

住域：TH/O
・緩い曲線を描く天井の下にある北の集域には、共用の場（CH4,050〜4,500㎜、R5,100㎜、壁：漆喰塗り、腰：楢柾板貼り、天井：漆喰塗り）が置かれている。
・大扉が付いた入口まわりは、楢縁甲板貼りの腰壁とガラス入りのスリットで分節した漆喰塗りの垂れ壁によって構成されている。
・高齢世代が住むこの住域は、床の楢フローリング、腰の楢縁甲板、壁・天井の漆喰塗りによる仕上げとともに、開口に建て込まれた障子などの部位によって、その年齢的な趣向に対応している。
・南の集域の車庫の上には、個の場（CH2,400㎜、壁・天井：漆喰塗り）が置かれている。
・中庭は、旧屋にあった植栽を使って作庭されているが、共用の場と御影石の踏石で繋がれた東南のコーナーには株立ちの山紅葉の下に蹲居（つくばい）が据えられている。筧（かけい）から落ちる水と鹿威し（ししおどし）の音が、静謐な庭に木霊する。
・山紅葉の枝越しに、東の集域の外壁に切り込まれた横と縦のスリットが見える。
・南の集域の足下には、招く形を象徴したL形の庇が付いたゲートから入口に向かう導入路が通っている。

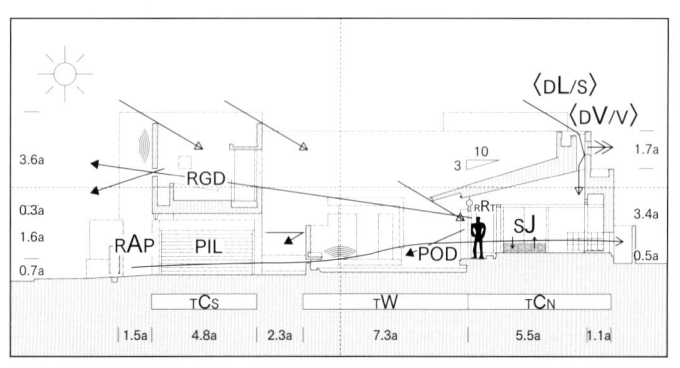

□ 基準切断面

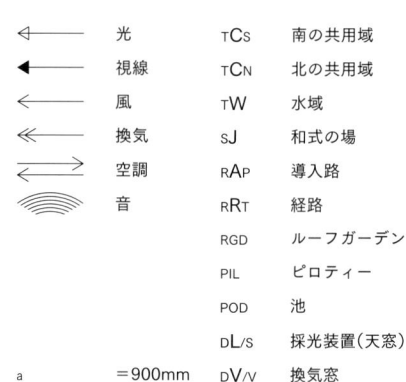

⇐	光	TCs	南の共用域
←	視線	TCN	北の共用域
⇐	風	TW	水域
⇐⇐	換気	SJ	和式の場
⇐⇒	空調	RAP	導入路
〜	音	RRT	経路
		RGD	ルーフガーデン
		PIL	ピロティー
		POD	池
		DL/S	採光装置（天窓）
a	=900㎜	DV/V	換気窓

□ 切断透視図（4）

共用域
・2つの住戸に挟まれた共有域は、片流れ屋根の下にある和式の場と、池およびポーチの上に架けた飛び壁に囲まれたルーフガーデンによって構成されている。
・勾配天井の下にある和式の場（CH2,425〜3,320㎜、壁：白聚落塗り・RC打放し、天井：楢甲板貼り）は、親族の集りなどに使われる記憶の場として扱われているが、狭間に舗設された場であることを表現するために、内法の高さで回したフレームは、両側の住戸に属するRC打放しの壁からは分節した納まりになっている。
・内法より下の壁は、この場に属する部位として、白聚落（しろじゅらく）塗りで仕上げている。
・床の間の前で折り上げた天井の上部に設けた採光装置（天窓）から入った光が、白聚落塗りの壁に沿って降りてくる。
・池に面するフレームレスガラスで構成した出窓の上には、旧屋で使われていた杉丸太の軒桁が記憶を紡ぐ部位として架けられている。
・ポーチとの境に立つRC打放しの壁と両側の住域に囲まれた池は、街とのあいだに置かれた緩衝のスペースとしてしつらえられている。
・壁に設けた吐水口から落ちる水の音と美しく拡がっていく波紋とが、住み手の視覚と聴覚に心地よく作用する。
・池は、囲い壁の下部に切られたスリットから入って水面を通り過ぎていく風の冷却装置としても機能する。
・高齢世代の住域のゲストコーナーが、池に向かってキャンティレヴァーで張り出している。
・ゲートからの導入路がクランクしたポーチ部分の上層は、サークルベンチを囲んで躑躅（つつじ）を密植した昇り庭によるルーフガーデンになっており、天候のよい季節には家族全員がこのスペースで時を過ごす。
・北側の囲い壁に開けたスクエアな開口からは、池とそれに繋がる和式の場の屋根が見え、西と東の住域を繋ぐ庇が付いた経路が壁に沿って通っている。
・南側の囲い壁に切り込まれた横長のスリットを通して、街の風景が垣間見える。

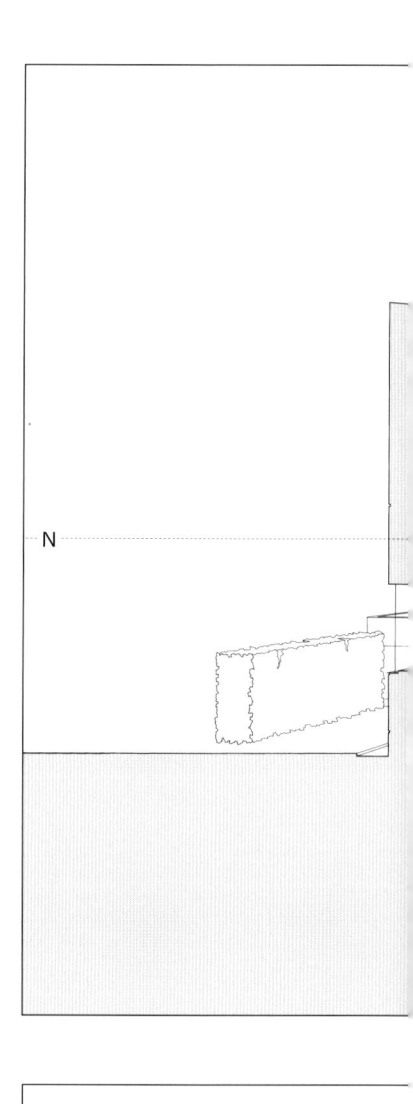

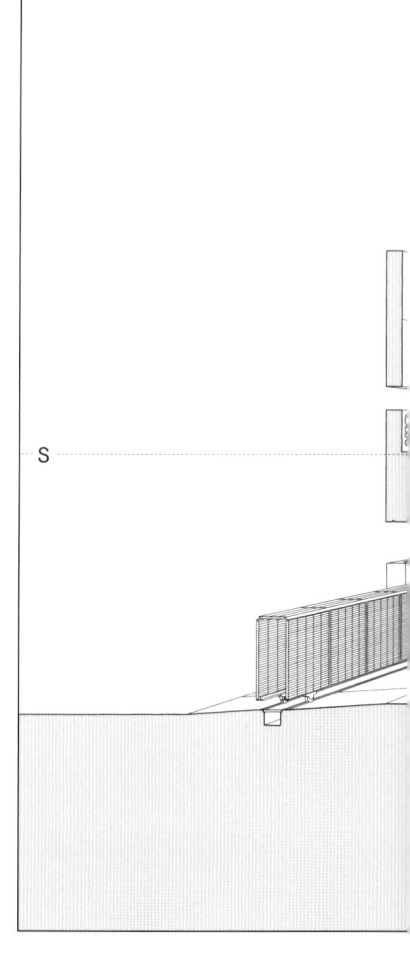

S

N

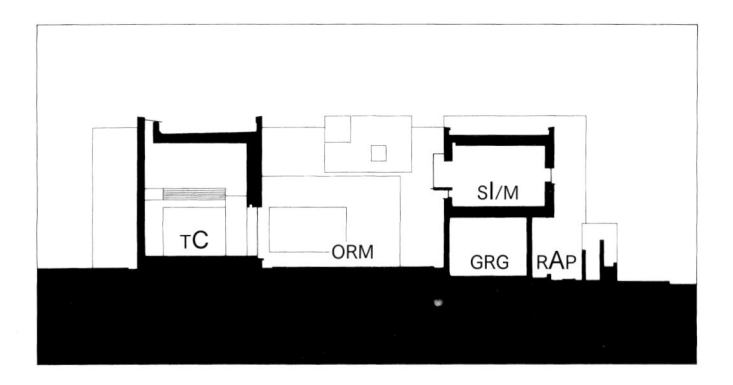

□ 切断透視図（5）

住域：TH/M・Y
- 北の集域には、ダブルハイトの天井の下に共用の場（CH4,500㎜、壁：聚落塗り・RC打放し、天井：漆喰塗り）が置かれている。
- 白大理石の床に、中庭の向かう視線との関係から矩折にセットされている家具は、このスペースの色調に合わせてすべて白色で仕上げてある。
- 白色を基調とする内部にあって、北の壁だけは外壁との連続性を表現したRC打放しになっている。
- 中庭に面する壁に設けた換気装置付きのフレームレスガラスの出窓からは、中庭に植えた姫沙羅（ひめしゃら）の枝越しに他の3つの集域が見える。
- 南に穿たれた開口は、街に対するバッファーであるこの集域の機能に合わせて、遮音性能の高い小窓にしてある。
- 全面を芝貼りにした中庭に植えた株立ちの姫沙羅の木のあいだからは、東の集域の食事の場と上層にセットされた出隅にフレームレスガラスの天窓が付いたアルミパネルで被覆した若年世代のユニットが見える。

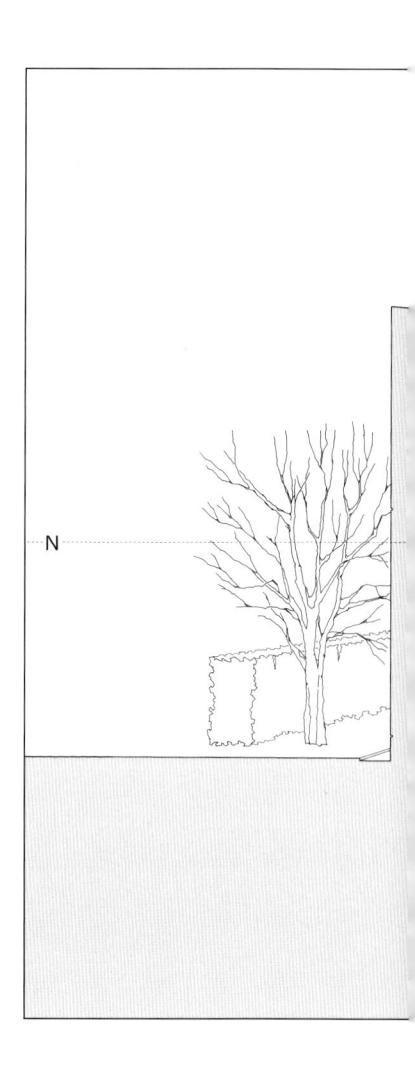

S

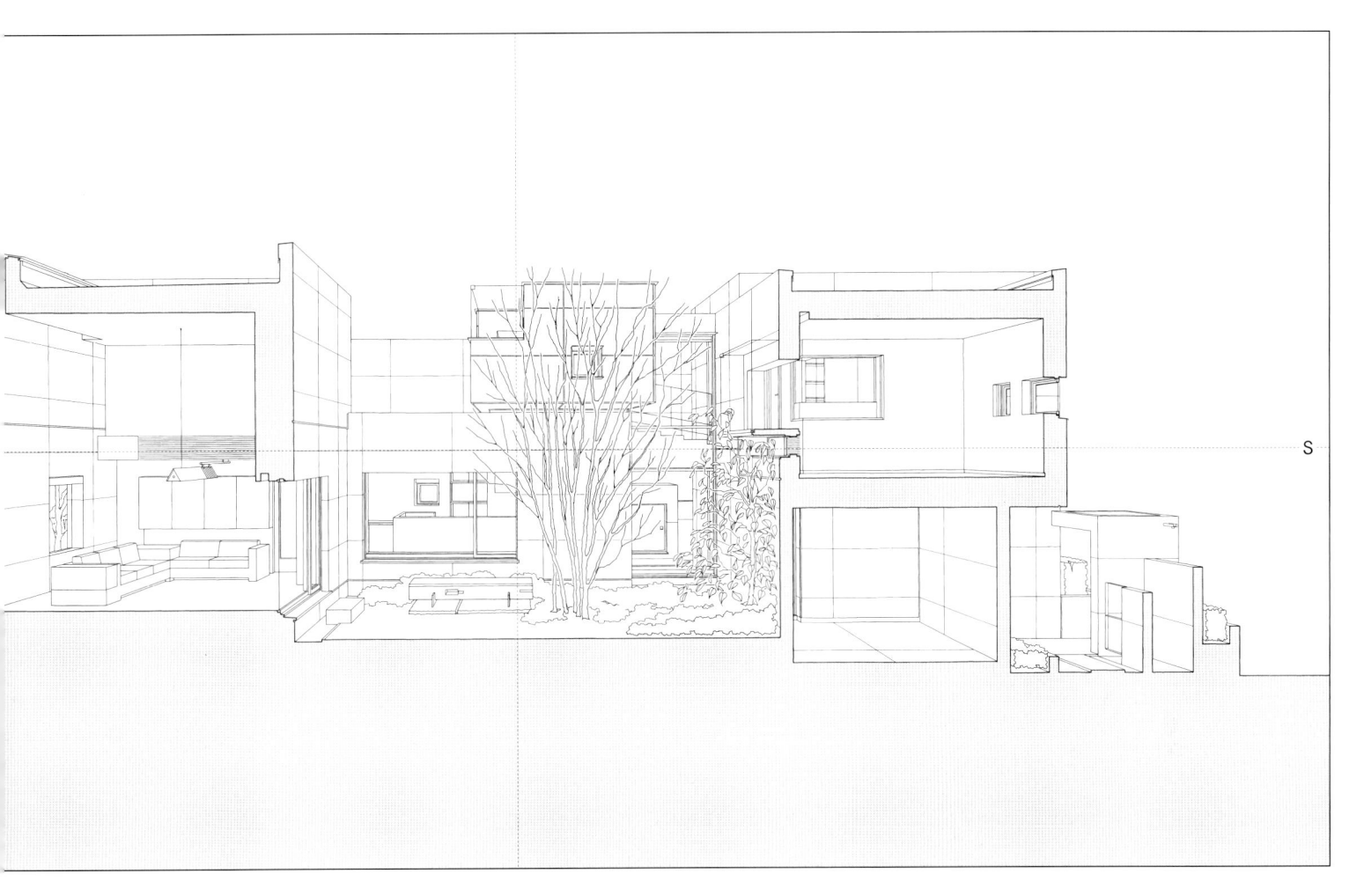

W

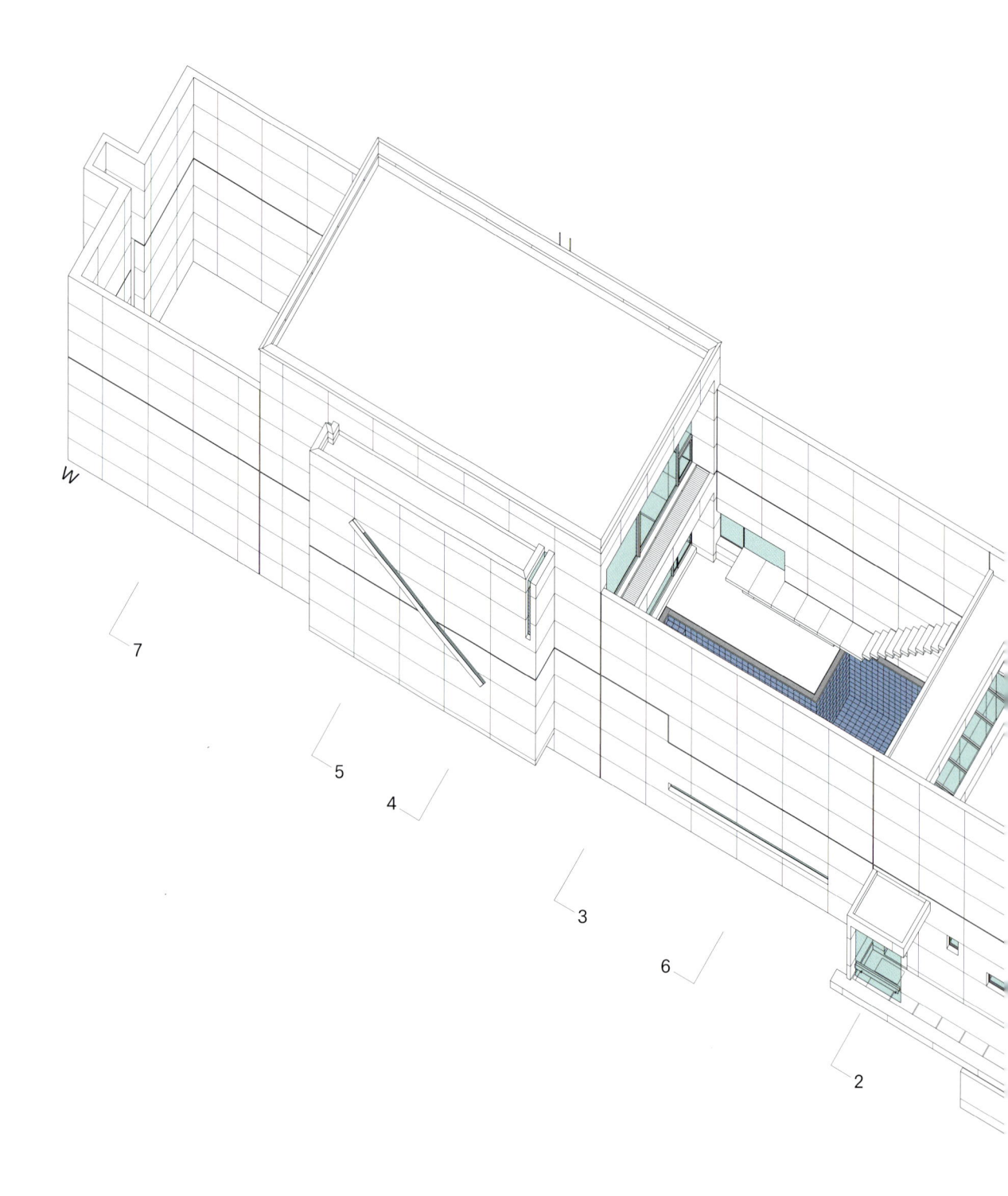

25	H-MOR		
			2000
RC-2F			955.22m²
♂			243.22m²

全域を囲繞した住居／奥行のある土地に対する構えと、空間に対する内向指向および軸性を得るために、全域を壁で囲繞（いぎょう）する。

立地

都心と多摩川の中間にある総合スポーツ施設の東を通る幹線道路の反対側は、広い区画による古くからの住居地域で、いまでも大正期に建てられた住居が所々に残っている。幹線道路と直交する通りを南に向かうと、竹林に隣接する地にこの住居が見えてくる。

配置・外形

- 街路から引きを取った位置を起点とし、敷地の南北軸に沿って連接体による全域を配置する。
- 全域を、複層の高さをもつ壁で囲繞する。
- 全域を、内と外の空間が反復する構成にする。
- 南の集域を単層、北の集域を吹抜けと複層の組合せによって構成する。
- 外部領域は、それぞれ水域と静域を形作る。
- 水域の西側に、南と北の集域を繋ぐ斜路を設ける。
- 北の集域の西面に、上下層を結ぶ段路を付加する。

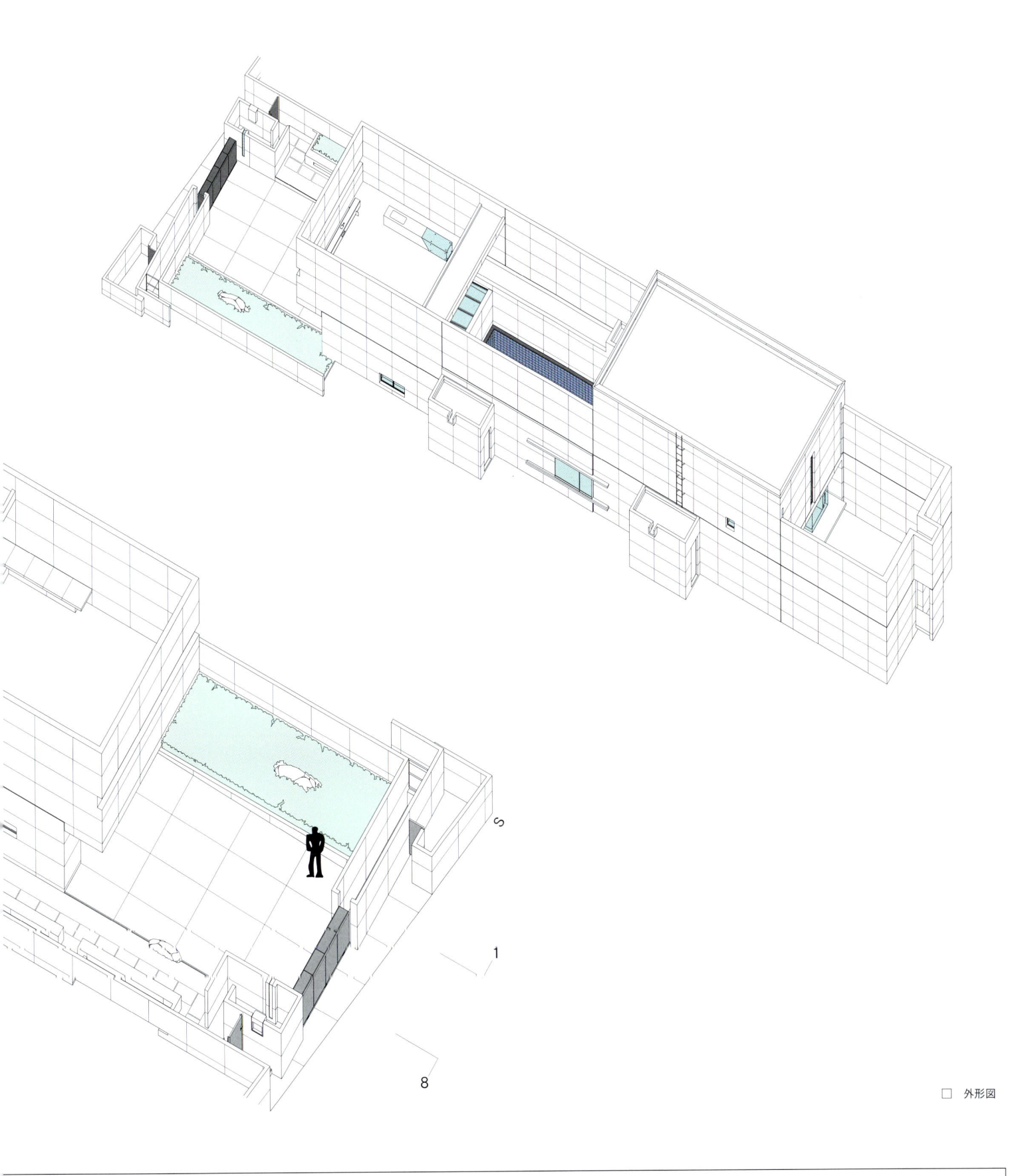

□ 外形図

・北の集域の外部化した場に、生理のユニット（排泄＋洗面＋入浴）を設置する。

□ 基準切断面（1）

記号	意味		
◁———	光	TZS	南の集域
◀———	視線	TW	水域
⟵———	風	TZN	北の集域
⇐===	換気	TI	個域
⇄	空調	TO	静域
↑↑↑	床暖房	sC	共用の場
		sK	調理の場
		sS/B	入浴
		sS/T	排泄
		DL/S	採光装置（天窓）
		RRT	経路
		POL	プール
		DEK	デッキ
a	=900mm	RTE	ルーフテラス
		FAC	ファクトリー

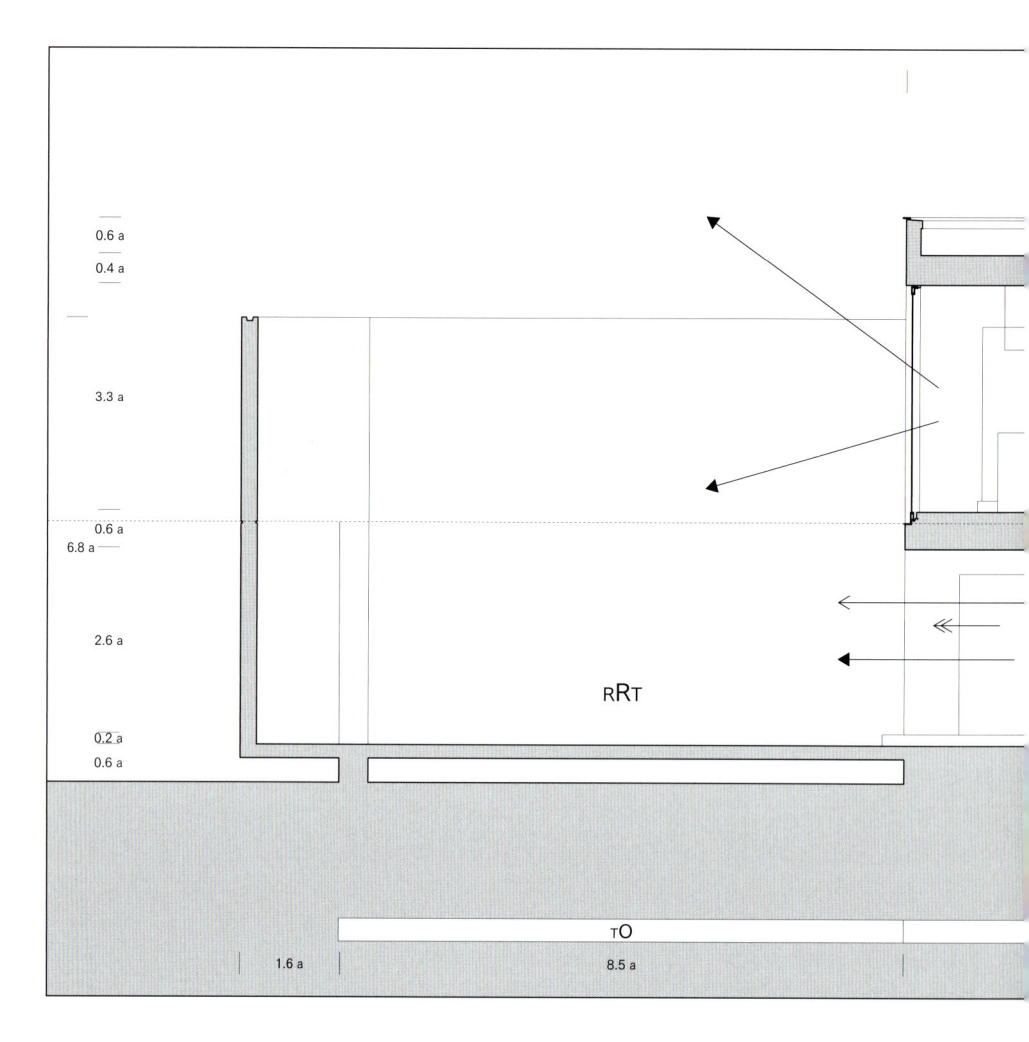

□ 切断透視図（1）

・全域の空間は、南北の奥行に沿って囲繞された場の軸上に配列した4つの集域で構成されている。

・南の集域：南の集域の下層には、ラリーなどに参加する住み手がマシンの調整を行うファクトリー（CH2,410㎜、壁・天井：RC打放し）と、ワークルーム（CH2,335㎜、壁・天井：RC打放し）が置かれている。

・外壁に横長のスリットを切った南側のファサードと、東と西の壁に囲われたルーフテラス（床：石灰石研出し仕上げ、壁：RC打放し）は、住み手のトレーニングの場として使われるほか、友人たちとの集いの際には段床で繋がれた水域および北の集域と一体化したスペースとして利用される。スリットが切られた南壁の足元には、旧屋にあった大黒柱を白色にコーティングして抽象体に異化したベンチが置かれている。

・水域とのあいだに架けたフラットスラブは、両側の壁の座屈を防ぐ架構であるとともに、集域を分節し、かつ北の集域から空に向かう視線を制御する仕掛けでもある。フラットスラブの下には、ファクトリーに光を入れる天窓が取り付けられている。

・全域を南北方向に貫く軸線上にセットされた水中窓は、屈折した光の効果によってエメラルドグリーンの宝石のように輝く。

・水域：ダブルハイトの囲い壁（H6,150㎜）に囲まれた水域は、日常は住み手のトレーニング用プールとして使われるが、友人たちとの夜の集いなどの際には、場を演出する光の装置として働く。プールサイドとルーフテラスを繋ぐ段床（プレキャストRC石灰石研出し）が、東の壁からキャンティレヴァーで持ち出されている。

・北の集域：吹抜けと2層の場で構成された北の集域は、住み手の日常生活の大半が営まれるスペースで、水域に面する下層の南側には共用の場、北側には複合装置を挟んで食事・家事の場が配され、吹抜けに面する上層は住み手の個の場に充てられている。北の軒下に置かれた、フレームレスガラスで構成した2つのキューブには、それぞれ入浴＋シャワー設備と洗面＋排泄設備が収められている。

・静域：空に連続するこのスペースは、同じ外部領域である水域の動的な雰囲気とは対照的に、静謐な気配が空間を支配している。RC打放しの囲い壁で三方を囲った空間と中央を、北のスリットに向かう経路が通っている。

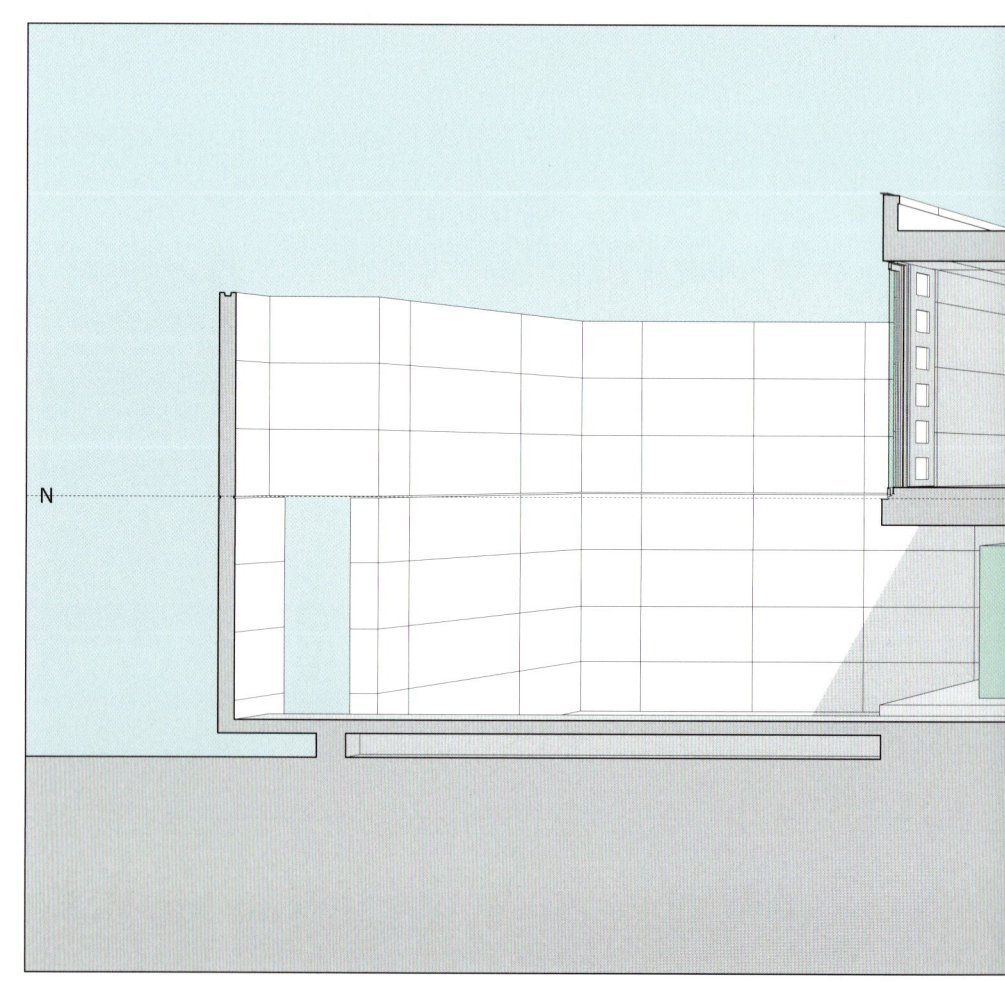

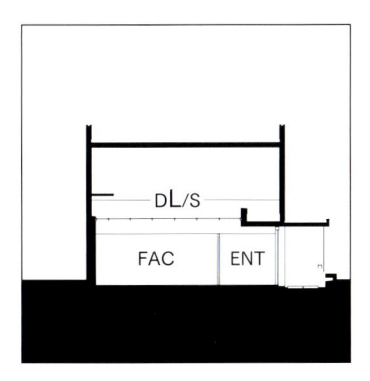

□ 切断透視図（2）

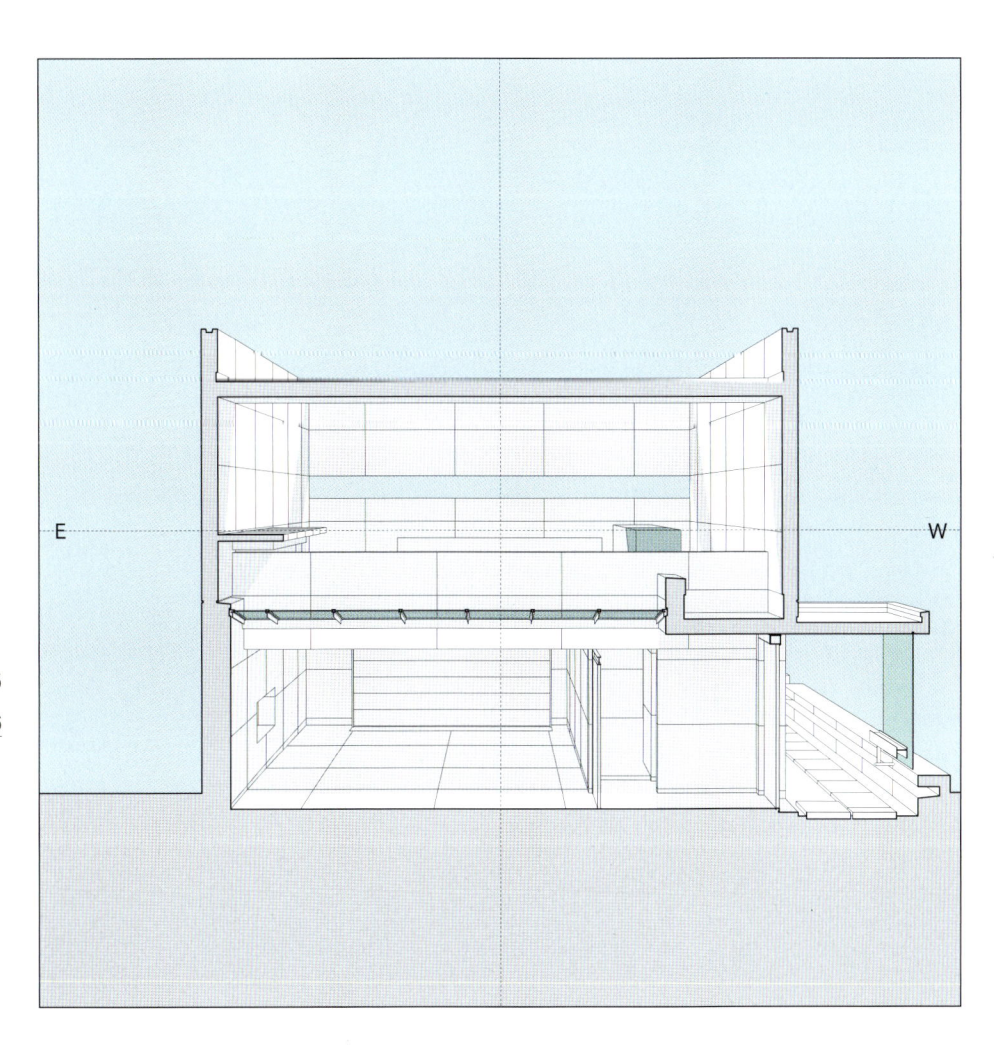

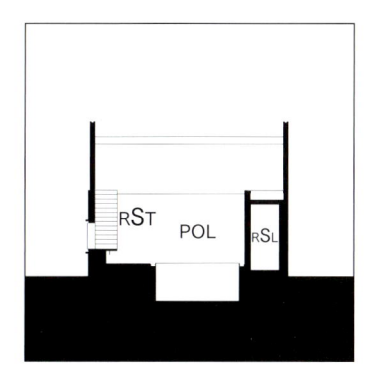

□ 切断透視図（3）

水域
- 白色タイル貼りのプール：水深 1,750mmの東側には、北の集域から直接出ることができるプールサイドが設けてあり、さらに南の集域と繋ぐ段床がルーフテラスに向かって上がっていく。
- プレキャスト製の段床：石灰石研出し仕上げは、浮遊性を与えるために、壁からキャンティレヴァーにしてある。
- プールに湛えられた水を通して、軸線上にセットされた水中窓が見える。
- 夜になって水中照明が入ると、プールはコバルトブルーからエメラルドグリーンへと表情を変え、水域を彩る発光装置として働く。
- 集域間に架けられたフラットスラブの下を抜けた視線は、南の空に向かって連続していく。
- 下部にある天窓は、視界に入らないように、南のリセスした外壁とのあいだに取り付けられている。
- プールは、通り抜けていく風に対する冷却装置および緊急時の貯水設備としても機能する。
- 西側には、入口から北の集域に向かう斜路が通っている。

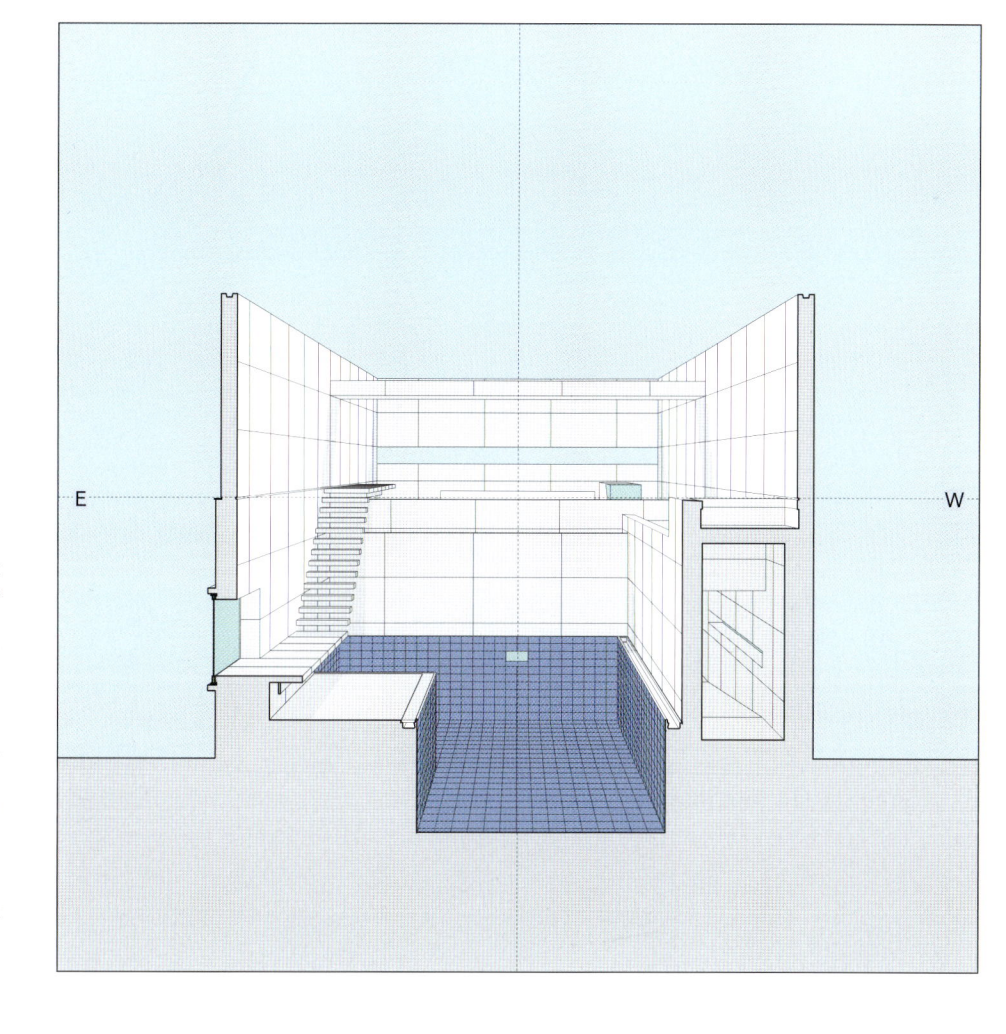

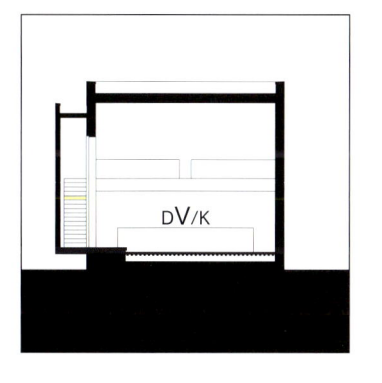

- 詰れる人は、本体の西側に取り付けた逆L字形の庇とタペストリーガラスで構成した部位によって、入口の位置を知る。
- 下層のファクトリー南側に取り付けた電動シャッターは、遠隔操作システムによって開閉される。
- 北側には、間接光を導く天窓が取り付けられている。
- ファクトリーの西側には、ワークルームが付属している。
- ルーフテラスの南壁に開けたスリットからは、街の光景が垣間見える。

□ 切断透視図（4）

北の集域
- 積層された場の下層は、複合装置（空調リターンガラリ+通信機器+調理機器・洗濯機器+照明、天端：石灰石研出し仕上げ、枠：RC打放し、扉：鋼板厚6mm、ガラリ：鋼製 FB-3×15）で区分された食事と調理の場（CH2,450mm、壁・天井：RC打放し）になっている。
- 調理の場の西側の壁には、段床下を利用した倉庫用の隠し扉（RC打放し、厚75mm）が、壁と面一（つらいち）に納められている。
- 調理の背面の壁は、弗素（ふっそ）樹脂でコーティングした厚4mmのアルミ製カットパネルで構成され、躯体と取合う部分にはフラットバーによる換気用の竪軸（たてじく）回転窓が建て込まれている。静域に通じる中央のガラス扉の両側には、2つの衛生の場に行くためのフラッシュ戸がパネルと面一に仕組まれている。
- 床下を通って南の開口下にある吹出し用スリットから出た温風は、スペースを温めた後、複合装置のガラリを抜けてリターンされる。

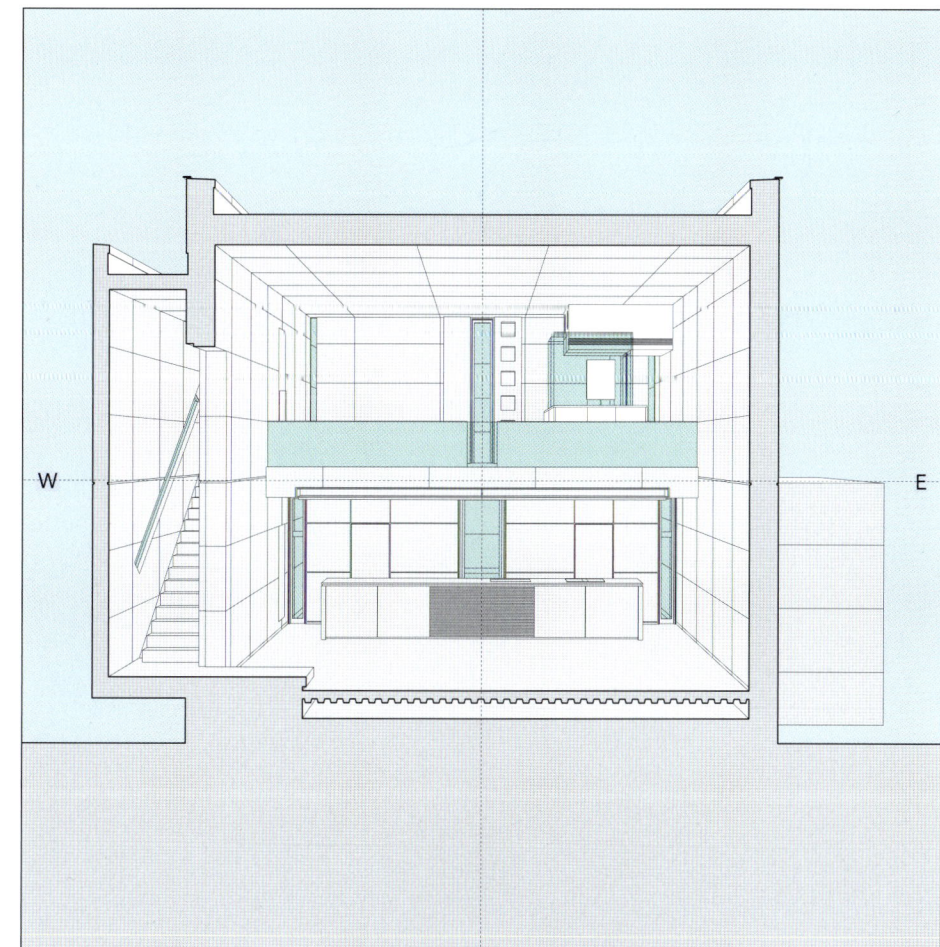

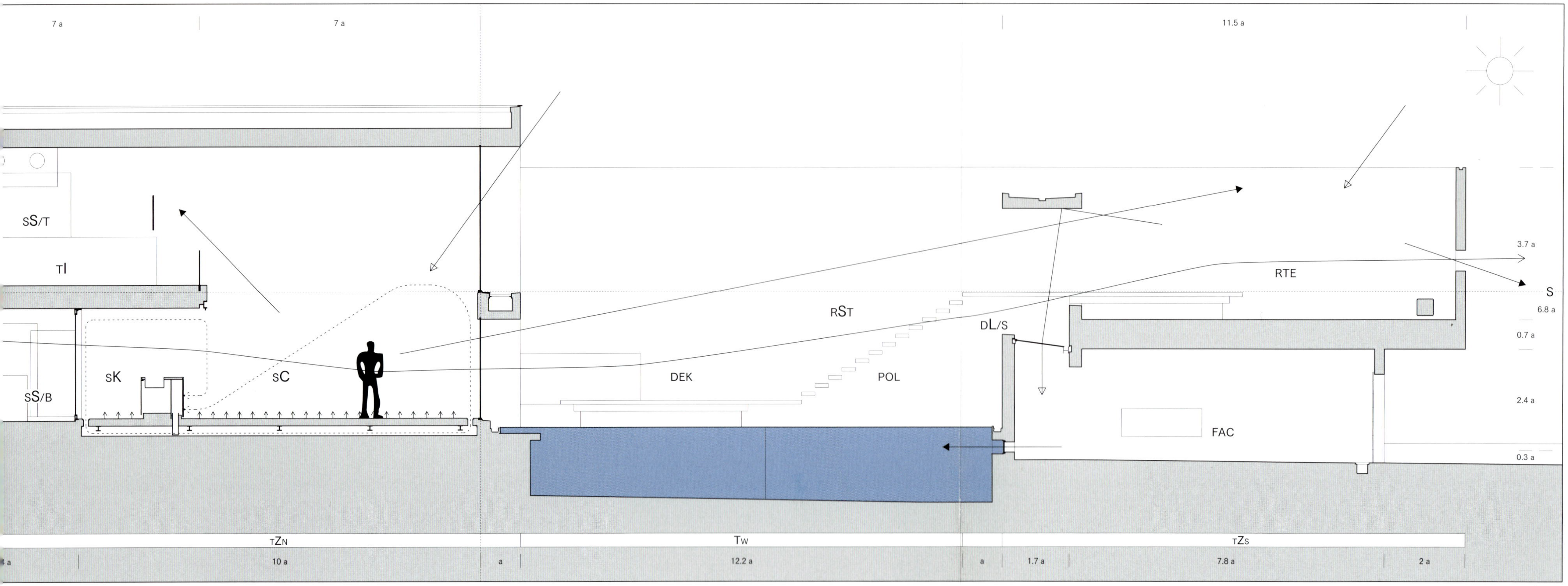

7 a		7 a			11.5 a			

sS/T
TI
sK
SS/B
sC
DEK
RSt
POL
DL/S
RTE
FAC
S
3.7 a
6.8 a
0.7 a
2.4 a
0.3 a

TZN | TW | TZS
10 a | a | 12.2 a | a | 1.7 a | 7.8 a | 2 a

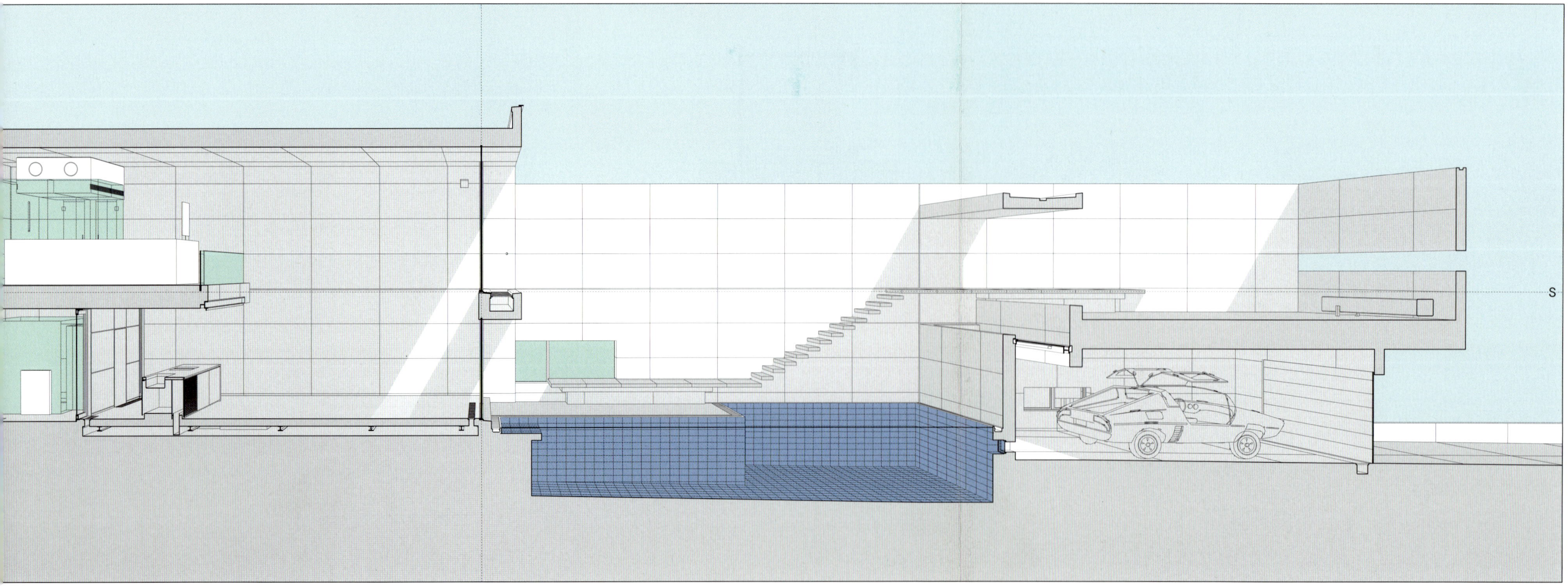

S

133
—
134

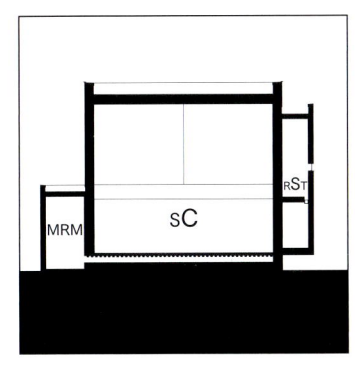

□ 切断透視図（5）

北の集域
・水域に面するダブルハイトの空間には、プレートラーメン構造による架構システムが、ストレートに表現されている。
・吹抜けの下には、床を石灰石研出しで仕上げた共用の場（CH5,900mm、壁・天井：RC打放し）が置かれている。
・南面の架構全体に取られた大きな開口は、梁によって上下に区分され、梁下では広い視野を得るために中央部分を大きな嵌殺し（はめごろし）とし、プールサイドに出る東側には親子扉、西側の経路の端部には換気用の回転扉が建て込である。上部の開口は風圧に対処するため、中央にＩ型鋼のスタッドを入れたガラスの両側に嵌殺しと突出し窓を組み合わせたユニットが取り付けられている。
・西側の壁に建て込まれた大きな軸吊り扉（白樫羽目板貼り、W900mm×H4,370mm）は、西側に付属する段路に通じている。

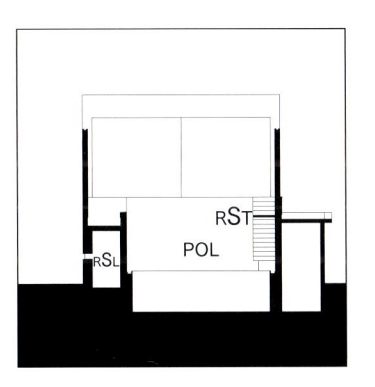

□ 切断透視図（6）

水域
・西側には、入口から北に向かう床を石灰石研出しで仕上げた緩い勾配の斜路（CH2,600～1,800mm、W1,200mm、壁・天井：RC打放し）が通っている。
・斜路の外壁には、スリット（H200mm×W6,000mm）が切り込まれている。夕暮れ時になると、スリットから入る西陽が反対側の壁に光の帯を現前させる。レヴェルが変化していくスリットは、訪れる人を北の集域に導く視覚的な仕掛けとして働く。夜の帷（とばり）が降りると、スリットは上部からの間接照明によって、外壁にヴェクトルを刻印する光帯に変わる。入口のキューブの発光体を起点として水平に延びたスリットは、さらに段路部分の斜めのスリットに連続して夜空に昇っていく。
・水域に面した北の集域の南面は、中間に架けた梁によって2分されたカーテンウォールになっている。対になった梁は、視線をコントロールするために、梁下までの高さを2,150mmに抑え、下端はスラブで繋ぎ、上部にはメンテナンス用のFRP製グレーチングが敷いてある。
・東の外壁には、プール用の設備機器を収納する機械室が設置されている。

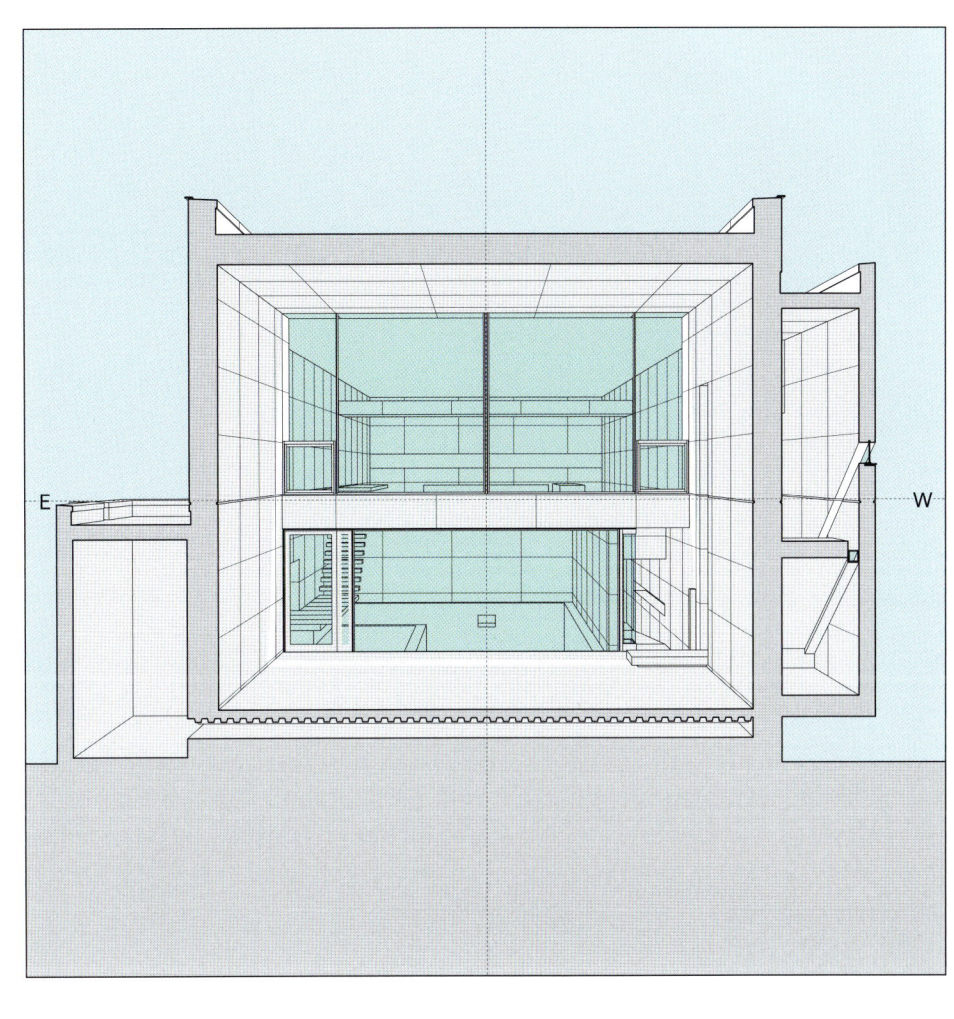

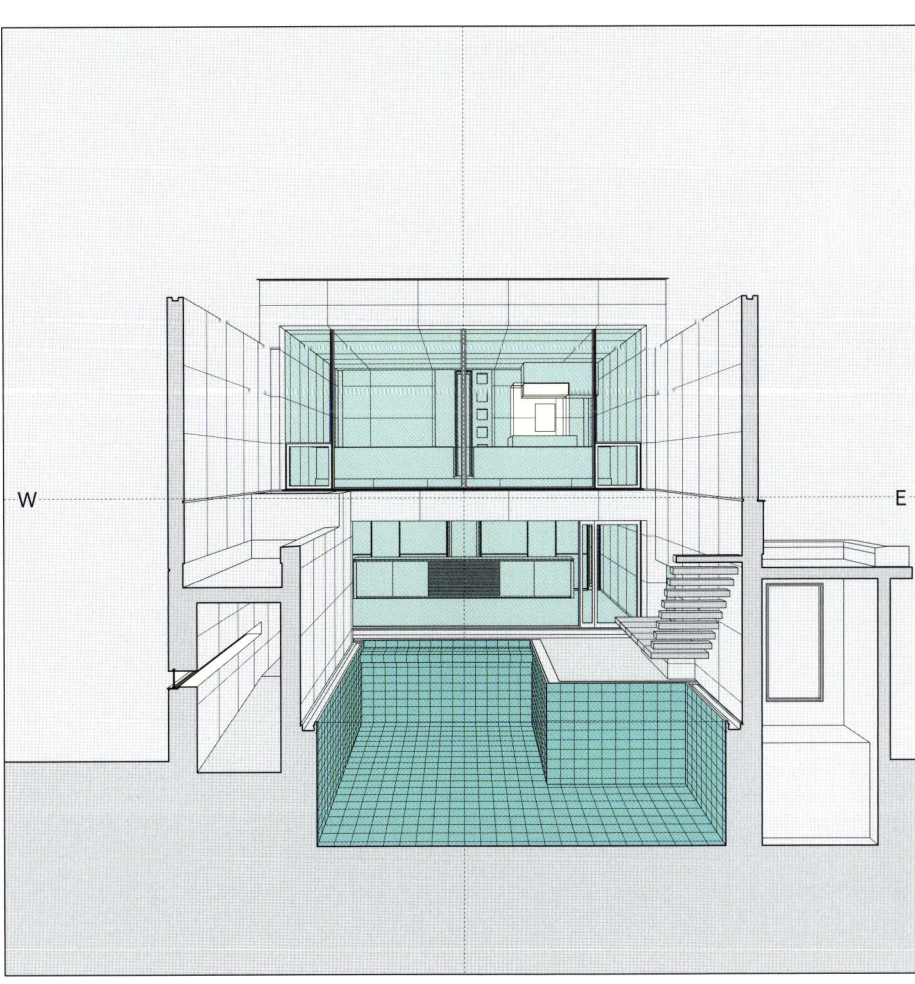

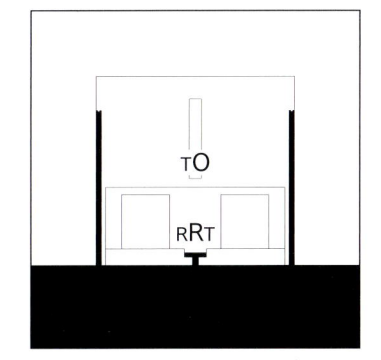

□ 切断透視図（7）

静域
・三方をRC打放しの囲い壁で囲った砂利敷きの静域は、瞑想と宙に繋がる場として設定されている。
・本体の中央から延びたRC造の路が、北の壁に開けたスリットに向かって延びている。
・本体の軒下に置かれた厚15mmのフレームレスガラスで構成した2つのキューブの内には、入浴＋シャワー設備・洗面＋排泄設備が収めてある。
・キューブは、夜になるとこの場を彩る発光体となる。
・本体上部の中央に開けたスリットに建て込んだ片開き窓や、静域の中央を北のスリットに向かって延びていく路は、軸線を視覚化する部位として扱われている。

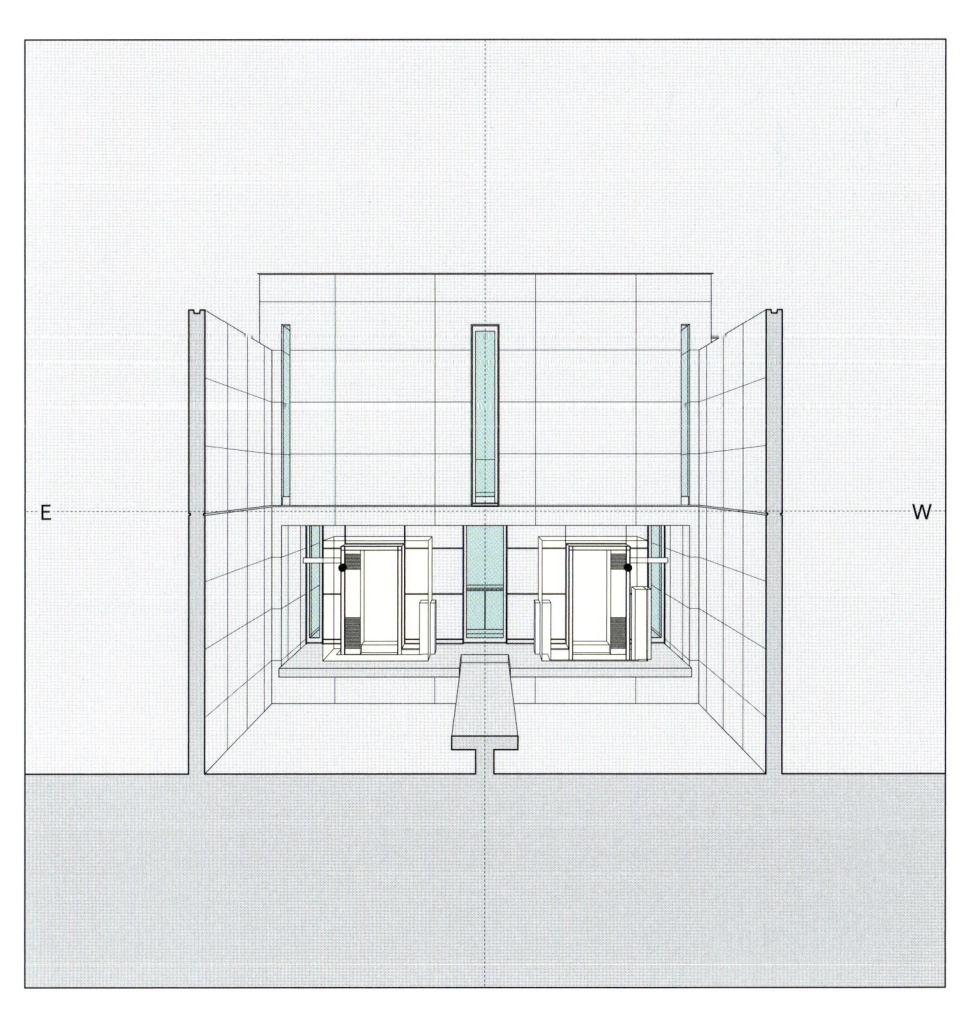

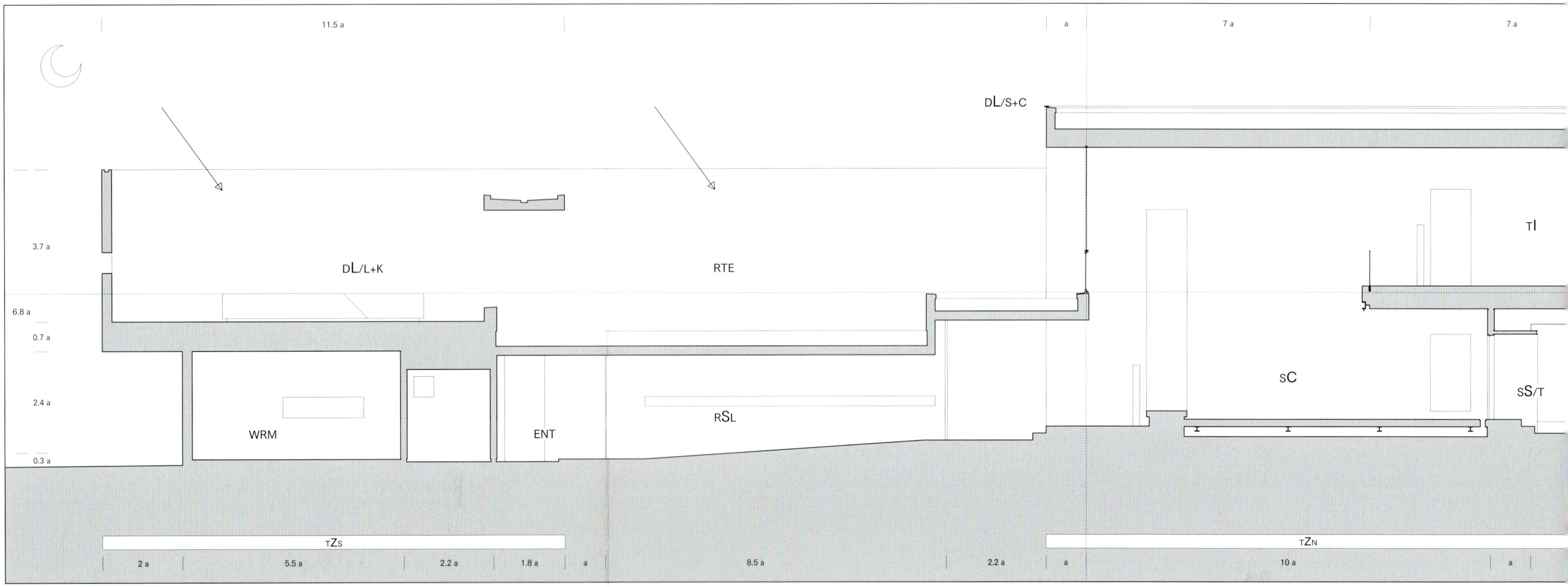

| 11.5 a | | a | 7 a | 7 a |

dL/S+C

3.7 a

dL/L+K RTE tI

6.8 a
0.7 a

2.4 a sC sS/T

WRM ENT rSl

0.3 a

tZs tZn

| 2 a | 5.5 a | 2.2 a | 1.8 a | a | 8.5 a | 2.2 a | a | 10 a | a |

S

139
—
140

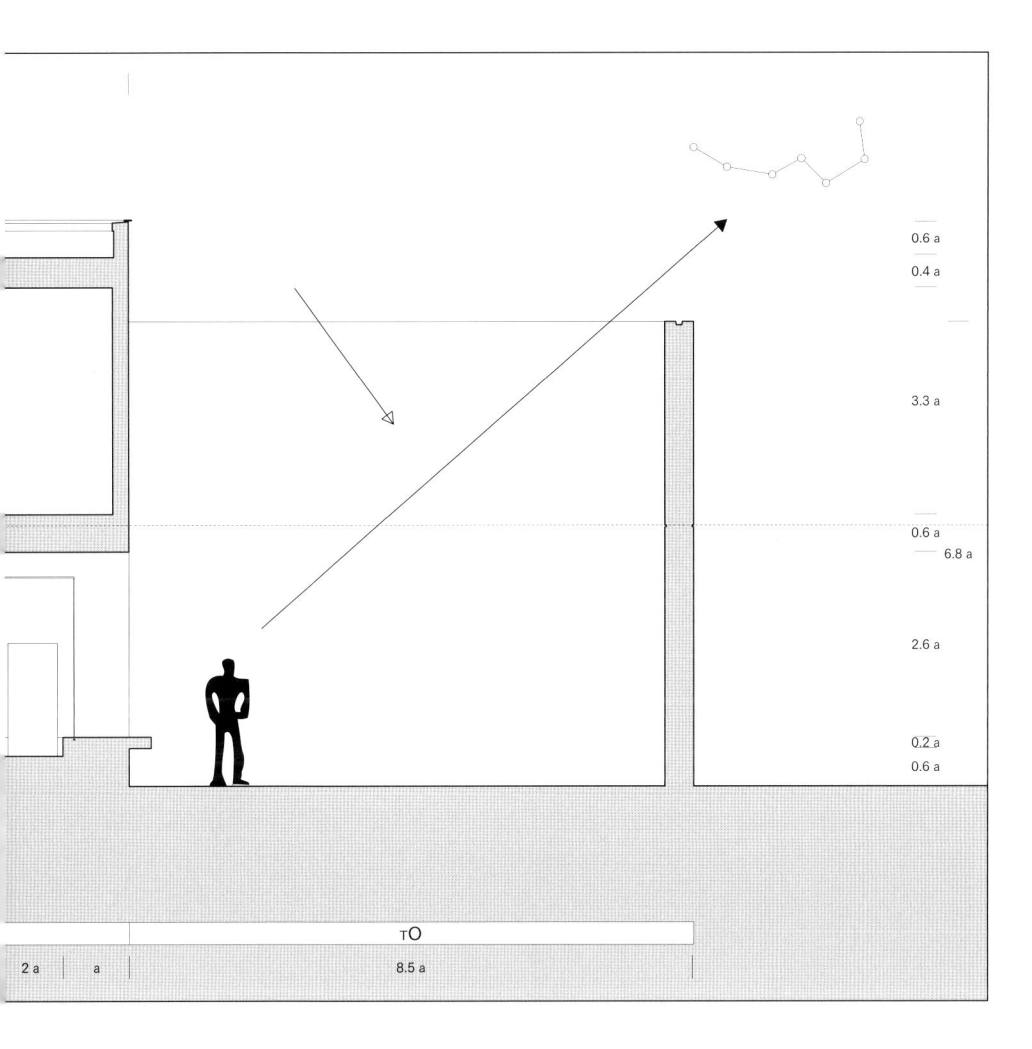

□ 基準切断面（2）

⇐	光	TZS	南の集域
◀	視線	TZN	北の集域
⇐⇐	換気	TI	個域
⇒⇔	空調	TO	静域
		SC	共用の場
		SS/T	排泄
		RSL	斜路
		DL/S+C	採光装置（天窓＋高窓）
		DL/L+K	複合発光体
			（照明＋調理＋用具入）
		ENT	入口
		RTE	ルーフテラス
		WRM	ワークルーム

□ 切断透視図（8）

- 南の集域の下層にあるワークルームには、西側に拡がる庭の緑が垣間見える開口が設けてある。
- 上層部西側に置かれたフレームレスのタペストリーガラスと、大理石で構成した複合発光体（照明＋調理＋用具入）は、パーティーなどの際には、人々の動きをコントロールする装置として働く。
- 水域の西側を通る斜路の壁に切り込まれたスリットが、移動を導くヴェクトルとして働く。
- 斜路の両側には、分節の部位として厚12mmのコールテン鋼製の軸吊り戸が建て込まれている。
- 斜路と北の集域とを繋ぐ部分は、スケールの落差を調整するスペースとして働く。
- 北の集域の西壁に建て込まれた大扉の下部には、段路に誘導するスラブが差し出され、横には設備の制御装置を集約したスタッドが立っている。
- 軒下に置かれたキューブは、本体との関係を明確にするため、接続部は断熱材入りの鋼板パネルで分節してある。
- 静域を囲繞（いぎょう）する壁の天端には、全域共通の納まりである、外壁の汚染を防ぐ排水溝が回されている。

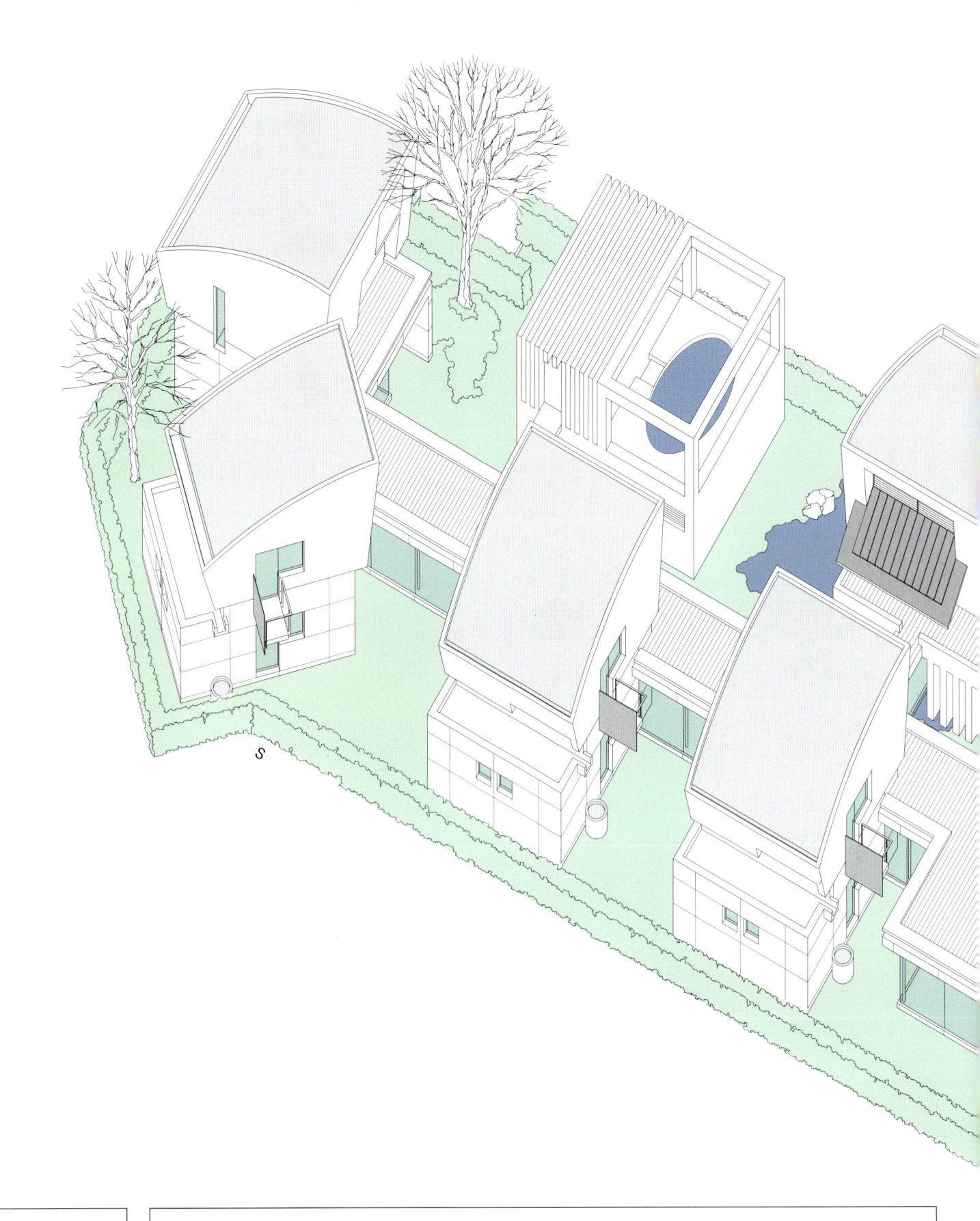

26	pH-X	
		1988
RC-2F・S		561.70m²
♂♀+♂♀+♀・♂/♂		1082.00m²

DINKSを否定する複合世代住居／奥行のある土地の南北軸に設定されたスパインの両側に、複合世代住居を構成する8つの集域を4つにグルーピングして取り付ける。

計画地
- 東京の東に隣接する県の都市郊外にある、広いキャンパス近くの農地から転用された住居地域。
- 南側に幅員6mの寄付き道路をもつ敷地は、通常の住居地のほぼ倍の広さがある。
- 南北に奥行のある矩形の土地は、北端部で西側に変形している。

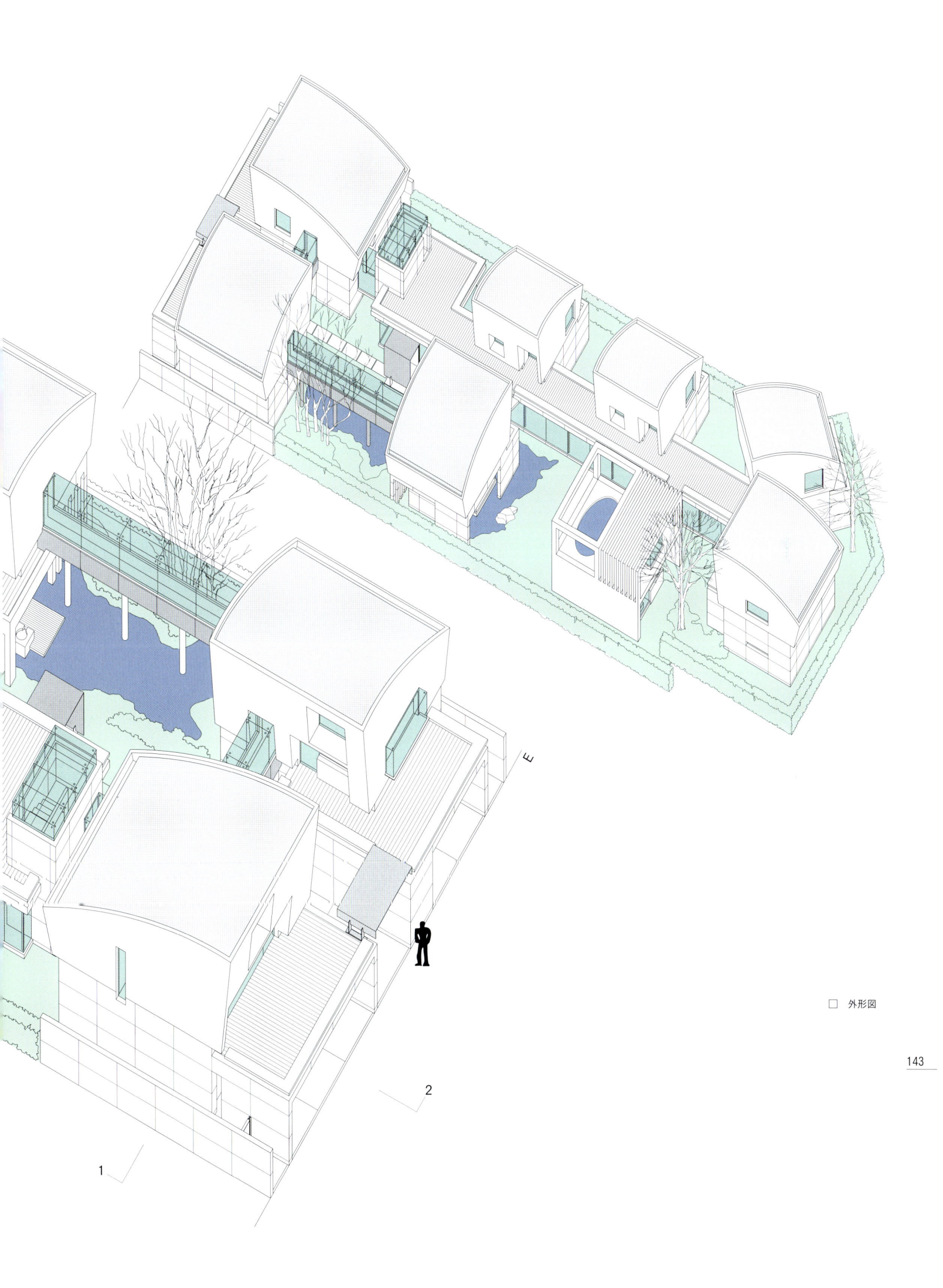

□ 外形図

S — N

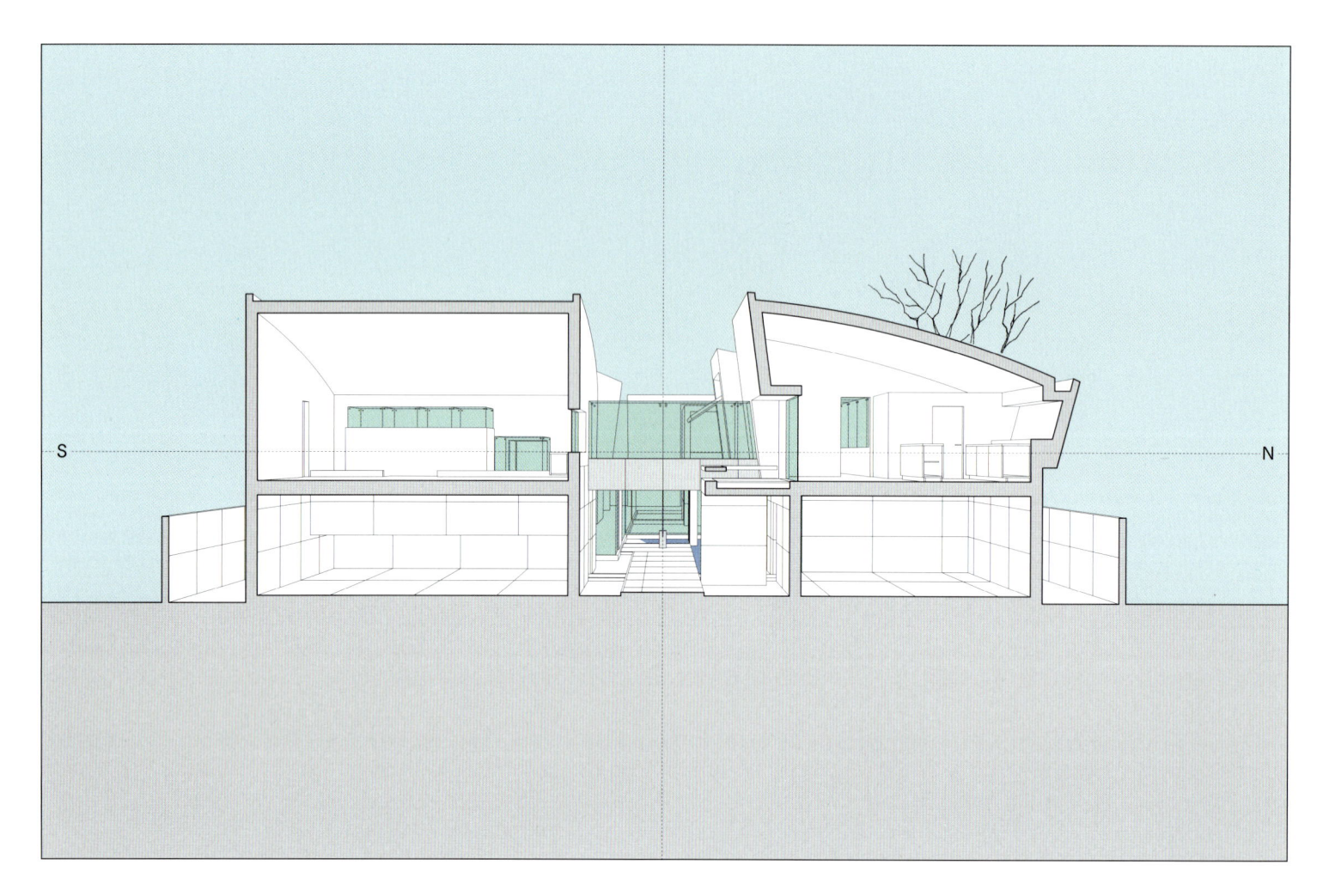

W

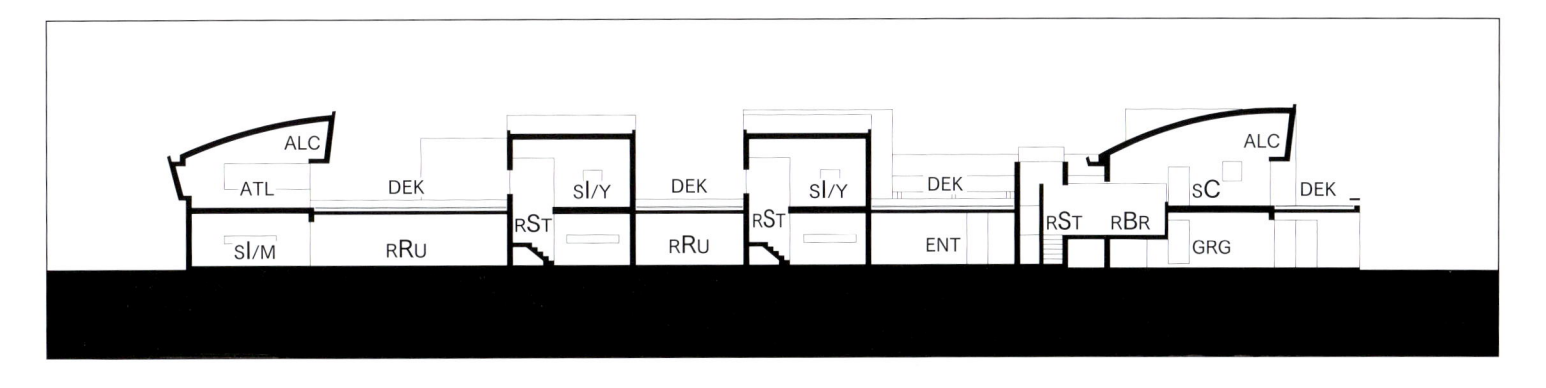

□ 構成　　□ 基準切断面

- 全域の空間は、南北方向に設定されたリニアなスパインに8つの空間単位が取り付いた仕組みで構成されている。
- 白い集域を除く各集域には、全体のモチーフである、緩い曲線を描く片流れ屋根が架けられている。
- 南端にある2つの共有域は、南向きおよび西向きのかたちでスパインに接続している。
- 他の集域はそれぞれ、東側の集域は西向き、西側の3つの集域は東向き、北側の集域は南向き、に配置されている。
- スパインの下層には各集域を繋ぐ経路が通り、屋上は簀子（すのこ）敷きのデッキになっている。
- 南西の集域：下層が2台収容できる車庫になっている上層には共有の場が置かれており、経路の端部にある入口から段路を経て直接アプローチできる仕組みになっている。
- 南東の集域：下層が車庫になっている南東の集域の上層は食事と調理および家族の場で、南西と東の集域とはガラス皮膜に覆われた架路によって連絡している。
- 東の集域：下層に庭園の池に面する茶室が設けられている東の集域の上層は高齢世代の場で、スパインに接続する西側のデッキは主屋（おもや）から延びた大和葺きの土庇に覆われた半外部的な場になっている。
- 北の集域：複層の北の集域は、壮年世代の場になっている。
- 西の集域：スパインの両側に取り付いた同じ構成による3つの集域は、若年世代の場に充てられているが、機能的には核家族の生活にも対応できる仕組みになっている。
- 白い集域：スパインの東側にある楕円形のジャグジーが掘り込まれた基壇や北側の駒返しのフレームなどすべてを白大理石で仕上げた白い集域の下層には、衛生の場と機械室が置かれている。

sC	共用の場
sI/M	壮年世代の場
sI/Y	若年世代の場
ENT	入口
ATL	アトリエ
GRG	車庫
DEK	デッキ
RRu	経路
RBr	架路
RSt	段路

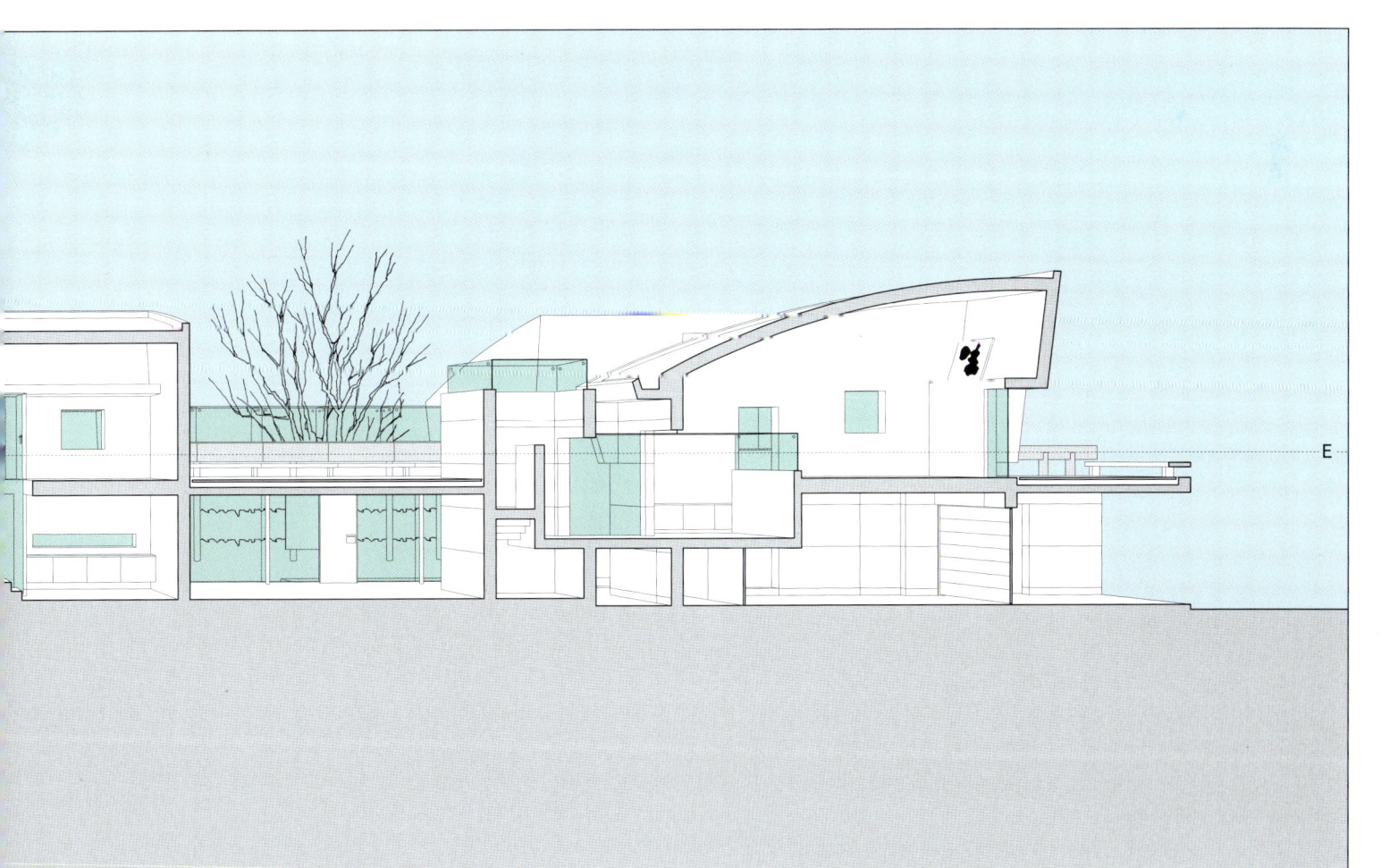

27	pH-Y
	1996
RC-2F・S	216.45m²
♂	830.25m²

錐体空間を内包する住居／土地の南端に錐体を内包した集域、北端に楕円体を載せた集域を置き、両域から分岐した触手空間によって2つの領域を接合する。

計画地

- 多摩川に近いオリンピック記念公園施設と幹線道路を隔てた南側に位置する住居地域。
- 広い敷地には、樹齢を重ねた樫（かし）・椎（しい）・欅（けやき）などが茂り、北側には築80年を経た平屋の木造住居が建っている。
- 西側の幅員6mの寄付き道路と南側の道路とが交叉する角地であるこの土地は、南北に奥行のある形を成している。

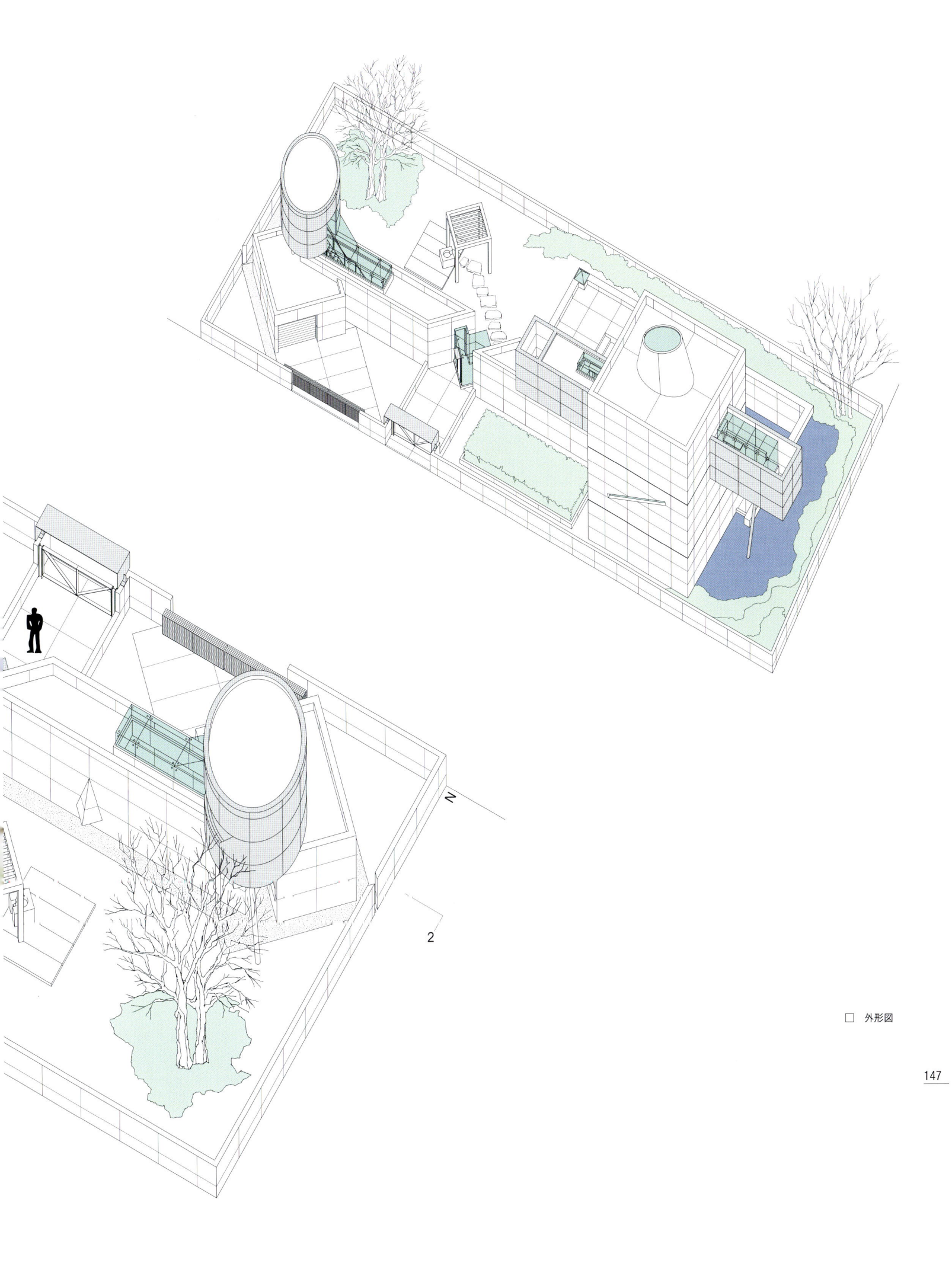

□ 外形図

148

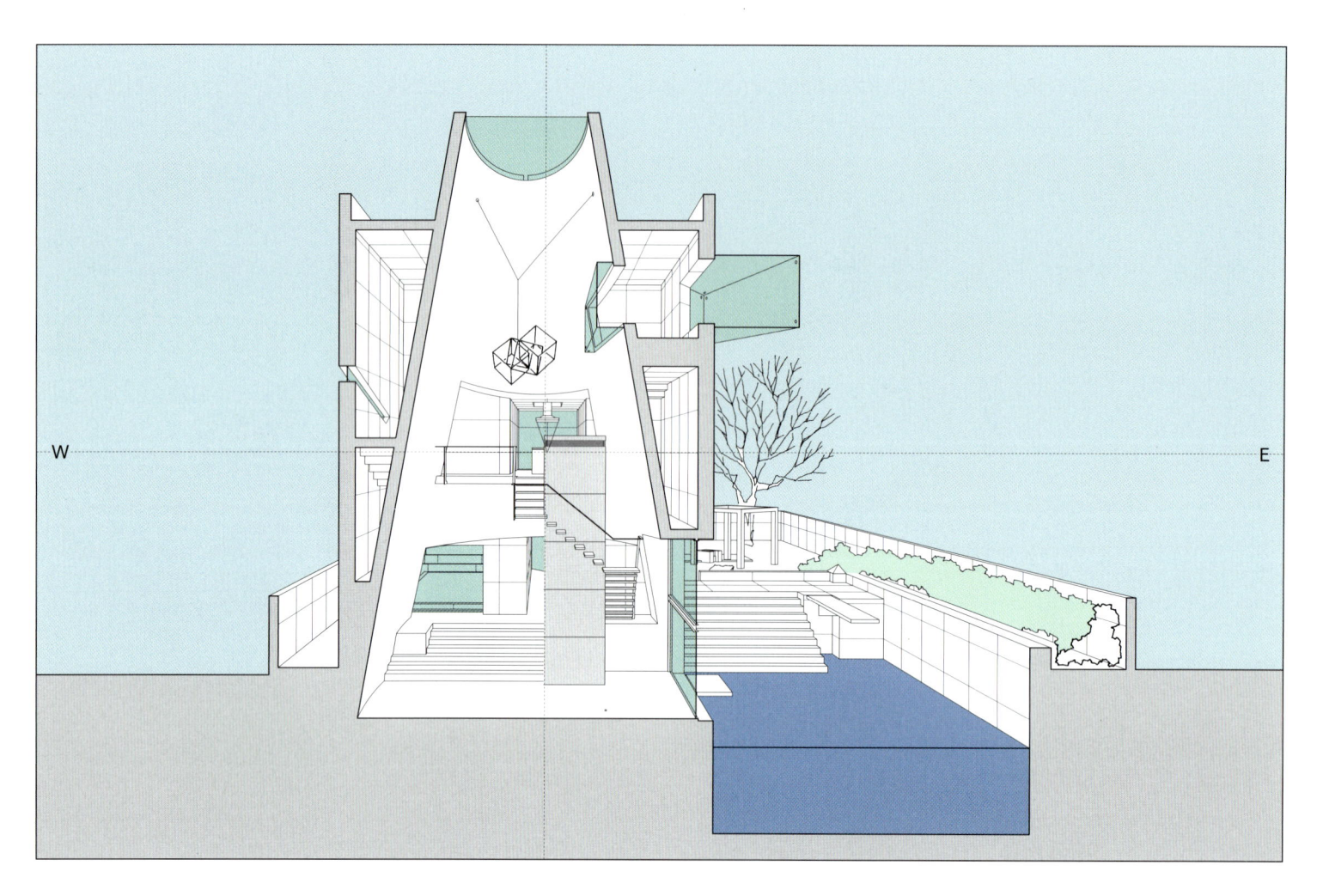

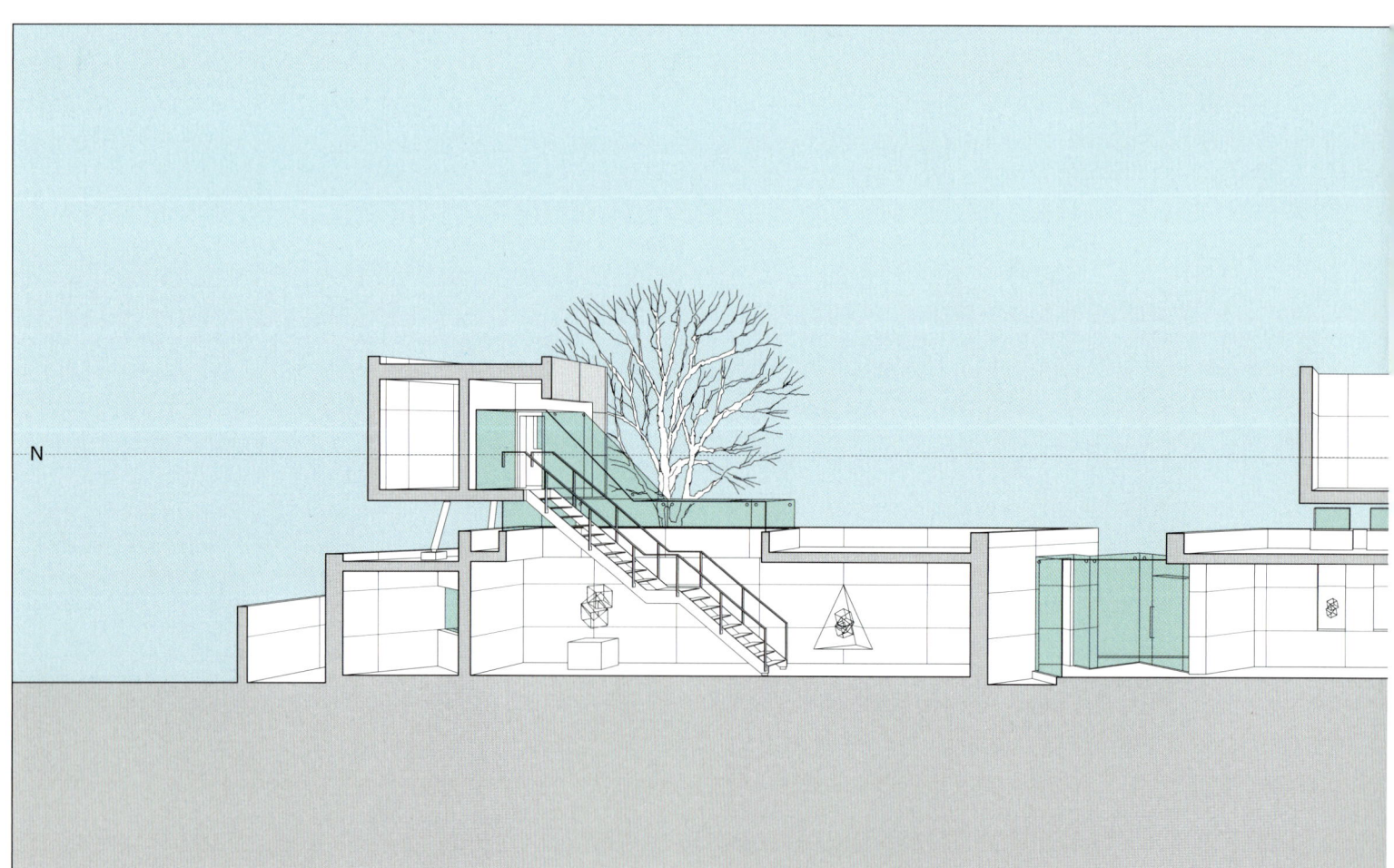

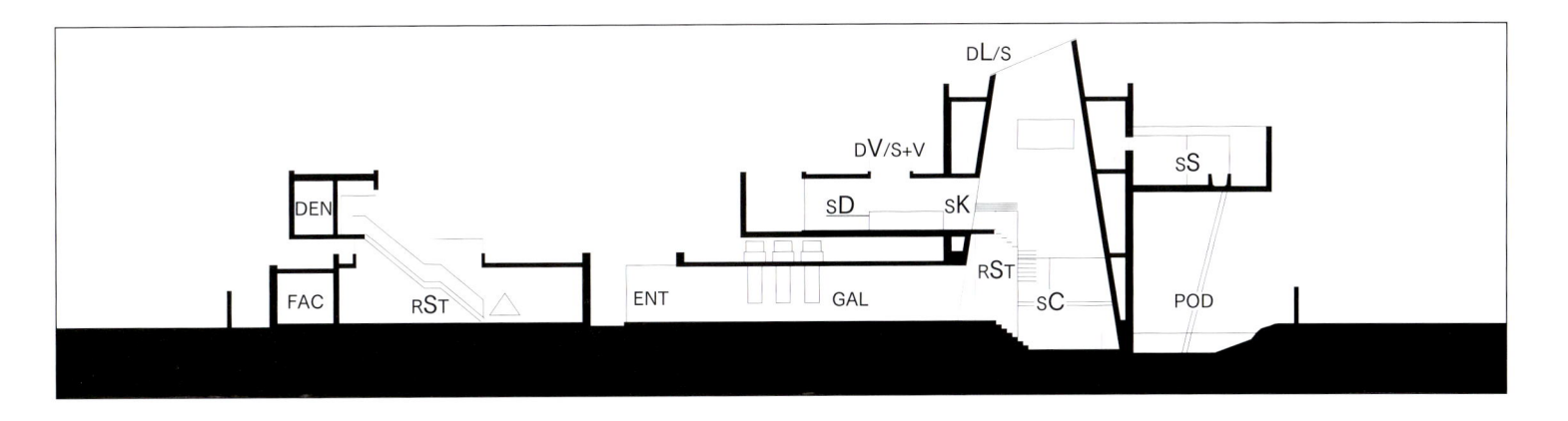

□ 構成

□ 基準切断面

- 全域の空間は、直方体のヴォリュームによる南の集域と上部に楕円体が載った北の集域が、互いの空間から分岐した触手空間によって接合した仕組みになっている。
- 直方体のヴォリュームからは、南側では衛生の場、北側では食事・調理の場が、キャンティレヴァーで張り出している。
- 北側の単層のヴォリュームの上に載った鉄骨造の楕円体は、3本の丸鋼管の斜柱によって支えられている。
- 南と北のヴォリュームから延びた触手空間の接合部は、鷸の嘴（いすかのくちばし）状になったガラスの皮膜に覆われ、南と北の集域への入口であると同時に、東側にあるプールにアプローチする分岐点にもなっている。
- 南の集域：ダブルハイトのヴォリュームをもった直方体による南の集域には、二重の外殻によって構成された錐体が内包されている。錐体の頂部に取り付けた北向きの天窓から入った光は、裾拡がりの白い内壁に沿って内部空間全体に拡散する。ヴォリュームから張り出した食事・調理の場と衛生の場は、付加されたエレメントであることを表現するために、外層をコールテン鋼で仕上げている。
- 外殻：二重外壁の間隙には、下層から上層へと上昇するスパイラルな経路が組み込まれている。食事・調理の場と衛生の場を経て個域に至る経路は、東側壁に斜めに切り込まれた出窓からさらに緩やかに宙へ向かって連続していく。
- 北の集域：下層が車庫になっている北の集域の上部に載る楕円体は、支柱とともに外層をコールテン鋼によって仕上げている。
- 触手空間：南と北の集域から延ばされた空間は、2つの集域を繋ぐ経路であると同時に、住み手のコレクションであるステンレス彫刻をディスプレーするギャラリーをも兼ねている。そのため、壁面には上部から光を入れるシリンダー状のニッチや三角形のアルコーヴなどの装置が仕掛けられている。

sC	共用の場
sD	食事の場
sK	調理の場
sS	衛生の場
ENT	入口
GAL	ギャラリー
FAC	ファクトリー
DEN	書斎
POD	池
RSt	段路
DV/S+V	複合装置（天窓＋換気）
DL/S	採光装置（天窓）

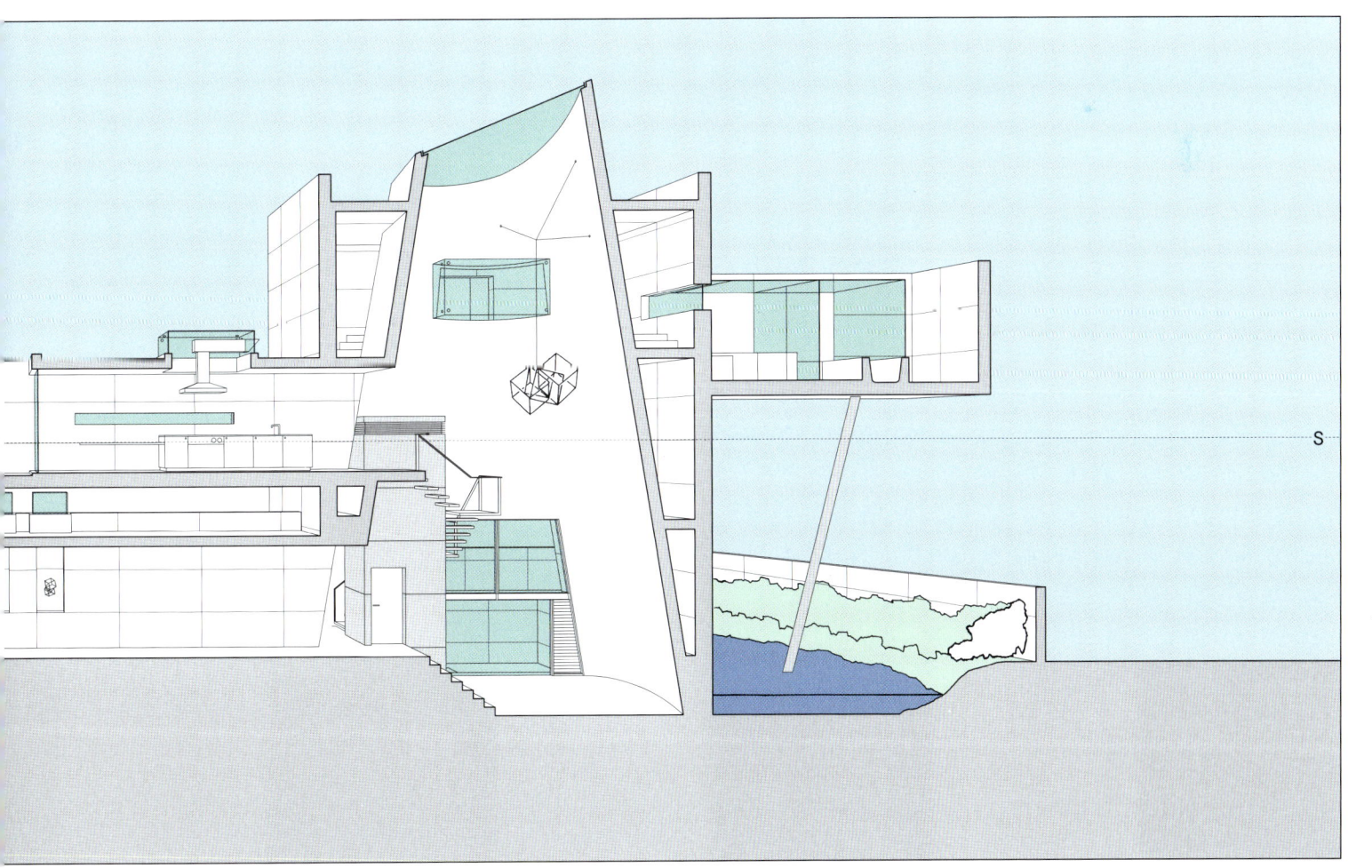

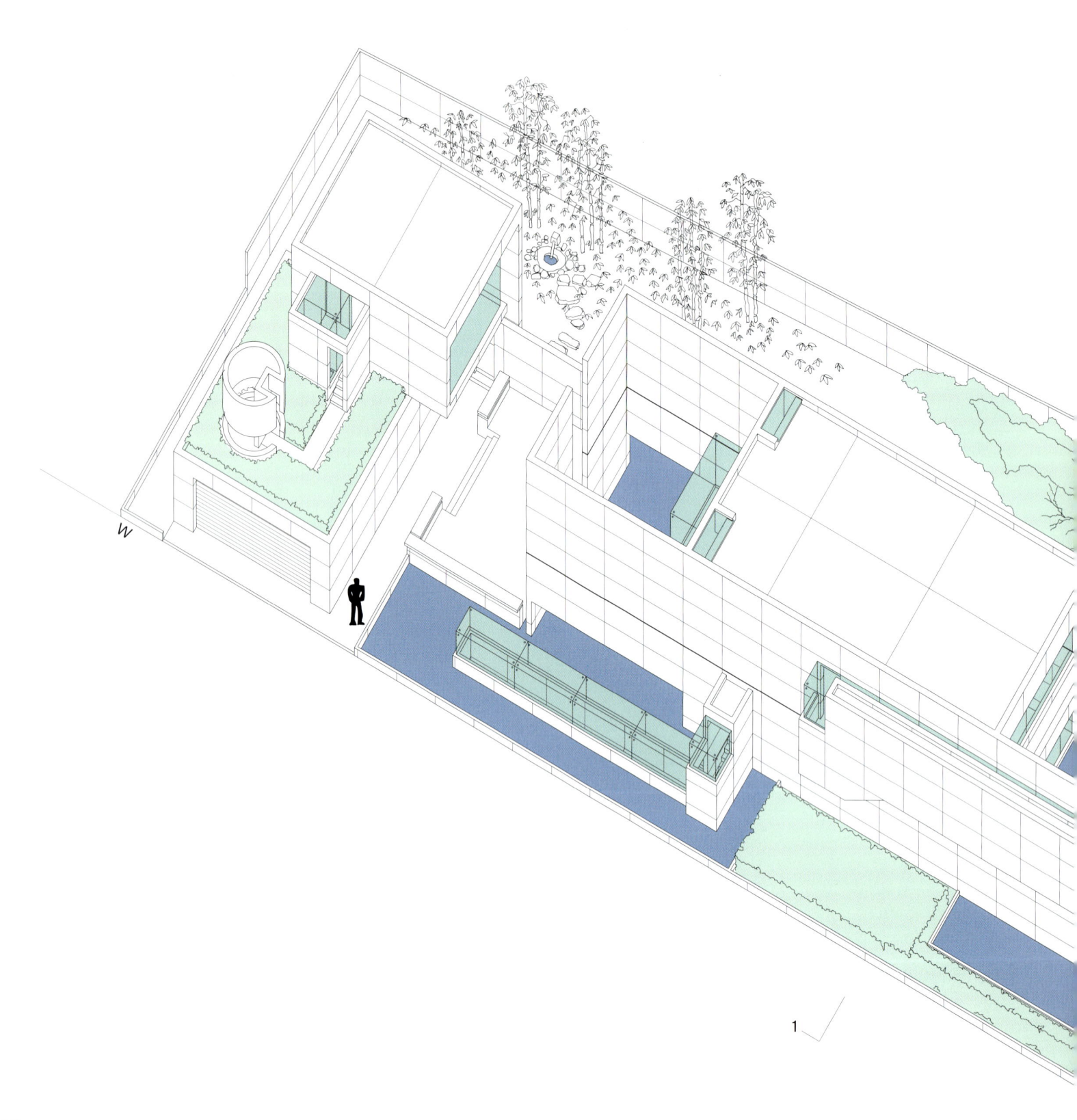

28	pH-Z
	1998
RC-2F	385.00m²
♂♀+♂・♂	1288.28m²

3つの空間域と水域から成る住居／囲繞（いぎょう）された3つの空間域と地の回路および媒域としての水路によって一体化する。

計画地
- 東京の北に隣接する地方の県庁所在地である都市郊外に位置する住居地域。
- 幹線道路から分岐した西側の寄付き道路と南の4m道路に接する広い面積の角地である敷地は、道路から600上がりのフラットな土地で、2辺がほぼ4：1の比による長方形である。
- 南北に奥行のある敷地の特性に関連して、西側寄付き道路沿いに全域を配置し、東側を外部空間とすることが、与条件として設定されていた。

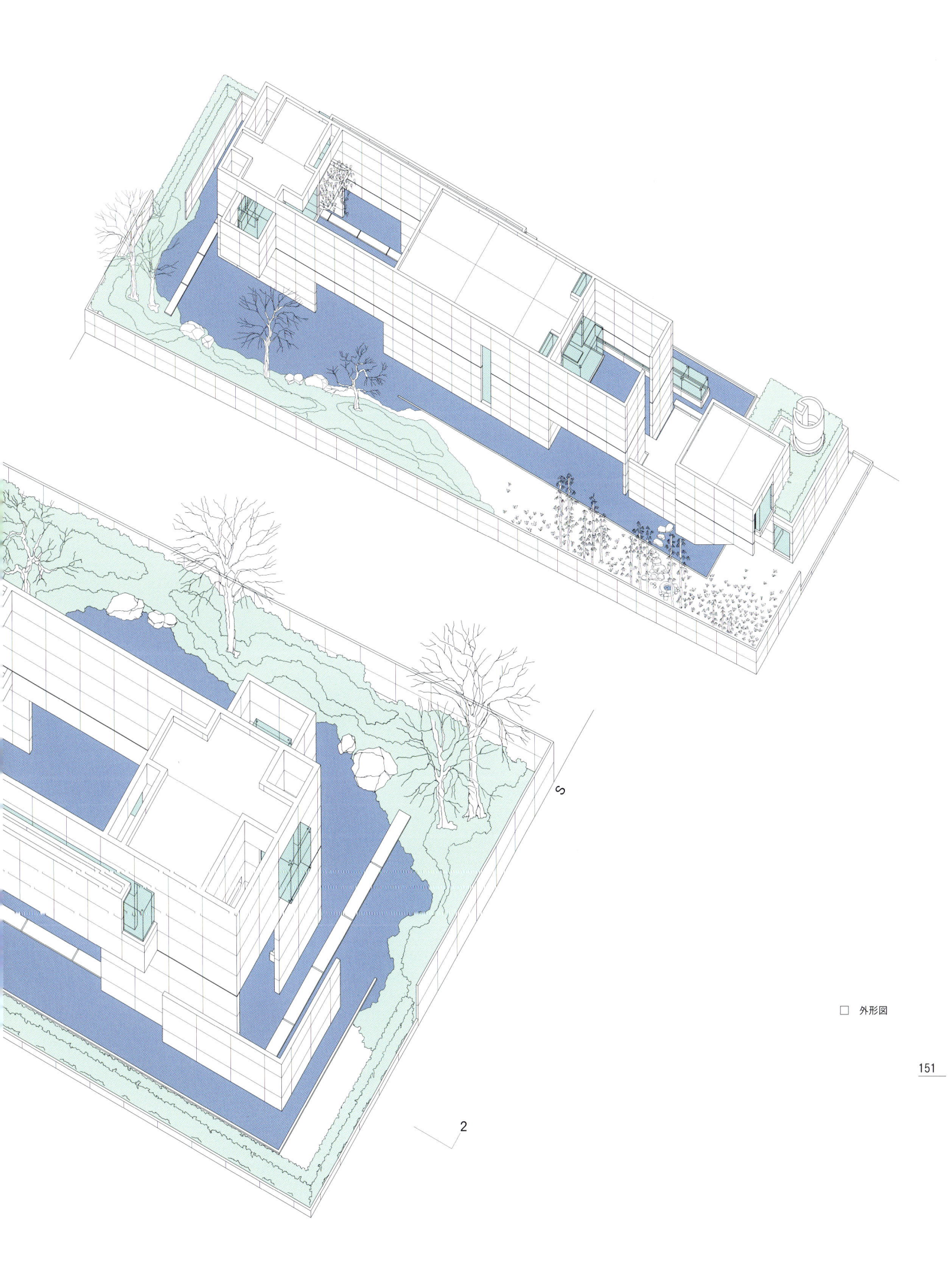

□ 外形図

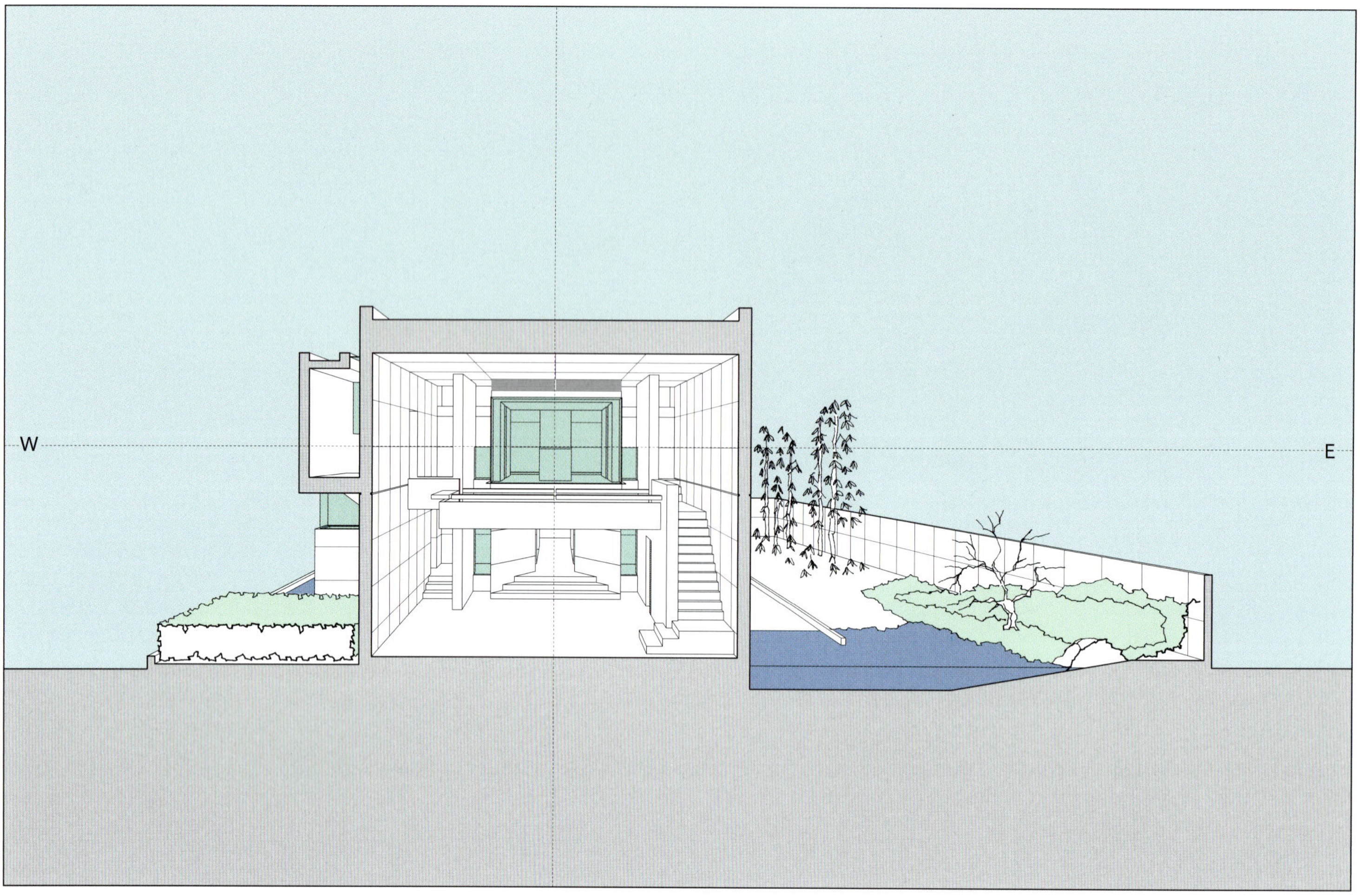
W
E

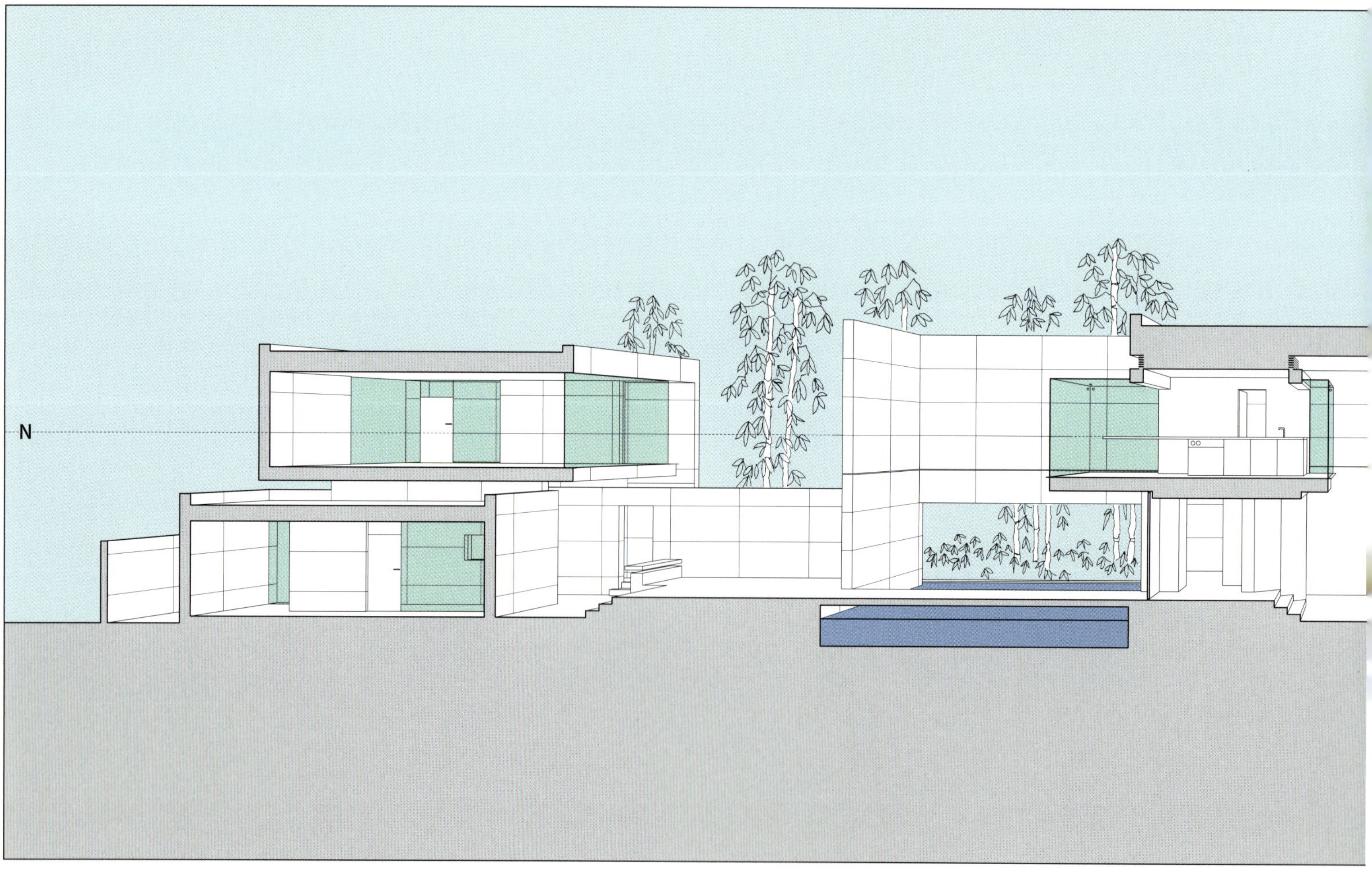
N

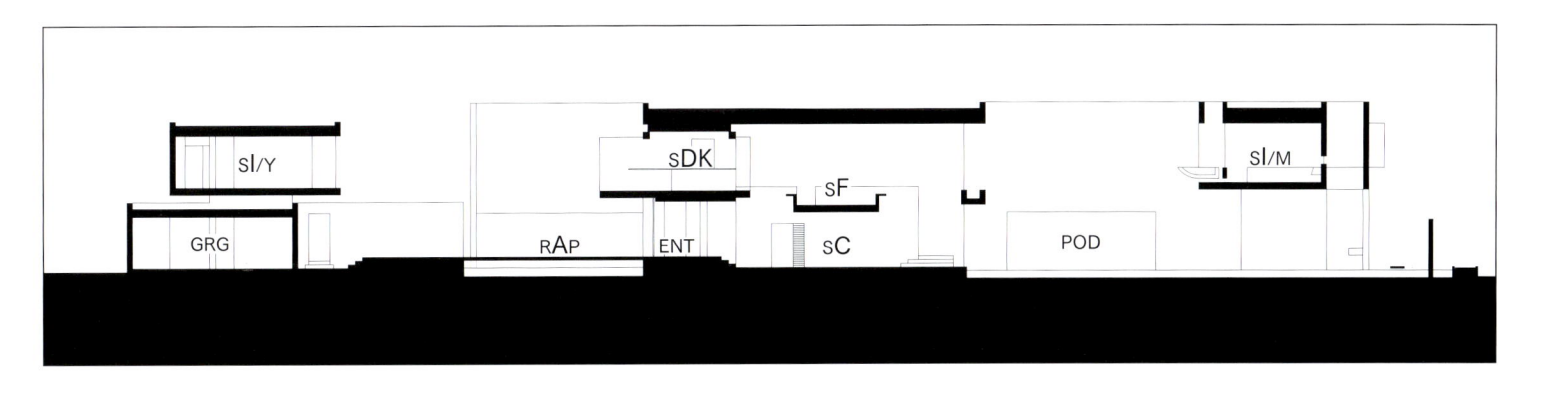

□ 構成　　　　　　　　　　　　　　　　　　　　　　　　　　　　　　　　　　　　□ 基準切断面

- 全域は、中央の集域および南と北に配置した3つの集域を、水域を媒域として構成・集合した仕組みになっている。
- 北と中央の集域は複層、南の集域は水域から立ち上げたピロティーによって支えられた単層になっている。
- 中央の集域：寄付き道路から入って右にクランクし、囲繞された水域の中央を通る誘導路を渡って入口から入ると、正面にある開口のあいだからは共有域と、さらに大きなカーテンウォールの先にある水域が見える。
- ダブルハイトの高さをもつ共有の場は、入口より360mm下がったレヴェルにある。左側のコーナーには、上層に続く折返し段路が置かれている。
- 共有の場の上層には、家族の場とリセスしながらセットバックしていく調理・食事の場が、北側の入口にオーバーリンクするかたちで挿入されている。
- 宙の回廊：家族の場の西側からは、南の集域に続くギャラリーを兼ねた宙の回廊が外壁に付加されている。全長にわたって設けたスリット状のスカイライトからの光が壁面を降りてくる。
- 地の回廊：一方、共有の場の西側からは地の回廊が水域の中を通り、さらに地中を抜けて北の集域に続いている。
- 南の集域：水域から立ち上がった壁柱と囲い壁で支えられたピロティー上の壮年世代の場である南の集域は、就寝と書斎のスペースに充てられている。水域を隔てて北にある共有域と対峙するバルコニーには、緑の植栽を植え込んだプラントボックスが設置されている。
- 北の集域：地の回廊によって中央の集域と繋がれている北の集域の下層は駐車スペースで、上層は若年世代の場に充てられ、西側ルーフガーデンの植栽の内にはシリンダー状の東屋が設けられている。

sC	共用の場
sF	家族の場
sDK	食事・調理の場
sI/M	壮年世代の場
sI/Y	若年世代の場
ENT	入口
GRG	車庫
POD	池
RAp	導入路

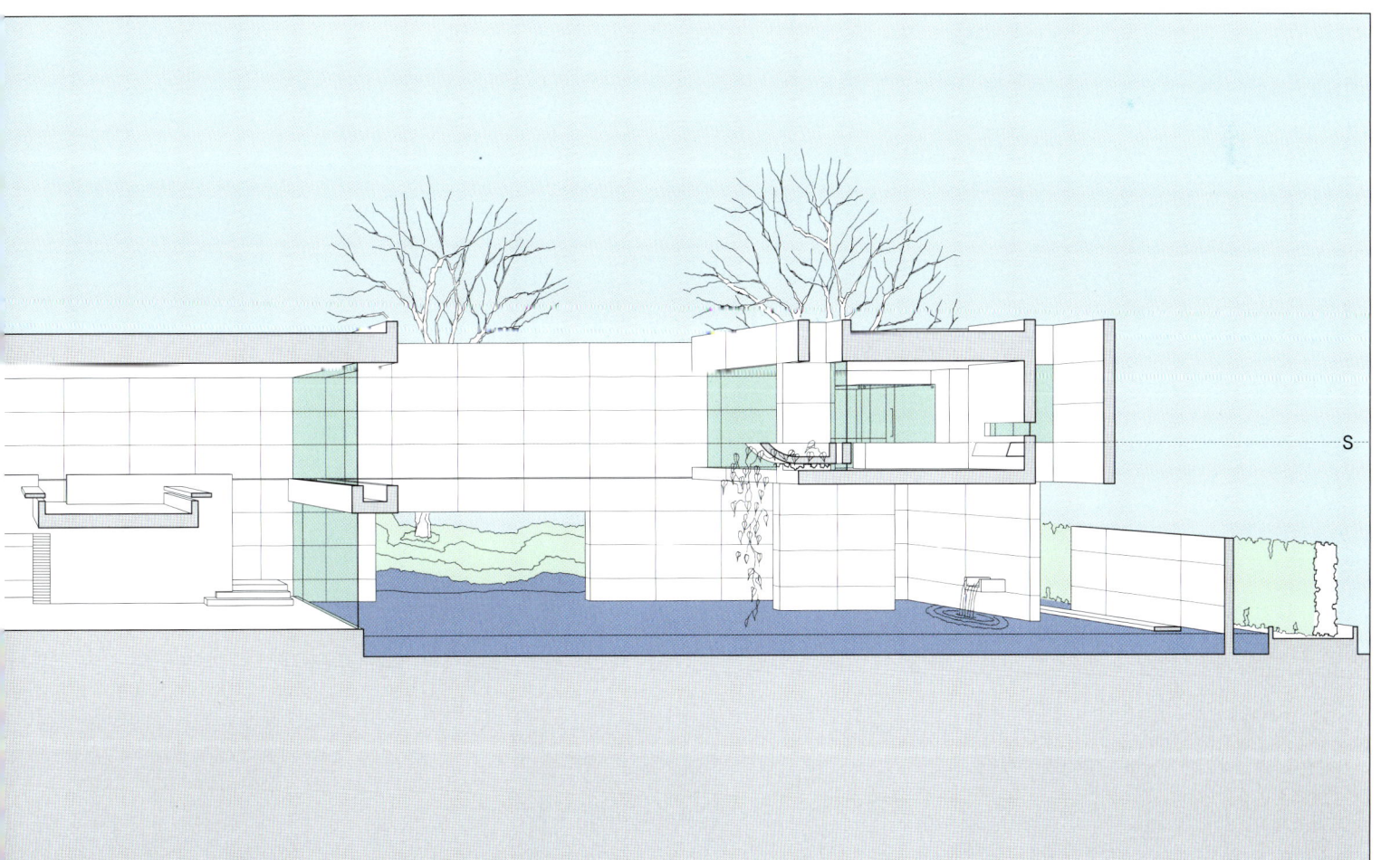

作品リスト

*掲載作品

竣工年	名称	所在地	構造-階数	敷地面積	延面積
1965	H-SHR	長野市	W-2F	402.60㎡	107.73㎡
1968	H-WNB	川崎市	W-2F	495.86㎡	135.91㎡
1969	H-TTY	川崎市	W-2F	258.00㎡	116.00㎡
1970	H-TMR	草加市	W-2F	225.02㎡	108.07㎡
1970	H-ONO*	川崎市	W-2F	194.17㎡	89.91㎡
1971	H-OHA*	府中市	RC-2F	452.60㎡	220.83㎡
1972	H-TKY	鎌倉市	W-2F	230.94㎡	104.10㎡
1972	H-KIT*	横浜市	W-2F	171.47㎡	115.02㎡
1973	H-ISI*	横浜市	W-2F	612.00㎡	105.02㎡
1973	RE-SCO	山形市	RC-B1F,3F	2145.00㎡	707.20㎡
1974	H-THS	文京区	W-2F	360.92㎡	123.93㎡
1975	H-IKE*	横浜市	W-2F	173.51㎡	103.95㎡
1975	H-MSM	川崎市	W-2F	189.89㎡	98.01㎡
1975	H-SNE	鎌倉市	W-2F	345.40㎡	154.30㎡
1976	H-TUY	秩父市	W-2F	238.78㎡	120.66㎡
1976	H-YGW	川崎市	W-2F	248.24㎡	141.66㎡
1976	H-KOM*	小平市	W-2F	242.77㎡	80.87㎡
1976	H-TER*	台東区	W-2F,L1	59.85㎡	75.38㎡
1977	H-NMR	秩父市	W-2F	260.42㎡	142.56㎡
1977	H-KND	横浜市	RC+W-B1F,2F	211.89㎡	122.71㎡

1977 HP-NAK 長野市 RC-2F 1643.81㎡ 852.58㎡	1980 H-HOS* 小金井市 W-2F 321.44㎡ 150.86㎡	1983 HP-OKA 成田市 W-1F 419.14㎡ 171.60㎡
1978 H-OGI* 秩父郡(埼玉) RC-3F 463.40㎡ 221.72㎡	1980 SP-OTU 小鹿野町(埼玉) RC-3F 360.00㎡ 716.55㎡	1983 SC-MIZ 富士見市 W-1F 1284.21㎡ 385.32㎡
1978 H-SUZ* 大宮市 RC-2F 449.03㎡ 156.95㎡	1980 CC-FUJ 富士見市 RC-2F 2107.83㎡ 2025.92㎡	1983 CC-AGR 富士見市 W-1F 551.16㎡ 199.53㎡
1979 HP-ISI 赤穂市 RC-2F 1454.70㎡ 866.94㎡	1980 CB-FUJ 富士見市 RC-2F 219.21㎡ 311.63㎡	1983 H-FUR 横浜市 W-2F 315.04㎡ 149.67㎡
1979 H-NAK* 横浜市 RC-2F 251.03㎡ 97.56㎡	1981 SC-NAN 富士見市 RC+S-4F 14245.00㎡ 4430.00㎡	1983 SP-SNN 板橋区 S-2F 54.99㎡ 80.35㎡
1979 H-TAK* 横浜市 W-2F 162.85㎡ 101.93㎡	1982 H-ISM 秩父市 W-1F 262.03㎡ 93.15㎡	1985 SC-FUJ 富士見市 RC-3F 11777.37㎡ 5933.85㎡
1979 H-OZI 山形市 W-2F 2145.00㎡ 64.80㎡	1982 H-FUJ* 長野市 RC-2F 756.69㎡ 160.52㎡	1986 H-AIZ* 府中市 W-2F 230.00㎡ 126.36㎡

1986 H-SSK*	1992 H-SSD*	1996 H-YAM*
海老名市	諏訪郡(長野)	港区
W-2F	W-3F,L1	RC+S-B1F・3F
226.73㎡	1059.00㎡	71.20㎡
101.79㎡	177.73㎡	154.37㎡

1986 H-ONO	1992 H-TNA*	1997 H-TAK
所沢市	八王子市	横浜市
W-2F	W-2F	RC+W-2F
167.50㎡	124.96㎡	178.77㎡
93.45㎡	104.60㎡	125.29㎡

1987 H-NAS	1992 D-KOM*	1998 CB-AOY
北巨摩郡(山梨)	世田谷区	渋谷区
RC+W-2F	RC-3F	RC-5F
940.86㎡	179.06㎡	219.44㎡
131.45㎡	255.20㎡	453.42㎡

1989 H-MIK	1993 H-TOK	2000 H-KOM
川崎市	習志野市	小平市
W-2F	W-2F	W-2F
225.49㎡	268.96㎡	242.77㎡
133.13㎡	169.40㎡	155.97㎡

1990 SC-FUD	1994 H-OTU*	2000 H-MOR*
富士見市	練馬区	世田谷区
RC-3F	W-2F	RC-2F
23129.50㎡	285.25㎡	955.22㎡
7484.11㎡	182.32㎡	243.22㎡

1991 D-PAS	1995 H-ITO	2000 H-MRA*
世田谷区	川口市	世田谷区
RC-5F	RC+W-2F	W-1F
808.18㎡	498.15㎡	1,337.87㎡
1304.59㎡	319.21㎡	134.39㎡

1991 H-NAG*	1996 H-FUM*	2002 H-MIT*
目黒区	大田区	世田谷区
RC-5F	RC+W-B1F,2F	RC-2F
69.45㎡	111.17㎡	808.08㎡
200.91㎡	130.64㎡	444.88㎡

計画案	計画年 / 名称 / 構造-階数		設計競技参加作品	計画年 / 名称
	1975 H-FUJ W-2F		1982 F2 Project	1991 CP-NAS
	1977 SP-ARA RC+S-3F		1982 CC-OBU RC-2F	1991 CP-NRA
	1978 HP-URA RC-3F		1982 HP-CHU S-1F	1992 CP-NIG
	1978 H-KAN RC-1F		1983 H-SAI W-2F	2002 CP-TOM
	1979 SP-ENG RC-4F		1997 H-FUK RC+W-3F	2002 CP-ORA
	1982 F1 Project		2000 H-NAK RC-2F	2002 CP-KAT

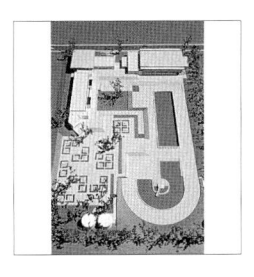

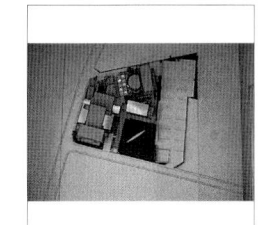

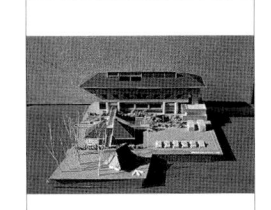

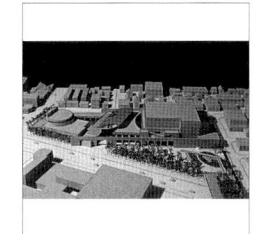

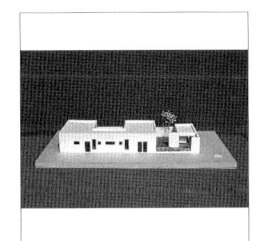

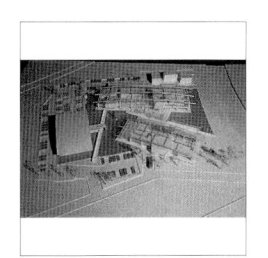

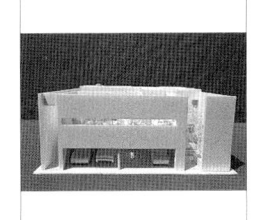

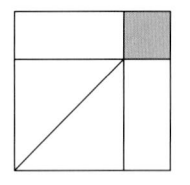

小野建築・環境計画事務所
ONO ARCHITECT & ASSOCIATES

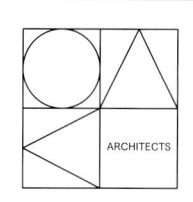

OAK
建築計画設計組織
ARCHITECTS
DESIGN & DEVELOPMENT

著者経歴

小野正弘(おの まさひろ)

□ 経歴

長野県長野市生れ	1935
日本大学工学部（現：理工学部）卒業	1957
小林文治研究室	
卒論「構造の側面から見た建築史／ラブルースト～キャンデラ」	
増沢建築設計事務所　研究生	1963
槇総合計画事務所　入所	1965
1967 より主任所員	
小野建築・環境計画事務所　設立	1974
立正大学教養学部　非常勤講師	1972-1974
日本大学理工学部建築学科　非常勤講師	1974-1984
近江栄研究室　小野ゼミ	
日本大学理工学部海洋建築学科　非常勤講師	1985-1990
日本大学生産工学部建築工学科　非常勤講師	1991-1996
宇都宮大学工学部建設学科　非常勤講師	1998-2000
足利工業大学建築学科　非常勤講師	2001-2005
死去	2010
日本建築学会　終身正会員	
川崎市指名競技設計審査委員	

□ 受賞

中部建築賞	中村整形外科医院（長野市）	1978
神奈川県建築コンクール　優秀賞	王禅寺の家（川崎市）	1978
住宅金融公庫賞	王禅寺の家（川崎市）	1978
東京建築士事務所協会作品コンクール　最優秀賞	鶴瀬コミュニティセンター（埼玉県）	
	富士商工会館（埼玉県）	1981
東京建築士事務所協会作品コンクール　優秀賞	戸塚の家（横浜市）	1981
第5回さいたま景観特別賞	富士見台中学校（埼玉県）	1991
奈良市民ホール国際建築競技設計　佳作入選	奈良市民ホール（奈良市）	1992

□ 著書

『若い二人のための住居』	実業之日本社	1962
『現代住宅の詳細』	建築資料研究社	1984
『住居を詳細で考える』	建築資料研究社	2004
『住居を断面で考える』	彰国社	2010

□ 特集

「スカイライトを活かした住宅5題」	『住宅建築』	1975
「住居4題」	『住宅建築』	1988
「住宅設計の手法」	『新建築』	1980

□ 論文

「代官山集合住居計画（第一期・第二期）」	『新建築』『建築文化』『都市住宅』	1969・1973
「都市・外層・場」	『新建築』	1981
「領域の構成」	『新建築』	1984
「住居と地誌」	『住宅建築』	1988
「複合世代住居」	『住宅特集』	1995

□ 寄稿

「トップライトの手法」	『住宅建築』	1976
「住いつくり」	『信濃毎日新聞』	1976
「厨房の計画」	『ヤマハレポート』	1979
「書斎のある生活」	ダイヤモンド社	1983
「歴史の街」	『信濃毎日新聞』	1983
「ARCH NET」	『新建築』	1997/01-05
フィンランド・スウェーデンの旅・アールト		
ブリッグマン・アスプルンド・レヴェレンツ		
「原図から読みとる住まいの理念　大泉学園の家」	『住宅建築』	1995/07-11
「空間に於ける採光の仕掛　アルヴァ・アールトの手法」	『SD』	1998
「複合世代住居の目的と重要性」	『櫻建会報』	2006

□ 講義		
「代官山集合住居について」	東京芸術大学　片山研究室	1970
「代官山集合住居」	日本建築家協会	1970
「すまいについて」	フクラショールーム	2006
「複合世代住居」	日本大学生産工学部建築工学科	2007

□ 対談		
「建築教育について」	日本建築家協会	1994
「名住宅ダブルクリック」	朝倉健吾・米山勇　ヒルサイドテラス	2005

□ 展覧会		
「作品展」	ヒルサイドテラス	1994
「記憶を紡ぎながら住む」	フクラショールーム	2006
「複合世代住居作品展」	日本大学生産工学部	2006

□ コーポレート・アイデンティティ		
JOINT PHARMACY		1993
ENATEK LTD		1996
JACK & BEAN		2007

□ ツアーコーディネーター		
中欧への旅	ル・コルビュジエ/グランプロジェ	1990
北欧への旅	アールト・ブリッグマン・アスプルンド・レヴェレンツ	1996
中米への旅	バラガン・レゴレッタ・キャンデラ・マヤ遺跡	2002
北欧への旅	アールト・スティーブンホール・スヴェルフェーン・スノヘッタ	2008

□ 元所員	
森谷重雄	1977-1980
野口君枝	1977-1982
川越康博	1977-1977
野沢　誠	1979-1981
小谷田信義	1980-1983
米田耕司	1981-1982
山本岳彦	1982-1988
小沢清二	1982-1985
久慈勝範	1983-1984
合田曜子	1984-1985
池沢雅弘	1987-1989
上野田成秀	1988-1990
武田　衛	1989-1994
有賀次雄	1990-2004
栗林　彰	1994-2004
小野由紀子	1974-2003

□ 本書協力者		
有賀次雄/有賀次雄アトリエ	OAK	OT
栗林　彰	OAK	WG
武田　衛/武田衛一級建築士事務所		OT
山本岳彦/ワイ・プランニング		ON
水野吉樹/竹中工務店		ON

OT：東洋大太田ゼミ
ON：日本大小野ゼミ
WG：日本大若木ゼミ

イラスト：五十嵐威暢
翻訳協力：渡辺健介

□ 参考文献	
『日本建築史図集』	日本建築学会編　彰国社
『日本の民家・屋根の記憶』	大橋富夫著　彰国社
『建築を思考するディメンション』	坂本一成著　TOTO出版
『GA HOUSES』	エーディーエー・エディタ・トーキョー
『住宅特集』	新建築社
『建築大辞典』	彰国社

あとがき

この本の企画は、1985年当時東洋大学で教鞭をとっておられた太田邦夫先生からの、住居に関する本を共著で書いてみないかというお電話から始まった。何回かの打合せの結果、単なる技術書ではなく、若い読者層を対象とした住居の計画に対する考え方を述べた本として、その理論編を太田、実技編を小野が分担するという方針が決定された。その後太田先生が東京大学に戻られるという事情もあって、企画は一時休止になった。企画が再開されたのは1995年で、以降小野が単独で作業を進めることとなったが、事務所の仕事との関係から当初の予定より大幅に遅延し、ようやくこのたび刊行の運びに至ったものである。企画のコンセプトは、下記の構想に従っている。
・読者対象は、建築を学ぶ学生、建築設計の実務に携わる若い人たち、さらに住居に興味をもつ一般の人たちとする。
・編集の作業もデザインの一環と考え、ヴィジュアルでわかりやすい紙面構成を心掛ける。
・個々の住居の解説とともに、実体化された建築がその形態言語作用を通じてどのように住み手の生活行為との関係を経時的に紡いでいくかについて述べる。
・解説の手法として"断面"という仕組みを用い、具体的にはアクソノメトリック図および一点透視切断図による図法を採用する。
ここで、改めてこの本の実現を可能とした関係の方々に感謝したい。最初に、掲載された25の住居および他の住居の住み手である家族の方々にお礼を申し上げたい。計画から竣工に至るまでの協力的な姿勢によって思考通りの住居が実現された。また、各住居の工事に携わってくれた職人さんたちにも同時に感謝したい。多忙なスケジュールを縫って序文を書いてくださった槇文彦先生には、先生の事務所に在籍中から現在に至るまでのご指導に対する感謝の意を含めてお礼を申し上げたい。この本の企画・編集に最初の段階から関与され、長期にわたって支援していただいた彰国社の田尻裕彦氏の忍耐とご協力がなければ刊行は不可能であった。最大の感謝を申し上げたい。旧所員である有賀次雄・栗林彰の両君による献身的な協力にも感謝したい。この本では計画案以外、すべての図面にお二人による手描きのドローイングが使われている。編集にも携わってくれた両君の努力がなければ、この本は実現していなかった。
労をねぎらうとともに感謝したい。
最後に、常に低空飛行をつづけてきた事務所の経理を担当し、この本についてもパソコンと取り組んでくれた妻由紀子に感謝する。
なお、この本は2004年に刊行された『住居を詳細で考える』（建築資料研究社）と同じコンセプトによる"住居を考えるシリーズ"の第2冊目として位置づけている。同書と併読していただければ、なにかと参考になろうかと思う。

住居を断面で考える　25の住居 3の計画

2011年2月10日　第1版　発　行

著作権者との協定により検印省略

編著者　小　野　正　弘
　　　　／小野建築・環境計画事務所

発行者　後　藤　　　武

発行所　株式会社　彰　国　社
　　　　160-0002　東京都新宿区坂町25
　　　　電話　03-3359-3231（大代表）
　　　　振替口座　00160-2-173401

自然科学書協会会員
工学書協会会員

Printed in Japan

Ⓒ小野正弘　2011年

印刷：壮光舎印刷　製本：ブロケード

ISBN978-4-395-00814-8　C3052　http://www.shokokusha.co.jp

本書の内容の一部あるいは全部を、無断で複写（コピー）、複製、および磁気または光記録媒体等への入力を禁止します。許諾については小社あてご照会ください。